Das große Ravensburger Hobbybuch

Heine

Das große Ravensburger

Hobby Buch

Basteln – Werken – Handarbeiten

Herausgegeben von Jutta Lammèr

Otto Maier Verlag Ravensburg

CIP-Kurztitelaufnahme der Deutschen Bibliothek

Das große Ravensburger Hobbybuch: Basteln, Werken, Handarbeiten / hrsg. von Jutta Lammèr. – Neubearb. Aufl. – Ravensburg: Maier, 1977.
ISBN 3-473-42353-X
NE: Lammèr, Jutta [Hrsg.]

Neubearbeitete Auflage

Fotos (außer denen aus anderen Büchern): Manfred Bauer-Hamersen
Zeichnungen (außer denen aus anderen Büchern):
E.-I. Baumanns, Ariane Heyduck
Umschlagentwurf: Horst Bethkenhagen
Printed in Italy

80 79 78 77 4 3 2 1

ISBN 3-473-42353-X

Inhaltsverzeichnis

Mitarbeiter an diesem Buch

Liliane Bollag, Widnau/Schweiz
Kurs Porzellanmalerei S. 258

DESAG, Grünenplan
Kurs Glasmalerei S. 276

Maja Engel, Hamburg
Kissen mit Stoffmalerei S. 11

Margot Engel, Hamburg
Knüpfteppich S. 374

Riccarda Gregor-Grieshaber, Reutlingen
Schranktür S. 256

Sabine Hemprich,
Kirsten Homann (HFBK), Hamburg
Kette mit Zwischensatz S. 163
Wolken-Broschen S. 163

Ariane Heyduck, Hamburg
Applikation S. 300
Stickbilder mit Namen S. 390

Martin Hilger, Bad Sassendorf
Kleines Flaschenschiff S. 402

Eva Horstmann, Poßfeld/Holstein
Kinder-Decke S. 350
Stramin-Häkelteppich S. 335

Friedrich H. Kraft, Hamburg
Steinplastiken S. 206

J. Laguierdo, Hamburg
Stoffmalerei-Miniaturen S. 15

Ingrid Lütken, Espergaerde/Dänemark
Federbild S. 158

Angelo Motta, Hamburg
Armreif und Ring S. 179

Elke Russow, Hamburg
Zinnguß-Kurs und -Modelle S. 171–174
Emailarbeiten mit Abziehbildern S. 191 und 193

Anke Schrey, Kloster Indersdorf
Makramee-Objekt S. 379

Rita-Daisy Stender, Lüneburg
Bild mit Fischen aus Granulat S. 237
Lampe aus Granulat S. 238

Monika Walter, Kirchheim
Korkdrucke S. 25/26
Kissen S. 31

Fride Wirtl, Peiting/Obb.
Kurs Hinterglasmalerei S. 269

Unbek. Künstlerin, München
Drei Kissen S. 300

Patienten der Heil- und Pflege-Anstalten,
Hamburg-Alsterdorf
Stoffmalerei S. 14
Peddigrohr-Tablett S. 111
Strick-Lamm S. 346
Patchwork-Häkeldecke S. 326

Aus Ravensburger Werk- und Hobbybüchern wurden folgende Beiträge übernommen

Christel Claudius, „Glas bemalen“
Bemaltes Gefäß S. 268

Christel Claudius, „Wachs“
Wachsarbeiten S. 280 und 282 (oben)

Walter Diem, „Dekorative Dinge aus Gießharz“
Briefbeschwerer S. 246
Zeichnungen S. 245 und 247

Renate Herzog/Sabine Kühn,
„Neues aus der Restekiste“
Häkeldecke S. 322
Strickdecke S. 346
Tischdecke und Servietten S. 24

Dietrich Kirsch/Jutta Kirsch-Korn,
„Teppiche und Kissen“
Arbeitsfotos und Zeichnungen S. 364–373

Bonny Schmid-Burleson, „Makramee-Knüpfereien“
Arbeitszeichnungen S. 375–378

Isolde Schmitt-Menzel, „Mosaik“
Mosaikarbeiten S. 199–202

Jörg Schönrock/Gebhardt Binder, „Freies Töpfern“
Foto-Kurs Töpfern S. 52/53
Fabeltier S. 58

Marianne Seitz, „Batik mit dem Tjanting“
Kurs Batik S. 39/40

Ilse Ströbl-Wohlschläger,
„Allerlei Buntes aus Stoff“
Patchwork-Arbeitsproben und Zeichnungen S. 304 und 306

Eva Schnellenbach, „Bunte Eier – selbst dekorieren“
Bemalte Eier S. 270
Fadencollagen auf Eiern S. 406

Ellen Türkis, „Bunte Stickereien“
Die wichtigsten Stiche S. 382 und 384
Tischdecke S. 394
Duftherz S. 391, Kaffee- und Eierwärmer S. 392

Textilfarben

Textilfarben

Zu den dekorativen Textiltechniken mit Farben zählt man: Stoffmalerei, Schablonieren, Stoffdruck und Batik. Für jede dieser Techniken, die man in zahlreichen Variationen ausführen kann, gibt es Spezialfarben, die noch im einzelnen erläutert werden.

Stoffmalerei

Kaum eine andere Art der Textilverzierung ist so vielseitig wie die Stoffmalerei. Allerdings verführt sie oft zu Unbekümmertheit und Übertreibungen.
Zum Bemalen eignen sich nahezu alle glatten Stoffe, die keine Appretur haben, wie Leinen, Halbleinen, Batist, Seide, Kunstseide, Filz, Baumwolle und synthetische Gewebe; helle und dunkle Stoffe, grobe und feine, dicke und dünne, lockere und dichte. Stoffe mit Appretur müssen erst in Wasser mit Waschmittelzusatz ausgewaschen oder gekocht werden. Unterläßt man das, so verdirbt man damit unter Umständen seine ganze spätere Arbeit. Bemalt man nämlich ein mit Appretur versehenes Gewebe, so wird die Farbe nicht unmittelbar an die Fasern herangebracht, sie haftet nur an der Appretur. Bei der nächsten Wäsche löst sich diese Appretur und mit ihr die Farbe. Die Folge davon ist eine verwaschene, unsaubere Malerei. Außerdem kann es passieren, daß sich einige in der Waschlauge schwimmende Farbteilchen an anderer Stelle (dort, wo sie gar nicht hingehören) wieder mit dem Gewebe verbinden und dadurch den Stoff verfärben.

Alte, vergilbte oder vergraute Spitzen- und Zierdecken eignen sich sehr gut zum Bemalen mit Textilfarben. Man kann sie dann in Kissenbezüge einsetzen oder auf Kissen applizieren

Welche Farben?
Alle Gewebe aus Naturfasern (Wolle, Baumwolle, Leinen, Seide) kann man mit Stoffmalfarben bemalen, die es in kleinen Gläsern gebrauchsfertig zu kaufen gibt. Diese Permanentfarben sind lichtecht, waschecht, reinigungsbeständig und färben nicht ab. Für dunkle Stoffe gibt es deckende Permanentfarben mit den gleichen Eigenschaften. Es ist dadurch möglich, mit Weiß auf schwarzem Grund zu malen. Alle Farben sind untereinander mischbar.
Helle glatte Stoffe kann man aber auch mit wasserfesten Faserschreibern (edding) bemalen. Allerdings sind die bemalten Sachen nur waschbar, nicht reinigungsbeständig.
Für synthetisches Material gibt es besondere Stoffmalstifte, die ähnlich wie Ölkreidestifte aussehen. Sie eignen sich zum Bemalen von Kunstfasern bis zu einem Mischverhältnis 70% Polyester- und 30% Naturgewebe. Mit diesen Malstiften (Redis), die erst nach dem Einbügeln ihre volle Farbwirkung zeigen, arbeitet man grundsätzlich genauso wie mit Stoffmalfarben.
Wenn einem das mit den Redis Stoffmalstiften gemalte Motiv nicht gefällt, dann kann es durch einfaches Waschen mit kaltem Wasser restlos entfernt werden, ohne daß irgendwelche Rückstände auf dem

*Links:
Mittelteil einer Tischdecke aus Halbleinen, mit DEKA Permanent Deckfarben bemalt*

*Rechts:
Dieses Tuch wurde nach dem Bemalen in Batikfarbe gelb eingefärbt. Zuvor wurden alle gemalten Motive mit Batikwachs abgedeckt (s. auch Kap. Batik, Seite 39)*

Gute Nacht

Stoff bleiben. Nach dem Einbügeln verbindet sich die Farbe mit der Kunstfaser, dadurch bleibt der Stoff weich.
Nach Fertigstellung der Malerei achtet man darauf, daß keine Farbkrümel auf der unbemalten Fläche verbleiben. Sie müssen durch kräftiges Abschütteln entfernt werden. Dann legt man den Stoff zwischen Seidenpapier oder Zeitungsblätter und bügelt bei Baumwolltemperatur, bis sich keine Farbreste mehr auf dem Papier abzeichnen. Nachdem die gesamte bemalte Fläche in dieser Weise behandelt wurde, wird in viel kaltem Wasser gründlich gespült, bis alle überschüssige Farbe entfernt ist. Sollte man nach dem Trocknen des Stoffes feststellen, daß man einige Stellen der Zeichnung noch kräftiger in der Farbe haben möchte, kann man den Stoff nachmalen.

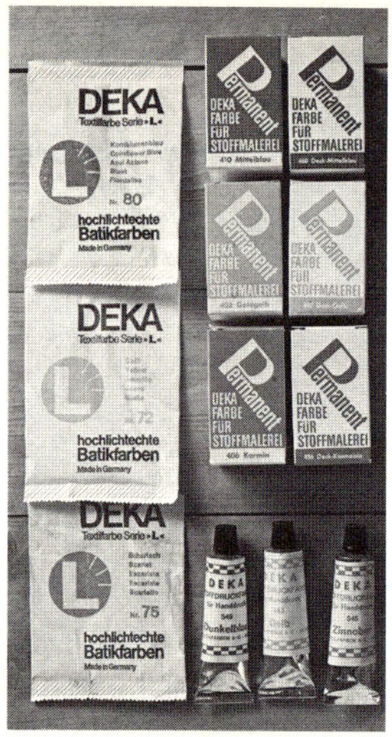

Farben für Stoffdruck und Batik

Die Vorarbeiten

Der zu bemalende Stoff wird so vorbereitet, daß er die endgültige Größe hat. Dann kann man die zur Verfügung stehende Fläche sinnvoller aufteilen. Der Stoff für Platzdecken, Servietten oder andere Rechtecke wird fadengerade zugeschnitten. Nun skizziert man auf Papier ein einfaches, klares Motiv ohne zu viele Details. (Geübte zeichnen selbstverständlich gleich auf den Stoff.) Wenn man das Papier nur wenig größer schneidet als das Motiv selbst, kann man es zum Ausprobieren auf dem Stoff leichter hin- und herschieben. Hat man den günstigsten Stand ermittelt, wird die Skizze auf den Stoff übertragen. Das macht man bei hellen Stoffen mit Graphitpapier, bei dunklen mit weißem Pauspapier. Ist kein weißes Pauspapier aufzutreiben, hilft man sich folgendermaßen: Man bemalt die Rückseite der Skizze mit Schneiderkreide und legt das Papier mit der Originalzeichnung nach oben auf den dunklen Stoff. Dann fährt man mit einem nicht zu spitzen Gegenstand die Konturen der Skizze nach. Die aufgetragene Kreide erfüllt den gleichen Zweck wie Pauspapier. Um besser arbeiten zu können, befestigt man die Skizze mit Stecknadeln am Stoff. Der Stoff wird dann mit der befestigten Skizze zusammen über ein Brett gespannt (Küchenbrett und Reißzwecken).

Das Ausmalen des Motivs

Beim farbigen Ausmalen des auf dem Stoff vorgezeichneten Motivs sollte man immer ein Stückchen des gleichen Stoffes neben sich liegen haben, um die Farbwirkung auszuprobieren. Man fängt beim Ausmalen mit der hellsten Farbe an und endet mit der dunkelsten. Dabei beginnt man, soweit es die Farbstellung zuläßt, in der oberen

Kleinere Stoffstücke kann man zum Bemalen in einen Stickrahmen einspannen und mit Stoffmalfarbe oder, wie hier, mit wasserfesten Faserschreibern bemalen

Saubere Konturen erhält man, wenn man mit wenig Farbe auf dem Pinsel arbeitet und den Pinsel beim Malen ganz flach hält, so daß kaum Farbe nachfließen kann

linken Ecke und arbeitet so, daß man möglichst unten rechts aufhört (wie beim Schreiben). Dadurch wird vermieden, daß man die noch feuchte Farbe durch Aufstützen der Hand auf bereits bemalte Flächen verwischt.
Man kann den Stoff jedoch auch auf einen runden Stickrahmen (Foto links) oder einen Keilrahmen, wie man ihn bei der Ölmalerei verwendet, spannen und frei, ohne die Arbeitshand aufzustützen, malen. Das verlangt allerdings etwas Übung und eine ruhige Hand.
Grundsätzlich malt man erst mit der nächsten Farbe weiter, wenn die erste Farbe trocken ist (das geht sehr schnell), es sei denn, man möchte fließende Übergänge wie bei der Aquarellmalerei erzielen. Verlaufende Konturen erzielt man, wenn man auf nassem Stoff malt. Besonders genaue Konturen dagegen ergeben sich, wenn man möglichst wenig Farbe mit dem Pinsel aufnimmt, und den Pinsel beim Malen flach hält (Foto rechts), so daß wenig Farbe nachfließt. Malt man zuerst die Konturen eines Motivs mit einem wasserfesten Faserschreiber (edding) vor, so ergeben sich ebenfalls scharf abgegrenzte Konturen, denn die Stoffmalfarbe läuft bei nicht zu feuchtem Pinsel nicht über die vorgemalten Linien hinaus. Es gibt noch viele Tricks, um mehr oder weniger künstlerische Effekte zu erzielen, z. B. durch Benutzung eines Haartrockners während des Farbauftrags, dessen warme Luft die aufgetragene Farbe augenblicklich trocknet. Jedoch muß man beim Experimentieren mit unterschiedlichen Farbarten (DEKA Permanentfarbe und edding-Faserschreiber) daran denken, daß zwar beide Farbsorten waschbar sind, jedoch nur die Permanentfarbe reinigungsfest ist.

Die Nachbehandlung
Erst durch die Nachbehandlung wird die Farbe fest mit dem Gewebe verbunden. Nachdem alles ausgemalt und die Farbe durchgetrocknet ist, bügelt man den bemalten Stoff von links mit einem Eisen, dessen Temperatur dem Gewebe angepaßt ist. Die Bügelunterlage sollte zuvor mit einem minderwertigen Stoff überdeckt werden für den Fall, daß die Malerei zuerst noch etwas Farbe abgibt.

Das Schablonieren

Die Bezeichnung gibt schon Auskunft darüber, was bei dieser Art der Stoffgestaltung vorgeht: man arbeitet mit Schablonen.
Ein beliebiges, möglichst flächiges Motiv wird auf Karton übertragen und mit einer spitzen Schere oder einer Schneidfeder sauber herausgeschnitten. Auf diese Weise entstehen zwei Schablonen: eine Positiv-Schablone und eine Negativ-Schablone. Die Positiv-Schablone besteht aus dem Rest des Kartons, aus dem das Motiv herausgeschnitten wurde. Das Negativ bilden diese herausgeschnittenen Teile. In der Regel – besonders als Anfänger – verwendet man Negativ-Schablonen, jedoch können Fortgeschrittene auch mit dem Positiv oder sogar mit beiden Schablonen nacheinander auf einem Stück Stoff arbeiten. Die fertige Schablone wird auf dem Stoff festgesteckt. Dann gießt man ein wenig Stoffmalfarbe auf eine Untertasse und taucht einen dicken Borstenpinsel mit den Spitzen hinein. Nun werden die Schablonenränder und alle Flächen, die nicht mit dem Schablonenkarton abgedeckt sind, bemalt. Ist die Farbe trocken, entfernt

Naive Malerei auf einem Seidentuch. Ein älterer Patient der Alsterdorfer Heil- und Pflegeanstalten in Hamburg malte diese ländliche Idylle mit Stoffmalfarben

Ausschnitt aus dem naiven Bild oben: erst im Detail erkennt man die liebevolle Ausführung dieser Arbeit, die manchem als Anregung dienen mag

Gemalte Miniaturen auf Stoff – hier Seide und Perlon-Wäschetrikot – lassen sich gut als individuelle Gruß- und Glückwunschkarten verwenden

man die Schablone, und das Motiv erscheint in der Farbe des Stoffes als negative Zeichnung. Hat man jedoch nicht die herausgeschnittenen Teile, sondern den Schablonen-Rahmen verwendet und den freien Raum mit Farbe ausgemalt, so erscheint das Motiv farbig, alles übrige bleibt in der Farbe des Stoffes, der ja zugedeckt war.

Material und Werkzeug

Da man sich beim Schablonieren auf flächige Motive beschränken sollte, eignen sich grobe Gewebe für diese Technik am besten. Man kann allerdings auch jeden anderen Stoff verwenden, allerdings muß er appreturfrei sein. Ist man nicht ganz sicher, ob ein Gewebe Appretur hat oder nicht, sollte man es wie appretierten Stoff behandeln und die Appretur durch Auskochen in Seifenwasser entfernen. Verträgt der Stoff keine so hohe Temperatur, so kann man ihn auch in warmem Sodawasser (je Liter fünf Gramm Sodazusatz) auswaschen. Chemiefasern und Seide haben keine Appretur.

Außer dem Stoff braucht man noch Schablonenkarton, den es in Schreibwarengeschäften gibt. Man kann auch Ölpapier, Lackpappe oder Lampenschirmpapier nehmen. Hat man solchen Karton nicht zur Hand, geht es auch mit gewöhnlicher Pappe, deren Schnittkanten mit Ölfarbe gestrichen werden sollten, um sie faserfest zu machen. Weiteres Arbeitsmaterial sind eine spitze, scharfe Schere oder eine Schneidfeder, ein Borstenpinsel und Stoffmalfarbe.

Die Arbeitsweise

Zuerst wird das ausgewählte Motiv, das nach Möglichkeit selbst entworfen werden sollte, auf den Schablonenkarton gezeichnet (entweder aus freier Hand oder mit Hilfe von Kohlepapier) und sauber mit der Schere oder der Schneidfeder ausgeschnitten. Dabei sind zu feine Linien zu vermeiden, weil sich der Karton an diesen Stellen dann nicht auf dem zu bearbeitenden Stoff feststecken läßt und zudem leicht abbricht. Die ausgeschnittene Schablone, die auch aus mehreren Teilen bestehen kann, wird, dem Gesamtmotiv entsprechend, mit Nadeln auf dem Stoff festgesteckt. Dann gießt man Stoffmalfarbe (DEKA Permanentfarbe für helle, DEKA Permanent-Deckfarbe für dunkle Stoffe) auf eine Untertasse und taucht die Spitzen des Borstenpinsels hinein, so daß sie etwas Farbe aufnehmen. Ist der Pinsel zu satt (zu naß) eingefärbt, besteht die Gefahr, daß Farbe unter die Schablonenränder dringt und die Konturen verwischt.

Mit dem Farbpinsel umfährt man zuerst die Ränder der Schablone oder Schablonenteile, wobei man sie so fest wie möglich mit der Hand auf den Stoff preßt. Danach malt man alle übrigen nicht mit der Schablone bedeckten Flächen des Stoffes aus und läßt die Farbe gut trocknen. Erst dann entfernt man die Schablone vom Stoff und kann nun das Motiv erkennen.

Anwendungsmöglichkeiten

Schablonierte Stoffe kann man zu Tischdecken und Sets, Kissenplatten und Wandbehängen, Schals und Tüchern sowie zu Kinderkleidung verarbeiten. Immer wird der Verwendungszweck für die Motivwahl ausschlaggebend sein, deshalb sollte man sich vor Arbeitsbeginn darüber im klaren sein, was man später aus dem schablonierten Stoff arbeiten will. Man kann den Stoff in manchen Fällen schon vor dem Schablonieren zuschneiden, um die vorgesehenen Motive besser anordnen zu können.

Positiv-Schablone: Pappe, aus der Teile herausgeschnitten wurden. Malt man durch die Ausschnitte, erscheinen diese als Muster auf dem Stoff

Kleine Leinendecke, zweifarbig in Schabloniertechnik mit einer Positiv-Schablone ausgeführt

Das aus Karton ausgeschnittene Motiv ist eine Negativ-Schablone, der um das Motiv herum abfallende Karton kann als Positiv-Schablone verwendet werden

Stoff und Schablone (hier die Positiv-Schablone) werden mit Stecknadeln so auf einer Styroporplatte befestigt, daß keine Farbe unter die Kartonränder dringen kann

Will man den Hintergrund farbig gestalten, legt man die Negativ-Schablone genau deckend auf den ersten getrockneten Farbauftrag

Den Hintergrund könnte man noch beliebig auflockern, indem man hier wiederum kleine Negativ-Schablonen feststeckt, ähnlich wie zu Beginn bei dem Vogel im Baum

Das Zweifarben-Schablonenbild ist fertig. Die Aussparung in Form des Vogels wurde beim grünen Farbauftrag abgedeckt. Entfernt man die Abdeckung, kann man den Vogel in einer weiteren Farbe ausmalen

Schablonieren mit Sprühfarben

Sehr dekorative Muster, z. B. von Tortendecken aus Plastik, lassen sich mit Sprühfarben aus der Dose übertragen. Da es noch keine speziellen Textilfarben in Sprühdosen für den Hobbybedarf gibt, muß man auf herkömmliche Sprühfarben (Bastelfarben, Testors Pla, Marabu Buntlack) zurückgreifen. Allerdings sollte man hier nur Mattfarben nehmen, da die glänzenden Lacke zu starr auftrocknen.

Der zu besprühende Stoff wird auf einer Styroporplatte mit Nadeln befestigt. Darauf kommt die Schablone – hier ein Tablettdeckchen aus Plastik. Alle nicht zu verzierenden Stoffstellen sind mit Papier abgedeckt

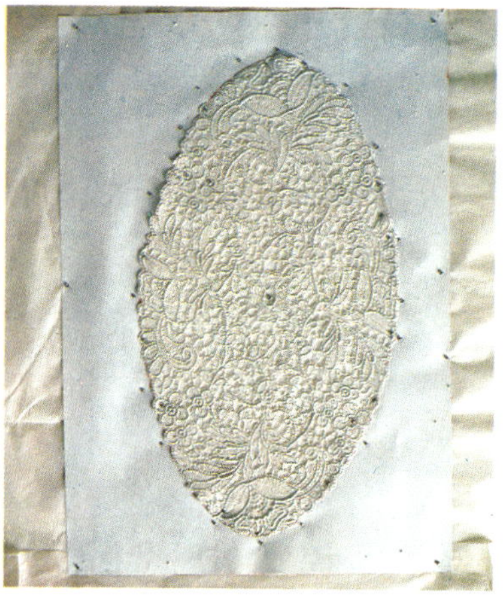

Man besprüht die Schablone zunächst in waagerechten Bewegungen hin und her in Abwärtsrichtung, danach in senkrechten Bewegungen von links nach rechts gehend

Es ist klar, daß man mit solchen Sprühfarben keine größeren Textilflächen behandeln sollte, aber Einzelmotive eignen sich sehr gut zum Übertragen mit den erwähnten Sprühfarben.

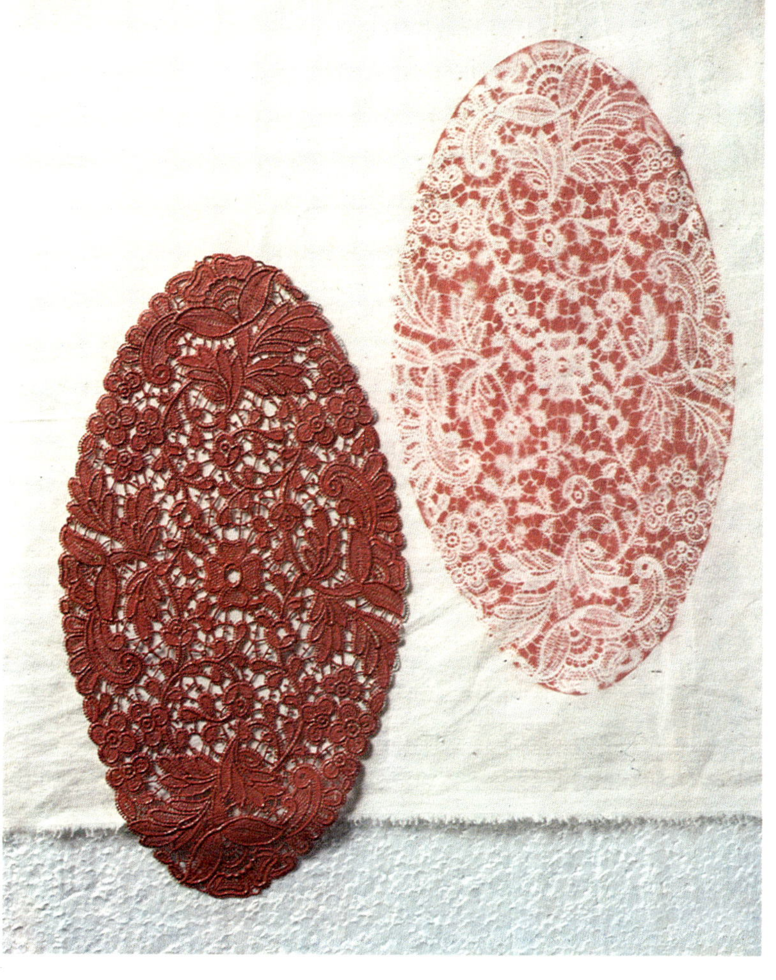

Das Ergebnis: die Zwischenräume der übersprühten Schablone ergeben jetzt das Muster auf dem Stoff

Als Grundstoff sollte man möglichst glattes, nicht dehnbares Material (z. B. keinen Trikot) nehmen, weil das aufgesprühte Motiv sich sonst mit dem Stoff verziehen würde.

Die Arbeitsweise
Der zu verzierende Stoff bzw. das Kleidungsstück wird mit einem ausreichend großen 30 mm starken Stück Styropor unterlegt. Auf den Stoff heftet man mit Stecknadeln, die man durch den Stoff senkrecht in die Styroporplatte sticht, die Schablone, beispielsweise eine Plastik-Tablettdecke mit Spitzenimitation. Um die Schablone herum wird der Stoff mit Papier abgedeckt, die Übergänge von Schablonenrändern und Abdeckpapier sichert man mit Klebstreifen, so daß keine Farbe außerhalb des vorgesehenen Musters auf den Stoff gesprüht werden kann. Die Schablone muß ganz glatt aufliegen und auch über die ganze Fläche mit Stecknadeln befestigt werden (nicht nur am Rand). Das ist sehr wichtig, um später saubere Farbkonturen zu erzielen.
Nach Abschluß der Vorarbeiten schüttelt man die Farbe in der Sprühdose mit sehr viel Ausdauer, damit die Farbe in sehr feinem Nebel aus der Düse tritt und sich gut verteilen läßt. Die Dose wird zuerst in waagerechten Hin- und Herbewegungen zügig und gleichmäßig geführt, danach in senkrechten Auf- und Abbewegungen. Auf keinen Fall sollte man die Dose stillhalten und auf einen Punkt sprühen, weil die Farbe so zu tief in den Stoff eindringt und verläuft.
Ist die Farbe trocken (nach etwa 15 Minuten) kann man Schablone und Abdeckung entfernen. Die Arbeit ist damit abgeschlossen. Auf diese Weise verzierte Sachen können lauwarm gewaschen und unter einem trockenen Tuch lauwarm (nicht heiß!) gebügelt werden. Bevor man jedoch ein Kleidungsstück mit Sprühfarben verziert, sollte man an einem ausrangierten Stoffstück seine Kunst ausprobieren und Erfahrungen sammeln.

Stoffdruck

Der Vorgang ist einfach: ein Stempel, geschnitten aus einem später erläuterten Material, wird mit Farbe versehen und auf dem Stoff abgedruckt.
Druckstempel (Druckstöcke) kann man aus Kartoffeln, Rüben, Korken, Holz, PVC oder Linoleum herstellen. Die gebräuchlichsten sind Kartoffel- und Linoleumstempel. Während man aus einer Kartoffel nur einen Positiv-Stempel (einen sogenannten Hochdruck-Stempel) herstellen kann, lassen sich aus Linoleum sowohl Positiv- als auch Negativ-Stempel schneiden. Bei einem Positiv-Stempel, der schwerer herzustellen, aber leichter zu drucken ist als ein Negativ-Stempel, werden alle Konturen eines Motivs abgedruckt. Die Zwischenräume bleiben frei. Der Negativ-Stempel dagegen bedruckt die Flächen zwischen den Konturen und läßt die Konturen selbst farblos hervortreten.
Beim Stoffdruck ist es wichtig, daß der fertige Abdruck erkennen läßt, aus welchem Material der verwendete Druckstempel hergestellt wurde. Das heißt, man sollte nie versuchen, mit einer Kartoffel die Wirkung eines Linolstempels zu erzielen oder umgekehrt.

Aus der Hälfte einer großen Kartoffel wird eine einfache Form ausgeschnitten

Die Form wird zum Griffende hin pyramidenförmig zugeschnitten

Der Kartoffelstempel wird auf ein Stück saugfähiges Papier zum Trocknen gelegt. Inzwischen fertigt man aus mehreren Stofflagen oder Schaumstoff ein Stempelkissen an, das man mit Stoffmalfarbe tränkt

Der Stempel wird erst auf das Stempelkissen gedrückt und dann auf den Stoff gesetzt

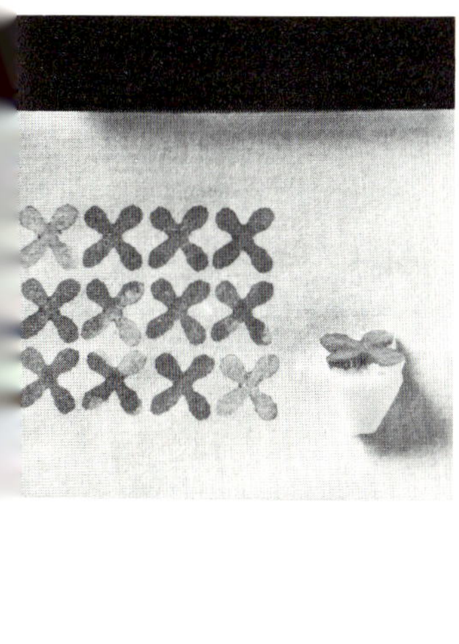

Mit Stempeln bedruckte Stoffe eignen sich für Tischdecken, Sets und Servietten, für Vorhänge und Kissenhüllen, für Bordüren, Schürzen und Kleidungsstücke.

Die Kartoffel als Druckstock

Kartoffelstempel sind äußerst leicht herzustellen, jedoch ist ihre Lebensdauer kurz. Schon nach einem Tag ist der aus einer Kartoffel zurechtgeschnittene Stempel welk, und seine Konturen sind derart verändert, daß man ihn nicht mehr verwenden kann. Ein weiterer Nachteil des Kartoffelstempels liegt darin, daß sich nur verhältnismäßig kleine Motive damit drucken lassen. Die Wirkung eines solchen Stempels ergibt sich vor allem aus der rhythmischen Wiederholung desselben Formelements, das man derart aneinander-, nebeneinander- oder übereinanderstellen kann, daß sich immer wieder neue Figuren ergeben. Schon mit einem einzigen Stempel in Dreieck- oder Würfelform kann men sehr dekorative Drucke herstellen.
Der Druck mit Kartoffelstempeln ist im übrigen eine Arbeitstechnik, mit der sich auch Kinder unter entsprechender Aufsicht und Anleitung mit Erfolg befassen können.

Das Schneiden des Stempels

Zum Herausschneiden einer einfachen Form aus einer möglichst großen und einwandfreien Kartoffel eignet sich ein Taschenmesser genau so gut wie ein Küchenmesser.
Man arbeitet aus freier Hand, zeichnet also nicht etwa erst eine Skizze auf die Schnittfläche. Es sind gerade die Zufälligkeiten, die später den Reiz eines solchen Stempelabdrucks ausmachen. Man geht am besten von einer quadratischen oder runden Grundform aus, deren Wirkungsweise man durch Einkerbungen an den Rändern oder ähnliche Abwandlungen bereichern kann. Feine Linien sind zu vermeiden, sie würden beim Aufdrücken des Stempels auf den Stoff zu schnell wegbrechen. Daß man aus einer Kartoffel keine Schnörkel und sonstigen komplizierten Formen herausschneiden kann, stellt man beim ersten Versuch fest.
Will man mit einer Stempelform einen Rapport drucken (Wiederholung des Motivs in gleichmäßigen Abständen), empfiehlt es sich, die Kartoffel von der Stempelfläche ausgehend zum Griffende hin pyramidenförmig zuzuschneiden, man hat so eine bessere Übersicht, um den Stempel genau zu plazieren. Ist der Stempel sehr klein, sollte man lieber etwas von dem Überstand der Kartoffel dranlassen, sonst bricht er leicht ab.
Ist der Druckstempel fertig geschnitten, legt man das Stück einige Minuten auf ein Papiertaschentuch oder auf Haushaltskrepp-Papier, das einen Teil der in der Kartoffel enthaltenen Feuchtigkeit aufsaugt. Um sauber drucken zu können, soll der Stempel möglichst trocken sein.

Was man sonst noch braucht

Außer dem Kartoffelstempel und dem zu bedruckenden Stoff braucht man einige nicht fasernde Stoffreste, aus denen man eine Art Stempelkissen zusammenheftet. Man kann auch ein feinporiges Stück Schaumstoff nehmen. Ferner eine Unterlage für das Stempelkissen (ein Kästchen aus Kunststoff o. ä.) und Farben. Obwohl es sich bei dieser Arbeit um eine Drucktechnik handelt, nimmt man zum Drukken mit Kartoffelstempeln Stoffmalfarben. Sie sind flüssiger als die

Allgemein stellt man mit Kartoffelstempeln Positiv-Drucke her. Oben ein Beispiel für einen Negativ-Druck: quadratischer Stempel mit runder Aushöhlung, dicht an dicht gesetzt

Einfaches Leinenband, mit Kartoffelstempeln bedruckt, wird zu einer hübschen Bordüre für Kindersachen

Rechte Seite:
Bei dieser großen Rosette wurden verschiedene Kartoffelstempel neben- und übereinander abgedruckt

Mit einem ganz einfachen Stempel kann man schon ein hübsches Muster drucken, das durch den Druck mit mehr oder weniger Farbe (mehrmals nebeneinandersetzen ohne zwischendurch einzufärben) verschiedene Nuancierungen erhält

etwas pastosen Stoffdruckfarben, die man für das Drucken mit Linolstempeln verwendet.

Welche Stoffe eignen sich?

Wenn sich grundsätzlich auch fast alle glatten, appreturfreien Gewebe zum Bedrucken eignen, so ist es doch vorteilhaft, nicht zu grobe Stoffe zu wählen. Ihre Struktur würde das verhältnismäßig kleine Motiv eines Kartoffelstempels nicht klar genug erkennen lassen, und der Druck stünde in einem Mißverhältnis zur Stoffart. Stoffe aus Baumwolle, Seide oder Kunstseide sind gut geeignet, wie auch Gewebe aus synthetischen Fasern. Grobes Leinen, Bast oder durchbrochene Stoffe sollte man nicht nehmen.

So wird gedruckt

Man schüttet ein wenig von der Stoffmalfarbe (Permanentfarbe) aus dem Glas auf das Stempelkissen und läßt sie eine Weile einziehen. Nun drückt man den Stempel vorsichtig und nicht zu fest darauf und färbt ihn auf diese Weise ein. Auf einem Abfallstück des zu bedrukkenden Stoffes wird erst einmal ein Probeabzug gemacht. Meistens muß man mehrere Probedrucke machen, bis man herausgefunden hat, wie stark man den Stempel auf das Farbkissen pressen darf und wie man ihn auf den Stoff aufsetzen muß, um einen sauberen Abdruck zu bekommen.

Nach einigen Versuchen kann man mit der Arbeit beginnen. Dabei muß der Stempel für jeden Abdruck neu eingefärbt, also auf das Kis-

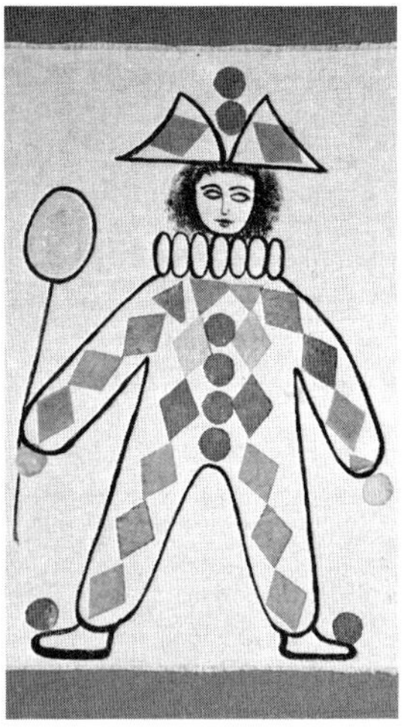

Motiv für einen Spiel- oder Turnzeugbeutel: Umrisse der Figur mit edding-Faserschreiber gezeichnet, farbiges Muster mit Kartoffelstempeln gedruckt

sen gedrückt werden. Ist der Abdruck des Stempels nicht vollständig, so kann man die Konturen notfalls später mit einem in Stoffmalfarbe getauchten Pinsel ein wenig ausbessern. Nie sollte man versuchen, den Stempel zweimal auf dieselbe Stelle zu setzen, um auf diese Weise einen mißlungenen Abdruck zu retten. Das geht selten gut, und man ärgert sich hinterher.

Soll eine größere Fläche mit einer immer wiederkehrenden Zusammenstellung mehrerer Abdrucke desselben Stempels bedruckt werden, so kann man sich zur besseren Orientierung Hilfslinien schaffen. Diese Linien werden aber nicht auf den Stoff gezeichnet, sondern man markiert sie, indem man sie vor Druckbeginn einbügelt.

Will man dagegen ein aus mehreren Stempeln bestehendes Motiv auf einer größeren Stoffbahn wiederholen, ist es ratsam, erst alle Stempel einer Sorte zu drucken, um somit schon eine gefällige Raumaufteilung zu gewinnen und dann erst den oder die anderen Stempel hinzuzufügen.

Zum Drucken mit mehreren verschiedenen Farben kann ohne weiteres derselbe Kartoffelstempel benutzt werden, wenn er zwischendurch in klarem Wasser gut abgewaschen und auf ein Tuch zum Trocknen gelegt wird. Besser ist es, außerdem noch eine dünne Scheibe davon abzuschneiden. Man sollte aber am Anfang nicht mit zu vielen Farben herumexperimentieren, sondern erst einmal an einfachen Arbeiten Erfahrungen sammeln. Wenn man genügend Fertigkeit im sauberen Aufsetzen des Stempels erlangt und sich mit der Zeit ein sicheres Raumgefühl erarbeitet hat, kann man nicht nur kompliziertere Druckarbeiten ausführen, sondern man hat auch die Möglichkeit, zwei Techniken: Kartoffelstempeldruck und Stoffmalerei miteinander zu kombinieren.

Wie eingangs erwähnt, kann man auch andere Materialien zum Drukken verwenden, wenn sie eine ausgeprägte Eigenstruktur haben oder aus einem Material sind, das sich durch Einschneiden, Kerben, Beschnitzen oder Ritzen mit dem Messer verändern läßt.

Schon mit dem Abdruck einfacher Korken kann man interessante Effekte erzielen, kann sowohl ruhige, in sich geschlossene, als auch lebhafte Muster gestalten (Fotos unten und Seite 26).

Abdrucke von Korken in verschiedenen Größen in Kreis- und Halbkreis-Anordnung ergeben eine lebhafte Fläche

Abdrucke von nur einem Korken in gleichmäßiger Wiederholung ergeben eine ruhige Fläche

Nachbehandlung

Nach dem Trocknen des Farbauftrags wird der Stoff von der Rückseite gebügelt, und zwar mit einer dem Gewebe angepaßten Temperatur. Durch das Bügeln verbindet sich die Stoffmalfarbe, die zum Drucken verwendet wurde, fest mit dem Gewebe und trotzt jeder Wäsche, sofern man hochwertige Farbe verwendet hat.

Das Drucken mit Linolstempeln

Das Arbeiten mit Linolstempeln ist wesentlich komplizierter als der Kartoffeldruck. Die Stempel, die aus völlig anders geartetem Material sind, werden nicht nur mit anderen Werkzeugen geschnitten, sie sind auch größer und erfordern eine andere Handhabung. Selbst die Farbe, mit der hier gedruckt wird, hat andere Eigenschaften als die bisher verwendete Stoffmalfarbe.

Material und Werkzeug

Zum Drucken mit Linolstempeln benötigt man 3–4 Millimeter starke Linoleumabschnitte, die es in Bastelläden, in Teppichgeschäften oder in Holzhandlungen gibt. Ferner Linolschnittmesser in verschiedenen Ausführungen: mindestens ein spitzes, scharfes Messer für feine Linien, ein V-förmiges, Geißfuß genannt, für mittlere Linien, und ein U-förmiges, das sogenannte Hohlmesser, zum Ausheben und Abtragen größerer Flächen. Diese Messer werden in einen Haltegriff, der einem Federhalter ähnelt, eingesetzt. Notfalls kann man sich einen solchen Haltegriff mit einfachen Mitteln zusammenbasteln, indem man die Metallteile aus einem gewöhnlichen Federhalter mit ei-

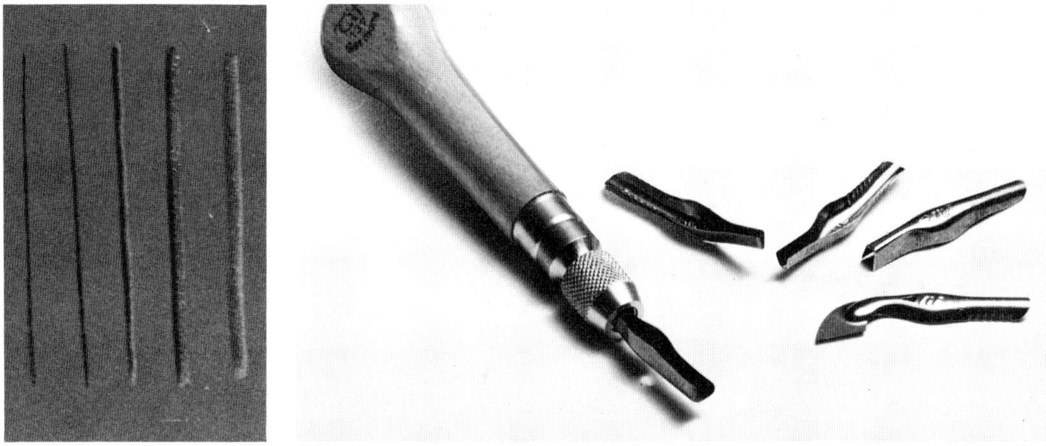

Verschiedene Linolschnittmesser und eine Arbeitsprobe von deren Schnittbreiten. Der Haltegriff für die Messer hat ein kleines Spanngewinde

ner Zange herauszieht. In diese Öffnung wird das Schneidmesser hineingeschoben, und mit einem kleinen geschnitzten Holzpflöckchen festgespannt, so daß es nicht herausrutschen kann. Außerdem braucht man eine Farbwalze und eine Glas- oder Kunststoffplatte, auf der die Farbe verteilt wird, sowie Stoffdruckfarben guter Qualität (DEKA).

Die Wahl des Motivs

Immer wieder lautet das erste Gebot für den Anfänger: einfach und klar! Überdies zwingen die technischen Schwierigkeiten, die das Linolschneiden mit sich bringt, schon von selbst zur Vereinfachung. Beim Entwurf für einen Linoldruck muß man vor allem daran denken, daß der Druck seitenverkehrt, gewissermaßen in Spiegelschrift, erscheint. Auf keinen Fall sollte man versuchen, ein plastisches Bild auf das Papier und später auf den Stempel zu bannen. Man würde beim Ergebnis nichts als Enttäuschungen erleben. Zudem soll ein bedruckter Stoff ja nicht einfach mit einem Bildchen versehen werden, sondern es geht in der Hauptsache darum, die Fläche sinnvoll aufzuteilen. Hierzu eignen sich Ornamente schon allein wegen der Vielfalt ihrer Kombinationsmöglichkeiten recht gut. Die Natur liefert außerdem Vorlagen in großer Auswahl, die sich leicht vereinfachen, stilisieren lassen. Dabei beschränkt man sich auf das Übertragen wesentlicher Linien und Flächen, die das Motiv gerade noch erkennen lassen. Alle ablenkenden Nebensächlichkeiten sollen vermieden werden. Eine stark stilisierte Darstellung von Pflanzen oder Tieren ist weitaus ansprechender und dekorativer als ein verspieltes oder zu sehr ins Detail gehendes Motiv. Ganz abgesehen davon, daß sich ein einfacher Stempel auch leichter schneiden und sauberer ausarbeiten läßt.

Das Motiv sollte weder zu klein noch zu groß sein. Kleine Motive druckt man besser und einfacher mit einem Kartoffelstempel. Zu flächige Motive ergeben meistens ungleichmäßige Abdrucke.

Positiv- und Negativ-Stempel

Ein Negativ-Stempel darf nicht zu groß sein. Das in das Linol eingeschnittene Motiv hebt sich als helle Linie in der Farbe des Stoffes ab. Der ganze übrige Stempel erscheint auf dem Stoff als farbige Fläche. Ist diese Fläche zu groß, so wird deren Abdruck ungleichmäßig, wie

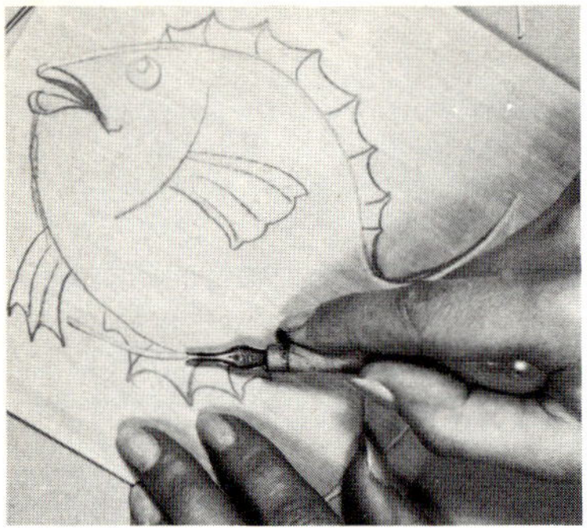

Die Linien des auf Linol vorgezeichneten Motivs für einen Negativdruck werden mit dem Schnittmesser nachgefahren und ausgehoben

Stoffdruckfarbe wird auf einer glatten Unterlage aus Kunststoff oder Glas mit der Walze verteilt

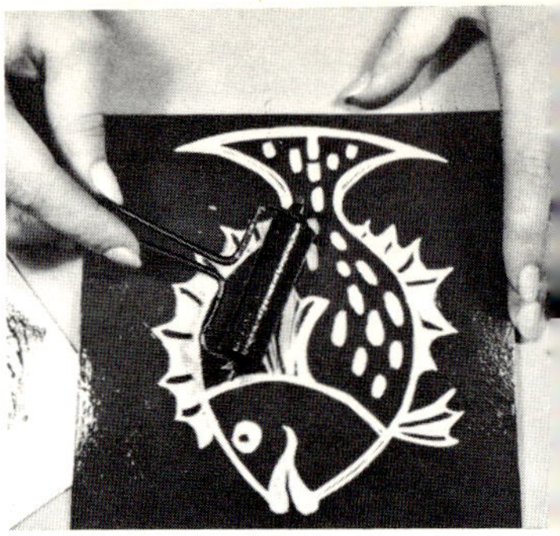

Mit der Walze färbt man den Linolstempel gleichmäßig ein und macht einen Probeabdruck auf Papier

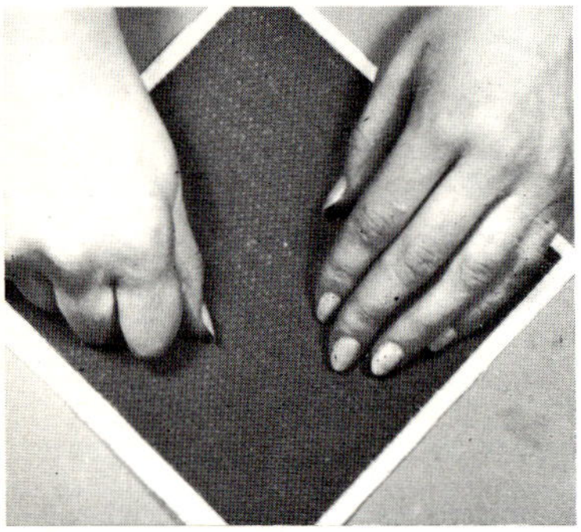

Der nach der Probe abermals mit Farbe eingewalzte Stempel wird auf den Stoff gelegt und gleichmäßig angedrückt

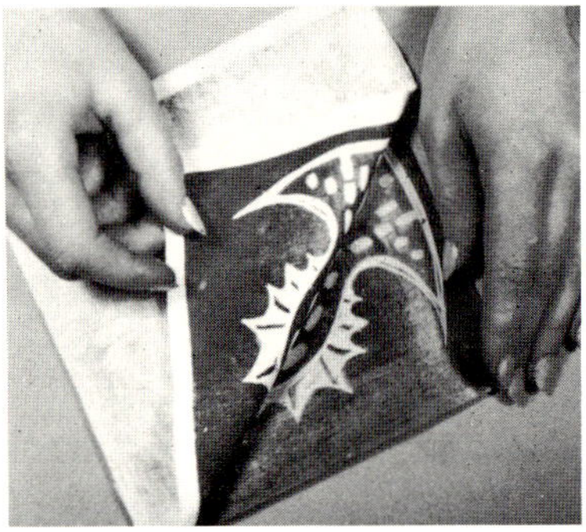

Nach dem Drucken dreht man Stempel und Stoff um, so daß man den Stoff, an einer der Ecken beginnend, vom Stempel abheben kann

So muß ein gelungener Abdruck aussehen: die Farbe ist gut verteilt, die Konturen des Motivs sind klar und nicht verwischt

schon erwähnt. Der Linolschnitt, mit dem auf den Fotos die einzelnen Arbeitsgänge demonstriert werden, ist ein Negativ-Stempel. Alle Konturen des Fischmotivs sind hier aus dem Linoleum herausgehoben, alle Flächen stehengeblieben.
Mit solchen Stempeln lassen sich kleine Wandbehänge, Platzdecken, Servietten und andere nicht zu große Stoffstücke gut bedrucken. Für einen immer wiederkehrenden Druck (Rapport) auf einer größeren Fläche eignen sie sich nicht besonders gut. Hier sollte man lieber mit Positiv-Stempeln arbeiten.
Einen Positiv-Stempel herzustellen erfordert Ausdauer und Geschicklichkeit. Es müssen teilweise große Linolflächen abgetragen werden, so daß das Motiv als klare Zeichnung stehenbleibt. Leicht bricht versehentlich etwas heraus, was eigentlich hätte stehenbleiben sollen. Hier findet man also bestätigt, daß eine Beschränkung auf einfache Formen durchaus angebracht ist. Positiv-Stempel ergeben im allgemeinen bessere Abdrucke als Negativ-Stempel. Bei einiger Übung jedoch beherrscht man beide Techniken gleich gut.

Rechts oben: Positiv-Stempel – alle zu druckenden Motivteile sind erhaben, das Hintergrundmaterial wurde so weit abgetragen, daß es nicht mit abgedruckt werden kann

Abdruck des Positiv-Stempels von oben: durch Aneinanderreihung des jeweils oberen und unteren Stempelteils entstand eine Bogenranke, ergänzt durch einfache Blütenformen

Übertragen der Skizze
Hat man die endgültige Form seines Motivs herausgearbeitet, muß die Skizze auf das Linoleum, das nur wenig größer als das Motiv

selbst sein soll, übertragen werden. Dabei ergeben sich zwei Möglichkeiten: Wurde die Skizze unter Berücksichtigung, daß der Stempel seitenverkehrt (in Spiegelschrift) druckt, angelegt, so kann man sie nun mit der Originalseite nach oben unter Zuhilfenahme von Kohlepapier auf das Linolstück übertragen. Hat man das beim Skizzieren nicht bedacht, muß man ein Stück Kohlepapier mit der schwarzen Farbseite gegen die Rückseite der Skizze legen und noch einmal die Konturen nachzeichnen. Nun sind sie auf beiden Seiten sichtbar. Dann dreht man seine Skizze um, so daß jetzt die mit Bleistift gezeichnete Seite nach unten zeigt, legt ein Stück Kohlepapier mit der schwarzen Seite auf das Linoleum und überträgt den Entwurf. Dabei heftet man am besten Skizze, Kohlepapier und Linoleum an allen vier Seiten mit Klebstreifen zusammen, damit sich nichts verschieben kann. Hat man alles durchgezeichnet, vergleicht man noch einmal das Original mit der Zeichnung auf dem Linoleum und nimmt eventuell Korrekturen vor. Dann malt man das Motiv auf dem Linoleum mit Tusche nach, um es besser herausarbeiten zu können. Wenn man einige Übung im Schneiden hat, kann man diesen Arbeitsgang fortlassen. Später wird mancher seinen Entwurf sogar direkt auf das Linoleum zeichnen.

Das Schneiden des Negativ-Stempels

Zur Herstellung eines Negativ-Stempels benutzt man vorwiegend das einfache Schnittmesser (zum Vorschneiden der Konturen) und den V-förmigen Geißfuß (zum Ausschneiden und Ausheben von Linien und kleinen Flächen). Man faßt den Haltegriff mit dem Schnittmesser wie ein gewöhnliches Messer an und beginnt am unteren, dem Körper am nächsten liegenden Rand eine Linie nachzuschneiden. Dazu wird das Werkzeug leicht in das Linoleum gedrückt und langsam vorwärts geschoben. Man arbeitet immer vom Körper weg, um sich beim Ausrutschen des Schnittwerkzeugs nicht zu verletzen. Die Hand, die das Linoleum festhält, darf deshalb nie in der Schnittrichtung liegen. Am besten ist es, die ersten Versuche an einem Stück Abfall-Linoleum zu machen. Das Schnittmesser soll ohne großen Widerstand vorwärtsgeführt werden, und das ist nur möglich, wenn man nicht zu kräftig aufdrückt. Hat man alle Linien sauber ausgehoben, ist der Negativ-Stempel druckfertig. Um einen annähernden Eindruck von seiner Wirkung zu haben, kann man ihn mit Wasser anfeuchten und auf einem Stück Papier abdrucken. Man hat dadurch die Möglichkeit, noch geringfügige Änderungen vornehmen zu können.

Das Schneiden eines Positiv-Stempels

Die Arbeit unterscheidet sich nicht wesentlich vom Schneiden eines Negativ-Stempels, nur muß man hier umdenken: alle Konturen sollen stehenbleiben, alle Flächen hingegen abgetragen werden. Die stehenbleibenden Linien und Flächen, aus denen der Stempel zum Schluß besteht, dürfen nicht zu klein und schwach sein, einmal, weil sie keinen einwandfreien Abdruck hinterlassen würden, zum anderen, weil sie zu leicht abbrechen und damit den Stempel wertlos machen. Zuerst umfährt man alle stehenbleibenden Teile mit dem einfachen Schnittmesser, um beim Abtragen der Flächen eine deutliche Begrenzung zu haben. Man vermeidet dadurch ärgerliche Schnittfehler. Hat man das Motiv grob herausgearbeitet, wobei man sich vorwiegend des U-förmigen Hohlmessers bedient, beginnt man mit der Feinarbeit. Alle Konturen werden noch einmal mit dem Geißfuß oder

Um die Stempel besser greifen zu können, klebt man sie auf einen Stempelblock aus Plexiglas (oben) oder Holz. Die Stempel oben zeigen einmal die Positiv- und einmal die Negativ-Form. Beim Stempel rechts unten wurde der Stempelblock dem Motiv entsprechend zugesägt

Der Originalstempel (links auf dem Bild) ist 7 × 16 cm groß. Er wirkt am besten, wenn man ihn mehrfach in nur einem Farbton so abdruckt, daß einmal die Blätter und einmal die Früchte oben stehen

Wäschebeutel, Schlafrolle und Kissen mit handbedruckten Bordüren besetzt. Handdruck-Bordüren haben den Vorteil, daß die Motive der Form des zu besetzenden Stückes genau angepaßt werden können, z. B. an den Ecken von Kissen

Leinenkissen mit Linolstempeln in Blau- und Grüntönen bedruckt. Man kann auch Bettwäsche auf diese Weise verzieren, denn die Farben sind licht-, wasch-und kochecht

dem glatten Schnittmesser zügig nachgefahren, damit der Abdruck später ganz sauber wird. Besonders an den Kanten muß man das überflüssige Linoleum wegschneiden, damit es sich später nicht – was übrigens leichter passiert als man denkt – versehentlich irgendwo auf dem Stoff mit abdrückt. Es ist überhaupt darauf zu achten, daß die Linolschicht zwischen den stehenbleibenden Motivlinien weit genug abgetragen ist, so daß wirklich nichts von den Zwischenräumen mitgedruckt werden kann. Auch hier hilft zur Überprüfung ein Wasserabdruck auf Papier.

Mit einem handbedruckten Bezug wird aus einem simplen Notizbuch ein hübsches Geschenk

Welche Stoffe bei Linolstempeln?
Die Stoffe müssen, wie bei allen Druck- und Färbetechniken, appreturfrei sein. Sind sie appretiert, so muß das Gewebe ausgekocht oder in heißem Seifenwasser ausgewaschen werden. Unterläßt man das Entfernen der Appretur, läuft man Gefahr, daß Teile des aufgedruckten Musters bei der ersten Wäsche mit der Appretur fortgeschwemmt werden. Die aufgedruckte Farbe kann sich nämlich nicht an allen Stellen richtig mit dem Gewebe verbinden, sondern haftet nur auf dem Stärkemittel, das sich beim Waschen löst. Für Linoldruck eignen sich alle mittelfeinen bis groben Gewebe. Fließende Stoffe wie Seide und Chiffon sind weniger geeignet, da sie durch den Farbauftrag erheblich schwerer und ungeschmeidiger werden. Flauschige oder genoppte Gewebe sollte man nicht bedrucken.

Vorbereitungen für den Druck
Bevor man den Linolstempel zum Drucken benutzt, muß er von möglichen Fettstellen, die die Farbe nicht annehmen würden, befreit werden. Dazu wäscht man ihn mit Seifenwasser ab und läßt ihn trocknen. Inzwischen legt man sich einige Zeitungen als Druckunterlage, die nicht zu hart sein darf, zurecht und stellt reines Terpentin zum eventuellen Verdünnen der Stoffdruckfarbe und Terpentin-Ersatz zum Reinigen des Stempels bereit. Außerdem benötigt man mehrere alte Lappen zum Abwischen der Geräte und der Hände, eine Kunststoff- oder Glasplatte zum Auswalzen der Druckfarbe und ein Messer, mit dem man die Farbe auf der Glasplatte verteilt. Man kann entweder auf einem sauberen Küchentisch oder auf dem Fußboden drukken. Der zu bedruckende Stoff muß ganz glatt sein. Am besten bügelt man ihn vor Arbeitsbeginn.

Der Druckvorgang
Stoffdruckfarben kann man im allgemeinen so verwenden, wie sie aus der Tube kommen. Sollten sie jedoch zu zäh sein, müssen sie mit einigen Tropfen (!) reinem Terpentin (kein Terpentin-Ersatz) etwas verdünnt werden. Die Farben sollten aber pastenartig bleiben und dürfen auf keinen Fall zu dünn sein, weil dadurch die Drucke verschmiert werden.
Man gibt einige Zentimeter Farbe aus der Tube auf die bereitliegende Glas- oder Kunststoffplatte und verteilt sie gleichmäßig mit dem Messer. Dann wird sie dünn ausgewalzt, bis die Walze ganz mit Farbe überzogen ist. Nun färbt man den Linolstempel ein, indem man mit der Farbwalze mehrmals darauf hin- und herfährt. Der Stoff liegt auf der Unterlage aus Zeitungen bereit.
Zuerst macht man einen Probeabdruck auf Papier, um festzustellen, ob die Farbe gleichmäßig auf dem Stempel verteilt war, ob sie die richtige Konsistenz hat und ob der Stempel den Vorstellungen ent-

spricht. Hier bietet sich noch einmal eine letzte Möglichkeit, kleine Korrekturen vorzunehmen. Ist das erforderlich, so entfernt man die bereits aufgetragene Farbe mit Terpentin-Ersatz von dem Linoleum und führt mit dem Schnittwerkzeug die gewünschte Korrektur aus.
Hat der Abdruck auf dem Papier gezeigt, daß die Farbe in die Rillen des Stempels gelaufen ist, so war sie zu dünn. Ist der Abdruck trotz gleichmäßigen Anreibens des Papiers auf dem Stempel zu schwach, war die Farbe entweder zu spärlich aufgewalzt oder zu zäh. Erst wenn man einen befriedigenden Abdruck auf Papier erzielt hat, beginnt man mit dem Bedrucken des Stoffes. Dazu wird der Stempel abermals mit Farbe sorgfältig eingewalzt und forsch, ohne ihn zu verschieben, auf den Stoff gelegt. Um ihn gleichmäßig anzudrücken, bedient man sich einer Teigrolle (Nudelholz), mit der man auf der nun nach oben liegenden Jute-Seite des Linolstempels hin- und herrollt. Man kann auch ein Stück Holz darüberlegen und mit einem Hammer in gleichmäßigen senkrechten Schlägen daraufklopfen. Die beste Gewähr für einen guten Abdruck hat man, wenn man auf dem Fußboden arbeitet und sich einfach auf den Stempel stellt. Bei allen diesen Maßnahmen muß man aber äußerst vorsichtig sein, damit der Stempel nicht verschoben wird. Ist der Druck ausgeführt, werden Stempel und Stoff wieder getrennt. Das kann auf zweierlei Art geschehen: Entweder man hält den Stoff an einer überstehenden Ecke fest und hebt den Stempel rasch vom Stoff nach oben hin ab, oder man dreht den Stempel zusammen mit dem durch die Farbe festhaftenden Stoff um, so daß der Stempel unten liegt, und zieht – ebenfalls an einer Ecke beginnend – den Stoff vom Stempel ab. Mit beiden Methoden kann man gute Ergebnisse erzielen.
Soll das Motiv mehrmals auf dem Stoff erscheinen, so muß der Stempel vor jedem Abdruck neu mit Farbe eingewalzt werden, wobei man versuchen sollte, den Farbauftrag jedesmal möglichst gleichwertig zu halten – nicht zu dick und nicht zu schwach.
Ist der Druckvorgang abgeschlossen, muß der Stoff einige Tage trocknen. Nach vier Wochen ist die Farbe so fest, daß man den damit bedruckten Stoff ohne weiteres waschen kann. Die Druckwerkzeuge, Stempel, Walze und Glasplatte, werden nach dem Drucken sofort mit Terpentin-Ersatz gründlich gereinigt.

Einige Tips

Man kann das Linolstück so wie es ist als Druckstempel verwenden, arbeitet auf die Dauer jedoch gleichmäßiger mit einem richtigen Druckstock – einem Stempel, der auf eine feste Platte geleimt wurde. Um den Stempel genau zu plazieren, sägt man die Holz- oder Kunststoffplatte grob den Konturen des Stempels folgend zu. Allerdings kann es für einen Rapportdruck (fortlaufend wiederholtes Motiv) von Vorteil sein, wenn der Stempelblock genau quadratisch oder rechteckig (je nach Motiv) ist und so zugleich die Abstände von Motiv zu Motiv markiert. Am besten geht das Stempeln mit einem Block aus Plexiglas (Foto Seite 30, oben), denn dieser ermöglicht gleiche Abstände und bietet dazu Sicht auf den zu bedruckenden Untergrund (außer Stoff kann man auch Papiermaterial mit Linolstempeln und einer Spezialfarbe bedrucken).

Weitere Möglichkeiten

Mit Linolstempeln kann man auch mehrfarbig neben- oder übereinander drucken. Außerdem ist es möglich, den Stempel nur teilweise

abzudrucken, so daß eine völlig andere Wirkung erzielt wird. Das Nebeneinanderdrucken desselben Stempels in verschiedenen Farben ist denkbar einfach. Der Stempel wird zwischen den einzelnen verschiedenfarbigen Druckvorgängen mit Terpentin-Ersatz gründlich gesäubert und dann mit der nächsten Farbe eingewalzt. Die Arbeitsweise ist nur insofern etwas umständlich, als man nicht nur den Stempel, sondern auch Walze und Glasplatte immer wieder säubern und mit neuer Farbe versehen muß.
Diese Arbeit bleibt einem auch beim mehrfarbigen Übereinanderdrucken nicht erspart. Selten eignet sich derselbe Stempel, besser gesagt dasselbe Motiv, zum Übereinanderdrucken. Man nimmt dazu meistens mehrere Stempel mit einfachen Grundformen. Mit dem Drucken wird bei der hellsten Farbe begonnen und mit der dunkelsten aufgehört. So kann man beispielsweise einen Kreis in Gelb drucken, darüber einen roten Stern und auf den Stern wiederum schwarze Strahlen. Man kann aber auch einen dreizackigen Stern in drei verschiedenen Farben versetzt übereinanderdrucken so daß zum Schluß ein Stern mit neun Strahlen entsteht. Der nächste Druck darf aber erst jeweils dann ausgeführt werden, wenn der vorangegangene trocken ist (nach ungefähr einer Woche). Das ist natürlich etwas zeitraubend. Einen Teilabdruck erzielt man, indem man die eine Hälfte oder den nicht gewünschten Teil des Stempels vor dem Auflegen auf den Stoff mit Papier abdeckt. An dieser Stelle bedruckt der Stempel anstelle des Stoffes nur das Papier. Ein fortlaufender, abwechselnder Druck von ganzen Stempeln und Teilstempeln kann sehr hübsch sein, wenn er sauber ausgeführt wird.

Von rechts nach links: Einfaches Drucken mit PVC-Stempeln – der auf einen Holzblock geklebte Stempel wird mit Farbe eingewalzt . . .

. . . und auf den mit einem Zeitungspacken unterlegten Stoff gedrückt

Um einen satten Farbauftrag zu erhalten, muß man den Stempel zweimal genau deckend abdrucken

Aus PVC-Fußbodenfliesen kann man mit einer einfachen Haushaltsschere solche Druckstempel ausschneiden

PVC-Stempel
Ähnlich wie aus dem Fußbodenbelag Linoleum kann man auch aus dem modernen Fußbodenbelag PVC Druckstempel schneiden. Am besten geeignet ist PVC-Abfallmaterial mit selbstklebender Rückseite (Fliesenreste), weil man die Stücke ohne Umstände auf einen Stempelträger aus Holz oder Plexiglas aufkleben kann. Allerdings eignet sich das PVC-Material nur für flächige Positiv-Stempel mit klaren Umrissen. Feine Linien lassen sich nicht herausholen, weil das PVC zu dünn ist. Einen großen Vorteil bietet dieses Material jedoch beim Zuschneiden von Buchstaben. Während man sie bei den bisher beschriebenen Druckverfahren seitenverkehrt (also spiegelbildlich) auf-

Unten: Abdrucke von indischen Holzmodeln auf einem Mustertuch

zeichnen und ausschneiden mußte, kann man sie beim PVC richtig herum auf die Papierrückseite zeichnen und mit einer kräftigen Schere ausschneiden. Die PVC-Schichtseite, die ja die Druckseite ist, zeigt die Schrift seitenverkehrt. Es macht sehr viel Spaß, aus freier Hand mit der Schere Druckmotive auszuschneiden. Da das Material nicht teuer ist (eine 40 × 40 cm große Platte bekommt man auf großen Baumärkten für eine Mark, Reste sogar umsonst), verschmerzt man den Verlust eines mißlungenen Stempels schnell. Das Foto Seite 34 unten zeigt eine Auswahl frei ausgeschnittener PVC-Stempel, die auf Holz geklebt wurden.

Puppenwagenkissen aus Nessel, mit einem indischen Holzmodel in kräftigem Rot bedruckt (Anleitung für den Wagen auf Seite 130)

Holzstempel

Große Holzstempel, Druckmodel genannt, wurden früher von den Druckern selbst mit großer Kunstfertigkeit hergestellt. Oft waren die mit solchen Stempeln hergestellten Drucke signiert. Nachdem sie lange in Vergessenheit geraten waren, gibt es heute durch Importe, vorwiegend aus Indien, wieder schöne Holzmodel zu kaufen. Da sie nicht ganz billig sind, sollte man beim Kauf besonders darauf achten, daß das eingeschnittene Motiv unbeschädigt ist – besonders an den Rändern. Mit einem beschädigten Stempel läßt sich kein fortlaufender Rapport ohne sichtbare Übergänge drucken. Das aber macht gerade den Reiz des Modeldrucks aus, daß man einen Stoff flächig mit der Hand bedrucken kann.

Indische Druckmodel aus Holz. Beim Kauf muß man unbedingt auf einwandfreie, unbeschädigte Motive – besonders an den Kanten – achten

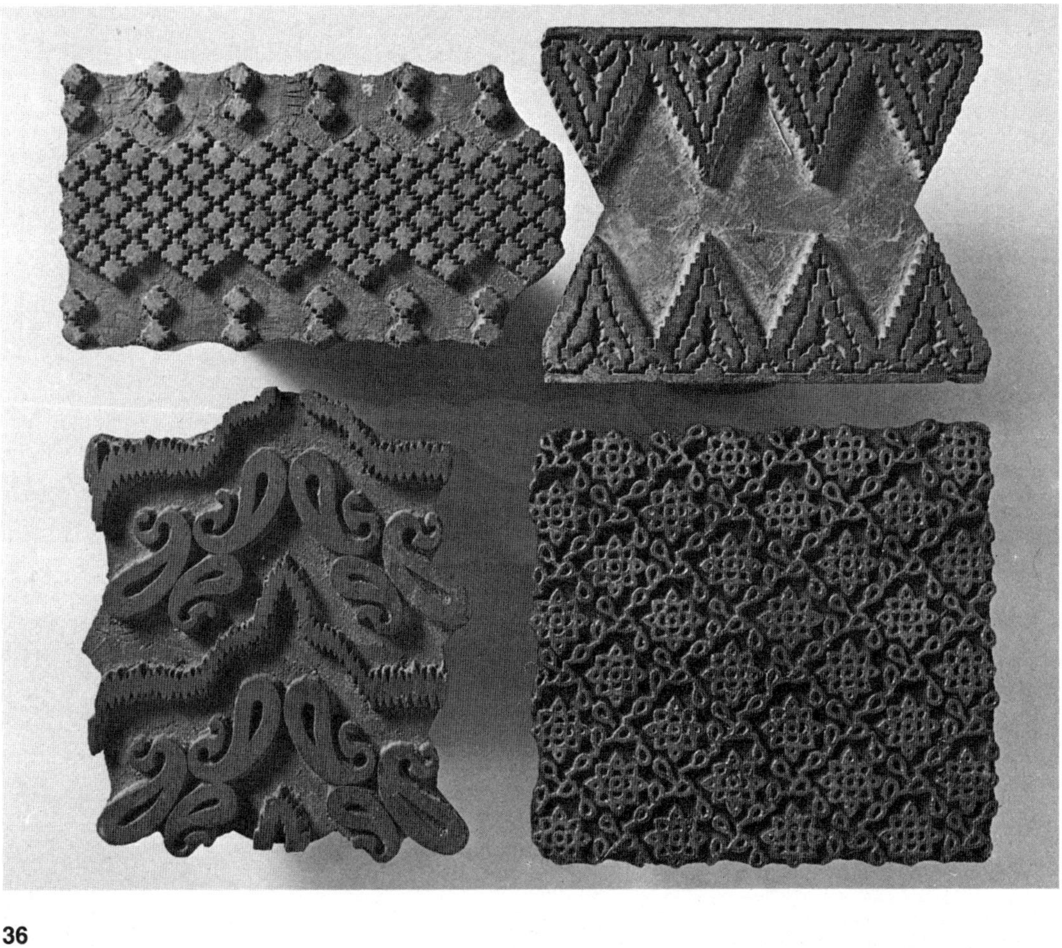

Im Prinzip verfährt man genau wie beim Drucken mit Linolstempeln. Ebenso wie dort, benutzt man auch zum Modeldruck Stoffdruckfarben (nicht Stoffmalfarben wie beim Kartoffelstempeldruck). Das Foto Seite 35 unten zeigt Abdrucke von indischen Holzmodeln in verschiedenen zarten Farben aus dem DEKA-Sortiment.

Siebdruck

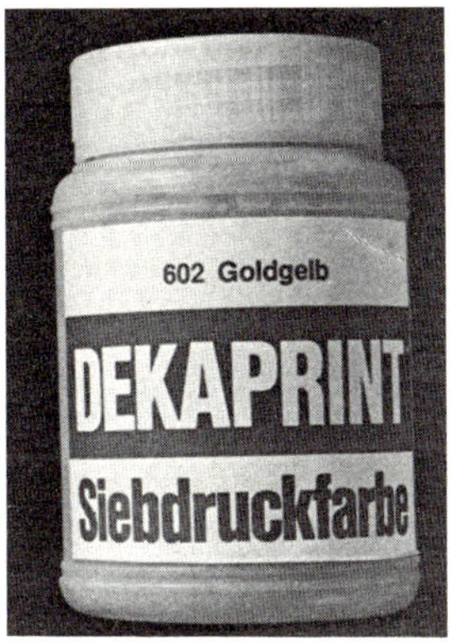

Der Sieb- oder Rasterdruck ist jünger als der Stempeldruck, jedoch war er nie so populär wie dieser. Das mag an dem etwas umständlich erscheinenden Verfahren liegen. Das charakteristische am Siebdruck ist, daß die Motive meistens negativ, also in der Farbe des Stoffes erscheinen und die Hintergrundflächen der Motive in der jeweiligen Druckfarbe. Siebdruck ist überall dort sinnvoll, wo es darum geht, größere Flächen mit einem fortlaufenden Muster (Rapport) zu gestalten. Zum Siebdruck braucht man außer der Spezialfarbe DEKAPRINT, die es in marmeladenglasähnlichen Plastikbehältern gibt, feine Kupfer- oder Nylongaze (sog. Fliegendraht) als Sieb, 4 Holzleisten, aus denen man einen Rahmen basteln kann (z. B. Keilrahmenleisten, wie man sie für Ölmalerei auf Leinwand verwendet), Lack-oder Ölfarbe, Pinsel, eine Rakel, das sind zwei Holzbrettchen, zwischen denen ein Gummistreifen sitzt (ersatzweise einen breiten Gummiwischer, wie man ihn zum Fensterputzen verwendet), einen Löffel oder Spatel aus Plastik und Terpentin-Ersatz zum Reinigen der Geräte.

Vorbereitungen

Die Gaze wird zunächst über den Rahmen gespannt, den man sich aus Holzleisten zusammennagelt oder -leimt. Es kann auch ein gekaufter Keilrahmen sein. Man beginnt mit dem Spannen rechts und links sowie oben und unten jeweils in der Mitte und arbeitet zu den Ecken hin. Zum Befestigen nimmt man Reißzwecken. Auf mehrere Lagen Papier, die größer als der Rahmen sein müssen, legt man nun den Rahmen mit der Gazebespannung nach unten. Dann malt man auf die Gaze mit Ölfarbe einen etwa 2–3 cm breiten Rand an den Leisten entlang. Dieser Rand soll verhindern, daß die Druckfarbe

Das Motiv wird auf der Gaze mit Ölfarbe reserviert (links)

Mit der Rakel wird Stoffdruckfarbe über die ganze Fläche verteilt (rechts)

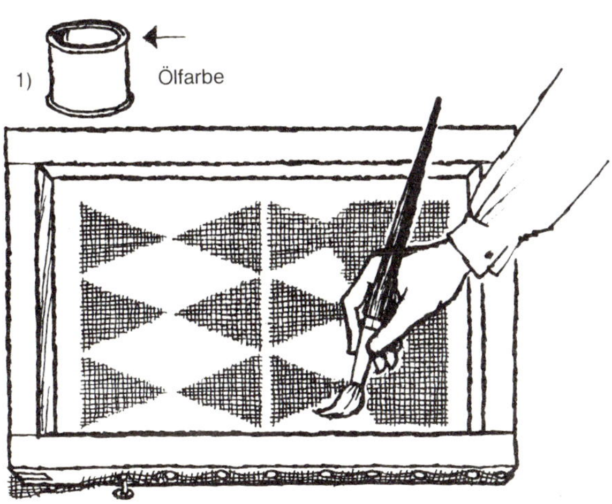

später unter den Rahmen quillt und den Druck verschmiert. Zugleich aber dient der Rand an der oberen Querleiste als Träger für die Farbpaste. Das Motiv, das auf den verbleibenden freien Raum der Gaze aufgeteilt wird, zeichnet man zuerst auf ein entsprechend großes Stück Papier. Es sollte nicht zu kompliziert sein, damit das Druckmuster klar erkennbare Konturen erhält. Die fertige Motivskizze wird nun unter die Gaze gelegt und auf der Gaze mit reichlich Ölfarbe nachgemalt. Es ist wichtig, daß der Farbauftrag so satt ist, daß keine Druckfarbe durch die übermalten Flächen hindurchdringen kann, denn an diesen reservierten Stellen soll der Stoff nicht bedruckt werden. Lieber nach dem Trocknen der Ölfarbe mit einem feuchten Lappen und einem untergelegten Papierbogen die Probe machen und undichte Stellen noch einmal überstreichen.

Der Stoff

Im Siebdruckverfahren kann man fast alle Gewebe bedrucken, die eine glatte Oberfläche haben. Am besten eignen sich mittelschwere einfarbige Baumwollstoffe, sogenannte Dekorationsstoffe, aber auch billigere Ware, z. B. Nessel, läßt sich gut bedrucken. Voraussetzung ist, daß der Stoff appreturfrei ist. Die Appretur – eine Art Stärke – sitzt nämlich zum Teil auf der Gewebe-Oberfläche und verhindert, daß die Druckfarbe sich gleichmäßig mit dem Gewebe verbindet. Beim Waschen geht dann nicht nur die Appretur, sondern auch die Farbe mit heraus, und das gedruckte Muster ist ungleichmäßig und lückenhaft.

Das Drucken

Der appreturfreie gebügelte Stoff wird glatt auf eine Unterlage aus Zeitungen gelegt und stellenweise mit Büchern o. ä. beschwert, so daß er während des Druckens nicht verrutscht. Dann legt man den Rahmen mit der Gaze nach unten auf den Stoff, gibt einen dicken Klumpen Siebdruckfarbe auf den am oberen Siebrand reservierten Streifen und verteilt die Farbe über die ganze Breite. Nun setzt man die Rakel an und streicht unter gleichmäßigem Druck die Farbe von oben nach unten über die ganze Schablone. Ist die Rakel schmaler als die Siebschablone, muß man in mehreren Bahnen von oben nach unten arbeiten. Das ist recht schwierig, da die einzelnen Bahnen sich weder trennen noch überschneiden dürfen. Die Farbe, die durch die unbemalten Flächen des Siebes dringt, bildet auf dem Stoff ein Muster. Da bei dem ersten Rakelgang zunächst die Gaze der Schablone eingefärbt wird, also weniger Farbe als bei den nächsten Gängen auf das Gewebe kommt, ist es ratsam, erst einmal einen Probedruck auf einem Stoffrest zu machen. Ist der Druckvorgang beendet, schiebt man den Stoff weiter und legt dann im Anschluß an das gedruckte Motiv erneut den Rahmen mit der Siebschablone auf. Dabei muß der Rahmen so weit von dem ersten Druck entfernt aufgesetzt werden, daß er nirgends eine bedruckte Fläche berührt, da die Farbe sonst verschmiert. Will man einen dichten Rapport drucken, so muß man das Übel in Kauf nehmen, jeden einzelnen Druck erst trocknen zu lassen; das heißt, daß der gesamte Druckvorgang mehrere Tage oder, bei großen Stoffbahnen, sogar Wochen dauert.
Man kann diesen Prozeß allerdings verkürzen, indem man nach vorherigem Abmessen und Markieren der Fläche auf dem Stoff im ersten Durchgang im ersten, dritten, fünften Abschnitt usw. bedruckt und nach dem Trocknen der Farbe dann die freigelassenen Stellen bearbeitet.

Die fertige Batik entstand durch folgende Farbbäder: 1. Hellblau, 2. Hellgrün, 3. Rot auf Grün = Braun

Batik

Unter Batik versteht man eine Färbtechnik, deren Effekt durch das Zusammenspiel von Flächen- und Farbwirkung erzielt wird. Schon als Kind lernt mancher eine Batikart kennen, ohne es zu wissen: beim Färben der Ostereier, wenn die Eier mit Bändern umwickelt, mit Gräsern beklebt oder mit Fäden umspannt in ein Farbbad gelegt wurden. Sie nahmen die Farbe nur an den nicht bedeckten Stellen an. Die umwickelten und beklebten Flächen kamen nach Entfernen des Abdeckmaterials wieder hell zum Vorschein. Genauso ist es bei der klassischen Batiktechnik. Flüssig gemachtes Wachs wird stellenweise auf einen Stoff aufgetragen. Der Stoff wird dann in ein vorbereitetes Farbbad gelegt und an den nicht mit Wachs bedeckten Flächen eingefärbt. Batikarbeiten erkennt man auch an den Krakeluren (Adern), die durch das Springen des erhärteten Wachsauftrages und das Hindurchdringen von Farbe entstehen (Foto S. 42).

So wird der Stoff auf einen Rahmen gespannt

Das Wachs im Tjanting wird über einer Flamme geschmolzen

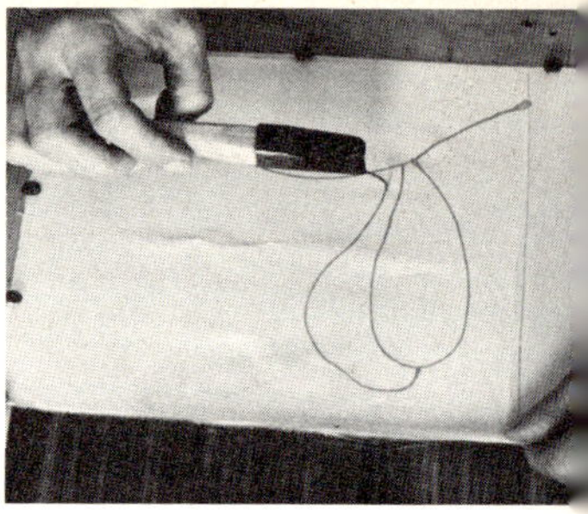

Beim Zeichnen muß der Tjanting möglichst waagerecht gehalten werden

Der zuvor in kaltem Wasser durchnäßte Stoff wird in das Farbbad gelegt

Für den Wachsauftrag ohne Tjanting werden die Wachsbrocken auf einem Blechdeckel geschmolzen

Das Reservieren (Abdecken) großer Flächen geht schneller mit dem Pinsel

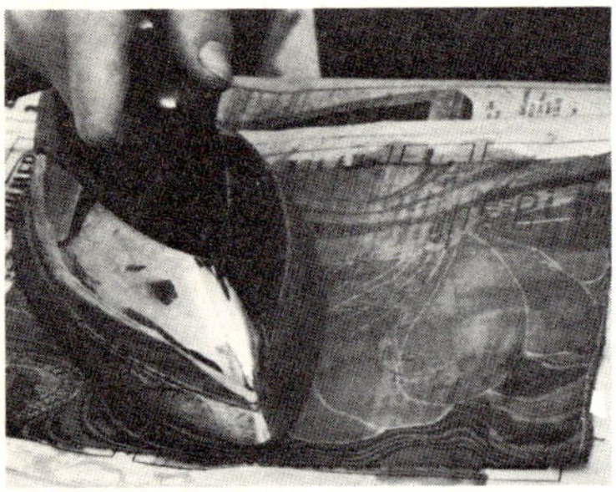

Nach dem Färben wird das Wachs unter saugfähigem Papier mit dem heißen Bügeleisen entfernt

Die Papierlagen müssen so lange gewechselt werden, bis sich kein Wachs mehr darauf absetzt

(Den Batik-Kurs fotografierte C.-P. Schmid)

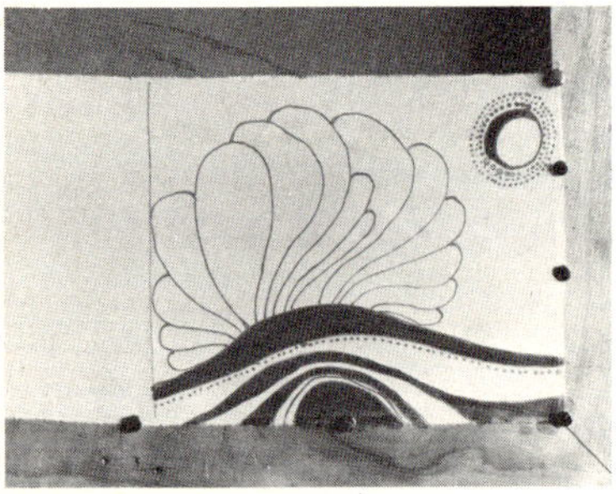

Wachszeichnung vor dem ersten Färbegang

Wachszeichnung vor dem zweiten Färbegang

Wachszeichnung vor dem letzten Färbegang

Material und Werkzeug

Zum Batiken eignen sich durchweg alle hellen Stoffe, die keine Appretur haben und eine Temperatur von mindestens 35 Grad Celsius vertragen. Stoffe mit Appretur müssen vor dem Batiken in Seifenwasser ausgekocht oder in warmem Sodawasser ausgewaschen werden. Andernfalls würden mit der im Stoff haftenden Appretur bei späterer Behandlung Farbteilchen fortgeschwemmt und die Konturen sowie das ganze Motiv infolgedessen unklar werden. Am besten eignen sich dünne Stoffe wie Seide, Kunstseide, Voile und Batist. Je schwerer und gröber der zu bearbeitende Stoff ist, um so mehr Farbe nimmt er nachher beim Einfärben auf. Man muß in solchen Fällen also nicht nur genügend Farbpulver zur Verfügung haben (ein Beutel DEKA Textilfarbe reicht beispielsweise für 100 bis 125 Gramm Stoff), sondern das Gefäß für das Farbbad muß auch entsprechend groß sein. Hinzu kommt noch, daß grober, schwerer Stoff langsamer trocknet als dünner. Der Färbvorgang, besonders bei mehrfarbigen Arbeiten, dauert infolgedessen verhältnismäßig lange. Auch das Wachs dringt schwerer durch den dicken Stoff, so daß man auf der Rückseite stellenweise noch einmal mit Wachs nacharbeiten muß.
Zum Batiken braucht man außer dem Stoff folgendes: Batikwachs (kein Stearin, keine alten Kerzenreste!), ein Teelicht (oder z. B. eine Warmhalteplatte für Speisen), einen Holzrahmen (man kann ihn entweder aus Leisten schnell provisorisch zusammenbasteln, ein Tablett oder einen alten Bilderrahmen nehmen), kleinere und größere Pinsel, am besten Borstenpinsel, zum Abdecken der Flächen, und ein Wachskännchen (Tjanting) zum Zeichnen feiner Linien. Vor allem aber braucht man die richtigen Textilfarben. Es müssen Farben sein, die man kalt – oder besser gesagt lauwarm – anwenden kann. Die meisten Färbeprozesse bedingen kochendheiße Lösungen. Solche Farben dürfen es nicht sein, weil das heiße Farbbad den Wachsauftrag schmelzen würde.

Die Motiv-Wahl

Zunächst muß man lernen, umgekehrt zu denken, sich die Skizze ähnlich wie ein Foto-Negativ vorzustellen. Angenommen, man möchte ein blaues Tuch mit einem weißen Schneemann darauf machen: dann zeichnet man auf ein weißes Blatt, dessen Größe der des vorhandenen Stoffes entspricht, die Konturen des Schneemannes, seinen Hut, seinen Besen und alle anderen Details. Wenn man den Stoff später dieser Zeichnung entsprechend mit Wachs abdeckt, bleiben die Konturen beim Färben weiß, da der Stoff hier keine Farbe annimmt. Augen, Nase und Mund sowie die Knöpfe des Schneemanns müssen ebenfalls mit Wachs gezeichnet werden.
Soll der Schneemann nicht nur als weiße Zeichnung, sondern als ganze Fläche erscheinen, muß man alles, was keine Farbe annehmen soll, mit Wachs abdecken. In diesem Fall unterbricht man den Wachsauftrag an den Stellen für Gesicht und Knöpfe, damit sie ebenfalls blau – wie der übrige Grund – eingefärbt werden.

Das Übertragen der Motiv-Skizze

Wenn man mit dünnen Stoffen arbeitet – Anfänger sollten das immer tun – ist der Wachsauftrag nach einer Motivskizze kein Problem. Sie wird zunächst mit Tusche farbig ausgearbeitet, und die Konturen werden so kräftig nachgezogen, daß man das als Vorlage dienende Blatt nur unter den Stoff zu schieben braucht.

Ist man unsicher, so zeichnet man die Konturen auf dem Stoff mit einem weichen Bleistift nach und legt beim Arbeiten die farbig angelegte Skizze daneben. Später arbeitet man meistens aus freier Hand. Aber wie gesagt: später! Ist der Stoff so kräftig, daß er beim besten Willen nichts von der darunterliegenden Skizze durchscheinen läßt, muß man das vorgezeichnete Motiv unter Zuhilfenahme von Graphitpapier (kein Kohlepapier verwenden) auf den Stoff übertragen. Graphitpapier hinterläßt auf dem Stoff schwach-graue Konturen, die zum Arbeiten ausreichen.

Hat man solches Papier nicht zur Hand oder kann man es nicht beschaffen, gibt es noch einen anderen Weg, der zwar etwas umständlich ist, aber immerhin einen brauchbaren Notbehelf darstellt:

Die Motivskizze wird mit einem harten Bleistift so kräftig nachgezeichnet, daß sich die Konturen auf der Rückseite des Papiers abheben. Sie werden hier mit einem möglichst stumpfen, aber weichen Bleistift nachgezeichnet, so daß das Papier auf beiden Seiten dasselbe Motiv zeigt. Legt man nun die Skizze mit der Originalseite nach oben (mit der nachgezeichneten Seite also gegen den Stoff), braucht man nur noch einmal alle Linien nachzufahren. Die Bleistiftstriche von der Rückseite zeichnen sich so deutlich auf dem Stoff ab, daß man danach arbeiten kann.

Kinderzimmer-Bild aus dünnem Baumwollstoff, entstanden in zwei Farbgängen, Rot und Schwarz. Durch das schwarze Überfärben ergab sich auf den roten Flächen ein Braunton

Batik auf Baumwolle in Orange und Rot. Die schwarzen Linien wurden mit Stoffmalfarbe nachträglich aufgemalt

Die Arbeit mit Batikwachs

Nun tritt der eingangs erwähnte Holzrahmen in Aktion. Der Stoff wird mit einigen Heftzwecken (Reißnägeln) über den Holzrahmen gespannt, damit er beim Überdecken mit Wachs nicht auf der Unterlage

Linke Seite: Wachszeichnung mit dem Pinsel ausgeführt, Batik in nur einem Farbbad gefärbt. Durch Knittern im kalten Wasserbad entstanden die Adern

(Tisch oder ähnlichem) festklebt. Hat man keinen Rahmen, kann man sich auch anders helfen: Man spannt den Stoff nicht zu fest über eine Holz- oder Preßspanplatte, und zwar nur an beiden Seiten. Ober- und Unterkante bleiben offen. Jetzt schiebt man je eine kleine Leiste rechts und links zwischen Platte und Stoff, so daß der Stoff frei liegt. Das Wachs kann nun nicht auf der Platte ankleben.

Inzwischen muß das Batikwachs über einer Flamme (dem Teelicht oder der Warmhalteplatte) erhitzt und flüssig gehalten werden, weil man damit malen muß. Man kann es mit einem Pinsel oder dem Wachskännchen (Tjanting) auftragen. Den Pinsel benutzt man vorteilhaft dort, wo größere Flächen zu bedecken sind. Das Kännchen ist dagegen zum Ziehen feiner Linien unentbehrlich. Mit dem Kännchen arbeitet man wie folgt: Batikwachs wird auf einer Küchenreibe gerieben und in die große Öffnung des Wachskännchens gefüllt. Dann hält man das Gerät schräg über eine Wärmequelle (Teelicht), so daß das flüssig werdende Wachs nicht gleich aus der haarfeinen Düse quillt. Erst wenn man auf dem Stoff zeichnet, bringt man das Wachskännchen in die richtige Stellung. Man muß sehr zügig arbeiten, da das Wachs schnell erkaltet. Allerdings kann man es immer wieder erhitzen.

Hierbei gibt es einen kleinen Trick: Zuerst erwärmt man das Wachs im Kännchen, bis es sich auflöst, dann erst das Wachs in der Düse. Solange das noch kalte Wachs die Düse verstopft, kann es das übrige Wachs zurückhalten.

Sollte der Stoff so dick sein, daß der Wachsauftrag nicht an allen Stellen auf die Rückseite durchgedrungen ist, muß man das Gewebe auf der anderen Seite noch einmal mit Wachs bearbeiten. Je heißer und dünner das Wachs ist, um so leichter dringt es hindurch.

Es ist selbstverständlich, daß man als erste Arbeit eine Zweifarben-Batik – das ist eine Batik mit nur einem Färbvorgang – herstellt. In diesem Fall braucht man beim Abdecken mit Wachs nur daran zu denken, daß die freibleibenden Stellen des Stoffes Farbe annehmen, alles mit Wachs Bedeckte dagegen hell bleibt. Beim Hantieren mit Wachs gibt es unvorhergesehene Motivänderungen durch Wachsspritzer und Verzeichnungen. Das schadet nichts. Im Gegenteil, sie können einer Arbeit sogar jenen besonderen Reiz geben, den nur Handgemachtes haben kann.

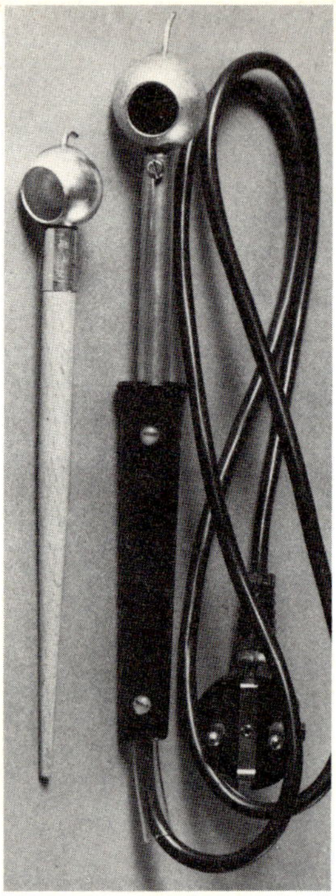

Zwei Wachskännchen (Tjantings). Außer dem herkömmlichen Kännchen, in dem das Wachs über einer Flamme verflüssigt wird, gibt es jetzt ein Gerät mit Stromanschluß

Das Farbbad

Während der Wachsauftrag trocknet, wird das Farbbad (die Farbflotte) bereitet. Dazu gießt man kochendes Wasser in ein kleines Gefäß, das nicht aus Metall sein darf, und löst darin das Farbpulver auf. Ein weiteres Gefäß, ebenfalls nicht aus Metall, wird zum Färben des Stoffes benötigt. Es muß so groß sein, daß der Stoff lose darin schwimmen kann. In dieses Gefäß gießt man durch ein nicht faserndes Tuch aus Perlon oder Nylon die angerührte Farbe sowie warmes Wasser, in dem man Kochsalz aufgelöst hat (einen Eßlöffel für je 100 Gramm Stoffgewicht). Das Farbbad soll zwar warm sein, jedoch darf es die Temperatur von 35 Grad Celsius nicht übersteigen, weil sonst das auf den Stoff aufgetragene Wachs schmilzt.

Bei diesem Seidenschal wurde der weiße Stoff in einem Farbbad aus 1 Teel. roter (Tintout) DEKA-Batikfarbe und $1^1/_2$ l Wasser rosa gefärbt. Dann wurden Streifen und Buchstaben mit Wachs und Pinsel reserviert, der Stoff wurde in violette Farbe gelegt

Das Färben

Damit der Stoff die Farbe später gleichmäßig aufsaugt, wird er zunächst in kaltes Wasser getaucht und mehr oder weniger geknittert. Dadurch bricht das Wachs an einigen Stellen und läßt beim Färben

Kleine Batiken kann man sehr schön auf Karton kleben und als Grußkarten versenden

Farbe hindurch, so daß die typischen Krakeluren (Adern, Marmorierungen) entstehen. Danach wird der Stoff locker in das Gefäß mit der Farbflotte hineingelegt. Der Stoff muß in dem Farbbad ständig bewegt werden, damit er die Farbe gleichmäßig annimmt. Man nimmt entweder splitterfreie Hölzchen dazu (Kochlöffelstiele oder ähnliches) oder arbeitet mit Gummihandschuhen. Der Färbeprozeß dauert etwa 15 bis 30 Minuten, je nach der gewünschten Tönung. Je kräftiger die Farbe werden soll, um so länger muß der Stoff in der Farbflotte liegenbleiben. Dabei ist zu berücksichtigen, daß er in nassem Zustand um einige Nuancen dunkler ist. Aber nicht nur die Dauer des Färbvorgangs bestimmt die Intensität der Farbe. Sie ist auch von der Temperatur des Farbbades (je kälter das Bad, um so schwächer die Färbung) und der Menge des Farbpulvers abhängig.
Nach 30 Minuten ist der höchste Färbegrad erreicht. Man läßt den Stoff abtropfen (auf keinen Fall wringen!) und spült ihn so lange in kaltem Wasser, bis das Wasser klar abläuft. Danach hängt man das Gewebe zum Trocknen auf. Es darf nicht über eine Leine geschlagen werden. Am besten trocknet man den gefärbten Stoff an Kunststoff-Klammern frei hängend an der frischen Luft. Dauert das Trocknen zu lange, kann man mit dem Haartrockner nachhelfen. Allerdings muß er auf „kalt" eingestellt sein!

Die Nachbehandlung

Ist der Stoff trocken, muß er entwachst werden. Das ist der Höhepunkt der Arbeit, weil man jetzt sehen kann, was man geleistet hat. Zum Entfernen des Wachsauftrages legt man den Stoff auf mehrere Lagen altes Zeitungs- oder Fließpapier und fährt mit dem heißen Bügeleisen so lange darüber, bis das Wachs schmilzt und in das Papier einzieht. Dabei muß man die Papierlagen ständig wechseln, damit sie das Wachs aufsaugen können. Man darf aber keine neuen Zeitungen nehmen, weil die frische Druckerschwärze unter Umständen auf den Stoff abfärbt.
Wurden größere Flächen mit Wachs abgedeckt, kann man den Stoff auch in Benzin oder Benzol legen, um ihn schneller vom Wachs zu befreien. Vorsicht, beides ist feuergefährlich! Nur im Freien damit hantieren und dabei selbstverständlich nicht rauchen.
Mit dem Entfernen des Wachses ist die Batikarbeit fertig.

Links unten: Eine dichte Pünktchen-Musterung entsteht, wenn man die Tropfen (von einer Wachskerze) erst weiter auseinander setzt und nach dem Erkalten des Wachses noch einmal die Zwischenräume beträufelt

Rechts: Eine malerische Struktur entsteht durch zweimaliges Auftropfen in dichten senkrechten Reihen. Das heiße Wachs des zweiten Arbeitsganges weicht den dicken Tropfen des ersten Auftrags aus

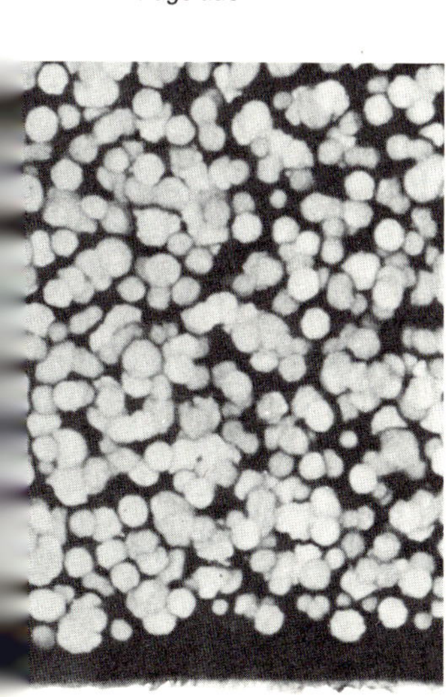

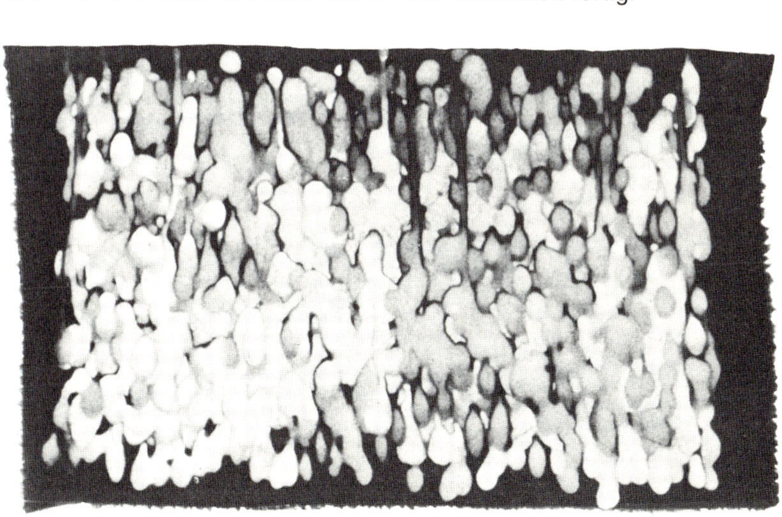

Eine ruhige Hand und viel Übersicht braucht man, um eine so ausgewogene Tropfbatik fertigzubringen

Experimente

Außer mit Pinsel und Wachskännchen kann man das Wachs auch auf andere Weise auf den Stoff bringen, zum Beispiel durch Auftropfen direkt von einer Kerze. Dazu braucht man, wie bei allen Werktechniken, einige Übung. Wichtig ist, daß man die Kerze vor Beginn der Arbeit nicht so lange brennen läßt, daß sich schon viel flüssiges Wachs um den Docht herum gesammelt hat, es sei denn, man will nicht Tropfen sondern fließende Streifen aus Wachs aufbringen. Tropfen ergeben hübsche Punktierungen. Um diese zu erreichen, dreht man die brennende Kerze ständig, während das Wachs auf den Stoff tropft. Ein dichtes Muster erzielt man, wenn man die Tropfen erst weitläufiger setzt und nach deren Erkalten in die Zwischenräume erneut Wachs tropft. Tut man das nicht, verschmelzen die Tropfen oft zu Flächen miteinander. Die Größe der Tropfen kann man variieren, indem man die Kerze einmal näher an den Stoff und einmal weiter entfernt hält und das Wachs abtropfen läßt.

Man kann auch den Stoff durch ganze Wachsgüsse reservieren, ihn dann ins Gefrierfach eines Kühlschrankes oder in Eiswasser legen und anschließend vor dem Färben kräftig knittern. Die Farbe dringt dann nur durch die Bruchstellen des Wachses in den Stoff ein. Geübte brechen das Wachs sogar nach genauen Vorstellungen.

Anstelle eines herkömmlichen Borstenpinsels kann man für den Wachsauftrag das Endstück eines zusammengerollten mehrfach genommenen Leinenlappens (wie eine Serviette) nehmen. Es ergibt sich dadurch eine schneckenförmige Reservage. Große Punkte erzielt man mit einem Stück Astholz, dessen Ende man mit einem

Mogel-Batik: die hellen Linien wurden mit Wachs reserviert, die Farben des Bildes z. T. mit Stoffmalfarbe und Pinsel (nicht Batikfarbe) aufgetragen

Bei diesem Seidenschal wurde der ungefärbte Stoff ganz glatt um eine Plastikrolle gewickelt und stellenweise mit breiten Plastik-Klebstreifen umklebt. Stufenweise wurden die Klebstreifen entfernt, so daß eine immer intensivere Tönung des zuerst freigegebenen Stoffteils entstand. Der Orangeton an den Seiten wurde in einem separaten Farbgang, das Rot zum Teil überdeckend, eingefärbt

sandgefüllten, innen mit Plastik abgedichteten Leinenläppchen umwickelt hat. Weitere Punktmuster in gleichen Abständen ergeben sich durch die Verwendung eines weitzinkigen Aluminiumkamms, wie er für die Tierpflege benutzt wird. Um das Wachs mit diesem Gerät aufzunehmen, schmilzt man es in einem der Länge des Kamms entsprechenden Behälter (Zigarillo- oder Keksschachtel), in den man einen mehrmals zusammengefalteten weichen Lappen legt, der sich mit dem flüssigen Wachs vollsaugt. Auf diesen Lappen wird der Kamm gedrückt. Man muß bei der beschriebenen Methode rasch arbeiten, weil das Wachs (oder Wachsgemisch) rasch erstarrt.

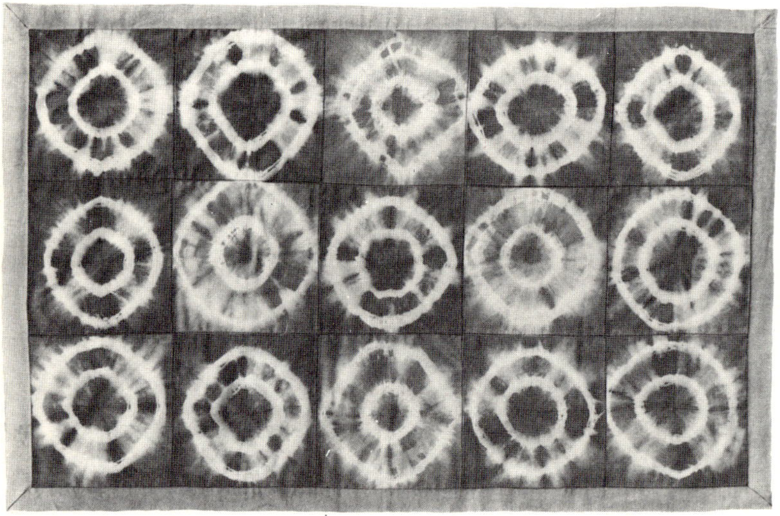

Batik-Patchwork in Plangi-Technik: die Spinnennetzmusterung entstand durch zweimaliges Abbinden eines Zipfels

Knüpf-Batik

Es gibt eine Technik, die mit dem Batiken eigentlich nur den Namen gemeinsam hat. Batiken heißt übersetzt nämlich soviel wie schreiben, malen, und bei der Knüpf-Batik wird nichts von alledem getan. Die Knüpf-Batik entsteht ganz anders (Fachbezeichnung: Plangi).
Ein leichter, appreturfreier Stoff wird an beliebigen Stellen mit einigen Fäden so abgebunden, daß warzenähnliche Knötchen entstehen. (Die Amerikanerinnen nehmen sogar Bohnen, die sie unter das Gewebe legen und den Stoff darüber mit Gummibändern spannen.) Den so vorbereiteten Stoff legt man in eine auf übliche Weise hergestellte Farbflotte, spült ihn anschließend gut aus, löst die einzelnen Fäden wieder und hängt ihn zum Trocknen auf. Jene Stellen, die mit den Fäden zusammengebunden waren, haben nur wenig Farbe angenommen oder sind ungefärbt geblieben. Man hat nun ein strahlenartiges Muster. Solche Knüpf-Batiken können sehr reizvoll sein, und man kann diese Technik bei allen dünneren Stoffen anwenden.

Kräusel-Batik

In der Fachsprache heißt diese Technik Tritik. Sie entsteht auf ähnliche Weise wie die Knüpf-Batik (Plangi). Bei der Kräusel-Batik wird ein Stoff in Längs-, Quer- oder Diagonalrichtung reihenweise mit einfachen gleichmäßigen Heftstichen durchnäht und anschließend gekräuselt, das heißt fest zusammengezogen, so daß er ein Faltenbündel (ähnlich wie Plissee) bildet. Dieses Bündel, das in den gekräusel-

Plangi-Technik

1

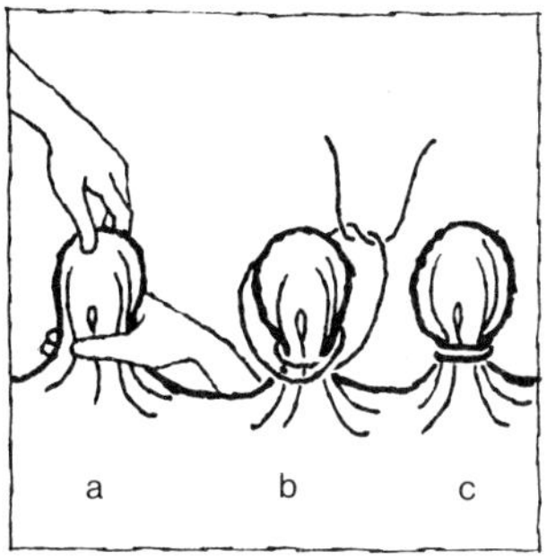

2

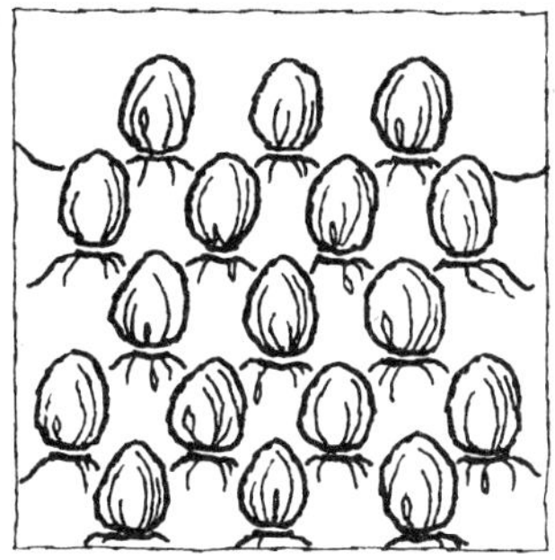

Variation 1

1

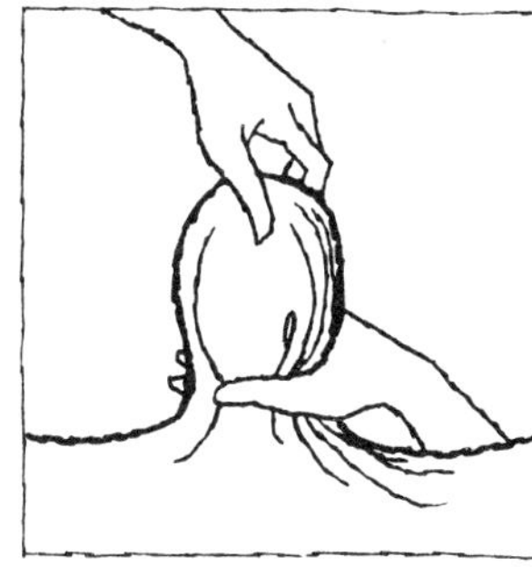

2

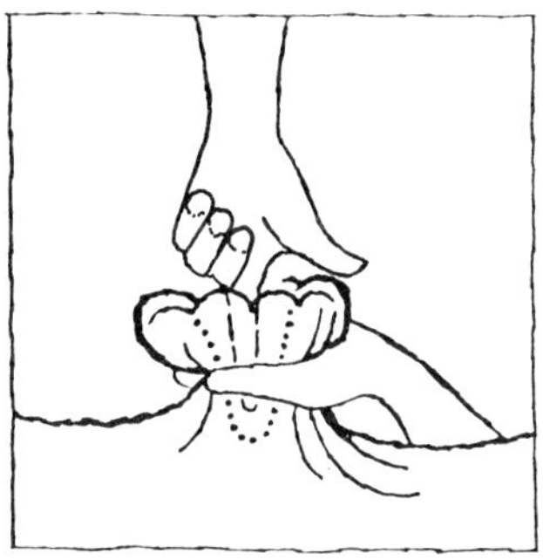

3

Variation 2

1

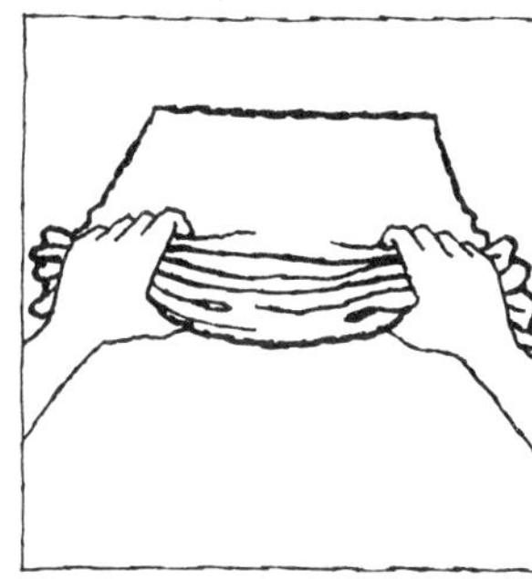

2

Variation 3

1

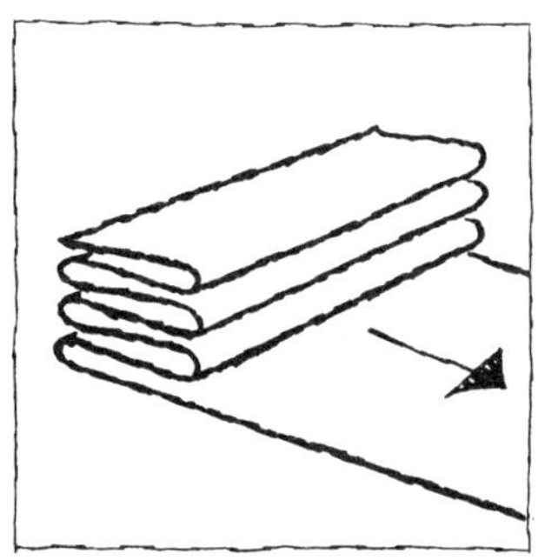

2

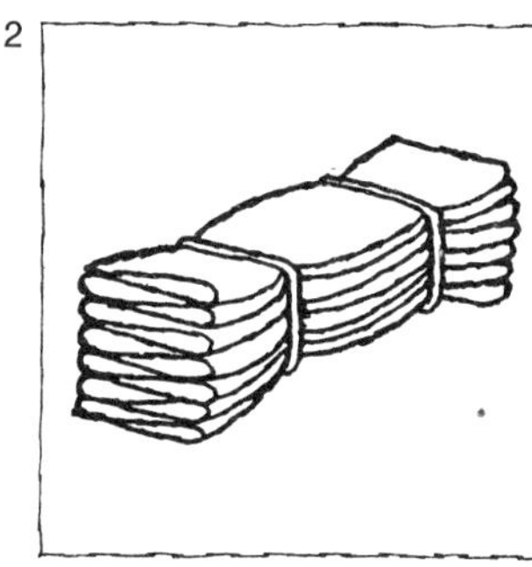

Tritik-Technik

1

Stoff mit Fäden durchziehen

2

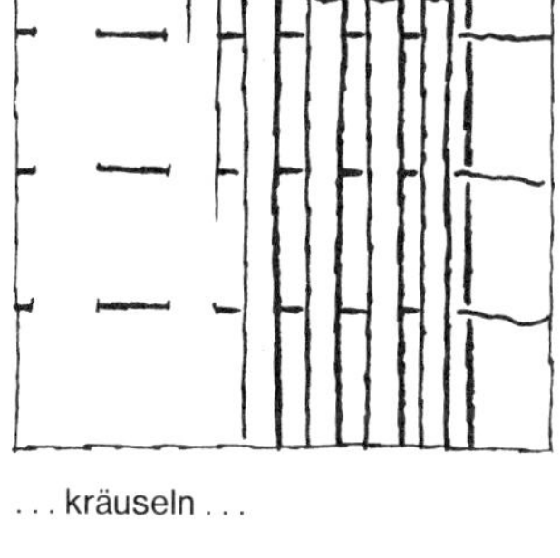

. . . kräuseln . . .

3

. . . auf der Stoffrückseite Fadenende zusammenknoten

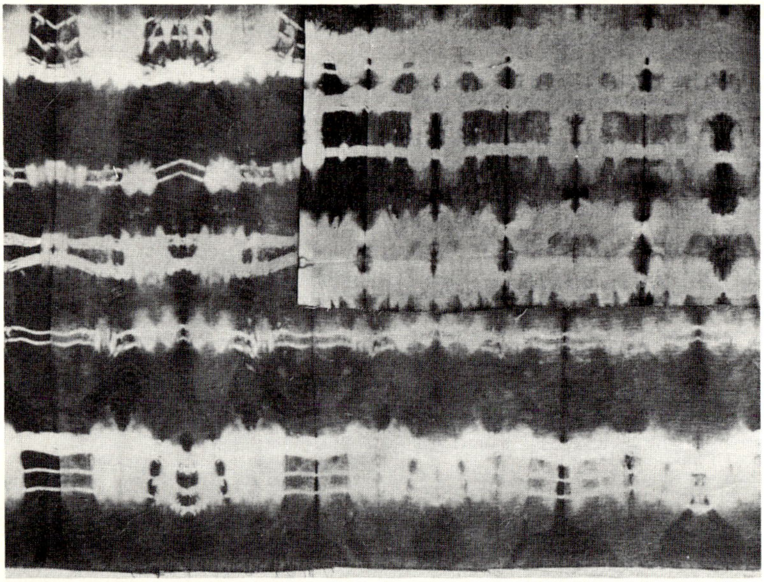

Batiken in Tritik-Technik: die Streifen entstanden durch Kräuseln des Stoffes mit mehr oder weniger dicht gesetzten Durchzugfäden

ten Falten wenig oder gar keine Farbe aufnimmt, wird wie die Knüpf-Batik gefärbt, gespült, auseinandergenommen und nach dem Trocknen gebügelt. Der fertige Stoff hat ein lebhaftes Streifenmuster.

Mogel-Batik

In Fachkreisen ist diese Arbeitstechnik verpönt, da sie als nicht werkgerecht gilt. Im Grundprinzip unterscheidet sie sich nicht wesentlich von der bereits beschriebenen Methode. Der Stoff wird nämlich auch hier stellenweise mit Batikwachs abgedeckt, während die freien Flächen eingefärbt werden. Nur kommt der Stoff bei der Mogel-Batik nicht jedesmal in ein Farbbad. Die einzelnen Felder zwischen den Wachs-Konturen und -Flächen werden mit einem Pinsel ausgemalt. Dazu schüttet man Farbpulver in den gewünschten Tönen in verschiedene kleine Gefäße (auch hier keine Metallgefäße nehmen) und gießt kochendes Wasser darüber. Mit diesen Farbkonzentraten malt man. Ist das Stück soweit fertig, daß es klargespült und getrocknet ist, werden die farbig bemalten Felder, genau wie vorher die Konturen, zum Teil mit Wachs bedeckt. Die letzte Einfärbung wird in einem Farbbad vorgenommen. Die Nachbehandlung erfolgt genau wie bei der klassischen Batik.
Allerdings darf hier nicht unerwähnt bleiben, daß auf diese Weise entstandene Batiken nicht waschecht sind. Durch das Auftragen des Farbkonzentrats mit dem Pinsel wird die Faser des Stoffes übersättigt, das heißt, sie bekommt mehr Farbe als sie aufnehmen kann. Diese gibt sie dann beim Waschen wieder ab, so daß die Färbung mit der Zeit immer schwächer wird und die verschiedenen Farben außerdem ineinanderlaufen. Hinzu kommt noch, daß bei der Mogel-Batik die Farbe in kälterem Zustand verarbeitet wird und sich schon deshalb nicht so intensiv mit dem Gewebe vereinigen kann.
Die Mogel-Technik, die weit mehr gestalterische Möglichkeiten bietet als echtes Batiken, ist für Anfänger eine gute Schulung. Sie unterscheidet sich im Aussehen aber von der Original-Batiktechnik (oder den angelehnten Methoden) vor allem durch das Fehlen der charakteristischen Krakeluren.

Modelliermassen

Modelliermassen

Zu dem klassischen Werkstoff Tonerde sind im Laufe der Jahre eine Menge Erzeugnisse in fertig knetbarer oder trockener Form hinzugekommen, die sich problemlos verarbeiten lassen. Einige kann man bei Backofentemperaturen brennen, andere brauchen nur an der Luft zu trocknen. Dadurch wird das Modellieren auch für jene interessant, die keine Brennmöglichkeit in einer Werkstatt, Schule oder Arbeitsgemeinschaft haben. Auch das mühsame Herstellen von Papiermaché ist durch vorgefertigte Trockenmassen, denen man nur noch Wasser zuzusetzen braucht, abgelöst worden.

Tonmaterial und Werkzeug

Es gibt verschiedene Tone, die sich durch Zusammensetzung, Farbe, Körnung und Plastizität unterscheiden. Für Laien eignet sich der Töpferton am besten, der je nach dem Grad der Verunreinigung als fett oder mager bezeichnet wird. In erster Linie kommt mehr oder weniger stark gemagerter Ton in Betracht, um Trockenrisse und Verwerfungen der Werkstücke zu vermeiden.

Arbeitet man mit Tonmehl, wird das Material mit dem Magerungsmittel vermischt und in einem Gefäß mit Wasser eingesumpft, wie es in der Fachsprache heißt. Der umgerührte Schlamm wird auf Gipsplatten oder eine ähnliche saugfähige Fläche gelegt, damit ihm das überschüssige Wasser entzogen wird. Dabei muß man darauf achten, daß keine Gipsteile oder andere Fremdkörper in die Tonmasse geraten und sie verderben. Anschließend wird der Ton durchgeknetet, bis er sich ohne zu kleben von der Handfläche lösen läßt. Das fertige Material kann in luftdicht verschlossenen Plastikbeuteln lange lagern.

Seit Urzeiten sind das beste Werkzeug die Hände, daran sollte man beim Umgang mit Ton immer denken. Dennoch kommt man nicht ganz ohne Hilfsmittel aus. Man braucht eine wasserdichte Arbeitsunterlage (oder eine Abdeckung für den Tisch), ein Gefäß für Schlicker, einen Schneidedraht zum Trennen der Tonmasse, ein rostfreies Messer und eine Drahtschlinge zum Aushöhlen (notfalls geht das auch mit einem Kaffeelöffel).

Formen aus dem Tonklumpen:
Aus einem vorgeformten Tonklumpen hebt man mit einer Drahtschlinge, die man selbst herstellen kann, Tonmasse heraus und arbeitet mit den Fingern nach

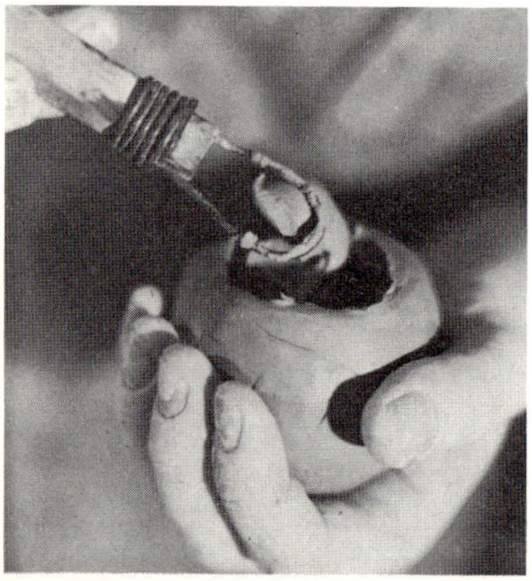

Aufbau mit Tonwülsten:
Der Ton wird zu gleichmäßigen Wülsten gerollt und ring- oder spiralenförmig auf einen ausgeschnittenen Tonboden gesetzt. Auf der Innenseite werden die Wülste glatt verstrichen

Aufbau mit Tonstreifen:
Mit dem Messer geschnittene Streifen werden ringförmig auf einen Boden gesetzt. Jeder Ring wird mit dem Messer etwas flach gestrichen, so daß um den oberen Rand ein Grat entsteht. Beim Aufsetzen des folgenden Streifens wird dieser Grat als Fugenfüllung gegengestrichen

Das Formen

Man sollte zunächst mit einfachen figürlichen Plastiken beginnen, die sich aus den Grundformen Kegel, Kugel oder Walze entwickeln lassen und dabei versuchen, das Wesentliche eines Naturvorbildes in die Eigenheiten des Materials zu übersetzen. Alles, was dem Materialcharakter widerspricht, muß von vornherein ausgeschaltet sein. Der Ton erzieht zu einfacher Betrachtungsweise der Dinge, zur Stilisierung, zum Weglassen, zur Konzentration auf die Hauptsache. Erst wenn man mit den Eigenheiten des Materials vertraut ist, kann man sich differenzierteren Formen zuwenden. Zum Verbinden verschiedener Teilstücke dient der Schlicker, ein dünner Tonbrei, der auf die Verbindungsstellen gestrichen wird.
Auch bei der Herstellung von Gefäßen beginnt man am besten mit ganz einfachen Formen, zum Beispiel mit Schalen, die man aus dem Klumpen drückt oder durch Aushöhlen formt. Schon diese einfachen Gefäße kann man durch Kratzen, Schaben, Eindrücken oder Aufsetzen von kleinen Teilen sehr schön verzieren. Wenn man das Material im Griff hat, kann man sich den Aufbautechniken aus Wülsten, Platten oder Streifen widmen. Auch hier werden Einzelteile durch Schlikker miteinander verbunden. Tonwülste oder -streifen müssen auf der Innenseite eines Gefäßes stets verstrichen werden. Außen kann man sie ganz oder teilweise in ihrer Werkstruktur belassen.
Henkel für Gefäße werden aus einem Tonklumpen mit Wasser herausgestrichen – der Töpfer sagt gemolken – und an das vorgetrocknete, lederharte Gefäß angesetzt.

Nachbehandlung
Arbeiten aus Ton müssen sehr langsam und gleichmäßig trocknen. Das erreicht man in den ersten Tagen dadurch, daß man sie völlig luftdicht mit einer Plastiktüte oder einem Plastiktuch umhüllt. Diese Umhüllung wird vorsichtig von Tag zu Tag mehr gelockert. Nach fünf Tagen darf das gearbeitete Stück dann frei stehen, aber nie in Heizungsnähe oder in zu starkem Luftzug. Wenn an dem gearbeiteten Stück ein Riß zu sehen ist, hat es keinen Zweck, Reparaturen daran vorzunehmen. Das Stück muß zerschlagen, in Wasser eingeweicht und neu gearbeitet werden. Deshalb sollte man beim Trocknen geduldig sein. Erst nach 2–3 Wochen sind die Stücke so ausgetrocknet, daß sie gebrannt werden können.

Das Brennen
Kaum ein Laie wird in der Lage sein, sein Werkstück selbst zu brennen. Schulen, Volkshochschulen oder Töpfereien in der Umgebung nehmen diese Arbeit ab. Auch Hobbyläden nehmen gelegentlich Brennaufträge an. Wer jedoch einen Muffelofen besitzt, wie man ihn für Emailarbeiten benutzt, kann darin auch Ton brennen. Der erste Brand des luftgetrockneten Werkstücks, aus dem die Feuchtigkeit verdunstet ist, ist der Roh- oder Schrühbrand, der bei etwa 900 Grad Celsius durchgeführt wird. Der so entstandene Scherben ist porös und wasserdurchlässig, aber nicht mehr wasserlöslich. Diesem Brand folgt ein zweiter, der Glasurbrand.

In einem solchen Muffelofen (EFCO 170), wie man ihn für Emailarbeiten verwendet, kann man auch kleinere Tonarbeiten brennen

Sollen die Tongegenstände nicht glasiert werden, so muß man das bei der Abgabe zum Brennen bemerken, weil sie dann bei einer höheren Temperatur (ca. 1050 Grad) gebrannt werden müssen. Nach dem Brennen kann man die Scherben entweder mit Glasur übergießen oder sie durch Tauchen innen und außen glasieren und noch einmal brennen lassen, oder man kann sie engobieren, anschließend Glasur aufbringen und brennen. Engoben trägt man vor dem ersten Brand auf das lederharte Werkstück auf. Nach dem Schrühbrand glasiert man solche Arbeiten beim zweiten Glattbrand transparent.
Das Reizvolle an Keramikarbeiten ist nicht allein die Formgebung, sondern die Versuche mit den verschiedenen Glasuren. Die damit verbundenen Unberechenbarkeiten bieten über das handwerkliche Tun hinaus eine spannungsreiche Betätigung auf einem großen Experimentierfeld.

Modelliermasse
Weniger anspruchsvoll ist das Arbeiten mit Modelliermasse. Es gibt zahlreiche mehr oder weniger tonähnliche Erzeugnisse, die entweder nur an der Luft hart austrocknen, in Wasser zu kochen oder in einem Haushaltsbackofen brennbar sind. Im Gegensatz zum Töpferton kann man mit ihnen auch Plastiken formen, deren Kern aus anderem Material (z. B. einem Drahtgerüst) besteht. Dabei ist vor allem zu beachten, daß man den Kern mit ausreichend dicker Ummantelung versieht, weil die Masse durch Wasserentzug schwindet, während der Kern seine ursprüngliche Größe behält. Modelliermassen eignen sich vor allem zur Herstellung von dekorativen Gegenständen. Für Gebrauchsgefäße sind sie wegen ihrer porösen Eigenschaften nicht geeignet.
Fimo ist eine sogenannte Backofenknete. Das knetfertig in Blöcken abgepackte Material trocknet an der Luft, erhält seine endgültige Festigkeit jedoch durch Nachtrocknen im Backofen, nach auf der Pak-

kung angegebenen Temperaturen. Fimo gibt es in vielen Farben, man braucht es also nicht extra anzumalen.

Cernit ist eine verhältnismäßig neue, schneeweiße, knetfertige Masse, die den Vorzug hat, daß sie sich außerordentlich gut und fein ausmodellieren läßt. Sie ist sehr schmutzempfindlich, solange sie im Rohzustand ist. Interessant ist der Härtungsprozeß: man legt die modellierten Teile in kaltes Wasser, das man möglichst langsam – das ist sehr wichtig, sonst reißt die zu schnell trocknende Masse – zum Kochen bringt. Nach Vorschrift soll man das modellierte Werkstück je 1 cm Materialstärke 20 Minuten kochen lassen. Tests haben jedoch ergeben, daß bei dieser Behandlung dicke Stücke unweigerlich reißen (z. B. Puppenköpfe). Man sollte deshalb nach einer Kochzeit von 10 Minuten noch einmal mit lauwarmem Wasser beginnen, das man allmählich zum Kochen bringt, und diesen Prozeß bei großen Teilen noch zweimal wiederholen. Die so erhärtete Masse ist nicht mehr verformbar, sie hat auch im Wasserbad ihre Form nicht verändert, und wirkt auf den ersten Blick alabasterähnlich. Man kann das erhärtete Material – das sich übrigens wie Fimo auch im Backofen härten läßt – bemalen. Mit dem Überlackieren sollte man sich trotz des Aushärtens mindestens 3 Wochen Zeit lassen, denn das Material dunstet noch eine Weile aus und beeinflußt den Trockenprozeß der Lackierung.

Holzy ist eine tonartige Modelliermasse, leicht rötlich gefärbt, die an der Luft trocknet. Man kann sie leicht verarbeiten und nach dem Trocknen mit Sandpapier schleifen, was allerdings wegen der Härte des Materials mühsam ist. Obwohl der Hersteller das Endprodukt als holzähnliche Masse bezeichnet, ist es mehr ton- oder steinähnlich mit glatter feinporiger Oberfläche. Man kann es problemlos bemalen und lackieren.

Plastika ist ein Modelliermehl, das mit Wasser angerührt wird. Es trocknet an der Luft und ist danach sehr leicht – eignet sich also besonders gut für Köpfe von Puppen und Kasperlefiguren. Die getrocknete Masse läßt sich wie Holz ohne Schwierigkeiten bearbeiten. Man muß beim Modellieren einen größeren Trokenschwund als bei den anderen genannten Materialien einkalkulieren, sollte deshalb Feinheiten nicht ausmodellieren, sondern durch Sägen und Schleifen herausarbeiten.

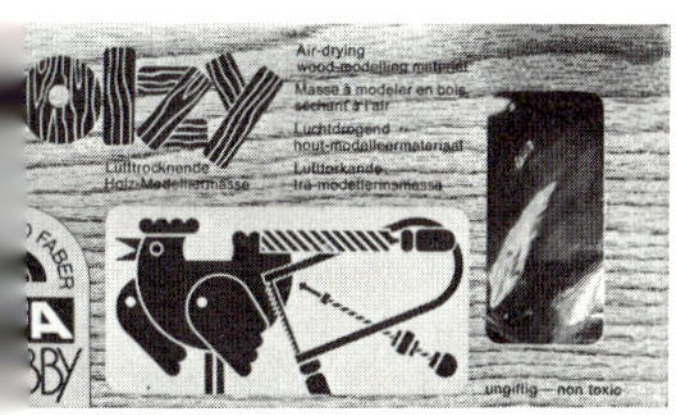

Nichttonige Modelliermassen aus unterschiedlichem Material: Cernit, weiß, nach dem Kochen in Wasser alabasterartig aussehend; Holzy, knetfertige Modelliermasse, lufttrocknend, wie Holz zu bearbeiten; Plastika, Modellier-Trockenmasse, in Wasser angerührt sofort modellierfähig, lufttrocknend, sehr leicht, wie Holz zu bearbeiten

Modellieren über Kernmaterial

Die Modelliermassen Holzy und Plastika eignen sich gut zum Einarbeiten von Kernmaterial, z. B. Draht, um dem modellierten Gegenstand mehr Halt zu geben, oder Styropor, Holzwolle oder Papier, um Gewicht oder Material zu sparen. Bei der Verarbeitung von Draht ist es wichtig, daß die Enden der Drahtabschnitte ½ cm kürzer als die Ummantelung sind, weil die Modelliermasse zusammentrocknet. Bei Verwendung von Holzwolle oder Papier als Einlage, muß das Kernmaterial mit Fäden umwickelt werden, damit es seine Form behält.

Gefäße aus Ton

Am einfachsten sind Eierbecher zu machen. Man rollt mit der flachen Hand auf einem Brett aus einem knapp faustgroßen Klumpen eine Wurst in der Dicke des späteren oberen Eierbecher-Umfangs und formt eine Taille (a). Die beiden Enden werden flachgestoßen (b). Mit einer Drahtschlinge höhlt man den Eierbecher aus (c) und korrigiert die ganze Form noch einmal (Zeichnungen S. 56).

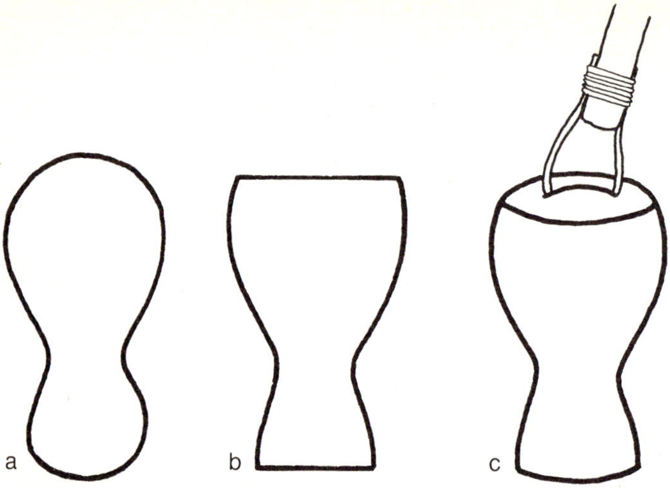

So wird aus einem Tonklumpen ein Eierbecher

Tongefäße, nach den Grundregeln des Töpferns hergestellt: aus dem Klumpen geformt (Eierbecher), mit Wülsten aufgebaut (Henkeltopf), mit Tonstreifen (Schale) und Tonplatte (Becher) gebaut

Der Henkeltopf wurde aus Tonwülsten aufgebaut und anschließend mit Wasser und einem nassen Lappen innen und außen glattgestrichen. Die Henkel wurden aus einer dickeren Rolle geformt und separat angesetzt. Die Ansatzstellen müssen gut mit Schlicker verstrichen werden. Um Anfängern einen Anhaltspunkt für ausgewogene Proportionen zu geben, wurden die Maße des rechts oben abgebildeten Henkeltopfes eingezeichnet (d).

Die flache Schale besteht aus einem kreisrunden Boden, auf den ein 2 cm hoher Tonstreifen aufgesetzt wurde (e). Fugen gut verstreichen!

Der Becher wurde ebenfalls aus einem kreisrunden Boden und einer aus einem flachgewalzten Tonkuchen ausgeschnittenen Platte zusammengesetzt (f).

Alle Gefäße wurden nach dem Erstbrand innen transparent glasiert, und zwar so, daß ein Teil des Glasurauftrags vom oberen Rand auf die Außenseite gelaufen ist.

So baut man aus Tonwülsten einen Henkeltopf

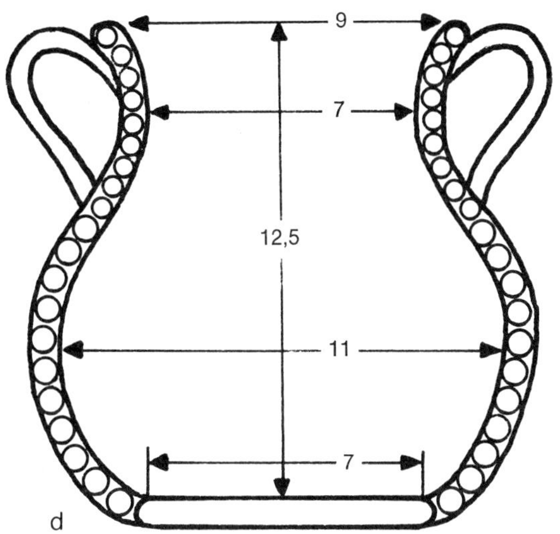

d

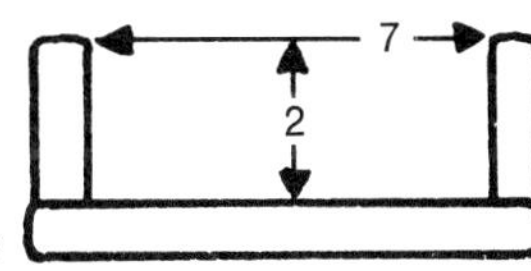

e

So macht man aus einem Tonstreifen eine Schale

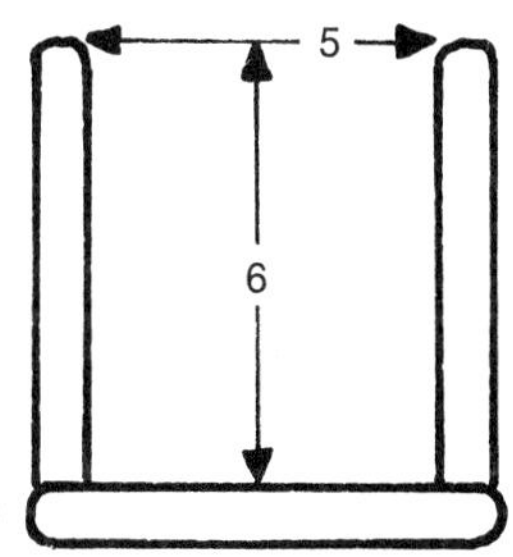

f

So macht man aus einer Tonplatte einen Becher

Fabeltier

Den Aufbau des aus Tonröllchen geformten Fabeltieres zeigt die Zeichnung unten. Der hier nicht sichtbare Rücken wurde aus einem Oval eingesetzt, bei dem die Tonröllchen schneckenförmig zusammengefügt worden sind. Die Augen wurden ebenfalls aus schneckenförmigen Tonrollen gemacht und in ausgeschnittene Löcher eingesetzt.

So sieht das aus Tonwülsten aufgebaute Fabeltier im Profil aus. Der Rücken besteht aus einem schneckenförmig angelegten Oval (siehe auch S.58)

Seite 59:
Kleine Anstecker sind schnell aus Fimo-Resten gemacht. Eine Sicherheitsnadel auf der Rückseite wird mit einem Plättchen aus Fimo festgedrückt und mit angebacken

Daneben: Blumengruß, aus Fimo modelliert

Blumengruß
Alte Glanzbilder sind eine hübsche Vorlage für kleine Gebinde, die man aus Fimo herstellen kann. Bei dem Blumengruß (Seite 59) wurde zuerst eine birnenförmige Grundplatte geknetet. Darauf wurden halbkreisförmig kleine grüne Blätter angeordnet, auf die Blätter kamen Rosen und Knospen. Auf die Spitze der Grundplatte wurden Stiele und Blätter gesetzt und über alles, die Ansatzstellen verdeckend, aus weißem Fimo ein Oval, das nach Art der Spitzendeckchen ausgebogt, mit einer Stopfnadel verziert und beschriftet wurde. Zum Schluß kam die blaue Schleife. Das fertige Sträußchen wurde im Backofen nach Vorschrift auf der Packung getrocknet. Es ist nicht lackiert. Die Zeichnung rechts zeigt die Teile des Sträußchens.

Mit Ausstechformen aus dem Puppenküchen-Sortiment kann man kleine Herzen und Sterne mühelos herstellen

Herz und Stern
Herz und Stern, als Fenster-, Paket- oder Tannenbaumdekoration verwendbar, kann man mit Aussteckformen aus einem Kinder-Backset (Oetker) herstellen. Die Modelliermasse – hier Cernit – wird auf einer sauberen Unterlage mit einem Nudelholz oder einer Flasche ausgerollt oder mit der Hand flachgedrückt. Dann sticht man die Herzen oder Sterne aus, setzt sie mit kaltem Wasser auf und bringt sie langsam zum kochen. Man kann sie auch im Backofen aushärten lassen. Die durchgetrockneten Teile lassen sich anschließend mit wasserfesten Filzschreibern (edding) oder Bastelfarben (DEKA) bemalen. Die Löcher für die Aufhänger muß man vor dem Härten einstechen.

Aus Liebe

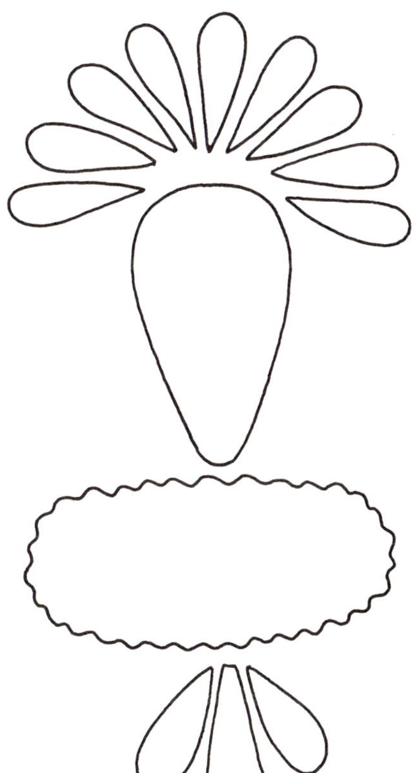

Drei Puppen

Drei Puppen aus verschiedenartigem Material werden hier und auf den folgenden Seiten vorgestellt und zum Nachbasteln erläutert. Um sie zu kennzeichnen, bekamen sie Namen mit den Anfangsbuchstaben A, B und C.

Puppe Annie, kaffeebraun mit schwarzen Locken, wurde aus Holzy gemacht. Der mit Diolenwatte gefüllte Körper ist aus Blümchenstoff

Annie

Größe der fertigen Puppe: 37 cm. Der Körper aus geblümtem Baumwollstoff ist mit Diolenwatte fest ausgestopft. Kopf, Unterarme und Stiefel sind aus Fertigmasse Holzy modelliert. Die Haare stammen von einem schwarzgelockten Faschingsbart.

Mit dem Modellieren beginnt man am besten beim Kopf, von dessen Größe die Maße von Armen und Beinen abhängen. Als Kernmaterial, das in die Modelliermasse eingearbeitet wird, nimmt man eine Styroporkugel (gestrichelte Linie auf der Zeichnung a). Die Kopfgröße und die Umfangmaße des Kopfes in Millimetern sind aus der Profilzeichnung a ersichtlich und gelten als Anhaltspunkt. Das Foto auf Seite 61 zeigt die fertig geformten Puppenteile nach dem Trocknen und Schleifen mit Sandpapier (Körnung 100 und 120). Der Kopf hat einen Halswulst, der später in die Halsöffnung des ausgestopften Puppenkörpers gesteckt wird. Oberhalb des Halswulstes wird der Puppenkörper mit einem doppelten Zwirnsfaden zusammengezogen. Der Kopf sitzt dann fest, ist aber – wie Arme und Beine – drehbar.

Die Zeichnungen b zeigen das Schnittmuster für Körper, Bein- und Armteile. Man schneidet alles mit Nahtzugaben zu und näht die Teile einzeln rechts auf rechts zusammen, und zwar: bei Armen und Bei-

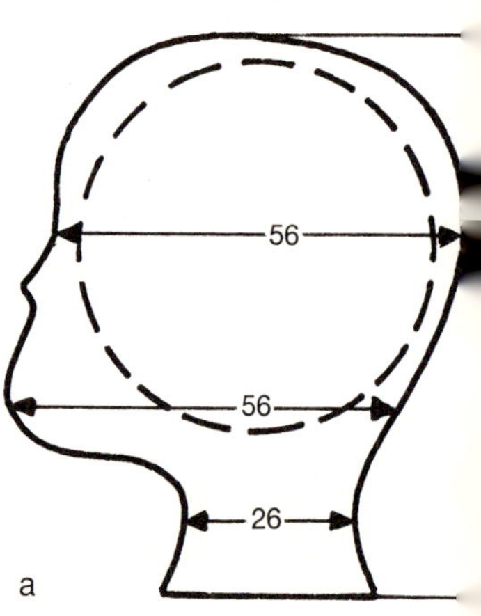

a

Die Profilzeichnung zeigt die Maße des Kopfes für Puppe Annie in Millimetern, der gestrichelte Kreis deutet die eingebettete Styroporkugel an

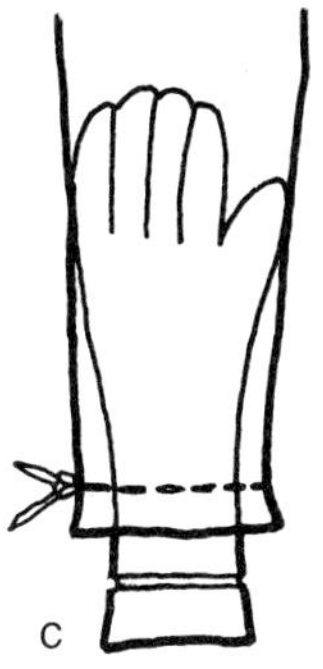

So wird der Stoffschlauch für den Arm – rechte Seite innen – über die modellierte Hand geschoben und in der Rille zusammengezogen. Naht zur Daumenseite zeigend

Nach diesem Schnitt kann man das Passenkleidchen und das Höschen für Puppe Annie nähen

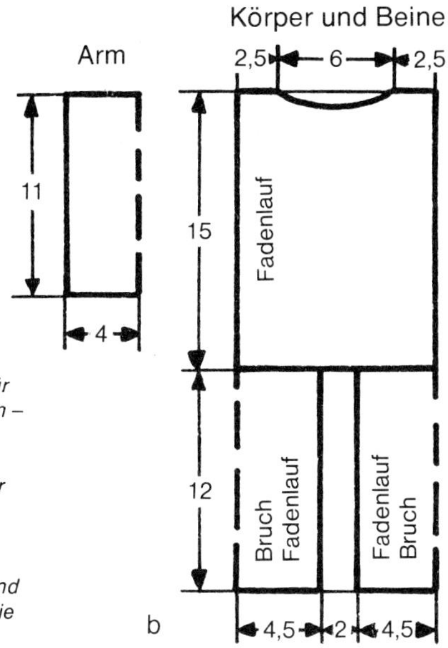

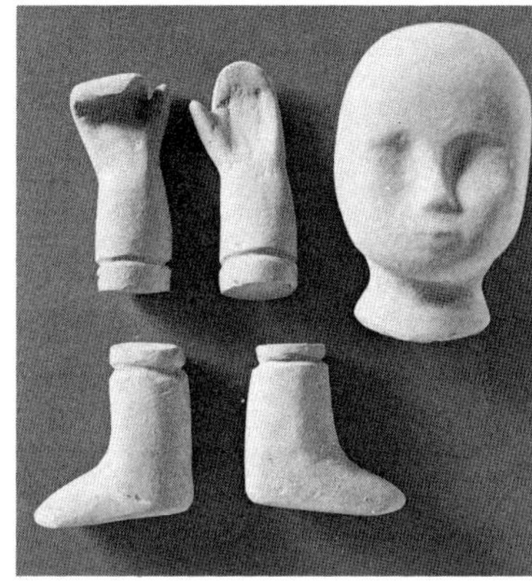

Die luftgetrockneten Teile wurden mit Schleifpapier bearbeitet und zum Bemalen vorbereitet. Arme und Beine haben eine Rille zum Befestigen am Stoff

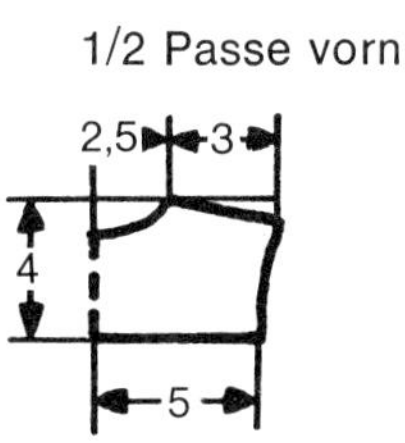

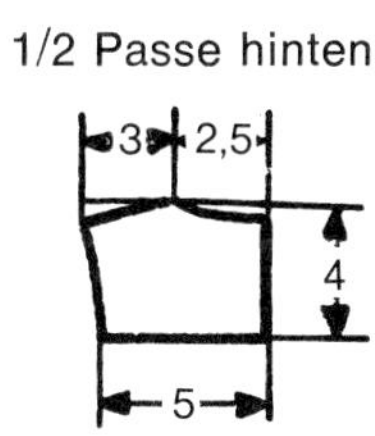

nen nur die Längsnähte, beim Körper die beiden Seitennähte und die untere waagerechte Naht. Die unteren Arm- und Beinränder (später auch der Halsausschnitt) werden 1 cm hinter der Schnittkante mit doppeltem Zwirn rundherum durchnäht und mit der rechten Stoffseite nach innen so über den Fuß bzw. über die Hand geschoben und in der dafür vorgesehenen Rille zusammengezogen, wie auf Zeichnung c dargestellt. Die Enden des Fadens werden noch einmal um die Rille gewunden und gut verknotet. Dann wendet man den Stoff und stopft Arme und Beine aus. Ebenso den Körper, dessen Schulternähte nach dem Ausstopfen geschlossen werden. Den Halsrand durchnäht man wie Arm- und Beinteile und setzt den Kopf ein. Arme und Beine werden mit knappem Kanteneinschlag flach an den entsprechenden Stellen an den Körper genäht. Vor dem Zusammenfügen der Puppe muß man die modellierten Teile jedoch bemalen (DEKA Ziermatt). Ist die Puppe fertig, kann man Kleid und Höschen nach dem Schnittmuster (Zeichnung d) nähen.

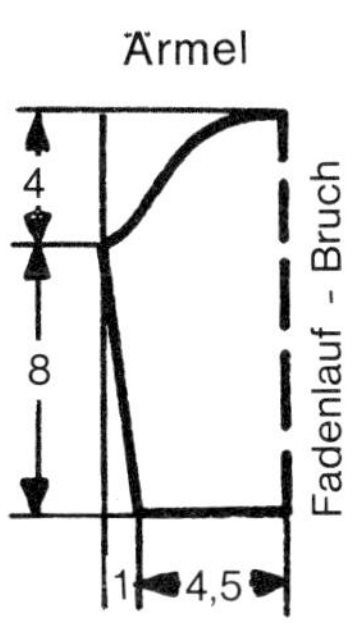

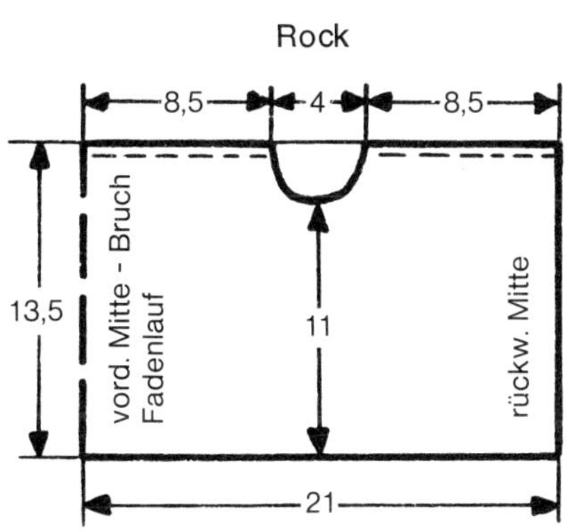

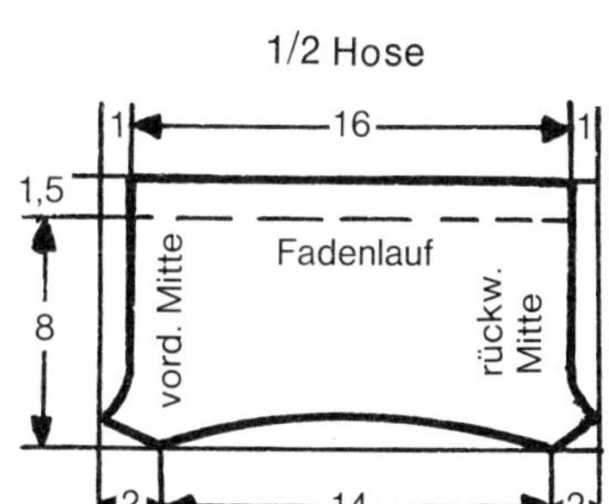

Schnittmuster für Körper, Beine und einen Arm

d

Birthe

Diese Puppe, die nach Art alter Puppen einen sogenannten Schulterkopf hat (s. Foto rechts), wurde aus Cernit geformt. Wie bereits erwähnt, härtet Cernit in kochendem Wasser. Da das Material außerordentlich schmutzempfindlich ist, muß man beim Modellieren ganz saubere Hände und eine saubere Arbeitsfläche haben. Nach dem Härten ist das Material abwaschbar. Durch die anmodellierte verlängerte Halspartie ist der Kopf nicht drehbar. Das Schulterstück, das später am Puppenkörper festgenäht wird, modelliert man am besten mit Hilfe eines waagerecht auf dem Tisch liegenden Rundholzabschnitts von Besenstielstärke. Die vier Löcher zum Annähen (s. Foto) sticht man vor dem Härten mit einer Stopfnadel ein. Für den Körper kann man den Schnitt von Corinna nehmen, den man lediglich mit vier senkrechten Taillenabnähern zu versehen braucht. Die Armteile müssen 6–7 cm, je nach Länge der modellierten Arme, gekürzt wer-

Puppe Birthe hat einen feststehenden, nicht drehbaren Schulterkopf. Der Körper ist aus Nessel, die Arme sind bis über die Ellenbogen modelliert. Die Haare wurden aus einer Kunsthaarperücke zusammengeklebt

den. Im übrigen macht man die Arme wie bei Annie beschrieben. Die Frisur der Puppe wurde aus einer Kunsthaarperücke gemacht. Stiefel, Kleid und Wäsche näht man nach eigenen Ideen. Das Hütchen wurde aus Strohborte von der Mitte ausgehend mit der Hand genäht.

Corinna

Größe der fertigen Puppe: 50 cm. Corinna hat einen modellierten Kopf mit Hanf-Haaren und einen Körper, der ganz aus Stoff genäht

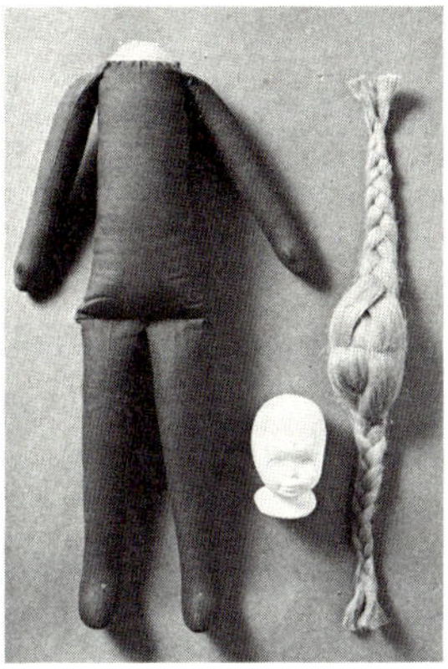

Teile für Puppe Corinna vor dem Zusammensetzen. Der Kopf wird in den mit einem Durchzugsraum versehenen Halsausschnitt gesetzt

Der roh modellierte Kopf für Corinna. Er hat einen verbreiterten Halsrand, damit er nicht aus dem zusammengezogenen Ausschnitt des Stoffkörpers rutscht

Will man auch Arm-und Beinteile modellieren, so beginnt man mit einer Kugel, formt diese zur Rolle und die Rolle zu Arm oder Bein

Puppe Corinna hat einen Ganzstoffkörper und einen Kopf aus Plastika-Modelliermehl. Die Haare wurden aus Hanf gemacht (flach gelegt und in der Mitte mit der Maschine durchgesteppt). Der Kopf ist bemalt und lackiert

und mit Diolenwatte gefüllt ist. Der Kopf wurde mit Plastika-Modelliermehl (in Wasser angerührt) um eine Styroporkugel als Kern geformt. Die Zeichnung e zeigt den Sitz der Kugel (gestrichelte Linie) und die Maße des Kopfes in Millimetern. Auf dem Foto S. 63 ist der roh modellierte, getrocknete Kopf vor dem Schleifen zu sehen. Soll die Puppe modellierte Arm- und Beinteile bekommen, so formt man sie stufenweise wie auf dem Foto rechts dargestellt: zuerst eine Kugel, dann aus der Kugel eine Rolle, dann Arm und Hand oder Bein und Fuß aus der Rolle. Es empfiehlt sich, vier gleiche Kugeln als Ausgangsmaß für Arme und Beine zu formen, damit alles gleich groß gerät. Den Körper näht man nach den Schnitt-Teilen f und verfährt mit dem Ausstopfen und dem Anbringen des Kopfes wie bei Puppe Annie. Nach dem Schnitt von Zeichnung g kann man das Kleid nähen, das am Halsausschnitt mit einem Banddurchzug versehen wird. Zeichnung h zeigt den Schnitt für die Schürze.

e: Maße für den Puppenkopf Corinna in Millimetern. Der Kreis markiert den Sitz der eingearbeiteten Styroporkugel

f: Schnittmuster für den Puppenkörper (alles mit Nahtzugaben schneiden)

g: Nach diesem Schnitt kann man Corinnas Kleid nähen. Es wird am Hals einfach zusammengezogen

h: Schnittmuster für die Schürze, die man an Saum und Trägern mit Volants oder Spitze verzieren kann

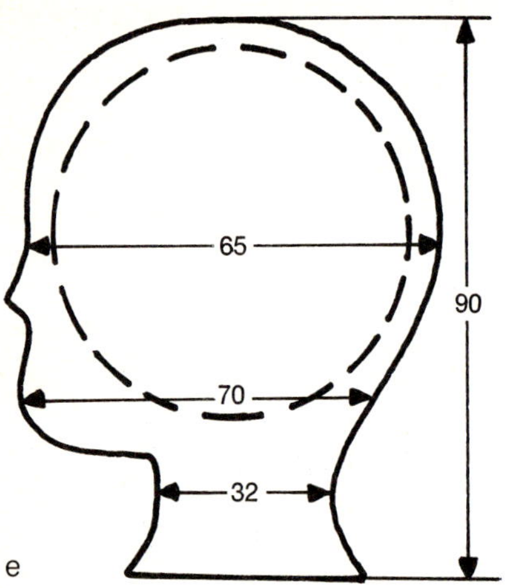

e

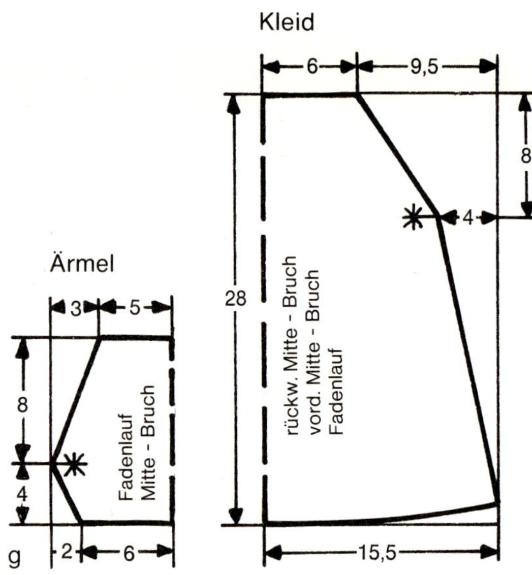

g

f

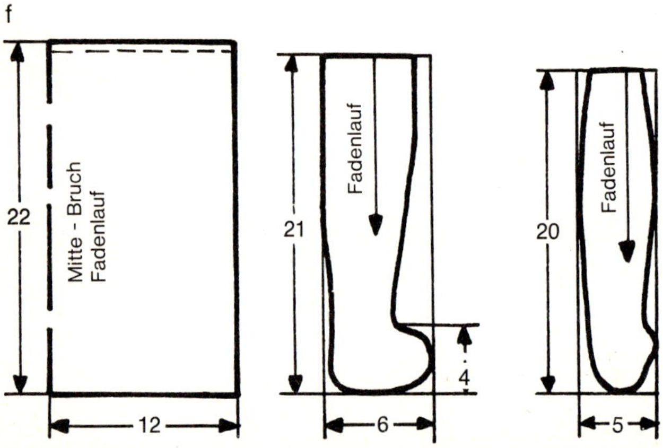

h

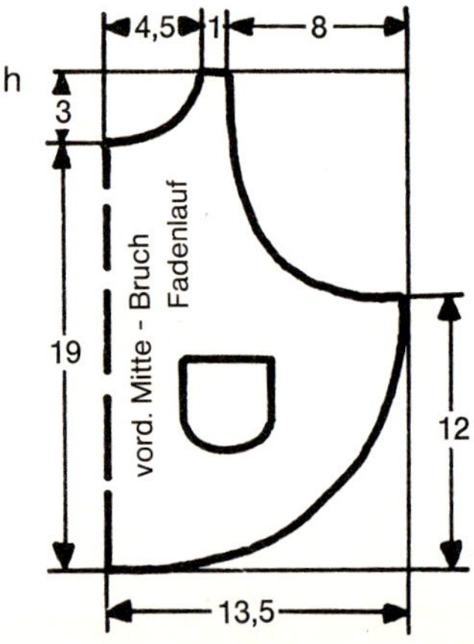

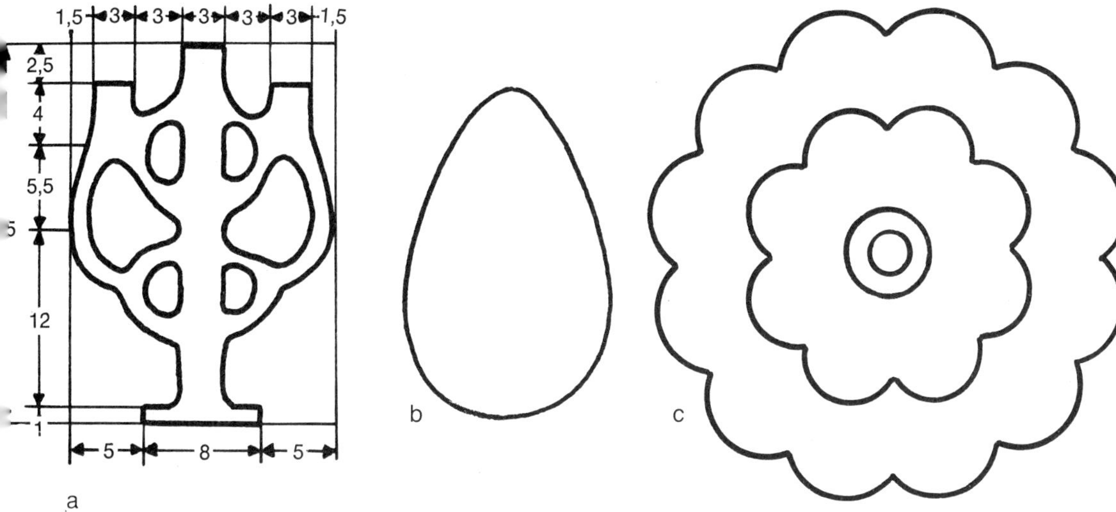

a

Mexikanischer Leuchter

Die Mexikaner sind große Meister in der Verarbeitung von Modelliermassen. Ihre Lebensbäume und Leuchter, in oft grellen Farben bemalt, standen Modell für den auf S. 66 abgebildeten Kerzenhalter aus Modellier-Fertigmasse Holzy. Der Leuchter selbst, auf den Herzen, Blätter und Blüten aufgesetzt wurden, besteht aus dicken Wülsten, die einen Draht ummanteln. Dadurch ist der Leuchter stabiler. Die Zeichnung a zeigt das Grundmodell, das frei aus der Hand geformt wird. Die drei oberen Enden werden so ausgehöhlt, daß sich später Kerzen einsetzen lassen – das Drahtgerüst muß hier entsprechend kürzer sein. Die Herzen und Vögel formt man nach eigenen Größenvorstellungen. Als Anhaltspunkt sind die Umrisse eines Blattes (b) und zweier Rosetten (c) abgebildet. Bevor man die Teile an der Luft trocknen läßt, schneidet man kleine Drahtstücke zurecht und steckt sie in die aufzusetzenden Teile und diese probeweise in den Leuchter, so daß der Leuchter an den entsprechenden Stellen Einstiche hat. In den aufzusetzenden Teilen läßt man die Drahtstücke stecken und drückt die Modelliermasse hier gut fest. Ist alles getrocknet, malt man Leuchter und Schmuckteile mit DEKA Ziermatt an, gibt an jeden Draht einen Tropfen Alleskleber (UHU) und fügt die Teile wie vorgesehen zusammen.

Seite 66: Kerzenleuchter nach mexikanischem Muster aus knetfertiger Modelliermasse Holzy geformt, getrocknet, geschliffen und bemalt

Einen solchen Kater auf der Lauer bringen auch im Modellieren Ungeübte bestimmt zustande

Kater auf der Lauer

Der dicke Kater wurde ohne Kernmaterial aus Plastika Modelliermehl (mit Wasser angerührt) geformt, nach dem Trocknen mit Sandpapier Körnung 80 vorgeschliffen und mit Körnung 120 nachgearbeitet. Dann wurde er mit DEKA Bastelfarbe bemalt. Das Modell ist 17 cm lang und 13 cm breit (Pfote bis Pfote).

Holz

Holz

Holz ist der älteste und vielseitigste Naturwerkstoff, den es gibt. Zwar haben moderne Kunststoffe das Holz auf einigen Gebieten verdrängt, sie haben aber lediglich einen Teil seiner Funktionen übernommen. Die Eigenschaften und Eigenheiten eines Naturprodukts lassen sich glücklicherweise noch nicht künstlich nachahmen.

Das Material
Der Laie unterscheidet grob: Bretter, Platten, Leisten und Klötze. Hinzu kommen noch die verschiedenen Arten von Furnieren. Grundsätzlich sollte man zunächst versuchen, ein Stück Abfallholz in passender Größe zu finden. Es handelt sich dabei keineswegs um minderwertiges Holz, sondern um Material, das beim Zuschnitt bestimmter Maße abfällt. Jede Holzhandlung und jede Tischlerei hat solche Abfallstücke zum Aussuchen, die wesentlich billiger sind als vom Ganzen geschnittenes Holz.

Bretter sind in verschiedene Güteklassen eingeteilt. Es gibt sie gehobelt und ungehobelt in Breiten von 10–26 cm. Die hochwertigsten sind die sogenannten Kernbretter (aus der Mitte eines Stammes). Die neben den Kernbrettern herausgeschnittenen Stücke nennt man Mittelbretter. Auch sie sind gut und teuer. Die übrigen Bretter nennt man Seitenbretter. Sie sind billiger, obwohl sie oft eine besonders schöne Maserung aufweisen. Allerdings haben sie häufig Aststellen, außerdem verziehen (werfen) sie sich leichter als Kernbretter.

Tischlerplatten gibt es in Stärken von 12–45 mm. Sie sind stabil und ziemlich teuer. Der Preis richtet sich nach der Zusammensetzung (dreifach oder fünffach verleimt) und nach dem Abdeckfurnier, das sind die beiden Schauseiten, die auf eine Zwischenschicht aus verleimten Stäben und Leisten aufgeleimt sind.

Spanplatten sind aus Hobelspänen und Kunstharzleim gepreßt. Sie verziehen sich nicht und lassen sich wie normales Holz verarbeiten. Allerdings quellen sie bei starker Feuchtigkeit auf. Spanplatten sind wesentlich billiger als Tischlerplatten. Ihr Preis richtet sich nach Stärke (von 6–25 mm) und Ausführung. Es gibt ein- und dreischichtige Spanplatten. Die dreischichtigen Spanplatten sind auf beiden Seiten mit feinem Material verpreßt und haben glatte Oberflächen, während einschichtige Spanplatten rauh und sehr porös sind. Die Schnittkanten aller Spanplatten sind spröde und bröckelig, so daß sie stets mit Leisten umleimt werden müssen, und zwar nicht nur wegen des sauberen Abschlusses, sondern weil auch Schrauben und Schraubösen sonst nicht halten würden.

Furnierplatten (Sperrholz) nennt man ein Holz, das aus mehreren billigen Furnierschichten zusammengeleimt ist. Die Maserungen der einzelnen Schichten liegen in Gegenrichtung übereinander, so daß sich Zug und Gegenzug bilden und das Holz sich nicht verziehen kann. Allerdings ist Sperrholz empfindlich gegen Feuchtigkeit, so daß es sich doch verbiegen kann. Es gibt auch wasserfest verleimte Furnierplatten, die sich dennoch verziehen, wenn die Feuchtigkeit seitlich (durch die Schnittkanten) ins Holz dringt. Furnierplatten werden oft für Laubsägearbeiten verwendet. Es gibt sie von 3–15 mm Stärke.

Hartfaserplatten sind billig. Sie bestehen aus feinsten Holzfasern, die mit Kunstharzleim versetzt und unter hohem Druck zu Platten gepreßt wurden. Sie sind auf einer Seite glatt, auf der Gegenseite rauh und porös und haben eine gelbbräunliche Farbe. Es gibt Hartfaserplatten nur bis zu 6 mm Stärke. Sie werden hauptsächlich für Rückwände kleinerer Möbelstücke, gelegentlich auch als Kastenböden verwendet. Außerdem eignen sie sich gut zum Aufziehen von Fotos.

Leisten gibt es in vielen Stärken, Ausführungen, Holzarten und mit den unterschiedlichsten Profilen. Die gebräuchlichsten sind: Vierkantleisten, Rundstäbe (Dübelhölzer), Halbrundstäbe, Viertelrundstäbe, Winkelleisten und Rahmenleisten (mit einem Falz). Rundstäbe gibt es mit Durchmessern von 3–20 mm.

Klötze sind vor allem für Schnitzer interessant. Es gibt sie hauptsächlich in Birke, Birne, Erle, Kiefer, Linde und Pappel. Besonders Kiefernholz ist – beeinflußt durch die skandinavische Wohnkultur – als Bastelmaterial wieder in Mode gekommen.

Furniere dienen in erster Linie zum Kaschieren (Veredeln) einfacher Hölzer. Nur selten ist heute ein Eichentisch wirklich ganz aus Eiche. Meistens ist nur die Oberfläche mit einem Eichenfurnier (millimeterfeine Schichtbretter von Eichen) verleimt. Furniere gibt es von allen Edelhölzern. Man unterscheidet die wertvolleren Messerfurniere von den billigen, unnatürlich gemaserten Schälfurnieren. (Messerfurniere werden gehobelt, Schälfurniere spiralenförmig rund um den Stamm geschnitten.) Eine Furnierart, die vor allem auch für Intarsienarbeiten angewendet wird, ist das sogenannte Mikroholz, ein hauchdünnes Schälfurnier, das auf zähes, dünnes Papier geklebt ist. Man kann es in Rollen kaufen, mit der Schere zuschneiden und zusammen mit dem Papier aufleimen. Das neueste Erzeugnis auf diesem Gebiet ist das sogenannte Super-Mikroholz, das eine selbstklebende Rückseite hat. Der Kleber löst sich jedoch leicht nach dem Lackieren.

Das Werkzeug

Der Werkzeugbedarf richtet sich in erster Linie nach dem Vorhaben. Jemand, der vorwiegend schnitzen will, braucht dazu andere Werkzeuge als beispielsweise ein Universalbastler. Trotzdem sollte jeder, der mit Holz umgeht, einige Standardwerkzeuge besitzen, und zwar: Einen Laubsägebügel mit einem Satz verschiedener Sägeblätter, dazu ein anschraubbares Sägebrett (Tischchen), eine Universalsäge mit verstellbarem Heft (PUK-Taschensäge), einen Fuchsschwanz (für größere Arbeiten) und eventuell eine Stichsäge (zum Aussägen von Öffnungen, für die der Laubsägebügel nicht genügend Spannweite hat).

An Bohrwerkzeugen sollte man haben: einen Pfriemen (Vorstecher für Schraublöcher oder Bohrungen), Nagelbohrer in verschiedenen Stärken (sehen wie Korkenzieher aus), einen Drillbohrer (wie man ihn für Laubsägearbeiten verwendet), eine Handbohrmaschine (einfaches Bohrgerät mit kugelgelagertem Kurbelrad – nicht zu verwechseln mit einer elektrischen Heimwerkermaschine), dazu verschiedene Bohrer (Spiralbohrer, Schlangenbohrer, Krauskopf), die man in das Bohrfutter der Handbohrmaschine einsetzen kann.

Schraubenzieher in mindestens drei Breiten, am besten einen ganzen Satz, bestehend aus einem separaten Heft, in das man die Werkzeuge beliebig einsetzen kann. Zum Ausheben von Nuten und klei-

nen Flächen (um Scharniere oder Schlösser einzusetzen) braucht man noch einen Stechbeitel.
Für die Oberflächenbehandlung, das Entfernen von Graten, Spänen und Splittern sollte man einige Holzfeilen, einen Holzraspel, Schleifpapier in allen Körnungen (blattweise zu kaufen) und einen Schleifklotz aus Kork haben. Ebenso einen kleinen Universalhobel mit auswechselbarer Klinge, den man auch zum Abziehen (Entfernen alter Lackanstriche) benutzen kann, und – wenn man viel leimen will – mindestens zwei Schraubzwingen. Daß man Kneifzange und Hammer sowie Zollstock und Anschlagwinkel braucht, ist selbstverständlich.
Alle genannten Werkzeuge sind nicht sehr teuer. Man kann sie nach und nach anschaffen, denn man braucht sie ohnehin nicht nur für Holzarbeiten. Zum Schnitzen braucht man Spezialwerkzeuge, sogenannte Bildhauerbeitel. Es gibt sie in vielen Breiten und Ausführungen. Die wichtigsten sind: gerade Schrägeisen, Flacheisen, Hohleisen und gekröpfte Eisen. Da diese Werkzeuge stets scharf sein müssen, braucht man noch einen Schleifstein dazu. Es empfiehlt sich, gerade bei der Anschaffung von Schnitzwerkzeugen weniger auf den Preis als auf gute Qualität zu achten.

Holzverbindungen
Die einfachste Holzverbindung ist das **Nageln**. Man schlägt die Nägel jedoch nicht – wie bei Kisten – senkrecht ins Holz, sondern treibt sie schräg ein (Zeichnung a). Eine festere Verbindung zweier Holzstücke ist das **Schrauben**. Dazu zeichnet man auf dem einen Brett die Holzstärke des anstoßenden Brettes auf. Dann zieht man zwischen Kante und Markierung eine Mittellinie, auf die man die Bohrlöcher setzt. Während man das eine Brett mit dem Spiralbohrer ($1/2$ mm dünner als die einzudrehende Schraube) ganz durchbohrt, bohrt man in das zweite Holzstück nur knapp so tief, wie die Schraube in das Holz greift. Soll die Schraube versenkt werden, muß man das außen sichtbare Bohrloch mit dem Krauskopf (Bohreinsatz) erweitern und eine Flachkopfschraube (im Gegensatz zur Rundkopfschraube) einziehen. Man kann die Schraube sogar tiefer als die Holzoberfläche versenken und das Loch später mit Spachtelkitt ausfüllen, so daß die Verbindung unter dem abschließenden Farbanstrich unsichtbar wird.
Das Leimen empfiehlt sich nur als Flächen-, nicht aber als Eckverbindung, es sei denn, man bedient sich einer zusätzlichen Halterung. Diese kann zum Beispiel aus Vierkantleisten bestehen, die eine Art Rahmen oder Pfeiler bilden, an die dann rechtwinklig Bretter geleimt werden.

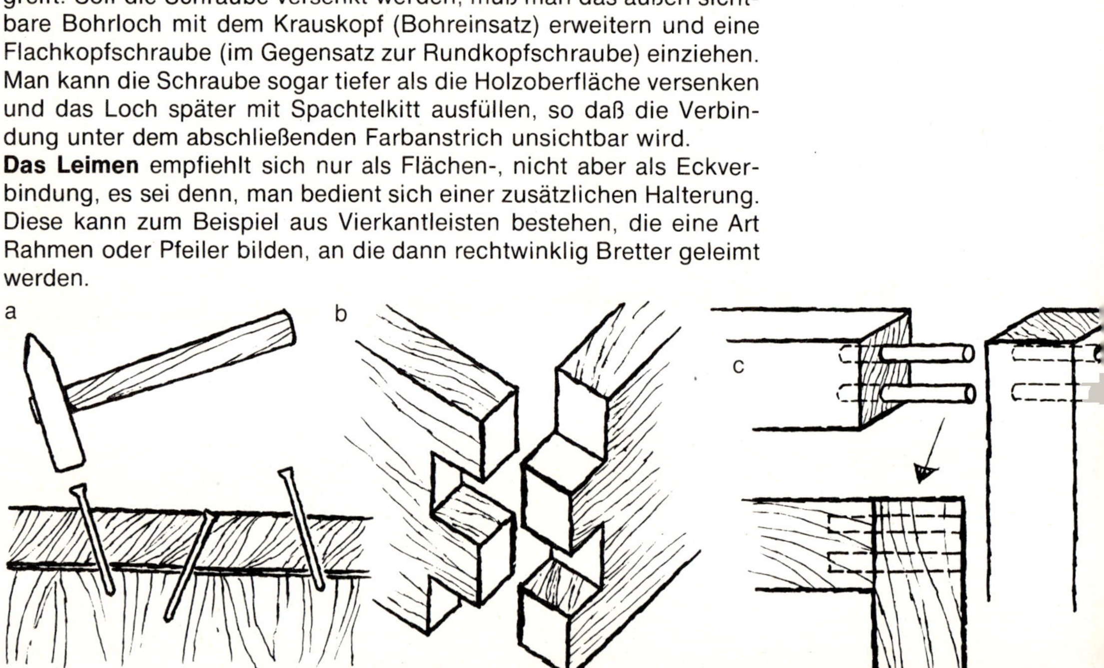

Das **Zapfen** und das **Dübeln** sind Holzverbindungen, die als absolut werkgerecht gelten und auch in vereinfachter Technik von Laien mühelos ausgeführt werden können. Die Eckverbindung durch Fingerzapfen (im Gegensatz zu der schwierigeren Schwalbenschwanzform) wird durch Aussägen mehrerer Zapfen- oder Zinkenlöcher in den zu verbindenden Brettern erreicht, wobei die Zapfen des einen Bretts in die Zapfenlöcher des anderen Bretts (wie bei gefalteten Händen = Fingerzapfen) greifen müssen. Die Tiefe (nicht Breite) der Ausschnitte wird durch die Holzstärke bestimmt. Das Gelingen der Arbeit, die vor dem Zusammenfügen noch mit Leim angestrichen wird, hängt von dem genauen Anreißen (Markieren) und Aussägen der Zapfen ab. Die Zeichnung b zeigt eine einfache Fingerzapfen-Verbindung. Zeichnung c zeigt das Verbinden durch Dübel, das wie folgt vor sich geht: Beim Dübeln werden die zu verbindenden Werkstücke in der richtigen Lage mit Schraubzwingen zusammengepreßt und in einem Arbeitsgang durchbohrt. Dazu kann man entweder einen Schlangen- oder einen Spiralbohrer nehmen, dessen Durchmesser genau dem des einzusetzenden Dübels (Rundholzabschnitts) entsprechen muß. Nachdem man die Bohrspäne restlos entfernt hat, gibt man etwas Kleber (UHU Alleskleber, UHU kontakt oder UHU coll) in die Bohrungen sowie auf die aneinanderstoßenden Holzflächen und schlägt den zuvor auf die richtige Länge gesägten Dübel mit dem Hammer hinein.

Kästen mit Intarsien aus Mikroholz

Nach dem Trocknen des Klebers wird das eventuell überstehende Dübelende mit Schleifpapier glattgeschliffen. Je nach Breite oder Länge der zusammenzufügenden Werkstücke setzt man einen oder mehrere Dübel ein.

Metallwinkel wendet man überall dort an, wo es auf besondere Haltbarkeit ankommt. Man stellt zunächst eine Eckverbindung durch Zapfen oder Dübel her, die man zusätzlich leimt, und schraubt außerdem den Metallwinkel (es gibt sie in vielen Ausführungen und Stärken) an. Metallwinkel werden stets mit Senkkopfschrauben befestigt.

Oberflächenbehandlung

Alles Holz muß nach der Verarbeitung (dem Zusammenfügen) geschliffen werden. Je sorgfältiger man diese Arbeit ausführt, um so schöner ist das fertige Stück. Man beginnt mit grobkörnigem Schleifpapier und geht allmählich zu immer feineren Körnungen über, bis das Holz angenehm glatt und griffig ist. Alle Kanten werden gebrochen, das heißt, man schleift sie ein wenig stumpf. Vor allem bei Werkstücken, die später gestrichen werden sollen, ist diese Arbeit wichtig, weil an den scharfen Kanten keine Farbe haften bleiben würde. Das geschliffene Holz kann man entweder roh belassen, wachsen, mattieren, lackieren, polieren, mit Farbe anstreichen oder mit Sprühlack behandeln.

Intarsien

Unter Intarsien versteht man Einlegearbeiten, meistens Holz in Holz. Dazu wird aus dem Furnier, das die Oberfläche eines Werkstücks bildet, vor dem Aufleimen ein Motiv herausgeschnitten, und zwar entweder mit dem Schneidmesser, einer Rasierklinge oder mit einer Schneidfeder. Das ausgeschnittene Motiv verwendet man als Schablone für den Zuschnitt des anderen Furniers, das nun eingelegt werden soll. Dabei sollen die eingelegten Teile sich durch ihre andere Holzart und Maserung vom Grund deutlich abheben, der Verlauf der Maserung hingegen muß genau dem des Furniergrundes entsprechen, es sei denn, die gegenläufige Verarbeitung ist ein gewolltes dekoratives Element. Schachbretter werden oft als Intarsienarbeiten bezeichnet, jedoch handelt es sich hier meistens um Holzmosaik. Erst wenn Zahlen und Buchstaben am Spielfeldrand aus anderem Furnier als der Grund sind, kann man von Intarsien sprechen.

Beim Aufleimen beginnt man mit dem Grundfurnier, das man bis zum Trocknen des Klebers mit einem Brett beschwert. Erst danach wird das einzulegende Furnierstück (oder die Stücke) haargenau eingepaßt, aufgeleimt und ebenfalls gepreßt. Eine gute Vorübung für Holzintarsienarbeiten bieten Selbstklebefolien mit Holzmaserungen, die es in vielen Ausführungen (auch als billige Reste) auf dem Markt gibt. Eine der Intarsienarbeit – auf den ersten Blick – ähnliche Wirkung hat die sogenannte Furnierschichtarbeit, auch Lagenfurnier genannt. Dabei werden auf eine aufgeleimte Furnierschicht mosaikartig zusammengesetzte Stücke eines anderen Furniers aufgeklebt. Man schneidet also hier nicht das darunterliegende Furnier heraus.

Schnitzen

Das Wichtigste beim Schnitzen sind stets gut geschliffene Werkzeuge, deshalb kommt auch ein Laie ohne den bereits erwähnten Schleifstein nicht aus. Während Reliefs und Durchbruchschnitzereien nur noch selten ausgeführt werden, ist das Schnitzen von Kas-

Geschnitzter Kasperlekopf

Vogelkörper, aus Balsaholz geschnitzt. Die Flügel müssen noch aus der Fläche herausgearbeitet werden

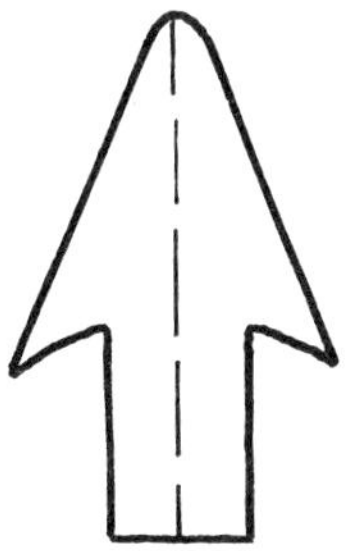

perleköpfen nach wie vor beliebt. Es ist zugleich eine gute Anfangsarbeit, weil es nicht so sehr auf Genauigkeit ankommt und man sich mit der Handhabung und Schnittführung der einzelnen Werkzeuge vertraut machen kann. Kasperleköpfe sollen im allgemeinen vom Scheitel bis zum Halsrand etwa 10 cm groß sein, sonst lassen sie sich später schlecht bewegen. Außerdem müssen sie hohl sein, damit sie – besonders für Kinderhände – nicht zu schwer werden. Dazu leimt man zwei Stücke Holz (Gesicht und Hinterkopf) auf einer Papierzwischenlage zusammen. Dann markiert man die Höhe der Augenpartie, den Stand von Nase und Mund sowie Ohren, Bart oder sonstigen Merkmalen einer Figur mit dem Bleistift auf dem Klotz und arbeitet die Umrisse grob heraus. Allmählich beginnt man mit den Feinheiten und schnitzt solange, bis der Kopf die gewünschte Form, das Gesicht den gewünschten Ausdruck hat. Ungeduld zahlt sich beim Schnitzen nicht aus. Span für Span muß bedacht werden, rasch ist etwas zuviel weggenommen, das nicht mehr zu ersetzen ist; denn das oberste Gebot bei der Schnitzerei heißt: Es muß alles aus einem Stück herausgearbeitet sein. Man darf also nichts anleimen. Ist der Kopf fertig, spaltet man ihn an der Leimstelle auseinander, höhlt ihn aus und leimt ihn dann endgültig (ohne Papierzwischenlage) zusammen.
Für Anfänger im Schnitzen eignet sich Balsaholz, das eigentlich für den Modellbau gedacht ist, besonders gut. Dieses Material ist leicht und weich, man kann es mit einem Taschen- oder Kartoffelschälmesser bearbeiten. Die auf Seite 74 farbig abgebildeten Vögel wurden aus Balsaholz geschnitzt.
Um ein vollplastisches Modell (Tiere, Puppen usw.) zu schnitzen, zeichnet man zuerst die Seitenansicht auf ein ausreichend dickes Brett oder einen Block. Dann zeichnet man – vor allem bei komplizierten Formen – Vorder- und Rückenansicht an entsprechenden Stellen auf das Holz, eventuell sogar die Aufsicht auf das Modell von oben. Es kommt ganz auf die Konturen des Vorbildes, das man zunächst auf Papier skizzieren sollte, an. Die Umrisse der Seitenansicht werden grob ausgesägt. Lieber mehr Holz stehenlassen als zu wenig, denn bei einer Schnitzerei darf nichts angeleimt werden – alles muß aus einem Stück sein. Das so weit vorbereitete Werkstück wird nun beschnitzt, bis es die gewünschte Form hat. Dann schleift man das Holz und kann es anmalen oder farblos lackieren, wenn man es nicht roh belassen oder wachsen möchte.

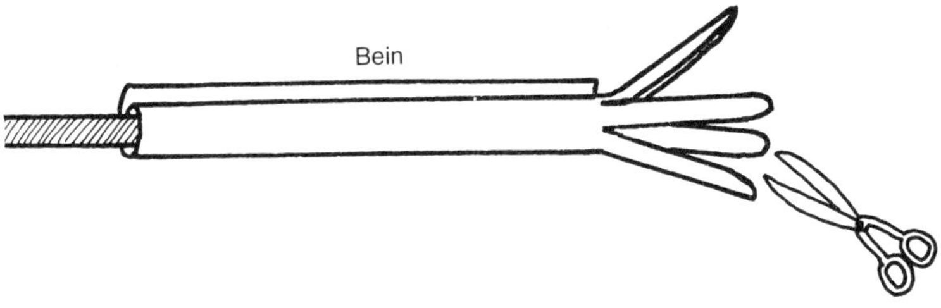

Der Schnabel für die Vögel auf Seite 74 wird aus Konservenblech ausgeschnitten und in Längsrichtung winklig gebogen. Für ein Bein schneidet man einen Blechstreifen am Ende ein und rollt ihn um ein Rundholz

Schnabel und Beine der abgebildeten Vögel wurden aus Konserven-Blech geschnitten. Der Schnabel wird wie eine Pfeilspitze zugeschnitten und in Längsrichtung wie ein Dach gefalzt. Man kann ihn ohne Bohrung in das weiche Balsaholz bis zu den Pfeilecken einschieben. Für die Beine wird ein Blechstreifen an einem Ende so eingeschnitten, wie auf der Zeichnung oben dargestellt, und um ein Rundholz gerollt. Man schiebt die Beine in entsprechende Bohrungen im Vogelkörper und klebt sie dort zusätzlich fest.

Der Balsaholz-Vogel fertig bemalt

Daneben: Möwe, aus Balsaholz geschnitzt und ganz glatt geschliffen. Der weißen Anstrichfarbe wurden kleine Holzspäne beigemischt, um eine belebte Oberflächenstruktur zu erreichen

Pferd nach Dalarna-Art, aus Kiefernholz geschnitzt und wenig geschliffen, so daß die Schnitzspuren sichtbar blieben.

Rechte Seite: Kleine Anstecker für Pullover, Mützen, Jacken oder Blusen sind eine lohnende Anfänger-Laubsägearbeit

Laubsäge-Vorlagen für die Gürtelschnallen rechts

Für das Pferd aus Kiefernholz gilt im Prinzip das bisher Gesagte. Das Pferd – Arbeit eines zehnjährigen Mädchens – wurde nur so wenig geschliffen, daß die Messerspuren noch sichtbar blieben.

Laubsägearbeiten

Laubsägearbeiten aus Sperrholz sind ohne Vorkenntnisse leicht auszuführen. Wichtig ist, daß man die Säge genau senkrecht führt und das Sägeblatt (es muß mit den Zähnen in Abwärtsrichtung zum Griff zeigen) nicht verkantet. Man sägt ohne großen Druck in senkrechten Bewegungen auf und ab. Eine Ecke sägt man, indem man das Sägeblatt mehrmals auf der Stelle bewegt, so daß sich ein kleines Loch zum Wenden ergibt. Bei Spiral-Sägeblättern, die rundherum Zähne haben, kann man in allen Richtungen sägen. Will man nicht nur Konturen sägen, wie bei den kleinen Ansteckern Seite 75, sondern auch Teile aus einer Fläche heraussägen, so geht man wie folgt vor: man bohrt mit einem Drillbohrer ein kleines Loch in das später herausfallende Stück, spannt das Sägeblatt an einer Seite aus dem Bügel, steckt es durch die Bohrung im Holz und spannt es wieder ein. Nun kann man das Holz heraussägen. Links oben auf dem Foto unten ist ein angefangenes Werkstück mit einer Bohrung zu sehen. An diesem Werkstück wird auch eine Möglichkeit, Ecken auszusägen, demonstriert: man arbeitet im Bogen an der Ecke vorbei und sägt erst die endgültige Linie, wenn man nach Herausfallen des Abfallstücks mehr Platz hat und nun von beiden Seiten im Winkel auf die Ecke zu sägen kann.

Gürtelschnallen aus 5 mm starkem Sperrholz können in allen möglichen Phantasieformen ausgesägt werden. Oben links wird gezeigt, wie man Innenteile und Ecken aussägen kann

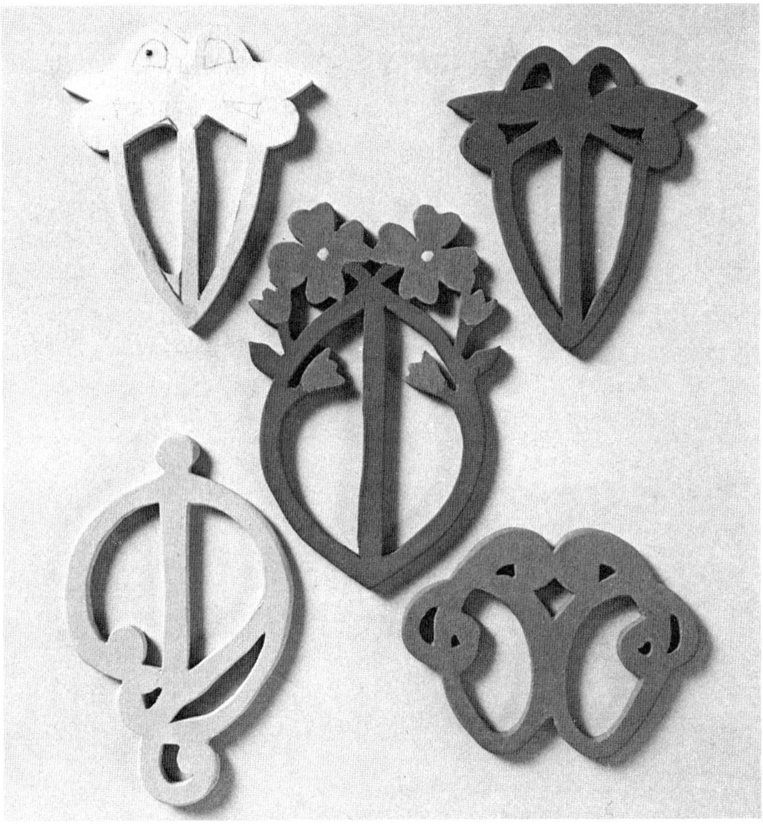

Nach dem Sägen müssen alle Kanten mit Sandpapier geschliffen (gebrochen) und auch die Flächen geglättet werden, bis das Holz schön griffig ist. Dann kann man die Oberfläche weiterbehandeln.

Puppenhaus aus einer Schublade

Aus einer großen Kommodenschublade kann man mit wenig Aufwand ein stolzes Puppenhaus machen. Zuerst entfernt man Beschläge und Schloß der Schublade. Die Aussparung für das Schloß dichtet man mit einem eingepaßten Brettchen, das man mit Holzkitt oder Spachtelmasse verfugt. Auch Modelliermehl (Plastika) eignet sich für diese Arbeit. Schäden im Holz werden ebenfalls mit den genannten Füllmassen ausgebessert. Anschließend entfernt man den in den meisten Fällen in der Mitte geteilten Boden aus der Schublade. Bei älteren Schubladen, die wohl in erster Linie für diese Zweckentfremdung in Frage kommen, läßt sich der Boden problemlos aus den seitlichen Führungsleisten herausziehen. Böden neuerer Schubladen sind verschraubt oder (seltener) verleimt und müssen mit entsprechenden Mitteln gelöst werden. Zuerst teilt man den Kasten in Etagen auf und leimt seitlich Auflageleisten für die Trennböden fest, die man in entsprechender Größe zusägt. Den Zwischenräumen entsprechend werden die Ausschnitte für die Fenster auf dem ehemaligen Schubladenboden (eventuell auf einem neuen Rückwand-Brett für das Haus) markiert und mit der Laubsäge ausgeschnitten. Dazu muß man das Rückwand-Brett teilen, falls es durchgehend ist, sonst reicht der Laubsägebügel nicht aus.

Vom Glaser läßt man einfache Fensterglas-Scheiben den Ausschnitten entsprechend zuschneiden, die man provisorisch mit einem Tesafilm-Kreuz am Holz befestigt. Nun verleistet man die Fenster so, daß die Leisten an allen vier Seiten $^1/_2$ cm nach innen (zur Öffnung)

Dieses Puppenhaus war einmal eine alte Kommodenschublade. Rechts: das Puppenhaus von innen. Auf seitliche Trägerleisten wurden Zwischenbretter für die einzelnen Etagen geleimt. Die rückwärtigen Fenster wurden mit der Laubsäge ausgeschnitten

überstehen, und zwar sowohl auf der Außen- als auch auf der Innenseite der Fensterwand. Anschließend entfernt man die Klebstreifen, die Scheiben sitzen nun zwischen den Rahmenleisten. Hat man die Zwischenböden für die Etagen auf die seitlichen Träger geleimt, befestigt man die Fensterwand auf der Rückseite des Schubladenrahmens, wobei man die waagerechte Teilung später auf der Außenseite mit einer Zierleiste überleimt. Die Zwischenböden berechnet man am besten so, daß einer davon innen die Fuge zwischen den Rückwandhälften abdeckt. Ist das nicht der Fall, überklebt man die Stelle mit einem Stück Stoff, bevor man die Räume tapeziert. Außen wird das Haus angestrichen. Man kann es noch durch aufgeleimte Schnitzerei-Teile von ausrangierten Möbelstücken zusätzlich verzieren. Die Möbel für das Haus baut man nach eigenen Vorstellungen der Größe der Räume entsprechend. Es gibt auch Bausätze für bäuerliche Möbel zu kaufen, die nach einem alten Steckprinzip zusammengesetzt werden.

Puppenwiege

Material: 7 mm starkes Laubholz und zwei kleine Auflageleisten, 5 × 5 mm, für das Bodenbrett. Man sägt zunächst die beiden Endstücke der Wiege in gleicher oder ähnlicher Form wie links auf Zeichnung a zu sehen aus. Seitenwände und Bodenbrett haben gleiche Maße, aus denen sich die Maße für die Endstücke ergeben. Die Seitenwände werden so zwischen die Endstücke geleimt (UHU coll), wie durch die gestrichelten senkrechten Linien auf der Zeichnung a angedeutet. Zwischen die Seitenwände leimt man die beiden Leisten als Bodenträger, deren Enden wie auf Zeichnung c dargestellt der Neigung der Seitenwände entsprechend abgeschrägt werden müs-

Wiege passend zur Puppe von Seite 349

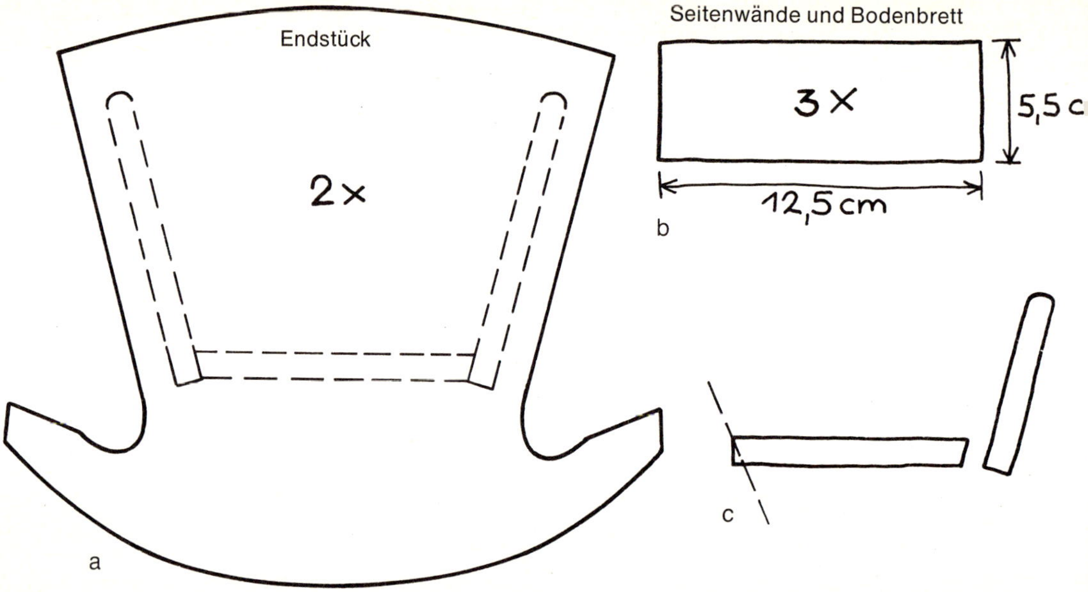

Die gestrichelten Linien markieren die Klebstellen von Seitenwänden und Trägerleisten für den Boden

Seitenwände und Bodenbrett haben die gleichen Maße

Die Trägerleisten für das Bodenbrett müssen an den Enden, den Seitenwänden entsprechend, abgeschrägt werden

sen. Zum Schluß legt man den Boden lose ein oder leimt ihn an den Auflageleisten fest.
(Die Arbeitsanleitung für die zur Wiege passende Puppe steht auf Seite 348.)

Hampelmädchen

Ungewöhnlich ist das Hampelmädchen (Foto oben rechts), das nach einem japanischen System gebastelt wurde: Arme und Beine schwenken auf Fadenzug nach vorn. Material: 5 mm starkes Sperrholz, 2 Lederstücke je 3 × 3 cm für die Arme und 2 Lederstücke je 4 × 3 cm für die Beine, 1 m dünne Paketschnur, UHU Alleskleber, Bastelfarbe. Werkzeug: Laubsäge, Drillbohrer, Schleifpapier. Zeichnung a zeigt das originalgroße Schnittmuster, nach dem man die Teile aussägt, und zwar sind alle durchgehenden Linien Schnittkanten. Der Körper – hier nur zur Hälfte umrissen – muß seitengleich ergänzt werden. Die Arme kann man aus den seitlich herausfallenden Holzteilen sägen, Zugleiste und Beine aus dem restlichen Brett. Die markierten Kreise geben die Bohrlöcher für die Fäden an, die gestrichelten Rechtecke sind Klebstellen für die Lederlaschen, durch die Arme und Beine beweglich mit dem Körper verbunden werden. Ist die bemalte Figur dem Foto entsprechend zusammengeklebt, knotet man rechts und links die Fäden so an, wie aus Zeichnung b ersichtlich: von hinten nach vorn durch den Arm, von vorn nach hinten durch die Schulter, das Ende – von der Schulter gemessen – etwa 25 cm lang hängen lassen. Faden 2 von hinten nach vorn durch das Bein, von vorn nach hinten durch den Rock. Diesen Faden direkt hinter der Bohrung – bei hängenden Gliedern – mit dem ersten Faden zusammenknoten und die beiden gleich langen Endfäden von oben nach unten durch das Zugbrettchen knoten. Die Fadenpaare rechts und links müssen gleich lang sein, so daß das Zugbrett waagerecht hängt.

Seite 81: Schnittplan für das Hampelmädchen. Die Teile (Bein und Zugbrett), die in die Figur gezeichnet wurden, müssen natürlich aus einem separaten Brett ausgesägt werden. Der Körper mit dem Kopf muß an der senkrechten Mittellinie seitengleich ergänzt werden

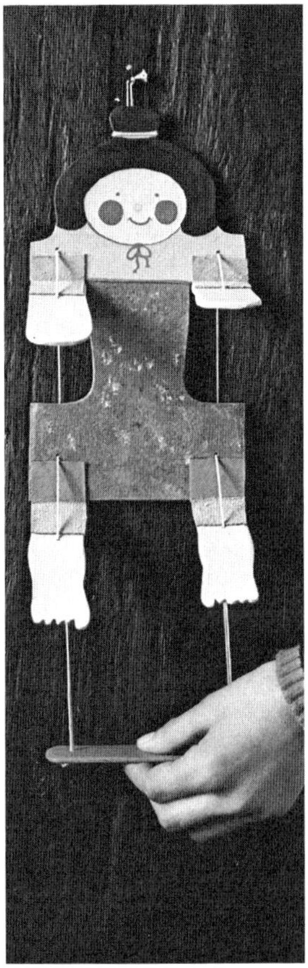

Zieht man an der unteren Querleiste, streckt einem das Hampelmädchen Hände und Füße entgegen. Es ist aus Sperrholzresten und Lederstücken gebastelt

Seitenansicht der Zugvorrichtung. Die Doppelfäden beider Seiten enden in der unteren Zugleiste (hier nicht gezeigt) und werden dort verknotet

b

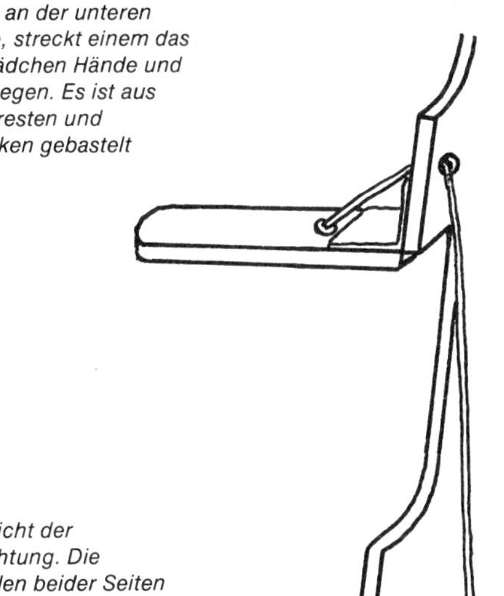

a

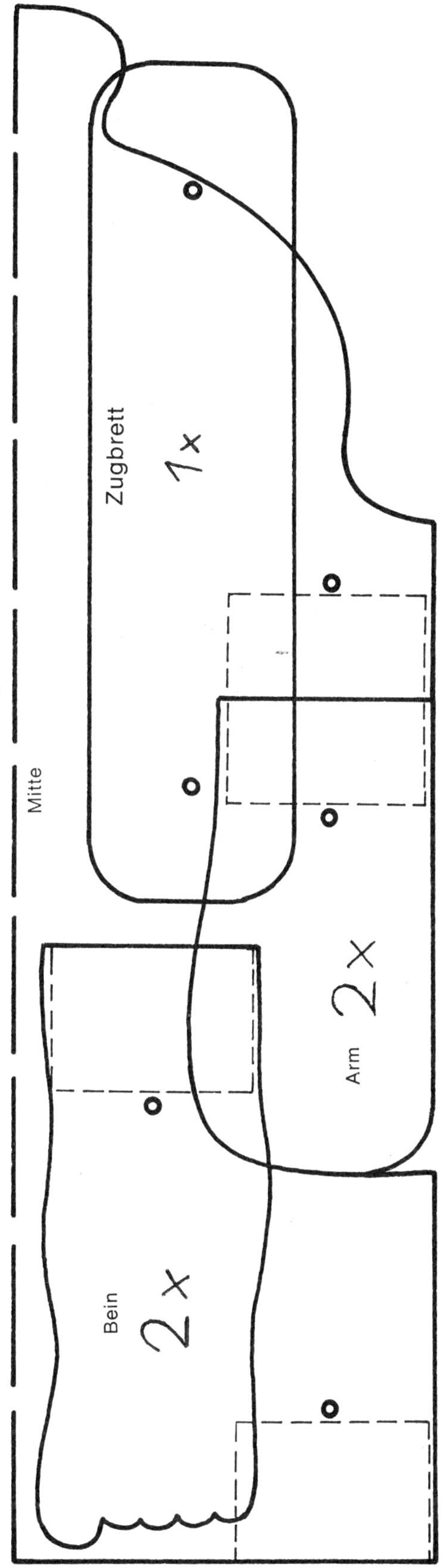

Der Weihnachtsbaum wurde aus Kiefern-Kanthölzern von 5 × 5 cm Stärke gemacht. Die Holzleisten sind lose durch eine Mittelbohrung über den Mittelstab geschichtet und beliebig drehbar

Weihnachtsbaum aus Kiefernholz

Einfache Kanthölzer, 5 × 5 cm stark, und ein Besenstiel sind das Material für einen nadelfreien Weihnachtsbaum. An Werkzeug braucht man: Leistensäge, Bohrer und Laubsäge (oder Heimwerker-Bohrmaschine mit Lochsäge-Einsatz) und Schleifpapier in den Körnungen 80 und 120. Außerdem: Beize, Lack oder Wachs für die Oberflächenbehandlung und Weißleim (UHU coll) zum Kleben. Die Kanthölzer schneidet man mit den auf Zeichnung a angegebenen Maßen in der ebenfalls angegebenen Anzahl zu und versieht jede Leiste genau in der Mitte mit einem dem Durchmesser des Besenstiels entsprechenden kreisrunden Ausschnitt. Die Länge des Besenstiels kann man selbst wählen, jedoch sollte er mindestens 10 cm länger sein als alle aufeinandergelegten Kanthölzer zusammen.

Aus den beiden 68 cm langen Leisten wird der Kreuzfuß wie folgt gemacht: nach den Maßen auf Zeichnung b schneidet man vier gleiche Leisten aus und leimt je zwei so auf die langen Leisten, daß die Enden bündig sind und in der Mitte ein Abstand von 5 cm bleibt. Legt man nun die langen Leisten (mit den aufgeleimten kürzeren gegeneinander) kreuzweise aufeinander, so greifen die Lücken wie bei einer Überblattung ineinander. Aus einem Sperrholzrest von etwa 8–10 mm Stärke schneidet man fünf Plättchen je 5 × 5 cm aus. Eines davon leimt man an das untere Ende des Besenstiels und zugleich

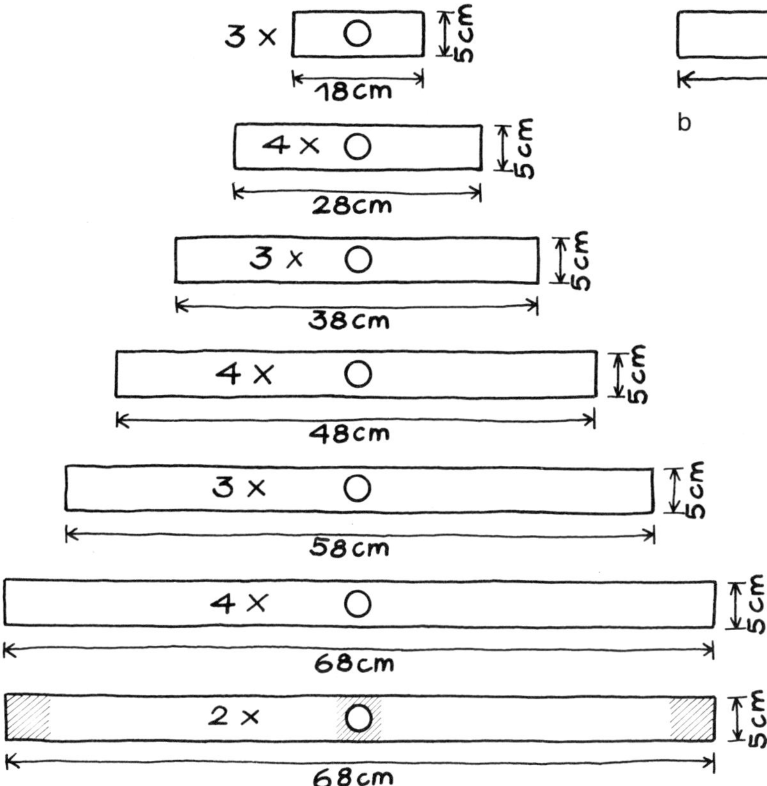

a

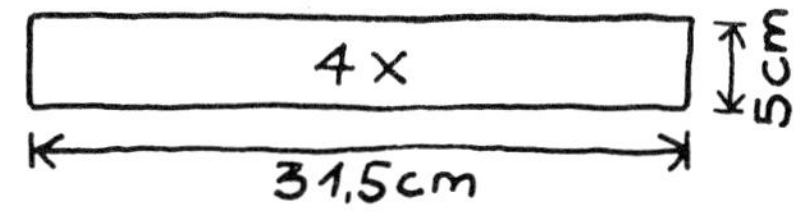

b

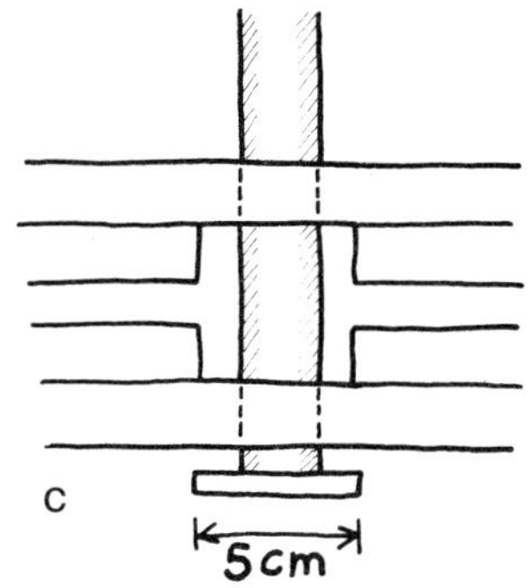

c

a: Schnittplan für die Kanthölzer. Die schraffierten Flächen der unteren Leiste werden mit 5 × 5 cm großen Plättchen unterleimt

b: Vier kurze Leisten werden auf die beiden längsten Leisten so geleimt, daß in der Mitte 5 cm Zwischenraum als Überplattung bleiben

c: Die langen Leisten werden mit den aufgeleimten kürzeren Stücken gegeneinander zeigend auf den Rundstab geschoben. Unter Stab und Loch kommt ein Abdeckplättchen

unter das Loch der ersten Kreuzfuß-Leiste (Zeichnung c). Die restlichen Plättchen werden als Standfüße unter die Enden der Kreuzfuß-Leisten geleimt (s. auch schraffierte Felder der längsten Leiste, Zeichnung a). Hat man alle Holzleisten und den Besenstiel geschliffen, werden die Leisten der Größe nach so auf den Besenstiel gereiht, wie aus der Abbildung ersichtlich. Selbstverständlich kann man Maße und Anzahl der Kanthölzer nach Belieben abwandeln.

Stierkämpfer

Schleudert man das Holzklötzchen an der Fadenschlinge hin und her, hebt und senkt der Matador die Muleta, während der Stier auf und ab springt (Abb. S. 86). Das Trickspielzeug ist nicht schwierig nachzubasteln. Man braucht dazu 2–3 mm starke Sperrholzreste, aus denen sich die Teile mit den aus den Zeichnungen ersichtlichen Maßen aussägen lassen, ein Stück Karton für die Muleta (das Tuch), einen 4 × 4 × 4 cm großen Holzwürfel, 3 Stücke Messing- oder Kupferdraht, je 2 cm lang, ca. 0,8–1 mm stark, Bastelfarben und etwas Alleskleber oder UHU coll sowie ca. 75 cm Paketbindfaden oder dünnes Makrameegarn. Werkzeug: Laubsäge, Drillbohrer, Flachzange, Schleifpapier.

Alle ausgesägten Teile schleifen, an den mit einem Kreis gekennzeichneten Stellen durchbohren, das Standbrett ein- bzw. aussägen (Schlitze) und alles anmalen. Aus Karton die Muleta ausschneiden, ebenfalls anmalen und entlang der gestrichelten Linie falten. Teile wie folgt zusammensetzen: Bein auf die Rückseite des Stierkämpfers kleben (gestrichelter Bogen). Arme rechts und links an den Körper halten, Draht durchschieben und Draht an beiden Enden mit der Flachzange so weit aufrollen, daß die Arme locker daran hängen. Hände mit gleichem Abstand durch Draht miteinander verbinden. Muleta mit dem Falz um den Draht legen und die Hälften flach zusammenkleben, so daß sie lose auf dem Draht hängt. Standfuß des Mannes bis zur gestrichelten Linie in den linken Einschnitt des

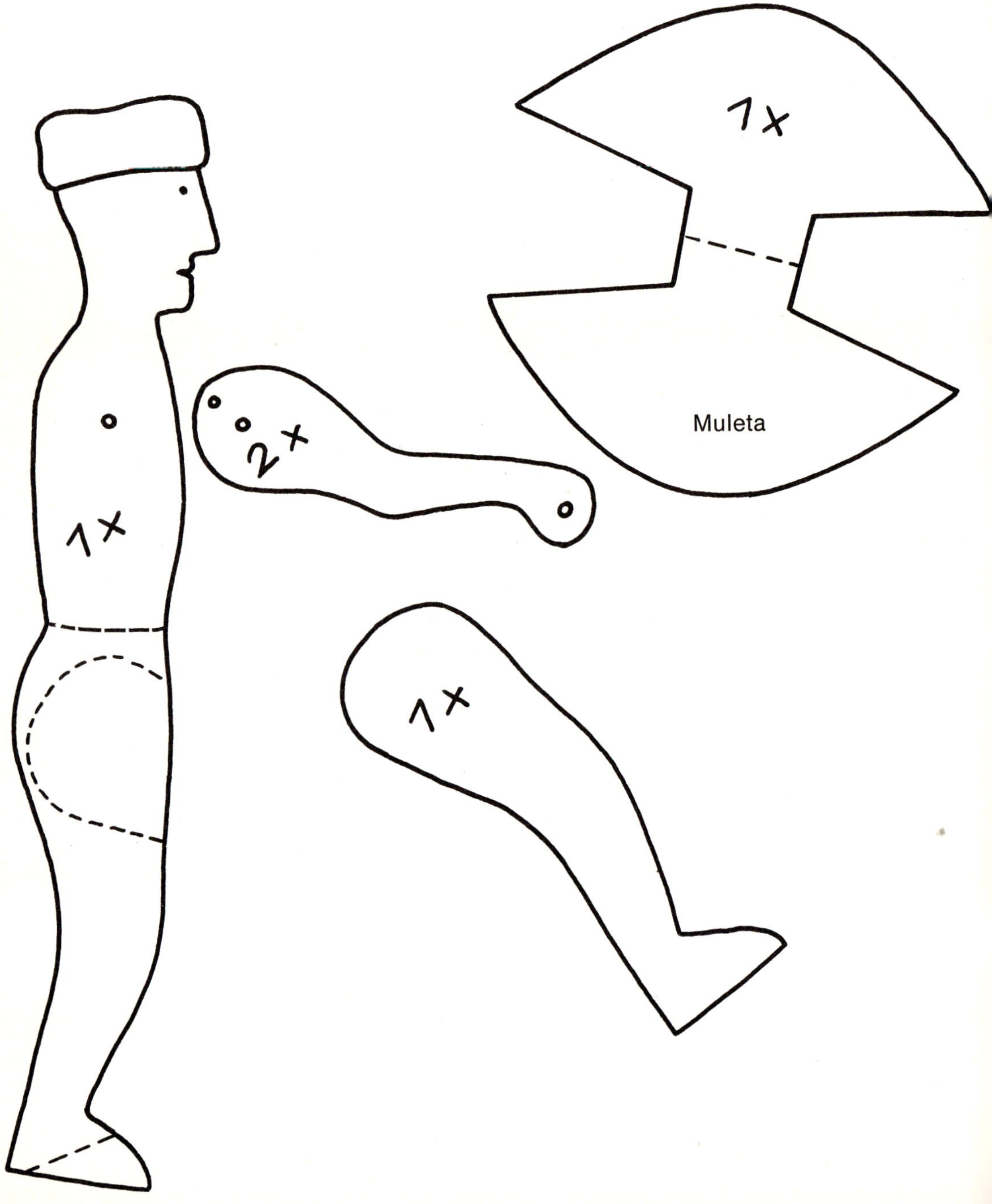

Schnittplan für die Teile zum Trickspielzeug auf Seite 86. Die Weite der Schlitze im Standbrett und am Stierkopf richtet sich nach der Holzstärke

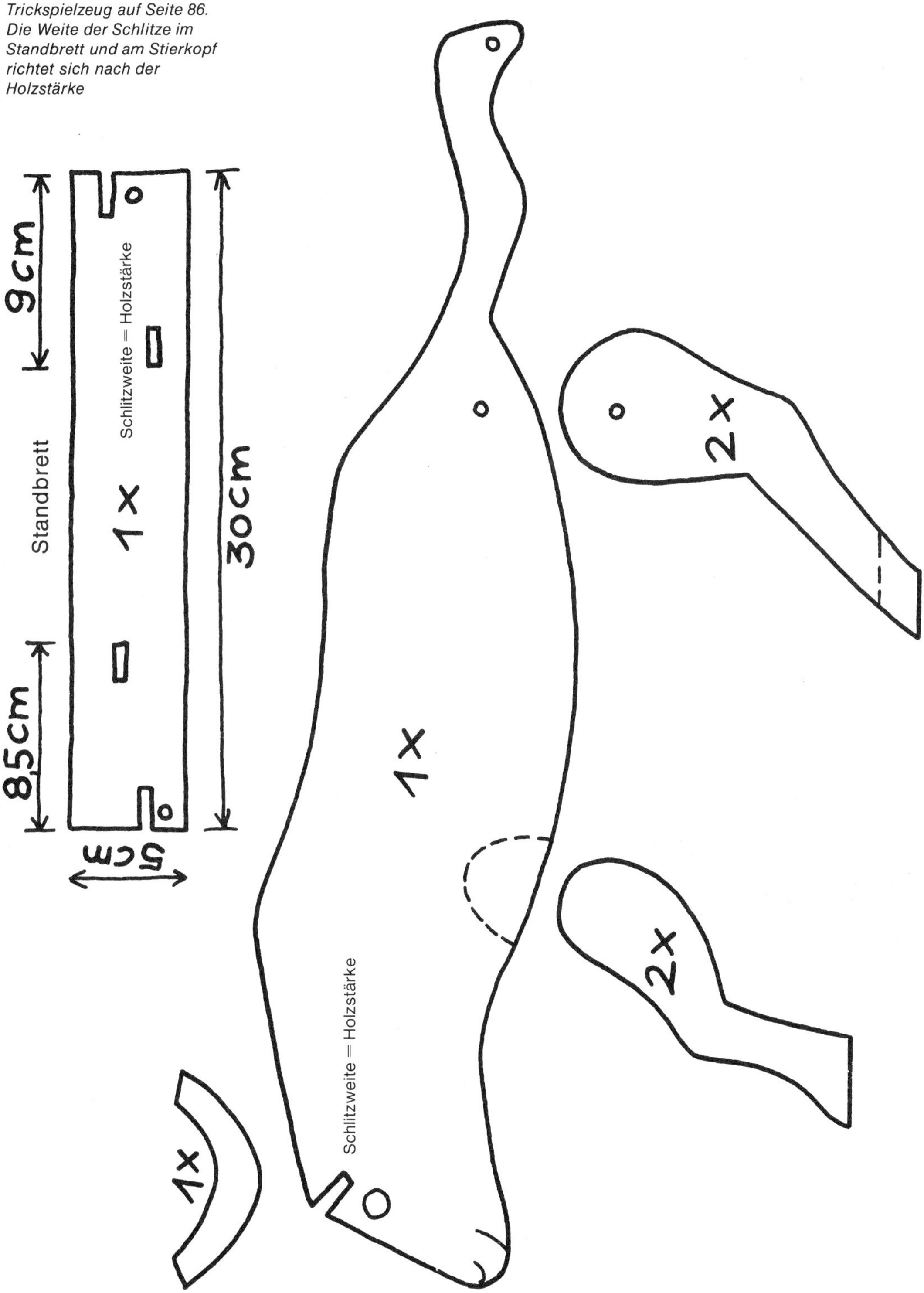

Standbretts, den anderen Fuß entsprechend in den Schlitz davor kleben. Hälfte des Fadens in die Bohrung der vorn sichtbaren Schulter knoten und das Ende durch die linke Bohrung neben dem Fuß durch das Standbrett fädeln. Dort zunächst hängen lassen. Dem Stier die Hörner in den Schlitz am Kopf leimen. Die Vorderbeine so aufkleben, wie aus dem Foto ersichtlich. Die Hinterbeine durch einen an den Enden aufgerollten Drahtsteg mit dem Körper verbinden (wie die Arme des Mannes) und in die dafür vorgesehenen Schlitze des Standbretts leimen. Zweite Fadenhälfte in die Schwanzbohrung knoten und durch die Bohrung im Standbrett abwärts fädeln. Hier diesen Faden mit dem bereits hängenden genau in der Mitte etwa 15 cm unterhalb des Standbretts so zusammenknoten, daß Standbrett und Fäden ungefähr ein gleichseitiges Dreieck ergeben. Etwa 10 cm unterhalb des Knotens das Fadenpaar durch eine Bohrung im Holzwürfel fädeln und darunter einen doppelten Knoten machen.

Bei diesem Trickspielzeug bewegen sich Stierkämpfer und Stier, wenn man den Holzwürfel am Faden hin und her pendeln läßt

Brandmalerei

Brandmalerei

Die Brandmalerei ist eine alte dekorative Holztechnik, die lange in Vergessenheit geraten war, sich heute aber wieder steigender Beliebtheit erfreut. Das liegt vor allem an den einfachen Brenngeräten, die für diese Hobbyarbeit entwickelt wurden. Für die Pyrografie – wie diese Technik eigentlich heißt – braucht man außer rohem, hellem Holz, das nicht zu hart sein sollte, nur Schleifpapier, einen weichen Bleistift zum Vorzeichnen und einen elektrisch aufheizbaren Brennstab mit auswechselbaren Brennstiften. Solche Brennstäbe, die es in verschiedenen Ausführungen gibt, sind ungefährlich in der Handhabung, wenn man die notwendigen Sicherheitsvorkehrungen trifft, das heißt, den angeschlossenen Brennstab nicht auf einer brennbaren Unterlage ablegt.

Arbeitsweise

Auf das geschliffene Holz – man probiert das Brennen am besten an einem Abfallstück aus – wird mit dem Bleistift ein einfaches Motiv gezeichnet. Dann fährt man die Linien mit dem feinen Brennstift (es gibt verschiedene Einsätze) ohne Druck langsam nach. Dabei hält man den Brennstab möglichst flach. Sollen Punkte oder Ornamente mit Spezialstiften eingebrannt werden, hält man das Gerät senkrecht. Arbeitet man parallel zur Holzmaserung, werden die Linien gleichmäßig. Muß man aber im rechten Winkel zur Maserung brennen, braucht man etwas Übung um den richtigen Druck und die richtige Führung des Brennstiftes zu ermitteln, weil das Holz in dieser Richtung spürbar rillig ist. Nach ersten Übungen kann man daran gehen, mit dem flachen Brennstift flächig zu arbeiten und verschiedene Helligkeitsgrade zu erzielen. Bei der Brandmalerei ist alles Erfahrungssache.

Von rechts nach links:
Auf das geschliffene Holz wird mit Bleistift ein Motiv gezeichnet

Mit dem spitzen Brennstift werden die Linien nachgezogen. Brennstab möglichst flach halten

Die Flächen des Motivs werden mit einem schräg abgeflachten Brennstift bearbeitet, für die Kanten nimmt man einen spitzen Stift, den man flach hält

Möglichkeiten der Musterbildung

Am einfachsten zu brennen sind geometrische Muster, die sich aus Punkten, Kreuzen, Kreisen oder anderen Brandmalen zusammenstellen lassen. Auch durchgehende Linien von figürlichen Darstellungen gelingen am Anfang besser, wenn man sie nur punktiert. Einfach ist auch das Arbeiten mit Stickschablonen aus dünnem Blech, wie man sie früher benutzte. Sie sind heute wieder zu haben. Man legt die Stickschablone auf das Holz und fährt die Öffnungen mit dem Brennstift nach. Größere Schablonen befestigt man mit Klebstreifen auf dem Holz. Anstelle der käuflichen Brennstifte kann man auch andere Metallteile, z. B. Nägel, Schrauben oder selbst gefeilte Stifte in den Halter einsetzen und damit Muster brennen.
Eine Ergänzung zur Brandmalerei ist das Ausfüllen der mit einer Brandlinie konturierten Flächen in Farbe oder Beize.

Brandmalerei auf anderem Material

Außer Holz kann man noch Kork, Leder und Karton mit dem heißen Stift markieren und verzieren. Auch hier hängen Druck und Führung des Stiftes (langsam oder rasch) ganz von der Materialart ab und müssen durch Versuche ermittelt werden.

Mit Brandmalereien verziert: Buchstützen-Figuren und Kästen aus Holz, dahinter eine Dose aus Kork (Foto und Ausführung: Heidi Herrmann)

Untersetzer mit eingebrannten Tierkreiszeichen – ein hübsches Geschenk für alle, die an die Sterne glauben

Brandmalerei nach alter Manier: die Flächen der eingebrannten Motive wurden farbig ausgemalt

Papier und Pappe

Papier und Pappe

Papier ist ein vielseitiger und billiger Werkstoff. Es ist leicht und sauber zu verarbeiten, und man braucht weder kostspieliges Werkzeug noch besondere handwerkliche Fähigkeiten dazu. Papier kann man reißen und schneiden, rollen und falten, kleben und heften, bemalen und bedrucken. Die gleichen Eigenschaften hat Karton, und ähnlich kann man auch mit Pappe verfahren.

Papier gibt es in zahlreichen Stärken, Gewichtsklassen, Tönungen und mit vielen Oberflächenstrukturen. Man sollte für Bastelarbeiten – vor allem, wenn man weißes Papier verwendet – stets holzfreies, elastisches Material nehmen, das sich gut knicken und falten läßt. Es sollte außerdem leim- und radierfest sein. *Einfarbiges Papier,* auch Naturpapier genannt, ist durchgefärbt. Es eignet sich zum Ausschlagen von Schachteln, Kästen und Mappen sowie als Bezugspapier zum Kaschieren (Überdecken) von Büchern, Aktendeckeln und Ordnern. *Buntpapier* ist einseitig farbig bedruckt. Es hat je nach Art eine glänzende oder matte Oberfläche. Glänzende Buntpapiere sind wischfest, matte färben meistens etwas ab. Buntpapiere gibt es mit gummierter und ungummierter Rückseite. Sie werden in großen Bögen blattweise, gelegentlich auch als Rollen oder als Sortiment in kleinen Heftchen zusammengestellt gehandelt. *Transparentpapier* gibt es in vielen Farben. Es wird blattweise oder als Sortiment in Heftchen verkauft. Man verwendet es zum Basteln von Laternen, Sternen oder anderen Gegenständen, deren Wirkung von einer Lichtquelle abhängt. Farbloses Transparentpapier, auch irrtümlicherweise oft Pergament genannt, verwendet man vor allem zum Durchpausen von Zeichenvorlagen. *Seidenpapier* hat ähnliche Eigenschaften wie Transparentpapier, jedoch ist es wesentlich dünner und empfindlicher. Die Farben des Seidenpapiers entfalten ihre Leuchtkraft auch ohne besondere Lichtquelle. Seidenpapier wird in den Formaten DIN A 1 und DIN A 2 oder nach Farben in Heftchen oder Packungen sortiert angeboten. *Origami-Papier* ist ein einseitig gefärbtes Papier, das vorwiegend für japanische Faltarbeiten verwendet wird. Es ist besonders vielseitig und in so vielen Farbabstufungen zu haben wie kaum ein anderes Material. Format der nach Farben sortierten Blätter: 19×19 cm. *Kreppapier* ist ein weiches, poröses Material, das in einer Richtung gekrumpft und dehnbar ist. Es ist in vielen Farben zu haben und wird in 35–50 cm langen Rollen oder als aufgerollte Streifen verkauft. Man verwendet Kreppapier vorwiegend zu Dekorationszwekken und zum Herstellen von großen Blumen. Es läßt sich schlecht falzen und kleben. Als *Geschenkpapier* bezeichnet man buntbedrucktes Einwickelpapier, das es als Einzelbögen, in Packungen oder in Rollen gibt.

Karton nennt man alle kräftigeren Papiere, die ein Quadratmetergewicht von 200 bis 600 g haben, also: Zeichenkarton, Aktendeckel, Karteikarten, Postkarten, Plakatkarton, Modellbaukarton, Fotokarton. Es gibt Karton in zahlreichen Ausführungen, Stärken und Farben.

Pappe nennt man alle Papiermaterialien, die dicker sind als Karton. Für Bastelzwecke ist *Graupappe* am besten geeignet. Dünne Graupappe nennt man auch Schrenzkarton. *Holzpappe,* meistens gelbbräunlich, ist billiger als Graupappe, jedoch auch wesentlich spröder. Sie eignet sich am besten als Rohform, die später mit einem hochwertigeren Papier bezogen (kaschiert) wird. *Strohpappe* eignet sich eigentlich nur als Schneidunterlage für Bastelarbeiten. *Wellpappe* ist ein biegsames Material, das aus zwei, gelegentlich drei Papierschichten besteht. Zweischichtige Wellpappe besteht aus einem glatten Trägerpapier, dem gewelltes Papier aufgeleimt wurde. Bei dreischichtiger Wellpappe sitzt das gewellte Papier zwischen zwei glatten Schichten. Wellpappe ist nur in Richtung der Längsrippen roll- und knickbar.

Werkzeug und Hilfsmittel
Für Papierarbeiten braucht man zwei Scheren: eine große Papierschere und eine kleine Schere, die besonders an der Spitze gut schneidet. Ferner ein Lineal mit Metallkante und Zentimetereinteilung und einen Eisenwinkel. (Es genügt, wenn man im Eisenwarengeschäft einen billigen Metallwinkel kauft, wie er zum Verstärken von Fensterrahmen verwendet wird.) Zum Anreiben bei Faltarbeiten braucht man ein Falzbein, ein Instrument, das einem Brieföffner ähnelt. Man kann sogar einen Brieföffner als Falzbein nehmen, wenn er nicht zu scharfe Kanten hat. Nach Möglichkeit sollte man auch einen Zirkel haben, damit man sich nicht immer mit Tellern, runden Dekkeln, Schallplatten oder Tassen beim Zeichnen von Kreisen behelfen muß. Unerläßlich ist die Anschaffung eines Schneidmessers mit verstellbarer Klinge. Schließlich braucht man noch eine dicke Unterlage aus Strohpappe, auf der die Arbeiten zugeschnitten werden.

Der richtige Kleber
Papier, Karton und Pappe kann man mit UHU Alleskleber verarbeiten, solange es sich um nicht zu große Flächen handelt. Für größere Flächen nimmt man besser UHU coll, einen zähflüssigen Weißleim, der eigentlich für Holzverbindungen gedacht ist. Zum Kaschieren besonders großer Flächen eignet sich Tapetenkleister, den man als Pulver kauft und mit Wasser anrührt, recht gut. Er hat den Vorteil, daß man nicht so rasch zu arbeiten braucht, weil er langsamer trocknet. Darüber hinaus verursacht er keine Flecken auf der Schauseite des Papiers, wenn er einmal zu üppig aufgetragen worden ist. Dicke Pappe kann man sehr gut mit UHU kontakt kleben. Dieser Kleber ist besonders widerstandsfähig und verbindet die Teile untrennbar miteinander. Zum Kleben von Papier auf Holz kann man auch Tapetenkleister nehmen.

Fenster-Transparente
Material: zweischichtige Wellpappe, Seiden- oder Transparentpapier, UHU stic oder Alleskleber, Nähgarn.
Die Wellpappe wird in 1 cm breite Streifen geschnitten. Die Streifen klebt man hochkant zu phantasievollen Ornamenten zusammen, bestreicht die Kanten auf der Unterseite mit Kleber und drückt sie auf das flach ausgelegte Papier – das können mehrere Teilstücke in verschiedenen Farben sein. Ist der Kleber getrocknet, wird das überstehende Papier an allen Kanten abgeschnitten. Man kann auf diese Weise hergestellte Transparente zu einem größeren Fensterbild zusammenkleben. Sollen die Transparent-Ornamente frei im Raum hängen, klebt man noch einmal die gleichen Pappformen auf die

Fenster-Transparente aus zweischichtiger Wellpappe mit Seidenpapier

Rückseite des Papiers, so daß das Papier in der Mitte zwischen zwei Papplagen sitzt. An einem Nähfaden hängt man das leichte Gebilde auf.

Süßes Haus zum Anbeißen

Material: 1 Stück kräftige, aber elastische Pappe (Graupappe), 34 × 100 cm, 1 Stück Pappe der gleichen Sorte, 80 × 80 cm, 6 Vierkantleisten, 1 × 1 cm stark, je 16 cm lang, 34 × 100 cm (oder 6 Stücke je 34 × 16,5 cm), Pergamentpapier, UHU Alleskleber und eine Styroporkugel mit etwa 15–18 cm Durchmesser. Außerdem zum Verzieren: 600 g Puderzucker, 6 Eiweiß, je 1 Beutel Silbersalmi, bunte Lakritzmischung, gelbe, rote und grüne Geleehütchen, 200 g Hagelzucker, 200 g Liebesperlen, je 125 g gelbe und rote Gelee-Achtel, verschiedene Sorten Kekse, 250 g Schokoladentaler mit Streusel, 250 g bunte Schoko-Linsen, 7 kleine Dauerlutscher und 24 große Goldtaler mit Schokoladenfüllung.

Zuerst werden auf das große Stück Pappe die Linien der Zeichnung von S. 96 übertragen und mit einer Schneidfeder eingeritzt. Dann alle senkrechten Linien falzen und die Pappe an der Kleblasche zum Zylinder zusammenkleben. Die auf der Zeichnung schraffierten Felder

Haus aus Pappe, mit Süßigkeiten auf Pergamentpapier kaschiert

auf den Innenseiten mit UHU Alleskleber bestreichen und so zusammendrücken, daß „Nasen" entstehen (siehe Zeichnung). Dann an die Unterkante aller 6 Hauswände innen je 1 Vierkantleiste kleben. Aus dem 80 × 80 cm großen Stück Pappe ein Sechseck schneiden und das Haus genau in die Mitte setzen. Man kann es lose draufstellen oder mit den Vierkantleisten auf die Bodenfläche kleben. Jetzt schneidet man aus Pergamentpapier noch einmal alle 6 Hauswände,

Dachschrägen und Nasen einzeln zu. Diese Abschnitte werden mit dickem Zuckerguß (je 200 g Puderzucker mit 2 Eiweiß und 1 Eßl. Wasser verrühren) bestrichen, in den man die Süßigkeiten hübsch angeordnet hineindrückt. Das fertig dekorierte Papier muß bis zum Erstarren der Zuckermasse flach auf dem Tisch liegen, mit einem Stück Pappe überdeckt und einem Gegenstand (Telefonbuch o. ä.) beschwert werden. Später werden die Pergamentpapierstücke mit den Dekorationen einzeln mit UHU Alleskleber wie Tapeten an das Haus geklebt. Das Grundstück um das Haus wird direkt mit Zuckerguß bestrichen und dann verziert. Die Dachkuppel aus einer großen halbierten Styroporkugel liegt lose auf dem Haus. Sie wird mit Geleehütchen verziert, die man zunächst mit Stecknadeln befestigt. Danach gießt man die Zwischenräume mit Zuckerguß aus und zieht die Nadeln heraus, sobald die Masse erstarrt ist. Kuppelmitte und Hauseingang zieren 7 Dauerlutscher, die in Geleehütchen stecken.

Alle Ecken auf der Innenseite gegeneinander kleben, so daß „Nasen" entstehen

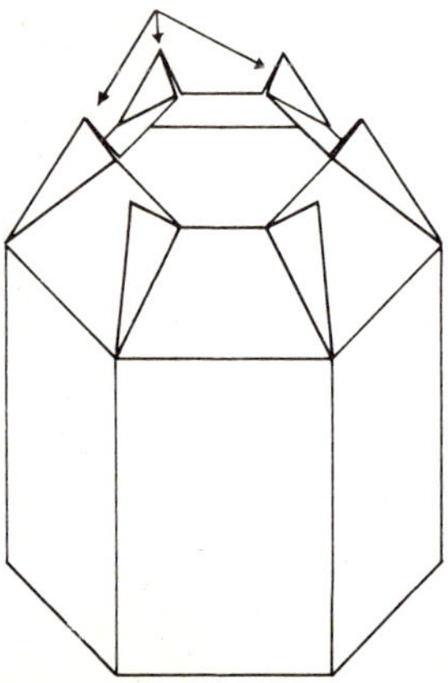

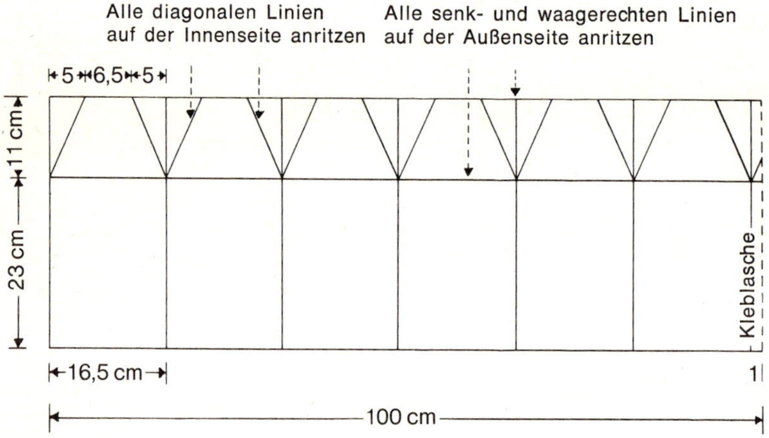

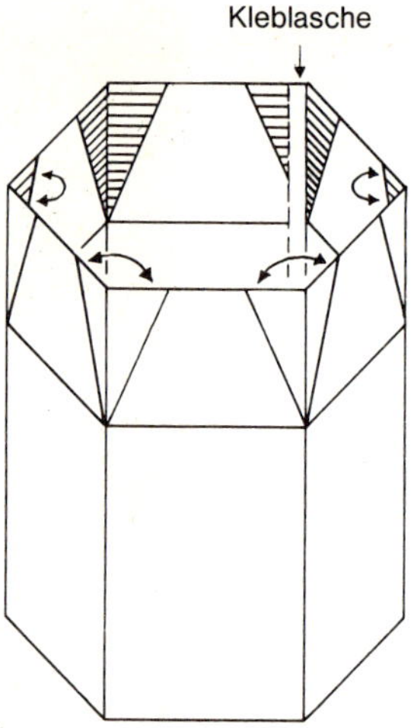

Oster-Mobile

Material: 2 Stücke Plakatkarton DIN A 4 (Schreibmaschinenblattgröße) in Orange, mehrere Stücke Plakatkarton in Pink und Hellgrün (notfalls Zeichenkarton nehmen und anmalen), 1 m Perlondraht, UHU Alleskleber und einige Blätter Schreibmaschinenpapier.

Das Phantasie-Huhn hat genau die Größe eines Schreibmaschinenbogens. Aus diesem Papier schneidet man die Teile aus und verwendet sie als Schablonen. Das Huhn wird aus doppeltem Karton gemacht. Man braucht also alle Teile doppelt, und zwar als Paar, 1 Teil stets seitenverkehrt: große und kleine Halskrause, große und kleine Flügel, große und kleine Schwanzfächer, ebenso Augen und Schnabel. Hat man alle Teile ausgeschnitten – die großen in Grün, die kleinen in Pink – schneidet man aus der einen Hälfte des Körpers ein Oval, legt die Pappe mit dem Ausschnitt auf die andere Körperhälfte und markiert den Stand. Danach schneidet man das zweite Oval aus. Kleiner als die herausgeschnittenen ovalen Stücke müssen die Eier sein, die man zehnmal (2 Hälften für jedes Ei) aus verschiedenfarbigem Karton ausschneidet. Außerdem schneidet man noch 2 Teile für ein wesentlich kleineres Ei (Ende der Eierkette) aus. Dann wird das Mobile zusammengeklebt. Zwischen 2 Eihälften wird ein 5 cm langes

1 Quadrat = 2,5 x 2,5 cm

Stück Perlondraht mit eingeklebt, dessen Ende beim Zusammenkleben der beiden Körperteile am oberen Bogen des ausgeschnittenen Ovals mitgefaßt wird, so daß das Ei lose pendeln kann. Ebenfalls mitgefaßt wird ein etwa 50 cm langer Perlonabschnitt, der beim Zusammenkleben der übrigen Eihälften mit eingeklebt wird. Er muß genau unterhalb des unteren ausgeschnittenen Ovalbogens sitzen. Die Federverzierungen kann man entweder vorher oder anschließend aufkleben. Das Gleichgewicht der Eierhenne hängt von der Größe dieser aufgeklebten Verzierungen ab. Bevor man den Perlonfaden zum Aufhängen endgültig in ein vorgestochenes Loch knotet, muß man durch Balance zwischen Daumen und Zeigefinger den richtigen Stand ermitteln.

Scherenschnitt-Mobile

Material: 2 Bogen weißes Schreibmaschinenpapier, weißes Nähgarn, 1 m Silberdraht (versilbert), 0,3 mm stark. Für jede Rosette ein 8 × 8 cm großes Stück Papier so falten, wie es die Zeichnungen a/b zeigen, und phantasievoll mit einer spitzen Schere (am besten eignet sich eine Stickschere) ausschneiden. Zeichnung b zeigt die Rosette, die rechts oben an zweiter Stelle des abgebildeten Mobiles (rechts) hängt.

Die gezeigten Rosetten sollen nur als Anregung für eigene Scherenschnittkünste dienen. Ein Achtel jeder Rosette entspricht immer dem wie bei a gefalteten Papier.

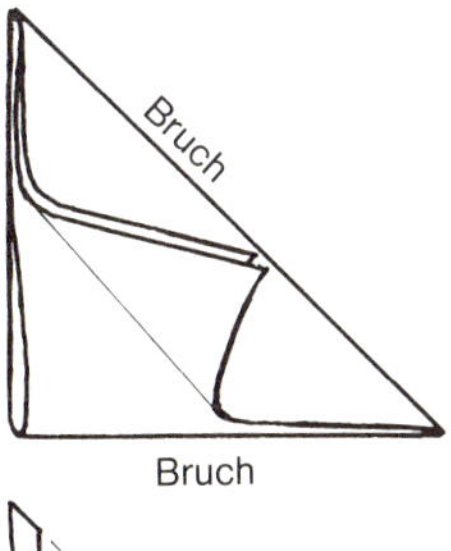

a

b

Montage: Das Mobile wird aus einfachen waagerecht durch einen Mittelfaden miteinander verbundenen Stäben zusammengebaut, an deren Enden die mit Fäden versehenen Rosetten festgeklebt werden. Länge der Stäbe von oben nach unten: 13, 16, 21 und 26 cm. Abstände der Stäbe: 22 cm (Aufhängeschlaufe bis 1. Stab), 11, 11 und 16 cm. Faden-Ende 16 cm lang.

Decoupage

Unter Decoupage (Herausschneiden) versteht man eine Art Scherenschnitt-Technik, bei der aus einem gedruckten oder gemalten Blatt Teile herausgeschnitten und auf einen besonders präparierten Untergrund so aufgeklebt werden, daß die ganze Arbeit wie eine Malerei wirkt. Man kann Decoupagen auf Karton, Holz, Metall, Kunststoff oder anderen glatten Flächen ausführen. Hier soll nur die Arbeit auf einem Holzuntergrund näher beschrieben werden, weil Holz und Papier als artverwandte Werkstoffe am besten miteinander harmonieren. Im übrigen ist der Arbeitsvorgang in Verbindung mit anderen Untergründen, die anders vorbehandelt werden müssen, grundsätzlich gleich.

Material und Werkzeug für den Anfang
Außer Vorlagen zum Ausschneiden (Zeitschriften, Geschenkpapier, Grußkarten, Kalenderblätter, Kunstdrucke, Poster) braucht man eine größere Schere (bei Kartonarbeiten), eine Stickschere (um Feinheiten herauszuschneiden), Schneidfedern, ein feines Schneidmesser mit auswechselbarer Klinge oder in Längsrichtung halbierte Rasierklingen (zum Ausschärfen der Kanten), eine Unterlage aus kräftiger Pappe, auf der man schneiden kann, ein Lineal mit Metallkante, UHU stic für kleinere, Tapetenkleister für größere Klebflächen, Papierlack in der Sprühdose, Schleifpapier in feiner Körnung, einen trockenen, sauberen Lappen (Geschirrtuch o. ä.) und eine kleine Gummi- oder Kunststoffwalze (s. auch Linoldruck, S. 29), sowie Farben für Untergrund und Ergänzungen des Bildes.

Arbeitstechnik
Zuerst wird der Holzuntergrund, der beklebt werden soll, mit Schleifpapier ganz glatt geschliffen und der Schleifstaub mit einem feuchten Tuch abgewischt. Damit das aufgeklebte Bildmaterial später besser hält, wird das Holz farblos lackiert (Zapon- oder Papierlack). Soll der Untergrund farbig sein, wird das Holz erst gestrichen und dann lackiert. Dabei muß der Untergrund nicht unbedingt in einer Farbe gehalten werden, man kann auch einen ganzen Bildhintergrund, z. B. Himmel und Wiese oder Teile einer Landschaft malen und das Bild dann durch aufgeklebte Teile ergänzen. Niemals sollte man ein ganzes Bild ausschneiden und den Untergrund völlig überdeckend bekleben, das widerspricht der Decoupage-Technik.
Während das vorbereitete Holz trocknet, schneidet man sorgfältig das Motiv oder die zusammenzustellenden Motivteile mit der Schere aus. Ist das Blatt mit dem Motiv aus starkem Papier, so muß man alle Schnittkanten auf der Rückseite mit Schneidfeder, Messer oder Klinge dünner schaben (ausschärfen), damit der Absatz zwischen dem Holz und dem aufgeklebten Papier später möglichst wenig

Seite 102, oben: Die runde Dose (eine Spanschachtel) zeigt eine einfache Decoupage-Arbeit. Das Holz wurde schwarz lackiert und mit einem ausgeschnittenen Engel beklebt. Anschließend wurde alles noch einmal lackiert. Die eckige Briefschatulle wurde dunkelgrün, der Deckel schwarz gestrichen. Der Blumenstrauß wurde aus verschiedenen Drucken ausgeschnitten und zusammengestellt – eine Arbeit für Fortgeschrittene

Seite 102, unten: Drei Spanschachteln, im Decoupage-Verfahren verziert. Bei der linken Schachtel wurde das aus einem Kalender herausgeschnittene Brautpaar auf eine auf das Holz gemalte Landschaft geklebt. Bei der hinteren Dose wurden Himmel und Zweige gemalt, die Krähen ausgeschnitten und aufgeklebt. Bei der runden Dose ist der rote Teil des Hintergrundes gemalt, Gras und Baum sind aufgeklebt, die Vögel im Baum wiederum auf das Papier gemalt

sichtbar ist. Man sollte tunlichst die Ausschnitte so wählen, daß man sie nebeneinander anordnen kann, ohne daß sich die Kanten überdecken und hier einen Absatz bilden. Muß man jedoch Teile stellenweise aufeinander kleben, so schärft man die überdeckten Kanten des zuerst aufzuklebenden Papiers aus, indem man sie vorsichtig über einer Kerze ansengt. Auf Karton gedruckte Bilder, von denen man Teile herausschneiden möchte, müssen zuerst gespalten, das heißt dünner gemacht werden, indem man vor dem Ausschneiden vom ganzen Karton eine Schicht ablöst. Dazu weicht man das Bild in warmem Wasser ein und zieht, nachdem der Karton gut durchfeuchtet ist, die untere Papierschicht an einer Ecke ab. Diese Ecke windet man um einen Bleistift und rollt dann mit dem Bleistift vorsichtig die ganze Schicht ab. Die verbliebene Bildseite legt man zwischen Löschblätter oder anderes saugfähiges Papier, das man beschwert, zum Trocknen. Dabei braucht man nur den Teil des Blattes zu trocknen, aus dem man etwas herausschneiden will, den Rest kann man vorher wegwerfen. Kleinere dicke Kartonstücke kann man auch wie folgt spalten: man überklebt die Rückseite mit Selbstklebefolie oder Klebstreifen aus Folie (UHU film) drückt alles gut an und reißt die Folie vorsichtig wieder ab. Ein Teil des Kartons hängt nun an der Folie. Diesen Vorgang kann man bei dickem Karton noch einmal wiederholen. Wichtig ist, daß man das Kartonmaterial vor dem Ausschneiden dünner macht. Bearbeitet man die ausgeschnittenen Teile auf die beschriebene Weise, beschädigt man die Schnittkanten beim Abreißen der Folie.

Die vorbereiteten Bildteile legt man zunächst probeweise auf den Untergrund und markiert (bei mehrteiligen Bildern) die Umrisse mit einem spitzen Bleistift so, daß sie gerade erkennbar sind. Man fährt mit dem Stift am besten etwas unter die Schnittkanten, damit man die Linien später nicht sieht. Dann streicht man die Bildteile mit Kleber ein und setzt sie auf die vorgesehene Stelle. Sind alle Teile aufgeklebt, überdeckt man sie mit einem trockenen Tuch und drückt sie mit einer Walze an. Überschüssigen Kleber an den Schnittkanten des Papiers wischt man sofort mit einem feuchten Tuch ab und drückt alles nochmals gut fest. Dann überdeckt man die beklebte Fläche ganz mit einem unbedruckten Blatt Papier und belastet alles mit Büchern o. ä., bis der Kleber trocken ist. Anschließend wird die ganze Fläche (Papier und Holz) mit Papierlack übersprüht.

Pflanzliche Werkstoffe

Pflanzliche Werkstoffe

Peddigrohr

Material und Werkzeug
Peddigrohr wird aus dem Mark der in den Tropen heimischen Rotangpalme, einer Schlingpflanze mit über hundert Meter langen Stengeln, gewonnen. Da diese Stengel unterschiedlich dick sind und sie zudem noch bearbeitet werden, ist auch die Stärke des Peddigrohrs unterschiedlich. Man bekommt Peddigrohr in Stärken von einem Millimeter bis zu fünf Millimetern in Rollen oder gebündelten Strängen. Es wird nach Gewicht berechnet. Am gebräuchlichsten ist anderthalb bis zwei Millimeter dickes Rohr mit rundem Querschnitt. Flach- oder Spaltrohr (auch Bandrohr genannt) wird von Laien – nicht zuletzt wegen der Schwierigkeiten bei der Beschaffung – seltener verarbeitet. Peddig wird vorwiegend in seiner natürlichen Farbe – gelb bis dunkelbraun – oder gebleicht verwendet. Man kann es mit normaler Holzbeize tönen, mit Ölfarbe oder mit farblosem Lack anstreichen. Obwohl das Peddigrohr von Palmen gewonnen wird, versteht man unter Flechtarbeiten aus Palmfasern etwas ganz anderes. Hierbei handelt es sich um getrocknete und besonders präparierte Fasern der Palmblätter (breite, flache Streifen), während Peddigrohr aus den Stengeln gewonnen wird. Peddigrohrarbeiten haben den Vorzug, daß man dazu außer einer Schere kein Werkzeug braucht. Außerdem kann man sie, wenn das Ergebnis nicht zufriedenstellend ausfällt, ohne Materialverlust auflösen und neu beginnen.

Die Technik
Das Grundprinzip der Flechtarbeit ist schnell erklärt: Ein Gerippe, die sogenannten Staken, wird in einfacher Auf-und-ab-Technik mit Rohr durchflochten. Man unterscheidet beim Arbeiten mit Peddigrohr folgende Begriffe: Staken, aus denen das Gerippe gebildet wird, und Flechtrohr, mit dem man das Gerippe umkleidet. Diese beiden Bezeichnungen kehren ständig wieder. Die Arbeit wird leichter, wenn man sich von vornherein an einen bestimmten Fingersatz (wie beim Klavierspiel) gewöhnt: Zeigefinger und Daumen der rechten Hand führen das Flechtrohr, der Mittelfinger hebt die folgende Stake. Zeigefinger und Daumen der linken Hand halten das Gerippe fest, mit den anderen drei Fingern dieser Hand wird das eingeflochtene Rohr gegen die Mitte gedrückt, und die Staken werden im richtigen Abstand gehalten.
Damit das Flechtrohr bei der Verarbeitung nicht bricht, wird es vorher – bei größeren Stücken auch zwischendurch – einige Minuten in Wasser getaucht. Das Rohr nicht zu lange im Wasser liegen lassen, sonst laugt es aus und wird spröde (faserig). Reicht das Flechtrohr nicht für die ganze Arbeit aus, muß man während des Flechtens ein neues Stück Rohr ansetzen. Dazu kreuzt man einfach das Ende des alten und den Anfang des neuen Flechtrohrs hinter einer Stake und arbeitet mit dem eingefügten Rohr weiter. Nach Fertigstellung werden die überstehenden Enden schräg abgeschnitten.

a: Zweimal vier Staken kreuzweise übereinander legen

b: Flechtrohr unter die erste, über die zweite, unter die dritte, über die vierte Stakengruppe führen

c: Nach einigen Runden Stakengruppen paarweise gleichmäßig verteilen (aufbrechen)

d: Nach weiteren Flechtrunden Staken einzeln aufbrechen und eine Hilfsstake einfügen

e: Weiter bis zur gewünschten Größe flechten, dann die Stakenenden auf Daumenlänge kürzen

f: Jede Stake in den nächstliegenden Stakentunnel schieben

Untersetzer als Anfangsarbeit

Zuerst schneidet man das eingeweichte Rohr zu acht gleichen Enden, deren Länge ungefähr dem doppelten Durchmesser des gewünschten Untersetzers entspricht. Jeweils vier Rohrstaken werden kreuzweise übereinandergelegt. Dieses Kreuz wird mit der einen Hand festgehalten, während man mit der anderen das Ende des Flechtrohrs irgendwo zwischen die Staken schiebt und zu flechten beginnt. Am Anfang rutscht einem die Arbeit zwar manchmal aus der Hand, und es entsteht ein Gewirr von Stäben, aber bald hat man die Arbeit im Griff. Zunächst führt man das Rohr über die erste Stakengruppe (das sind vier Stück), unter die zweite, über die dritte und unter die vierte Gruppe. Und gleich noch einmal dasselbe. Dann hat die Arbeit schon Halt. Jetzt dreht man das Geflochtene einfach um, so daß die andere Seite oben liegt, feuchtet alles noch einmal gut an und flicht in der entgegengesetzten Richtung zweimal herum. Ist das geschehen, teilt man die Staken in Zweiergruppen und durchflicht diese zwei- bis dreimal. Danach werden die Stäbe noch einmal geteilt, so daß sie jetzt einzeln sind und alle etwa die gleiche Entfernung vom Mittelpunkt haben. Man nennt diesen Vorgang das Aufbrechen. Da man zum Flechten eine ungerade Zahl für das Gerippe braucht, fügt man eine Hilfsstake hinzu, indem man sie an beliebiger Stelle einfach in die Flechtrohr-Windungen schiebt. Nachdem man alle Staken der entstandenen Spinne gleichmäßig ausgerichtet hat, flicht man rundherum im Auf-und-ab-Rhythmus bis zum Rand weiter. Dabei darf das Flechtrohr nie strammgezogen werden, man schiebt es lediglich ständig zur Mitte hin und achtet darauf, daß das Geflecht flach aufliegt. Ist man mit dem Durchflechten fertig, wird das Ende des Flechtrohrs in den nächstliegenden Stakentunnel geschoben.

a

b

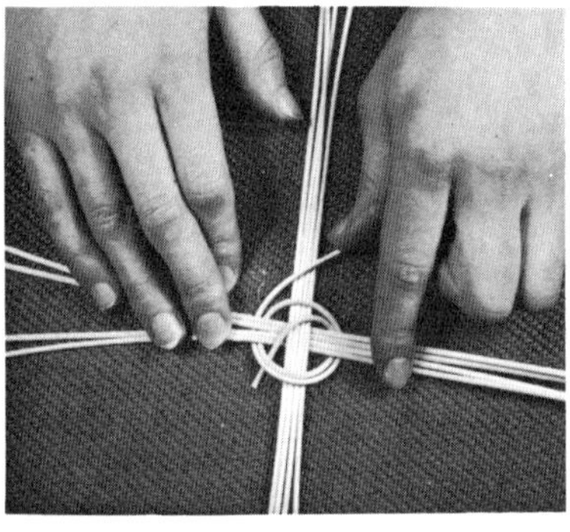

c

d

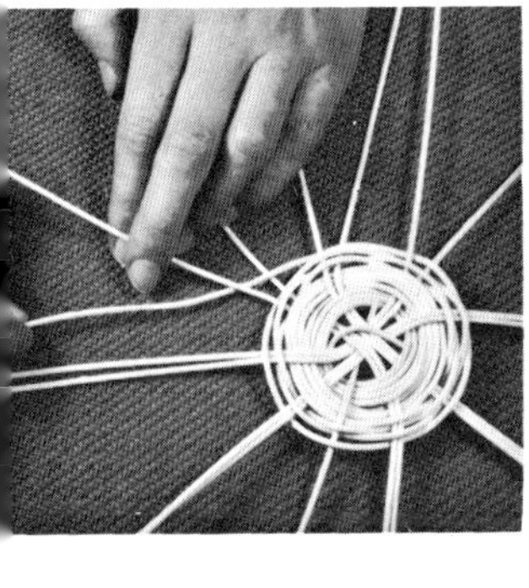

e

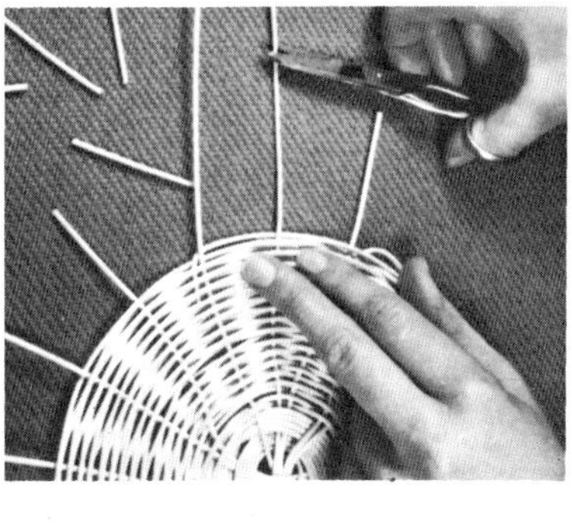

f

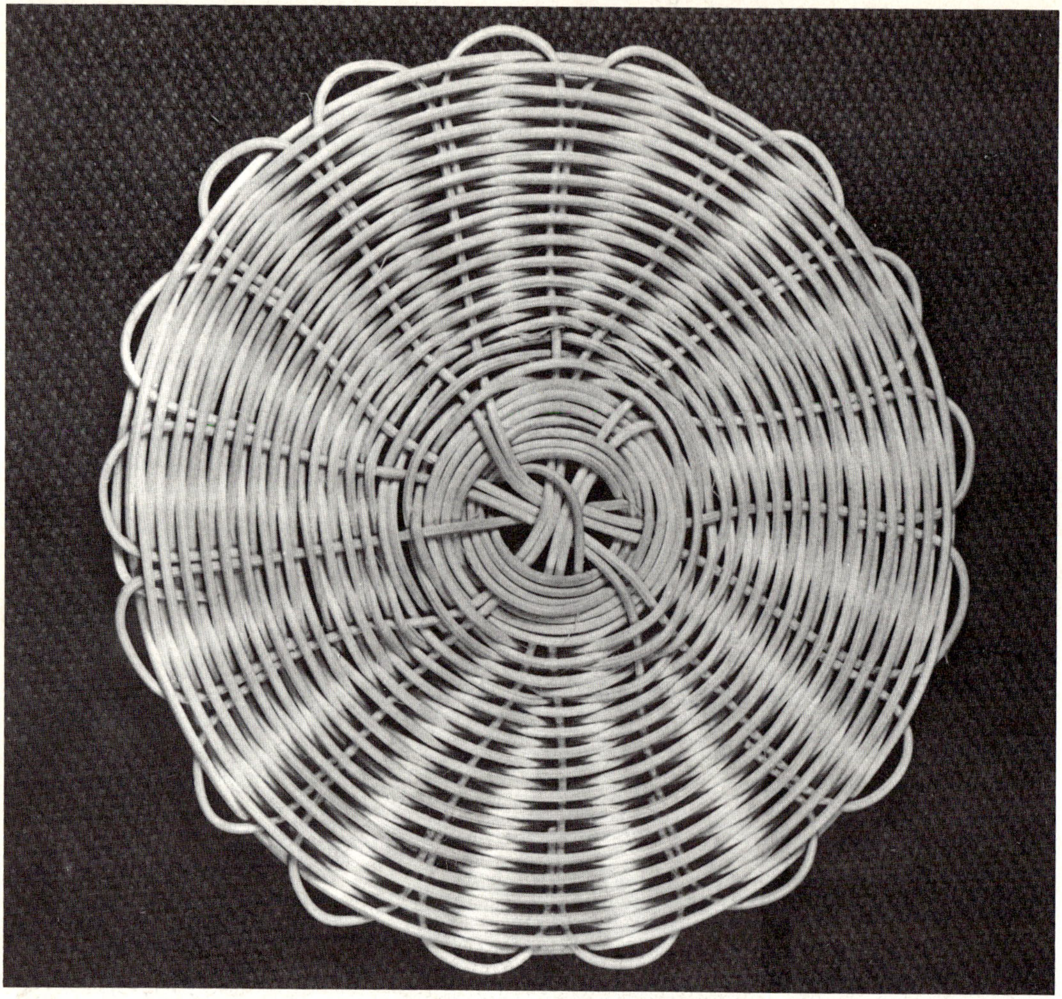

So sieht der fertige Untersetzer aus

Dann stutzt man alle Staken mit der Schere etwa auf Daumenlänge und feuchtet sie fünf bis zehn Minuten lang gut an. Die feuchten und geschmeidigen Enden werden zu Ösen gebogen, und jede Öse wird in den Tunnel der danebenliegenden Stake geschoben. Wenn die Arbeit vollkommen getrocknet ist, behält sie ihre Form. Man braucht keine Sorge zu haben, daß das Geflochtene sich wieder auflöst. Diesen Abschluß nennt man Ösenkante. Ein ähnlicher Randabschluß ist die Bogenkante, bei der jedes Stakenende hinter der nächsten Stake vorbei in den Tunnel der übernächsten geführt wird. Für die Bogenkante dürfen die Stakenenden nicht zu kurz geschnitten werden.
Aus der beschriebenen Grundmethode kann man schon eine weitere entwickeln, indem man zu Beginn die Staken in Zweiergruppen läßt und sie paarweise bis zum Rand umflicht. Allerdings muß man dann auch zwei Hilfsstaken einfügen, um eine ungerade Zahl für das Gerippe zu bekommen. Diese Methode ist besonders für großflächige Arbeiten zu empfehlen, weil man zum Außenrand hin die Stakenpaare noch einmal teilen und einzeln umflechten kann. Außerdem bietet sich hier schon die erste Möglichkeit der Musterbildung an: Man kann die Stakenpaare teilen, kreuzen und versetzt umflechten.

a: Nach dem Aufbrechen der viermal vier kreuzweise gelegten und umflochtenen Staken fügt man eine Hilfsstake ein

b: Man flicht weiter, bis der Boden groß genug ist und feuchtet die Staken nochmals an

c: Für die Wandung werden die Staken aufwärts gebogen und weiter umflochten

d: Die auf Daumenlänge gekürzten Staken werden zu einer Ösenkante gebogen (d)

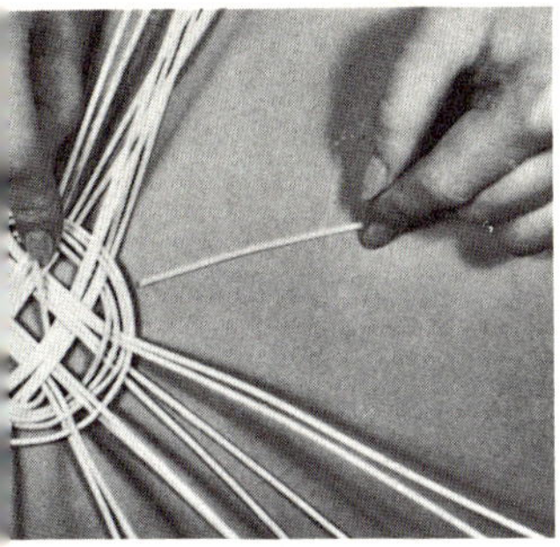

a

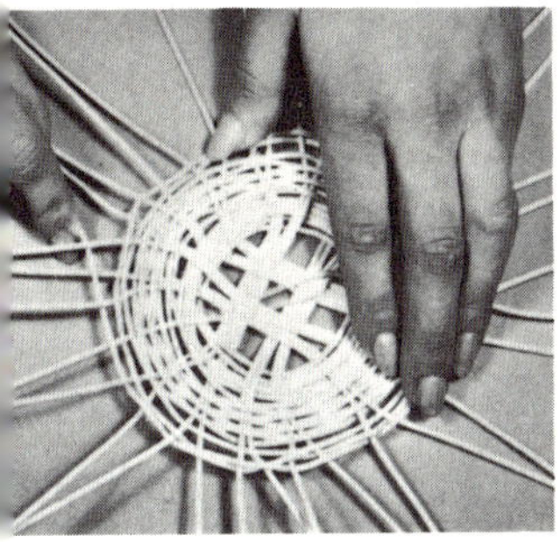

b

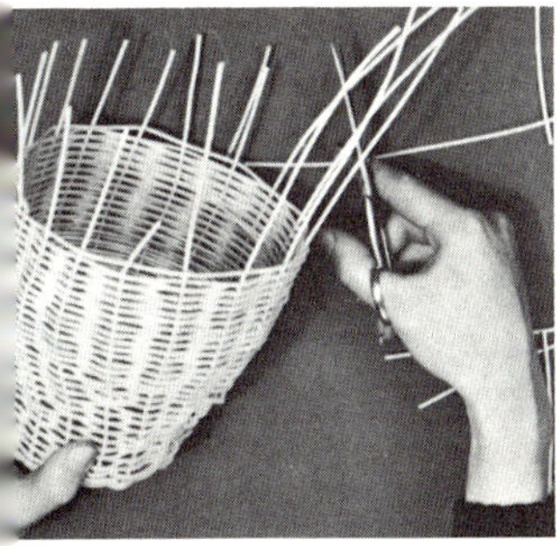

c

d

So entsteht ein Blumen-Ziertopf

Die Dichte des Geflechts hängt von der Anzahl der gekreuzten Staken ab. Je größer der Gegenstand ist, den man flechten will, um so mehr Staken braucht man am Anfang. Für den unten abgebildeten Blumentopf nimmt man sechzehn Staken, die zu einem Doppelkreuz gelegt werden, das heißt: viermal vier Staken. Acht Vierergruppen werden zunächst mit dem im Mittelpunkt verankerten Flechtrohr umflochten. Für die dritte Runde werden die Staken in sechzehn Zweiergruppen geteilt und wiederum zweimal umflochten. Würde man die Staken nun zur sogenannten Spinne aufbrechen und einzeln umflechten, so lägen immer dieselben Staken oben bzw. unten, deshalb muß man eine Hilfsstake einfügen. Die Staken werden ausgerichtet, bis sie alle den gleichen Abstand voneinander haben, und einzeln umflochten. Ist der Boden für den Blumen-Ziertopf groß genug, wird das Geflecht einige Minuten ins Wasser gelegt, bis das Rohr wieder geschmeidig ist. Dann biegt man alle Staken im rechten Winkel nach oben und flicht einige Runden weiter. Jetzt kommt es darauf an, welche Form der Ziertopf haben soll. Wünscht man ihn zylindrisch, so flicht man bis zum Rand in der gleichen Weise weiter. Soll er jedoch nach oben hin weiter werden, darf man das Flechtrohr nicht mehr so festziehen wie am Anfang. Man biegt die Staken etwas weiter nach außen und flicht die Runden lockerer. Lediglich die einzelnen Windungen werden ständig nach unten geschoben, so daß sie fest aufeinanderliegen.

Ist der Rand des Übertopfes hoch genug, schneidet man alle Staken gleich lang ab und macht eine Ösenkante, indem man sie einzeln in den jeweils nächsten Staken-Tunnel schiebt. Das eingeschobene Ende darf nicht zu kurz sein, damit es später nicht herausrutscht.

So sieht der fertige Blumen-Ziertopf aus

Lampenschirm
Um eine einfache Pendellampe zu erhalten, braucht man nichts weiter zu tun, als den geflochtenen Ziertopf von Seite 107 umzudrehen und mit einem elektrischen Kabel nebst Lampenfassung zu versehen. Man kann das Kabel leicht durch das Staken-Kreuz stecken, ohne das Geflecht zu beschädigen. Ein solcher Lampenschirm ist allerdings nicht für eine Hauptlichtquelle geeignet, weil er nach den Seiten wenig Licht durchläßt. Etwas mehr Licht bekommt man schon, wenn man beim Durchflechten der Staken einige Runden ausläßt (wie eine Art Hohlsaum) und dann wieder neu beginnt.

Flicht man einen Lampenschirm, so sollte man einige Flechtrunden auslassen, dann fällt mehr Licht hindurch

Obstkörbe
Nach der bisher beschriebenen Technik kann man auch Obstkörbe in vielen Abwandlungen – von flachen, breiten bis zu hohen, schmalen – herstellen, wobei sich die Flechtweise variieren läßt. Die Möglichkeiten ergeben sich aus den während der Anfangsarbeiten gemachten Erfahrungen, und es macht besondere Freude, neue Systeme und Randabschlüsse zu erfinden. Wichtig ist, daß man die Grundtechnik beherrscht.

Gegenstände mit ovalem Boden
Der ovale Boden weicht nicht wesentlich von dem mit einem Doppelkreuz beginnenden runden Boden ab. Während man den runden Boden mit einem aus viermal vier Staken bestehenden Doppelkreuz beginnt, legt man für den ovalen Boden zwanzig Staken kreuzweise wie folgt zusammen: zweimal vier in Längsrichtung und dreimal vier quer. Man flicht wie üblich und teilt die Staken in gewohnter Weise. Die Stake, die zur ungeraden Zahl notwendig ist, wird am besten an einer Ecke zwischen Schmal- und Breitseite eingefügt.

Der längliche Korbboden
Auch der längliche Korbboden wird über und unter einzelne oder doppelte Staken geflochten. Am Anfang teilt man lange Staken in zwei gleiche Gruppen, die man vor sich auf den Tisch legt. Dann nimmt man eine ungerade Anzahl kürzerer Stäbe oder Stabpaare (je

Der längliche Korbboden wird aus zwei langen Stakengruppen und mehreren kurzen Einzelstaken oder Stakenpaaren gebildet. An der linken unteren Ecke ist das eingefügte Hilfsstakenpaar sichtbar

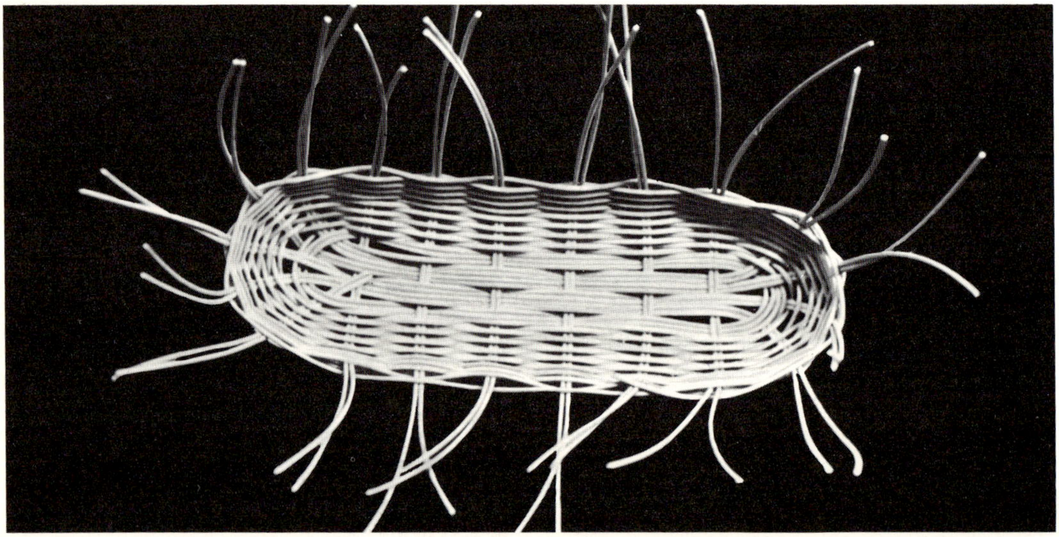

nachdem, ob man mit doppelten oder einzelnen Staken arbeiten will). Das erste Staken-Paar wird unter die erste und über die zweite lange Stakengruppe gelegt. Beim zweiten kurzen Stakenpaar verfährt man umgekehrt, beim dritten wieder wie beim ersten. So arbeitet man weiter, bis alle kurzen Staken mit den Längsstäben gekreuzt sind. Jetzt führt man das Flechtrohr in der üblichen Weise drei Runden lang über und unter alle Stakenpaare. Danach werden die Staken so ausgerichtet, daß sie den gleichen Abstand voneinander haben. Natürlich muß auch hier wieder eine Hilfsstake oder ein -stakenpaar zum gleichmäßigen Auf-und-ab-Flechten eingesetzt werden, am besten an einer der Schmalseiten. Jetzt kann man die Flechtarbeit in der gewohnten Weise fortführen. Bei einer großflächigen Arbeit flicht man zunächst mit doppelten Staken weiter, etwa bis zur Hälfte der gewünschten Größe. Damit die Zwischenräume zum Außenrand des Ovals hin nicht zu groß werden, teilt man die doppelten Staken später noch einmal und umflicht sie bis zum Rand hin einzeln. Besonders bei größeren Arbeiten darf man zwischendurch das Anfeuchten des Materials nicht vergessen, weil es sonst leicht bricht.

Gegenstände mit Holzböden

Das Tablett von Seite 111 hat einen Holzboden. Man kann solche Böden in verschiedenen Formen kaufen. Will man sie selbst anfertigen, sägt man aus Laubholz eine entsprechende Form, die man am Außenrand mit kleinen Bohrlöchern (ungerade Zahl!) versieht. Die Löcher sind für die Staken bestimmt. Sie sollen so groß sein, daß die Staken stramm hineinpassen und etwa einen bis zwei Zentimeter voneinander entfernt sind.

Ist das geschehen, kann man die Staken einsetzen. Hierbei ergeben sich drei Möglichkeiten. Die erste: Die Staken werden in die mit Kleber betupften Löcher so eingesetzt, daß sie auf der Unterseite ein Stück hervorschauen. In diesem Fall darf das Rohr ausnahmsweise vorher nicht angefeuchtet werden. Sind die Staken festgeleimt, werden die Überstände mit einer Laubsäge oder einem Messer abgeschnitten.

Die zweite Methode: Die Staken werden so von oben nach unten in

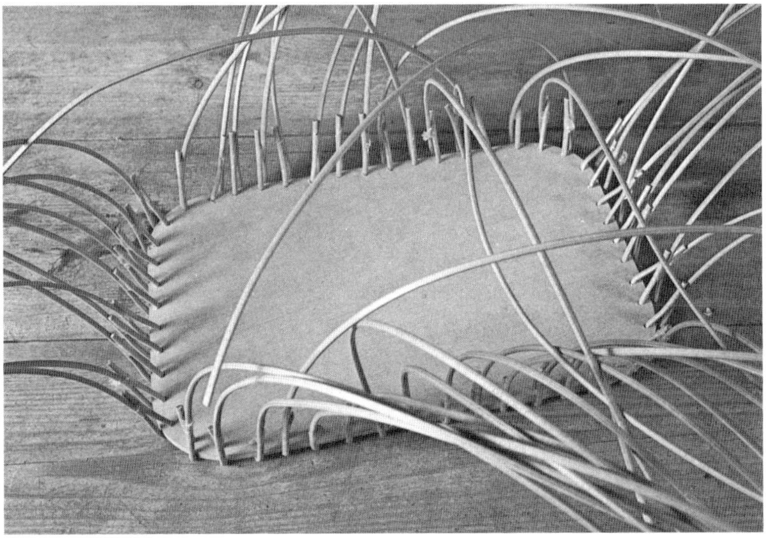

So kann man die Staken in einen Holzboden einsetzen: von unten durch die Bohrungen im Holz schieben, die langen Enden außen um den Rand aufwärts biegen

die Löcher gesteckt, daß auf der Rückseite etwa daumenlange Enden hervorstehen. Sie werden zum Schluß der Flechtarbeit, wenn das Seitengeflecht fertig ist, zu einer Kante (die Technik wird rechts erklärt) verarbeitet. Die dritte Möglichkeit: Die Staken werden durch die Löcher gesteckt, so daß die Enden etwa 10 cm hervorschauen. Dann wird die ganze Arbeit umgedreht, und die Staken werden um die Außenkante des Holzbodens herum nach oben gebogen. Die kurzen Staken-Enden befinden sich also jetzt auf der Innenseite des Bodens (und später des Körbchens). Bei dieser Methode müssen die Staken besonders gut durchfeuchtet sein.
Hat man die Staken auf die eine oder andere Weise eingesetzt, flicht man mit einfachem Rohr so lange weiter, bis das Seitengeflecht hoch genug ist und man den Abschlußrand machen kann.

Verschiedene Randabschlüsse

Ösenkante: Man biegt das überstehende Stakenende seitwärts und steckt es in den Durchgang (Tunnel) der nächstliegenden Stake.
Bogenkante: Man biegt das überstehende Stakenende seitwärts und steckt es in den Durchgang der übernächsten Stake.
Madeirakante: Man biegt das ausreichend lange (8–10 cm) Stakenende nach rechts um, führt es hinter die nächste, vor die übernächste, hinter die darauffolgende und vor die vierte Stake. Man flicht also mit dem Ende – wie sonst mit dem Flechtrohr – einfach auf und ab, und zwar viermal. Das Geflecht erst fest zusammendrücken, wenn die Staken des ganzen Randes auf die beschriebene Weise verarbeitet sind. Die Überstände werden abgeschnitten. Zeichnungen a und b.
Übersteckrand: Man biegt das Stakenende jeweils hinter das nächste, vor das übernächste, hinter das folgende und dann nach innen auf die unrechte Seite der Arbeit. Nach dem Trocknen des Rohrs schneidet man die Überstände ab. Sie müssen aber so lang sein, daß sie nicht zurückschnellen. Zeichnung c.
Gewundene Kante: Man arbeitet in zwei Arbeitsgängen. 1. Phase: Jede Stake wird hinter die nächste herumgeführt und wieder nach vorn zur Außenseite der Arbeit gebogen, so daß alle Stäbe aus dem Korb herausragen (Zeichnung d). 2. Phase: Jeder Stab wird nun unter den benachbarten Stab, dann über den folgenden und unter den dritten geflochten und schließlich wieder nach oben gebogen. Der besonders gekennzeichnete Stab (Zeichnung e) zeigt die Lage der geflochtenen Staken. Hat man rundherum alle Staken wie beschrieben gebogen, werden Anfang und Ende der Runde in der gleichen Weise ineinandergeflochten. Die Überstände schneidet man zum Schluß schräg ab.
Zuschlag-Abschluß: Man führt eine Stake hinter zwei Staken und biegt sie dann nach vorn. Ebenso die zweite und dritte Stake (Zeichnung f). Jetzt nimmt man die erste vorn liegende Stake (ganz links), legt sie außen vor die gebogene Stake 2 und die stehenden Staken 4 und 5 und führt sie hinter 6 herum nach vorn zurück. Stake 4 wird hinter 5 und 6 geführt und wieder nach vorn gelegt, so daß jetzt 1 und 4 ein Paar bilden (Zeichnung g). Nun führt man die mit 2 bezeichnete Stake ebenso wie die erste vor zwei Stäben und hinter einem Stab vorbei und wieder nach vorn. Das nächste stehende Rohr 5 wird hinter 6 und 7 geführt und zu Stake 2 in das gleiche Fach gelegt. Zuletzt kommt die Stake 3, die genau wie die ersten beiden

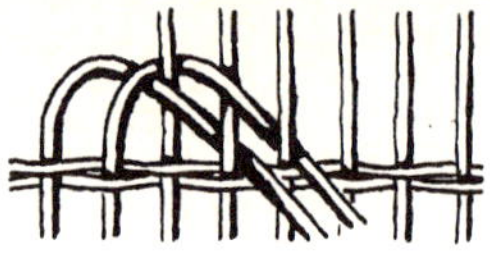
a Madeirakante

b

c Übersteckrand

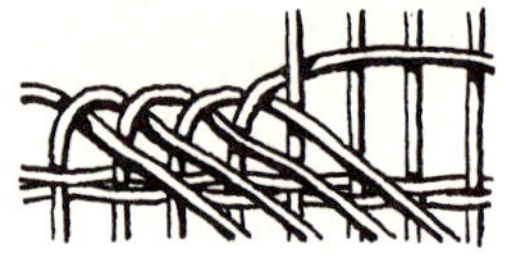
d Gewundene Kante

e

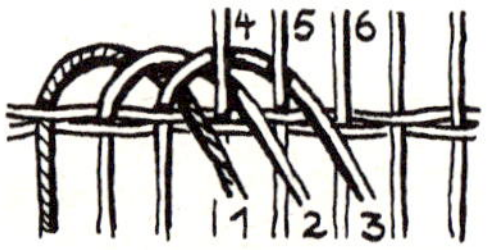

f Zuschlagkante

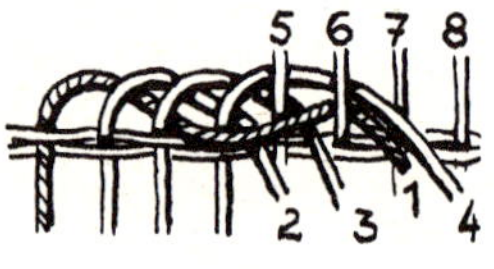

g

h

Verschiedene Randabschlüsse

geführt wird und mit Rohr 6 schließlich ein Paar bildet. Liegen drei Paare vorn, so führt man die rechts liegende Stake des ersten Paares (4) vor zwei und hinter eine, legt die nächste stehende Stake dazu, während die jeweils links liegende Stake eines Paares unberücksichtigt bleibt. Es müssen immer drei Stakenpaare vorn liegen (Zeichnung h). So arbeitet man ringsherum weiter und verflicht Anfang und Ende der Runde miteinander.

Fehler und Schäden
Viel kann man beim Flechten nicht falsch machen. Der häufigste Fehler: windschiefe Arbeiten. Sie entstehen, wenn man das Flechtrohr ungleichmäßig straff anzieht. Stellt man fest, daß das Geflecht unregelmäßig geworden ist, löst man es einfach bis zu dem Punkt wieder auf, an dem es noch gerade war. Auf keinen Fall sollte man nach Feststellung fehlerhaften Geflechts weiterarbeiten in der Annahme, es ziehe sich alles wieder zurecht. Der spätere Ärger steht in keinem Verhältnis zu dem geringen Zeitverlust, der durch das Auflösen entsteht.
Gebrochenes Rohr sieht häßlich aus. Es ist immer auf zu trockene Verarbeitung zurückzuführen. Ist das Flechtrohr gebrochen, löst man die Arbeit bis zur schadhaften Stelle auf und flicht mit neuem, gut angefeuchtetem Rohr weiter. Ist dagegen eine Stake gebrochen, schneidet man sie ganz unten am Staken-Kreuz ab, zieht sie heraus und schiebt in den vorhandenen Durchgang eine neue Stake ein. Eventuell muß man eine Stricknadel zu Hilfe nehmen. Ist das Geflecht faserig, hat man das Rohr zu lange im Wasser liegen lassen. Die Fasern kann man über einer Flamme (wie bei Geflügel) absengen. Man muß aufpassen, daß das Geflecht nicht anbrennt, obwohl es nicht so leicht Feuer fängt, wie man annimmt.

Großes Tablett mit Holzboden, der vor dem Flechten bemalt wurde. Anleitung S. 112

Tablett mit Holzboden

Material: 1 Holzboden aus Sperrholz, 57 × 42 cm, mit 59 Randlöchern und abgerundeten Ecken (aus 3 mm starkem Sperrholz aussägen und 1/2 cm von der Kante entfernt mit 2,5 cm Abstand die Löcher mit einem Drillbohrer in Stärke des Peddigrohrs bohren). 1 Ring = 125 g Peddigrohr, 2,5–3 mm stark, DEKA Ziermatt zum Bemalen und farbloser Lack.

59 Staken von je 30 cm Länge zuschneiden und so in die Bohrungen des Bretts schieben, daß sie auf der Unterseite 10 cm hervorstehen. Brett am besten vorher in der späteren Grundfarbe anmalen. Die Staken auf der Vorderseite des Holzbodens umflechten, bis der Rand etwa 6 cm hoch ist. Mit den überstehenden Staken einen Zuschlagrand flechten (s. Seite 110). Die Staken auf der Unterseite des Bodens müssen noch einmal gut durchfeuchtet werden (mit einem Lappen oder Schwamm), bevor man sie in Überstecktechnik (s. Seite 110) zu einem sogenannten Füßchen flicht.

Wenn das Geflecht restlos durchgetrocknet ist, streicht man es innen und außen an. Der Holzboden und die sichtbaren Kanten des Bodens auf der Außenseite werden ebenfalls noch einmal gestrichen. Zum Schluß lackiert man alles. Soll der Tablettboden mit Motiven bemalt werden, so macht man das am besten vor dem Einsetzen der Staken.

Auf das Fahrgestell eines Marktrollers wurde ein aus Flachpeddigrohr geflochtener Korb gesetzt, dessen ovaler Holzboden an der hinteren Kante gerade abgesägt ist

Großer runder Korb

Der Korb vom Foto unten hat 50 cm Randdurchmesser. Material: 300 g Peddigrohr, 2,5–3 mm stark. Staken und Flechtmaterial sind gleich stark.

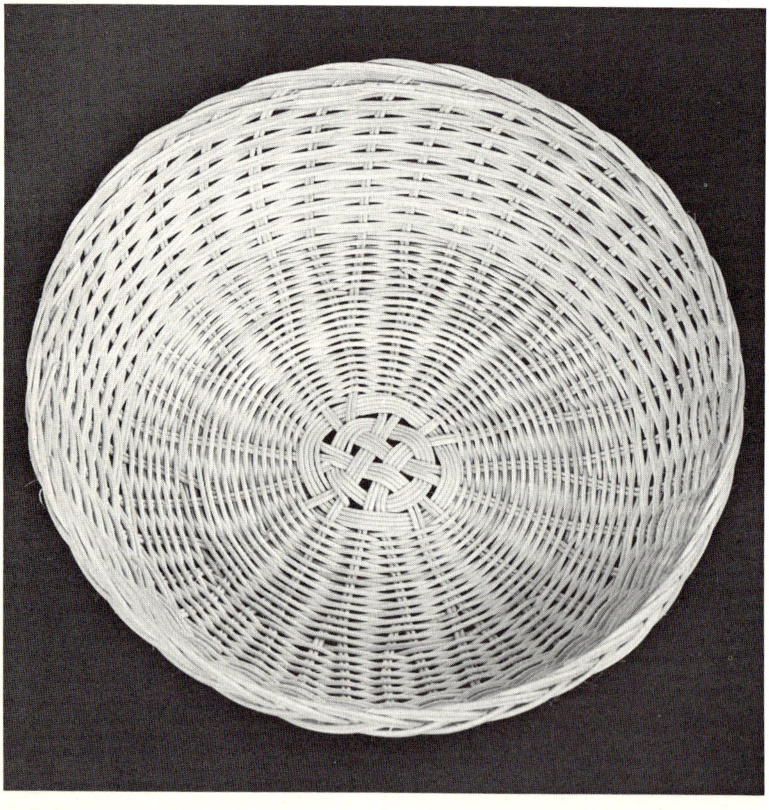

Großer Korb mit 50 cm Randdurchmesser, Staken zunächst paarweise mit einzelnem, später mit doppeltem Rohr umflochten

16 Staken, je 80 cm lang, zum Doppelkreuz zusammenlegen und umflechten. Nach vier Runden 2 Hilfsstaken von je 40 cm Länge als Paar einfügen. Staken zu Paaren (in Zweiergruppen) aufbrechen und gleichmäßig ausrichten. Paare so umflechten wie einzelne Staken, bis der Boden einen Durchmesser von etwa 35 cm hat. Nun neben jedem Stakenpaar ein weiteres Hilfsstakenpaar von je 30 cm Länge einfügen, außerdem an geeigneter Stelle noch ein Stakenpaar, so daß jetzt rundherum 35 Stakenpaare zu umflechten sind. Nach der ersten Flechtrunde werden die Stakenabstände gleichmäßig so ausgerichtet, daß Grundstaken und Hilfsstaken V-förmig auseinanderlaufen. Nach weiteren drei bis vier Flechtrunden werden die Stakenpaare mit doppeltem Rohr umflochten. Als Abschluß arbeitet man aus den Stakenüberständen, die man noch einmal gut durchfeuchten muß, einen Übersteckrand, wie auf Seite 110 beschrieben und gezeigt.

Rollender Einkaufskorb
Die Taschen auf herkömmlichen Marktrollern halten meistens nicht so lange wie das Fahrgestell. Zudem sind sie oft nicht besonders ansehnlich. Aus einem ovalen, an der hinteren Kante jedoch gerade gesägten Holzboden (Spanplatte, 4–5 mm stark), in dessen Bohrungen man Peddigrohrstaken einsetzt und diese mit flachem Spaltpeddig umflicht, kann man einen Korb machen, der die Tasche ersetzt. Er wird durch das Geflecht am oberen Rand mit Lederschnüren am Gestellrahmen des Rollers festgebunden. Ebenso unten, kurz über dem Boden, der auf der unteren waagerechten Stützstrebe steht. Den Boden selbst kann man befestigen, indem man zweimal 2 Löcher so in das Holz bohrt, daß man Lederschnüre hindurchfädeln und an der waagerechten Strebe festbinden kann. Es geht auch mit kunststoffbeschichtetem Draht. Hat man einen sehr weiten Korb geflochten, muß man vorn unter die Mitte des Bodens zusätzlich einen Stützklotz aus Holz anbringen, den man von innen durch den Boden anschraubt. Macht man das nicht, verliert der volle Korb leicht das Gleichgewicht.

Span

Spanholz ist ein elastisches Material, das sich rollen, biegen und knicken läßt. Man kann es mit der Schere schneiden und mit UHU Alleskleber oder UHU coll kleben. Es gibt Span in unterschiedlichen Stärken und Breiten als Rollen oder Streifen zu kaufen. Die Rollen führen oft zu der irrigen Annahme, es handele sich hier um einen langen Streifen aus einem Stück. Tatsächlich bestehen die Rollen aber aus mehreren Abschnitten. Aufgerolltes Spanholz verwendet man vorteilhaft dort, wo man runde Formteile braucht, weil das Material schon die richtige Spannung hat. Für gerade Formen (Streifen, Rechteck) muß man gerolltes Material anfeuchten und unter Zeitungspacken trocknen. Es gibt Spannholz farbig gebeizt und naturfarben zu kaufen. Man kann es anmalen, lackieren, beizen oder in einem Farbbad (Tusche, Batikfarbe) einfärben.

Verarbeitung
Spanholz kann man flach (Geflecht) oder hochkant (Profilmodelle) verarbeiten. Meistens nimmt man es hochkant für Rosetten oder

Sterne, die man Silhouettenmodelle nennt. Solche Modelle können nur aus Span oder mit einem Stakenkreuz aus Leisten als Gerüst gearbeitet werden.

Einfache Silhouettensterne: Spanstreifen zu Tropfen geklebt und um einen Mittelring gesetzt

Einfacher Stern

Um einen Ring aus Span werden gleiche Spanformen – auf den Fotos oben sind es Tropfen – angeordnet. Man schneidet zunächst die für die Tropfen benötigte Anzahl Spanstreifen in gleicher Länge zu,

So entsteht eine Rosette aus Span, Rundholz und Leisten. Bis zum Trocknen des Klebers kann man die Spirale mit einer Briefklammer sichern

Rosette mit Stakengerüst: Leistenabschnitte in die Schlitze eines Rundholzabschnitts geleimt, Spanholzspiralen dazwischengesetzt

biegt sie so, daß jeweils die beiden Schnittenden aufeinander liegen, und klebt sie sauber zusammen. Man legt die Innenrunde Tropfen so zusammen, daß man die Größe des Mittelringes feststellen kann, und klebt danach den Ring zusammen. Nun klebt man die Tropfen zunächst mit den Mittelbögen am Ring fest. Dann werden sie dort, wo sie sich seitlich berühren, verklebt. Die zweite Tropfen-Runde kommt in die Zwischenräume der Strahlen.

Rosette mit Stakengerüst

Zuerst fertigt man das Gerüst wie folgt an: In einen Rundholzabschnitt (Scheibe von einem Besenstiel o. ä.) sägt man so viele Schlitze wie die Rosette Zwischenrippen haben soll. Diese Schlitze müssen so weit sein, daß die Abschnitte dünner Tapetenleisten stramm hineinpassen. Die Leistenabschnitte, deren Länge sich nach der Größe der Rosette richtet, sollen so breit sein, wie die Rundholzscheibe dicht ist. Das verwendete Spanholz muß ebenfalls dieser Breite entsprechen. Die Leisten werden in den Schlitzen der runden Scheibe festgeklebt. Dann klebt man die inzwischen gefertigten Rosettenteile – hier sind es Spiralen – zwischen die Leisten und ergänzt eventuell die Zwischenräume noch durch andere Phantasieornamente. Die den Mittelpunkt bildende Rundholzscheibe wird durch einen Stern oder eine kleine Rosette überdeckt.

Stroh

Material und Werkzeug

Für Stroharbeiten kann man verschiedene Sorten Stroh verwenden. Am besten eignen sich Halme von ungedroschenem Getreide. Man bekommt sie – meistens gebleicht oder gefärbt und zusätzlich präpariert – als Bastel- bzw. Trinkhalme in Bastelläden, Geschäften für Hobbybedarf, im Spielwarenhandel, in den Bastelabteilungen der Warenhäuser und in Geschäften für Schulbedarf. Das Material ist nicht teuer. Für besonders rustikale Arbeiten (Seite 122) kann man auch gedroschene Halme vom Bauernhof verwenden.
Das Foto S. 116 zeigt von links nach rechts: gedroschenes Weizenstroh, Gerstenähren, Halme von ungedroschener Gerste in ganzer Länge, handelsübliche Bastel- oder Trinkhalme, gebleicht (oben) und gefärbt (unten), Strohstreifen, gefärbt (oben) und gebleicht bzw. gebräunt (darunter). Außerdem: Strohborte, die es in Bündeln oder meterweise in verschiedenen Farben und Breiten gibt, sowie Näh- und Bindematerial. An Werkzeug braucht man eine Schere und eine Schneidfeder mit Halter, ein Klingenmesser oder eine Rasierklinge (Trennklinge, wie sie beim Schneidern benutzt wird).

Verarbeitung

Stroh kann man in ganzen Halmen, hohl oder flachgebügelt, als Streifen, geflochten, gebündelt oder als Borte verarbeiten. Man schneidet das Material nicht mit der Schere, sondern mit einem der genannten Schneidwerkzeuge. Lediglich für gröbere Arbeiten aus Naturstroh (unpräpariertes Material) kann man die Schere nehmen. Vor allem die Strahlen von Sternen aus ganzen Halmen dürfen nicht mit der Schere beschnitten werden, weil das Stroh durch den Druck spalten würde. Strohhalme werden feucht, Strohstreifen trocken ver-

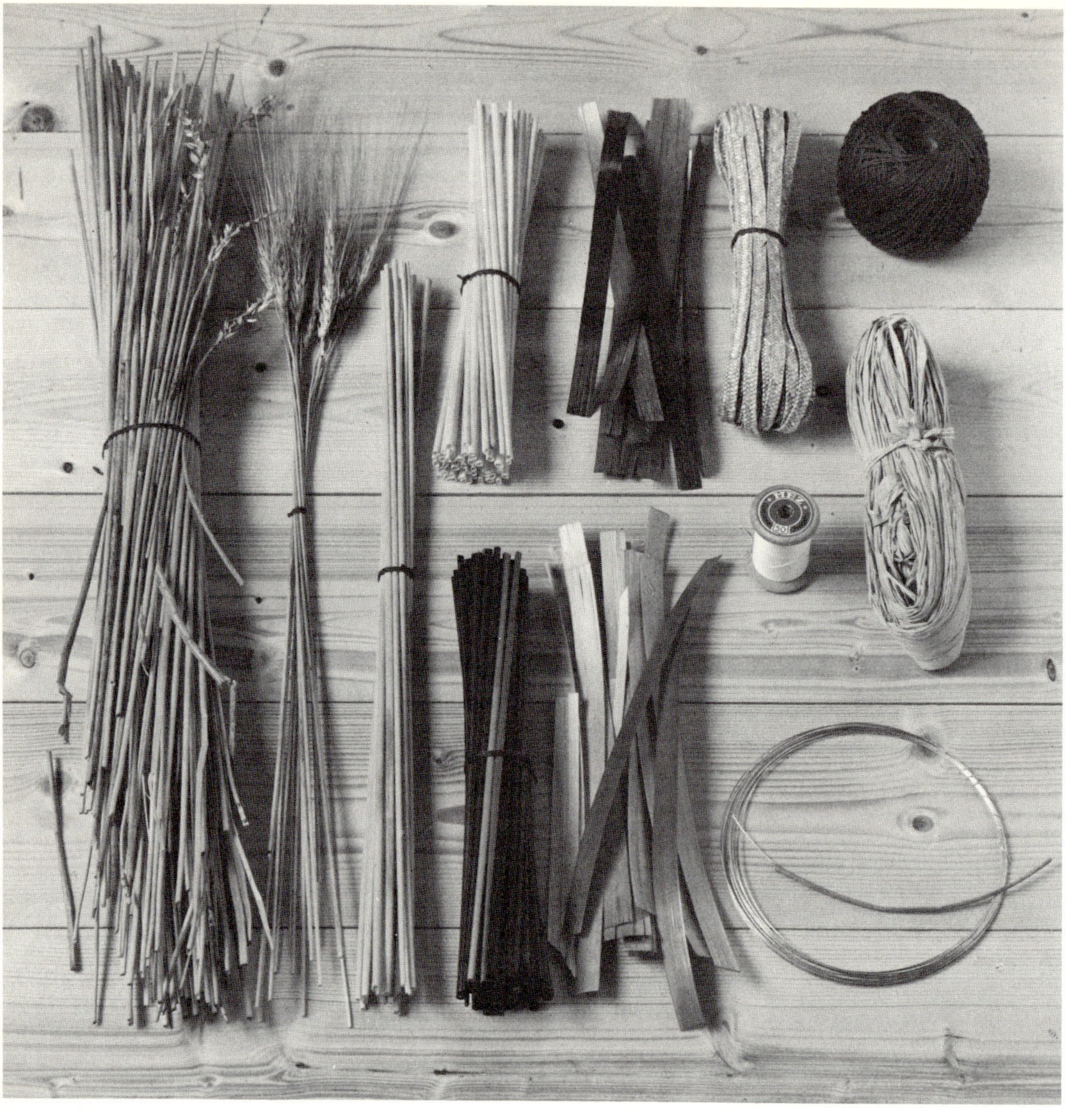

arbeitet. Die Halme werden etwa eine Viertelstunde vor Arbeitsbeginn in lauwarmem Wasser eingeweicht. Länger sollten sie nicht im Wasser bleiben, sonst werden sie faserig.
Strohstreifen kann man vorgefertigt kaufen oder selbst herstellen, indem man sie einweicht, in Längsrichtung aufschlitzt und mit dem Bügeleisen flachbügelt. Das Eisen muß auf die höchste Temperaturstufe eingestellt werden. Unter die Arbeit legt man einen Packen Zeitungen, den man mit einem weißen Bogen überdeckt, damit die Druckerschwärze nicht auf die feuchten Halme abfärbt. Durch längeres Bügeln kann man unterschiedliche Gold- bis Brauntönungen erzielen.
Auf die gleiche Weise kann man auch ungeteilte Halme flachbügeln. Das ist besonders empfehlenswert, wenn man freihängende, flache Strohsterne arbeiten will, die auf beiden Seiten ansehnlich sein sollen.

Material für Stroharbeiten kann man präpariert kaufen oder selbst ernten und bearbeiten

Stern-Grundformen

Der einfache Stern besteht aus vier Halmen. Man legt zweimal zwei Halme kreuzweise übereinander und die beiden Kreuze wiederum versetzt aufeinander. Die Mittelpunkte hält man zwischen Daumen und Zeigefinger gut fest und umwindet die Strahlen mit einem angefeuchteten Nähfaden, den man abwechselnd über einen Halm hinweg und unter dem folgenden Halm hindurch führt. Zunächst ist das nicht ganz einfach, denn die Halme verschieben sich leicht. Ungeübte können sich wie folgt behelfen: Auf eine dünne Stecknadel werden alle Halme in der Mitte aufgesteckt (a). Dann fächert man die Halme wie Windmühlenflügel auseinander (b), richtet sie gleichmäßig aus, und umwindet sie mit einem Faden, dessen Enden verknotet werden (c). Danach entfernt man die Stecknadel.

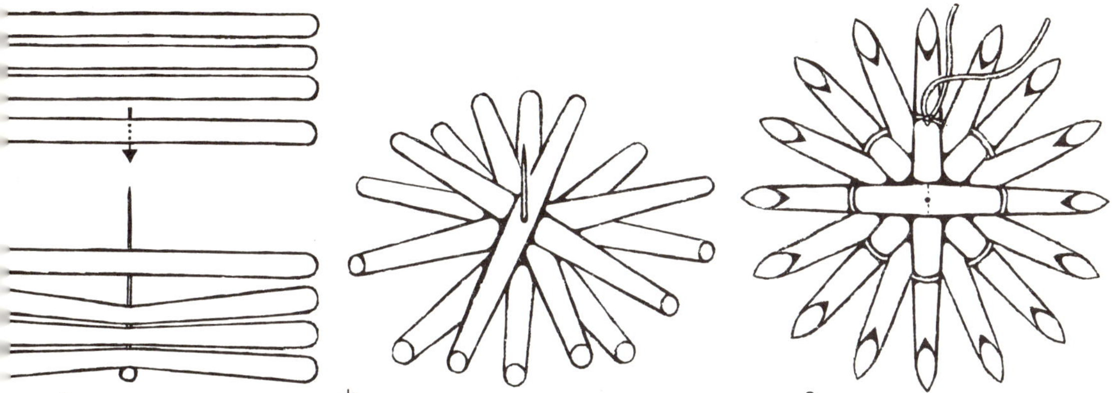

a b c

So wird ein einfacher Stern aus ganzen Halmen unter Verwendung einer Stecknadel gemacht

Sterne aus Strohstreifen werden auf die gleiche Weise gemacht. Stroh und Garnmaterial bleiben dabei jedoch trocken. Dadurch wird die Verarbeitung etwas schwieriger, denn trockenes Stroh ist sehr glatt und rutscht leicht aus der Hand. Wenn die Sternstreifen mit Faden umwickelt sind (a) und der Faden verknotet ist, werden die Strahlen mit einer Schneidfeder phantasievoll beschnitten (b). Dazu legt man den Stern flach auf ein Stück Pappe (als Schneidunterlage) und drückt mit einem Finger fest auf den Mittelpunkt, damit sich die Strahlen nicht in Längsrichtung verschieben.

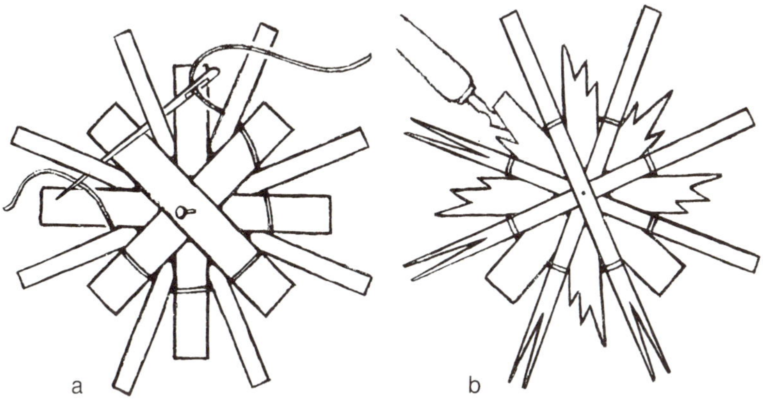

a b

So wird ein Stern aus Strohstreifen mit Garn umwickelt und mit einer Schneidfeder beschnitten

Links:
Bei diesem vielstrahligen Stern wurden mehrere einfache Sterne vorbereitet und aufeinander gelegt. Der Blumenkranz ist aus Tonpapier gemacht

Rechts:
Sterne aus naturbelassenen und gefärbten Strohstreifen

Stroh-Intarsien

Intarsien aus Halmen sind besonders dekorativ. Man kann mit solchen Arbeiten Kästchen, Dosen und sonstige kleinere Gegenstände interessant beleben. Unter Intarsien versteht man Einlegearbeiten,

Strohintarsienarbeit aus Strohstreifen, die durch Bügeln in verschiedene Gold- und Brauntöne gefärbt wurden

für die man zu Furnier zusammengeklebte, verschiedenfarbige Strohstreifen (flachgebügelte, aufgeschnittene Halme) verwendet. Man klebt die Halme entweder mit UHU Alleskleber direkt auf den vorgesehenen Untergrund (Streichholzschachtel oder ähnliches) und fügt sie zu einem einfachen Muster zusammen, oder man klebt Halme verschiedener Färbungen jeweils auf ein Stück Papier. Auf dieses Papier kann man das gewünschte Motiv zeichnen und aus dem entstandenen Furnierblatt herausschneiden. Für kleine Flächen nimmt man jedoch besser nur die Halme, weil die Intarsienarbeit sonst zu dick wirkt. Größeren Flächen dagegen gibt eine Papierunterlage mehr Halt. Auch Sterne in dieser Technik lassen sich leichter arbeiten, wenn die Halmstreifen auf Papier kleben. Man sollte sich nicht dazu verleiten lassen, komplizierte Motive oder gar ganze Bilder herstellen zu wollen. Einfache geometrische Formen, die dem Materialcharakter entsprechen, wirken am besten.

Aus Halmen kann man viele verschiedene Tiere machen. Die Arbeitsgänge werden auf Seite 120 erläutert

Tiere aus Strohhalmen

Figuren und Tiere aus ganzen Halmen können immer nur stilisiert sein, aber gerade darin liegt ihr Reiz. Um beispielsweise einen Hahn aus Halmen zu machen, muß man zunächst – genau wie beim Arbeiten mit Bast – aus Draht oder Holzwolle oder Papier eine Rohform anfertigen, die ungefähr dem Körperbau des Tieres entspricht. Man kann jedoch auch einzelne Drahtabschnitte in die Halme schieben und auf das Drahtskelett verzichten.

Ein solcher Hahn ist leicht zu machen. Einige Halme der Beine haben eine Einlage aus Draht. Kamm und Kinnlappen sind aus Stoff

Strohgockel

Material: 2 Bund Strohhalme (25–30 Stück), naturfarben, 5 Drahtabschnitte, etwa 1 mm stark, in Länge der Halme, kleine Stoffreste in Rot, rotes Stick- oder Nähgarn, 2 Musterbeutelklammern, Alleskleber.

Durch 2 Halme eines Bundes wird je ein Drahtabschnitt gesteckt. Dann wird das Bund in Wasser eingeweicht, vorsichtig ausgedrückt und 1 cm von einem der Enden entfernt mit rotem Garn stramm umwickelt. Ungefähr 2 cm hinter dem Garn biegt man das ganze Bündel rechtwinklig nach unten, so daß der Kopf des Hahnes entsteht (siehe Foto oben). Danach steckt man aus dem anderen bereitliegenden Bund 10 Halme so zwischen das Bündel, daß sie – besonders an den Enden – verdeckt sind (Zeichnung a). Die eingefügten Halme brauchen nicht angefeuchtet zu werden. Jetzt umwickelt man das dicke Strohbündel unterhalb des Kopfes (siehe Foto) abermals stramm mit rotem Garn. Etwa 6 cm unterhalb dieser abgebundenen Stelle werden die zusätzlich eingefügten Halme abgeschnitten. Das restliche Bündel wird im rechten Winkel, in entgegengesetzter Richtung zum Kopf, umgebogen und wieder mit einem Faden fest umwickelt (Zeichnung b). Anschließend biegt man die Hälfte der Halme, die später den Schwanz bilden, aufwärts und bindet sie so lange locker am Hals des Hahnes fest, bis das Stroh getrocknet ist (Zeichnung c). Inzwischen steckt man die restlichen Drahtenden in 3 Halme, legt

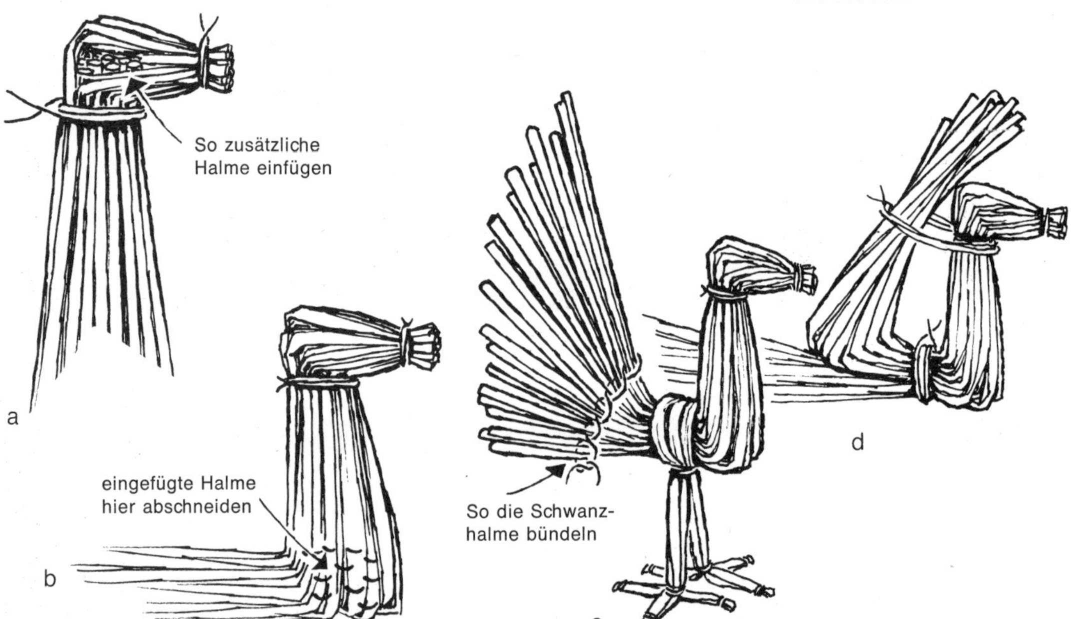

3 Halme ohne Draht hinzu und biegt daraus eine U-Form. Selbstverständlich müssen auch diese Halme vorher durchfeuchtet werden. Das U wird (umgekehrt) um den Tierkörper gelegt und unterhalb des Körpers mit einem Faden stramm zusammengebunden. Die beiden U-Schenkel, die nun die Beine bilden, werden nach ca. 5 cm ebenfalls abgebunden. Aus je 3 Halmpaaren (1 Halm mit, 1 Halm ohne Drahteinlage) werden die Krallenfüße gebogen und an den Enden abgebunden. Aus Stoff schneidet man Kamm und Kinnlappen und klebt sie zwischen den Halmen fest. Die Musterklammern werden als Augen zwischen die Halme gesetzt und unter Zuhilfenahme eines Messers oder einer Schere im Strohbündel umgebogen. Danach schneidet man die stumpfen Enden der Halme am Kopf stufenförmig schräg ab, so daß sie spitz zulaufen. Zum Schluß löst man die am Hals angebundenen Schwanzhalme. Sie schnellen ein wenig zurück und ergeben zusammen mit den anderen die auf dem Foto ersichtliche Form. Man faßt sie mit rotem Faden in kleinen Bündeln zusammen (Zeichnung d) und beschneidet die Halmenden gleichmäßig. Es ist wichtig, daß man die Strohbündel ganz fest umwickelt, da sich das Stroh nach dem Trocknen zusammenzieht.

Engel aus Stroh

Nicht mehr als eine Handvoll Halme braucht man für einen kleinen Engel (Foto unten). Die Halme werden mit der Hand gebündelt und an den Enden aufgestoßen, so daß sie unten alle gleich lang sind. Das Ende umwickelt man mit einem Faden (a). Nun feuchtet man die Halme gut durch, biegt sie strahlenförmig auseinander und dann abwärts. Danach wird der Kopf abgebunden (b). Aus einem Bündel kürzerer Halme, von denen man einige mit einer Drahteinlage versieht, bindet man die Arme und schiebt sie unterhalb der ersten Abbindung durch die Halme, die man dazu in zwei gleiche Bündel teilt. Nun nimmt man das Bündel wieder zusammen und bindet es unterhalb der Arme noch einmal ab. Die Arme kann man nach vorn abwinkeln (s. Foto). Aus 7 Halmen, die man in der Mitte mit einem Faden umwickelt und dann auseinanderfächert, werden die Flügel gemacht. Man klebt sie dem Engel auf den Rücken.

Engel aus ganzen Halmen. Einige Halme der Arme haben eine Drahteinlage, damit sich die Arme in der gewünschten Stellung halten

Halmbündel am Ende zusammenbinden (a), Halme anfeuchten, sternförmig auseinander und dann abwärts biegen. An zwei Stellen abbinden, zwischen die Abbindungen Arme einschieben. Flügel ankleben (b)

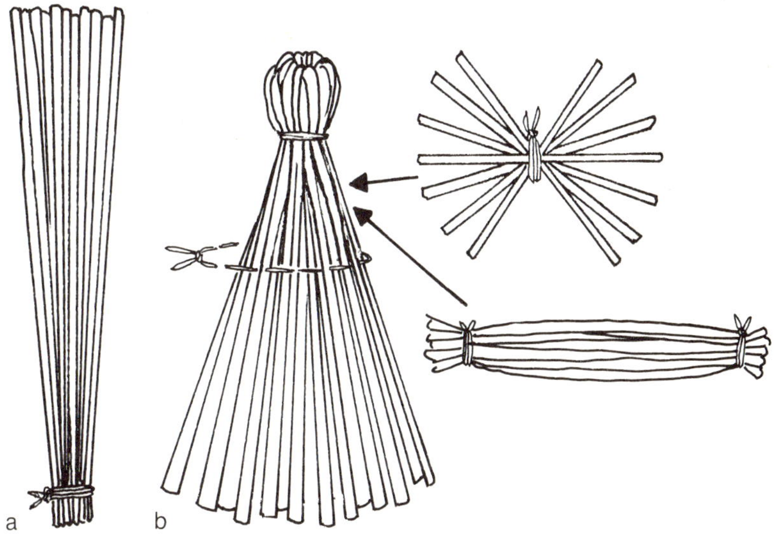

Kranz mit Herzen

Für den Kranz flicht man einen Zopf von 70 cm, für die Herzen Zöpfe von je 50 cm Länge aus unpräpariertem Gerstenstroh, wie man es auf dem Lande findet. Um so lange Stränge zu erhalten, muß man die Halmbündel während des Flechtens laufend ergänzen, indem man vor dem Auslaufen der kurzen Halme neue hinzunimmt.

Vor dem Flechten wird das Stroh angefeuchtet. Die Enden umwickelt man mit Naturbast oder Bindfaden. Aus dem langen, noch feuchten Zopf macht man einen Ring. Dabei werden die Enden etwa 3 cm weit übereinander geschoben und so fest mit Bast umwickelt, daß die Halme sich zur übrigen Zopfstärke zusammendrücken. Es stört nicht, wenn man die zusammengefügte Stelle sieht. Die kürzeren Zöpfe für die Herzen müssen ebenfalls feucht verarbeitet werden. Wie man die Herzen bindet, ist auf der Zeichnung rechts dargestellt. Die Herzen werden in gleichmäßigen Abständen an den Kranz gebunden, der Kranz mit vier Aufhängefäden versehen. Über die Aufhängefäden kann man kleine Holzperlen schieben, die die Knoten kaschieren.

So wird ein Strohzopf zur Herzform gebunden

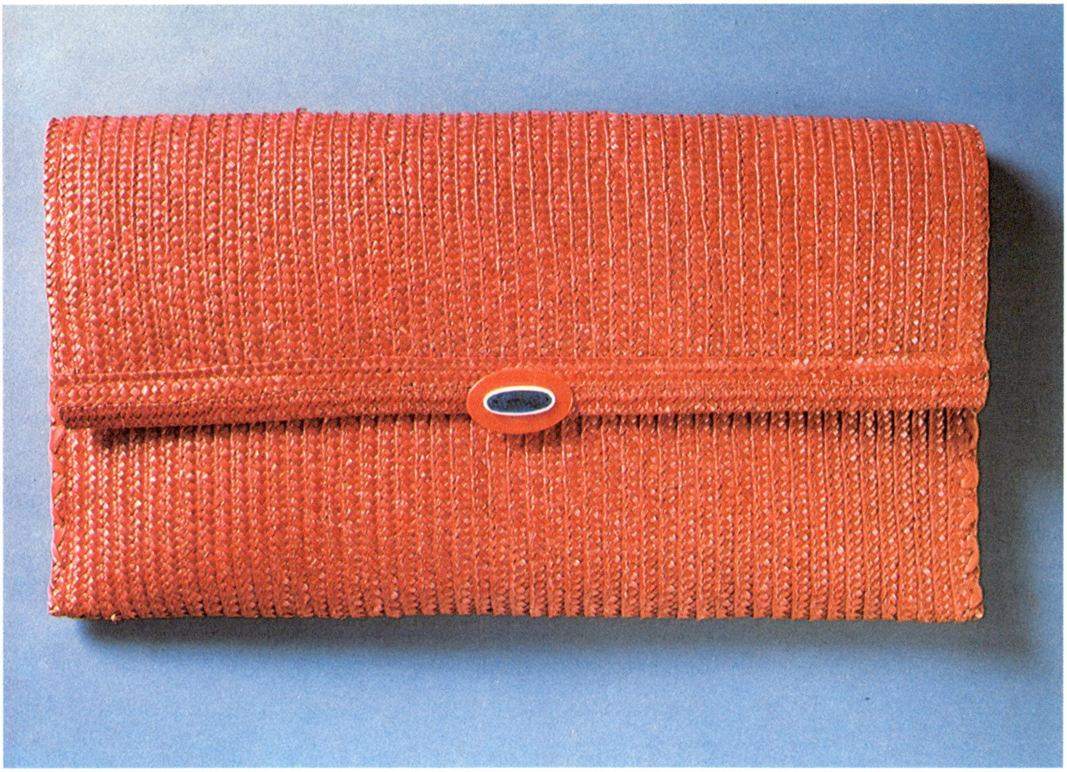

Einfache Überschlagtasche aus Strohborte, die streifenweise flach aneinander genäht wurde

Untersetzer aus hochkant verarbeiteten Strohborten

Arbeiten mit Strohborten
Flache Strohborten kann man naturbelassen oder gefärbt meterweise oder gebündelt kaufen. Man kann sie hochkant verarbeiten, wie auf S. 123 unten gezeigt, oder die Streifen aneinandernähen, so daß sie flach liegen, sich an den Kanten jedoch überdecken – etwa wie Dachziegel. Die Tasche S. 123 wurde aus zusammengenähten Streifen gearbeitet, dabei wurden die Enden der senkrecht genommenen Streifen mit zwei waagrechten Streifen überdeckt. Die Tasche ist mit Stoff gefüttert.

Bast

Das Material
Bast wird aus den Blättern der Raphiapalme gewonnen. Allerdings gibt es heute synthetische Erzeugnisse, die dem Raphiabast im Aussehen sehr nahe kommen und auch ähnliche Eigenschaften haben. Guter Naturbast hat eine hellgelbe Tönung und einen angenehmen Geruch. Fasern sind gleichmäßig und lassen sich breit auseinanderziehen. Schlechter, billiger Naturbast dagegen hat bräunliche Streifen; er ist schmal und spröde. Außerdem gibt es gefärbten Bast, der besonders präpariert und mit Glyzerin behandelt wurde, damit er geschmeidig bleibt. Während man naturfarbenen Bast vor dem Verarbeiten kurz in Wasser taucht, ihn ausdrückt und auf einem Handtuch ausbreitet, darf gefärbter Bast, genauso wie Kunstbast, nur trocken verarbeitet werden. Gefärbter Bast ist etwas teurer als ungefärbter. Sowohl naturfarbener als auch farbiger Bast kann nach dem Verarbeiten mit Zaponlack überstrichen werden, um das Material schmutzabweisend zu machen.

Bastzopf wird mit Zickzackstichen schnecken- oder spiralenförmig zusammengenäht, dabei kann man den Zopf flach oder hochkant verarbeiten

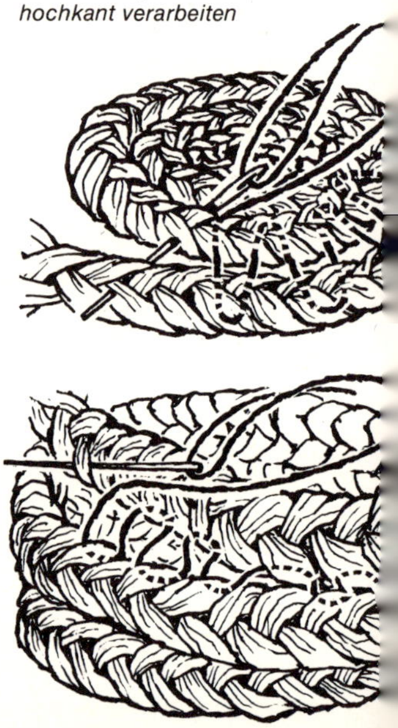

Die Verarbeitung
Bast kann man flechten, weben, wickeln und häkeln. Beim Flechten gibt es zwei Möglichkeiten: einmal kann man ein Pappgerippe – für Körbchen und kleine Behälter – umflechten, zum anderen kann man aus mehreren Strängen einen Zopf flechten, den man dann schnekken- bzw. spiralenförmig zu einer beliebigen Form zusammennäht. Auch beim Weben bieten sich zwei Möglichkeiten an: die Rundweberei – für Untersetzer und kleine Deckchen – und das normale Kreuzgewebe, wie man es in der Textilweberei bei Leinen hat. Wickelarbeiten mit Bastfäden sind wohl am bekanntesten. Man umwickelt meistens aus Wäscheleine, Sisalschnur oder Draht geformte Figuren. Zum Häkeln von Gürteln, kleinen Untersetzern u. ä. verwendet man Bast genau wie Garn.

Das Flechten
Zuerst wird das aufgeschnittene Bastbündel in kaltes Wasser getaucht und ausgedrückt (Kunstbast bleibt allerdings trocken). Dann nimmt man alle Spitzen zusammen und umwickelt sie fest mit einem Faden, an dem man das Bündel irgendwo aufhängt.
Nun teilt man den Bast in drei gleich dicke Stränge und flicht einen Zopf, der zwar fest, aber nicht brettig sein soll, damit er sich später gut verarbeiten läßt. Die Bastfäden sind meistens so lang, daß sie einen Zopf von etwa 70 bis 80 cm Länge ergeben. Wird der Zopf dünner (weil die Bastfäden unterschiedlich lang und zum Ende hin

8 m lang und 1 cm breit muß der Bastzopf sein, wenn man eine große runde Matte daraus arbeiten möchte

dünner sind), muß er angestückt oder auf seine richtige Stärke ergänzt werden. Das erreicht man, indem man rechtzeitig neue Fäden beim Flechten mitfaßt, die ja auch am Anfang dünner sind. Man flicht also eine Weile mit doppelten Fäden und läßt dann die alten Enden einfach hängen. Sie werden später abgeschnitten. Es wäre unsinnig, Bastfäden zu knoten. Abgesehen davon, daß der Bast sich wieder auflöst, sieht diese Art der Verlängerung auch häßlich aus. Auf die beschriebene Weise kann man den Bastzopf so lang flechten, wie man ihn voraussichtlich benötigt. Der Zopf wird anschließend in einem feuchten Lappen eingeschlagen und mit leicht warmem Bügeleisen gepreßt. Danach hängt man ihn auf oder wickelt ihn zu einer Art Knäuel um ein Stück Pappe.
Wem das Herstellen eines Bastzopfes zu umständlich ist, der kann ihn auch als Meterware kaufen. Allerdings kostet er mehr als doppelt soviel wie loser Bast.
Bastzopf kann man zu Platzdecken, Untersetzern, Eierkörbchen, Blumen-Ziertöpfen und vielen anderen kleinen Gegenständen verarbeiten. Man näht dazu den Zopf flach oder hochkant mit Zickzackstichen (siehe Zeichnungen links) spiralenartig zusammen. Um einen möglichst unauffälligen Randabschluß zu bekommen, schneidet man aus dem Zopfende mehrmals einige Fäden heraus, so daß der Strang allmählich immer dünner wird. Das Ende wird in das Geflecht der vorhergehenden Windung geschoben und vernäht. Man näht entweder mit Bast oder mit Leinengarn.

Das Weben

Für die Rundweberei macht man eine Art Webrahmen aus Pappe, und zwar folgendermaßen: Zuerst wird eine runde Scheibe in der Größe zugeschnitten, die der spätere Untersetzer haben soll. Nun teilt man die Pappscheibe je nach Größe in 15–21 gleich große Felder

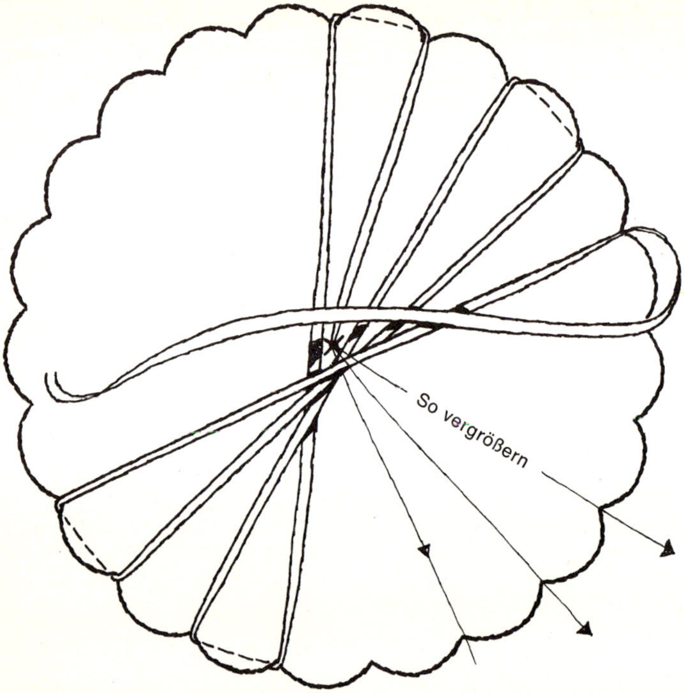
So vergrößern

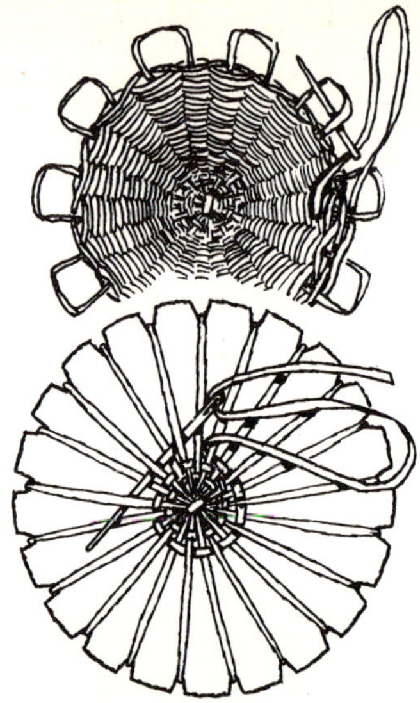

Beim einseitigen Rundweben werden die Spannfäden um die Bögen der Pappschablone herumgeführt.
Will man die runde Webschablone vergrößern, verlängert man einfach die zwischen den Bögen verlaufenden Linien

Rundgewebte Bastuntersetzer kann man einzeln verwenden oder mehrere zu einer größeren Rosette zusammensetzen (Foto links)

50 m Bast braucht man für eine runde Platzmatte mit 25 cm Durchmesser, gehäkelt mit Nadel Nr. 4 (Foto unten)

auf (zum Flechten und zum Weben braucht man grundsätzlich eine ungerade Zahl) und versieht sie am Außenrand mit kleinen Einkerbungen oder schneidet die Kanten der Felder bogenförmig (siehe Zeichnung links). In die Mitte schneidet man ein Loch. Jetzt können die Fäden zum Weben gespannt werden – in der Textilweberei nennt man das Kette. Dazu führt man einen zuvor in der Mitte befestigten Faden von Einkerbung zu Einkerbung hinten um ein Pappfeld und dann auf der Vorderseite der Pappe zum gegenüberliegenden, durch zwei Einkerbungen markierten Feld. Danach kommt das rechts neben dem Anfang liegende, dann das entsprechend gegenüberliegende Feld. (Das liest sich schwerer, als es in Wirklichkeit ist!) Man zieht die Fäden so lange hin und her, bis alle Felder umspannt sind und eine Art Spinnennetz entstanden ist. Mit einer Straminnadel – das ist eine Nadel mit stumpfer Spitze – webt man nun von der Mitte aus schneckenartig zum Außenrand, indem man den Faden einmal unter und einmal über die Spannfäden, also auf und ab führt (wie beim Stopfen). Ist man bis zum Außenrand gekommen, löst man die Arbeit von der Pappe, indem man die Spannfäden einfach abhakt, und webt bis zum Schluß aus freier Hand weiter. Dabei darf man den Webfaden nicht zu fest anziehen, damit der Untersetzer nicht aus der Form gerät. Das Fadenende wird vorsichtig im Gewebe verstopft und abgeschnitten.

Kleine Tasche, 17 x 13 cm, aus Bast auf einem Nagelrahmen gewebt. Kette: 45 Fäden aus Bast in Naturfarbe, Schuß aus braunem Naturbast. Fertiges Gewebe mit Futterstoff unterlegt und mit Ripsband eingefaßt. Seitennähte mit der Hand geschlossen

Man kann aber auch zwei Untersetzer zur gleichen Zeit mit einer Pappschablone arbeiten, indem man die Bastfäden jeweils vorn und hinten ganz um die Schablone herumwickelt (wie bei Sternzwirn), anstatt sie nur über die Einschnitte (oder Bögen) zu haken. Man webt nacheinander auf beiden Seiten, bis die Spannfäden nur noch 5 cm hervorschauen. Danach schneidet man sie an der Kante der Schablone auf und verstopft die Fadenenden in den beiden Untersetzern. Der Untersetzer auf Seite 126 wurde so gemacht.
Nun zum Kreuzgewebe (Leinenbindung). Hierzu bastelt man aus Leisten (oder einem Brettchen) und Nägeln einen kleinen Webrahmen, der der Größe des späteren Webstückes entspricht. In zwei einander gegenüberliegende Seiten (bei länglichen Formaten in die Schmalseiten) schlägt man in Abständen von etwa einem halben Zentimeter – lieber etwas dichter – kleine Nägel ein. Um diese Nägel spannt man die Kettfäden, indem man sie hin und her führt. Das Fadenende wird um den letzten Nagel gewickelt. Auch für diese Arbeit muß die Zahl der Spann- oder Kettfäden ungerade sein. Nun durchwebt man die gespannten Fäden in der bereits bei der Rundweberei beschriebenen Auf-und-ab-Technik. Man kann dazu eine Straminnadel nehmen, besser geht es jedoch mit einer richtigen Webnadel, die es in Handarbeitsgeschäften zu kaufen gibt. Diese Nadel ist flach, lang und stumpf und entspricht der Stärke der Bastfäden. Ist die Weberei fertig, zieht man die Nägel mit einer Zange aus dem Rahmen oder der als Rahmen benutzten Holzplatte und webt das Stück aus freier Hand zu Ende. Man kann auch alle vier Seiten der Webarbeit aufschneiden und ausfransen. Dann müssen sie allerdings mit der Maschine oder mit der Hand durchgesteppt werden, damit sich das Gewebe nicht auflöst.
Auf diese Art entstandene Bastgewebe eignen sich gut als Tischläufer und Platzdecken, wobei man die eine Seite noch mit Wachstuch oder anderem abwaschbaren Material füttern kann. Auch Gürtel und kleine Taschen kann man aus Bastgewebe arbeiten.

Häkelsets aus Bast
Material: 50 Meter = 1 Packung Natur- oder Kunstbast in einer Pastellfarbe (für eine Matte mit 25 cm Durchmesser) und eine Häkelnadel Nr. 4.
In einen Ring aus 8 Luftmaschen 12 Stäbchen häkeln, die Runde schließen und wie folgt weiterhäkeln:
1. Runde: 1 feste Masche, 1 Luftmasche im Wechsel.
2. Rune: Nur feste Maschen.
3. Runde: 2 feste Maschen, 1 Luftmasche im Wechsel.
4. Runde: Nur feste Maschen.
5. Runde: 3 feste Maschen, 1 Luftmasche im Wechsel.
6. Runde: Nur feste Maschen.
7. Runde: 4 feste Maschen, 1 Luftmasche im Wechsel.
8. Runde: Nur feste Maschen.
9. Runde: 5 feste Maschen, 1 Luftmasche im Wechsel.
10. Runde: Nur feste Maschen.
11. Runde: 5 feste Maschen, 1 Luftmasche im Wechsel.
12. und 13. Runde: Nur feste Maschen.
14. Runde: 5 feste Maschen, 1 Luftmasche im Wechsel.
15. Runde: Nur feste Maschen.
Am Ende der Runde 3–5 Kettenmaschen häkeln. Abschlußrand: Pikots aus je 3 Luftmaschen. Man häkelt schneckenförmig rundherum, ohne die einzelnen Runden zu schließen. Wird die Arbeit wellig oder zieht sie sich zusammen, so muß man, je nach Art des Mangels, mehr oder weniger Luftmaschen machen.
Die fertige Häkelarbeit wird unter einem feuchten Tuch mit mäßig warmem Eisen ohne Druck gebügelt, sofern sie aus Naturbast besteht. Kunstbast preßt man am besten über Nacht unter einem Stoß Zeitungen.

Verschiedene pflanzliche Werkstoffe

Binsen, Weiden, Ginster, Schilf- und Maisblätter sind Naturwerkstoffe, die man an geeigneter Stelle selbst ernten kann. Maisblätter sind aber mehr und mehr auch im Handel zu haben. Alle genannten Werkstoffe lassen sich wie die bisher behandelten Materialien dieses Kapitels verarbeiten, je nach Beschaffenheit. Aus Binsen kann man in Verbindung mit anderem Flecht- oder Nähmaterial schöne Körbe herstellen. Schilfblätter eignen sich zum Flechten von kleinen Matten und – zu Zöpfen geflochten – für bäuerliche Hausschuhe. Aus Maisblättern kann man kleine Figuren basteln.
Alle diese Materialien, die am Wasser wachsen, müssen auch später bei ihrer Verarbeitung feucht gehalten werden.

Puppenwagen
Den Puppenwagen unten kann man aus Stroh, Binsen oder Schilf machen. Die Arbeitstechnik ist im Prinzip gleich. Man benötigt einen sogenannten Endlosstrang von Daumenstärke. Für den Puppenwagen von Seite 130 – 45 cm lang, 30 cm breit – muß der Strang etwa 15 m lang sein. Dazu nimmt man so viele Halme in die Hand, wie man mit einer Faust locker umschließen kann. Dieses Bündel zieht man in Längsrichtung auseinander, so daß die Stengel unterschiedlich lang verlaufen. Nun beginnt man vom Anfang her das Bündel fest, jedoch

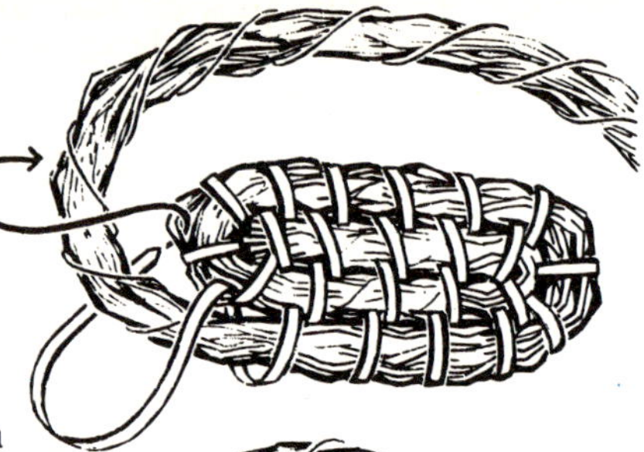

a

b

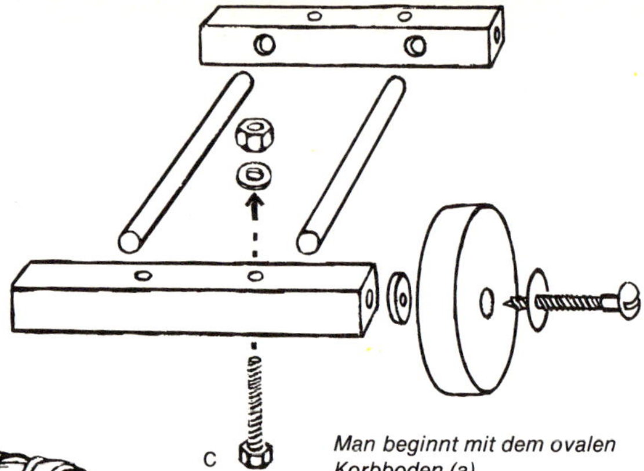

c

Man beginnt mit dem ovalen Korbboden (a)
Die Wandung wird in spiralenartigen Windungen genäht und zum Außenrand etwas erweitert (b)
Aus Leisten und Rundholzstäben wird das Untergestell gemacht, das man mit dem Korbboden verschraubt (c)

in weitläufigen Windungen zu umwickeln. Der Wickelfaden kann aus beliebigem Material sein, er wird später wieder entfernt. Sobald das Bündel dünner wird, weil einige Halme zu Ende sind, ergänzt man es durch Hinzunahme neuer Halme, die wiederum in Längsrichtung verschoben eingefügt werden. Ist der Strang fertig, rollt man ihn locker auf und bindet ihn zusammen bis er trocken ist. Auf diese Weise hat er schon die richtige Spannung für das schnecken- bzw. spiralenförmige Zusammennähen.

Mit dem Nähen beginnt man beim ovalen Korbboden, für den etwa 3 m des Stranges so zusammengenäht werden, wie es die Zeichnung a zeigt. Bei richtiger Strangstärke müßte der Boden ungefähr 30 cm lang und 16 cm breit sein. Kleine Abweichungen von diesen Maßen sind unwichtig. Für die Wandung wird der Strang spiralenartig zusammengenäht, wie es auf der Zeichnung b dargestellt ist. 10 Windungen, die sich nach oben etwas erweitern, ergeben ca. 18 cm Höhe. Das Ende des Stranges läßt man am besten am Kopf- oder Fußende auslaufen, indem man es allmählich ausdünnt (Halme herausschneiden), so daß sich ein kaum merklicher Übergang zu der vorigen Runde ergibt. Ist das Körbchen fertig, werden alle Windungen mit gut durchfeuchtetem Flachpeddigrohr aneinandergenäht, und wenn das Peddigmaterial durchgetrocknet ist, zieht man alle anderen Wickel- und Nähfäden aus dem Korb heraus. Ist der Korb trotz

Diese Ente ist nicht nur eine originelle Dekoration, sie kann auch schwimmen und lockt lebende Artgenossen an

aller Sorgfalt schief geraten, weicht man ihn ganz in Wasser ein und drückt ihn in die richtige Form.
Das Untergestell bastelt man aus folgenden Teilen: 2 Vierkantleisten, je 22 cm lang, 2 × 2 cm stark (Achsen), 2 Rundstäbe, je 22 cm lang, 8 mm stark (Längsholme), 4 Holzräder mit 12 cm Durchmesser. Zum Befestigen der Räder braucht man noch 4 Holzschrauben, 4,5 × 50 mm, mit passenden Unterlegscheiben, und zum Befestigen des Körbchens am Gestell 4 Maschinenschrauben, 10 × 60 mm, mit Unterlegscheiben und Muttern, sowie ein Sperrholzbrett in Größe des Korbbodens. Das Untergestell, dessen Maße sich aus Leisten und Rundhölzern ergeben, wird so zusammengesetzt wie auf der Zeichnung c dargestellt.
Die auf Seite 60 beschriebene Puppe Annie paßt in der Größe zum Wagen.

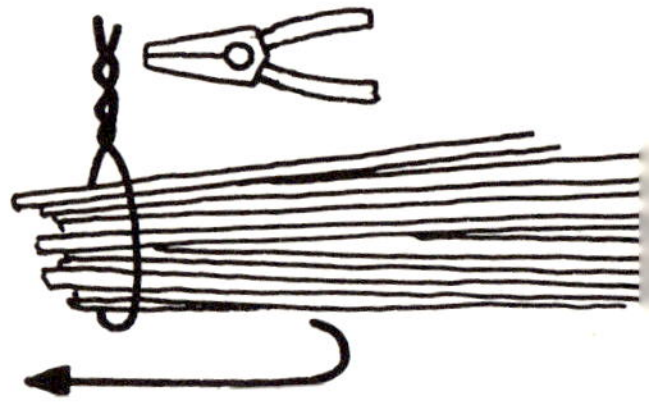
a

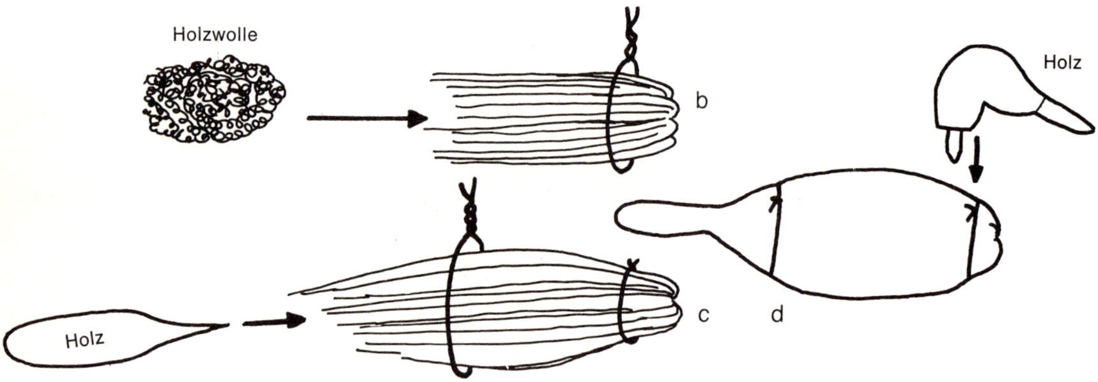

e

a: Schilfblätter bündeln und abbinden

b: Die über die abgebundene Stelle gebogenen Blätter nochmals abbinden. In den Körper Holzwolle schieben

c: Aus Holz einen Schwanz schnitzen und festkleben. Körper unten flachdrücken und erneut abbinden

d: Aus Balsaholz Kopf mit Schnabel und Hals schnitzen und zwischen dem Schilf festkleben

e: Proportionen der fertigen Ente: 1 Quadrat = 3 cm Originalgröße

Ente aus Schilfblättern
Schilfblätter, Holzwolle oder Schilfblatt-Abfall, Holz und Draht braucht man, wenn man eine solche Ente wie hier basteln möchte. Es ist viel einfacher als man denkt. Zuerst bündelt man so viel Schilfmaterial zusammen, wie man stramm mit einer Hand umfassen kann – lieber etwas mehr, und umwickelt es an einem Ende mit Blumendraht oder etwas dickerem Gärtnerdraht (a).
Nun fächert man die Blätter auseinander und biegt sie über die abgebundene Stelle in die entgegengesetzte Richtung. Dort umwickelt

man das Bündel noch einmal mit Draht (Enden gut zusammendrehen). Hinter der umwickelten Stelle biegt man die Blätter und Fasern auseinander und schiebt ein Bündel Holzwolle oder Abfallmaterial hinein, das etwa so groß ist wie zwei Fäuste (b). Das Schilfmaterial wird um die Holzwolle herum gut verteilt, so daß nichts von der Einlage sichtbar ist. Aus einer etwa 3,5 × 11 cm großen Leiste schnitzt man einen Entenschwanz, der ungefähr der auf Zeichnung c dargestellten Form entspricht. Er wird in die offene Stelle des Schilfbündels geschoben und auf beiden Seiten ganz mit Alleskleber bestrichen. Dann drückt man die Schilfblätter und -fasern fest an den Schwanz und schneidet alle Überstände der Schwanzform entsprechend ab, wenn der Kleber getrocknet ist. Den Körper der Ente umwickelt man hinter der eingeschobenen Holzwolle noch einmal mit Draht (c).
Aus Balsaholz (s. Kapitel Schnitzen, Seite 72) schnitzt man einen Entenkopf, dessen Hals in einem zugespitzten Pflock endet. Dieser wird vorn zwischen die Schilflagen gesteckt und dort festgeklebt (d).
Alle Unebenheiten werden zurechtgedrückt und überstehende Blätter oder Fasern mit der Schere abgeschnitten. Danach streicht man die Ente an und lackiert sie mehrmals, so daß das Material sich nicht voll Wasser saugt, wenn man die Ente auf einen Teich setzt. Soll die Ente nur im Trockenen als Dekoration stehen, braucht man sie weniger sorgfältig zu lackieren.
Die Zeichnung e gibt einen Anhaltspunkt für die Proportion: 1 Quadrat entspricht 3 cm der Originalgröße.

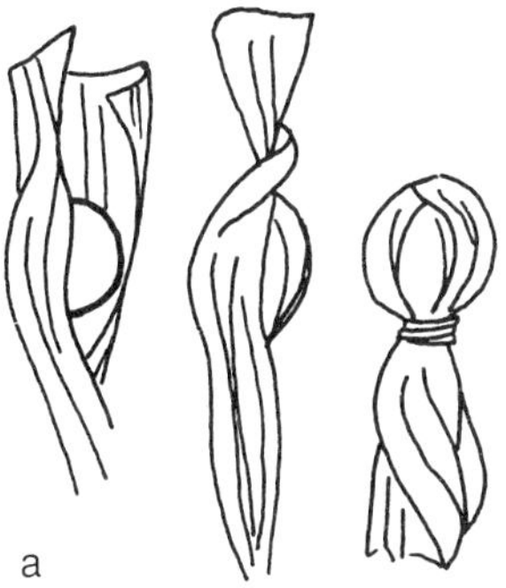
a

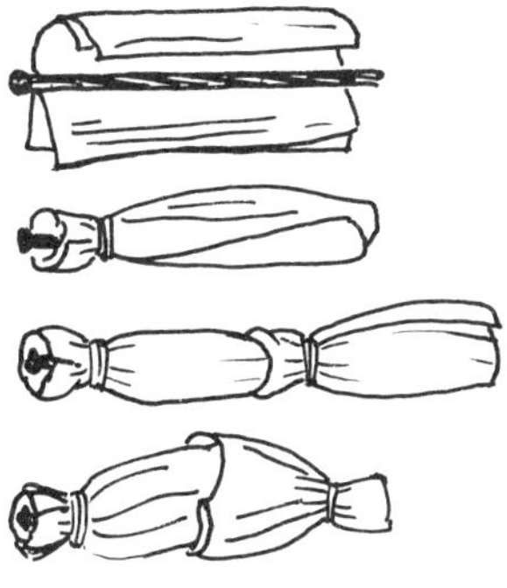
b

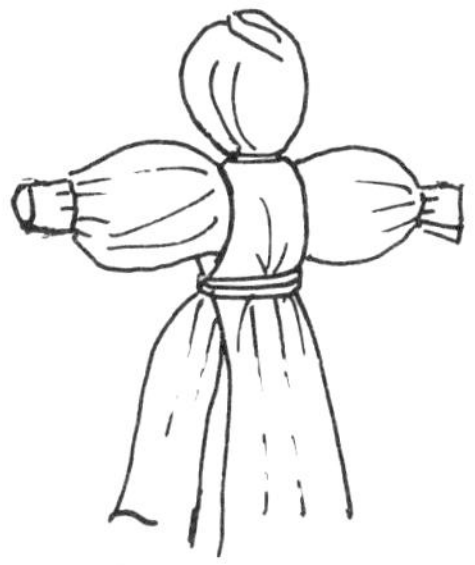
c

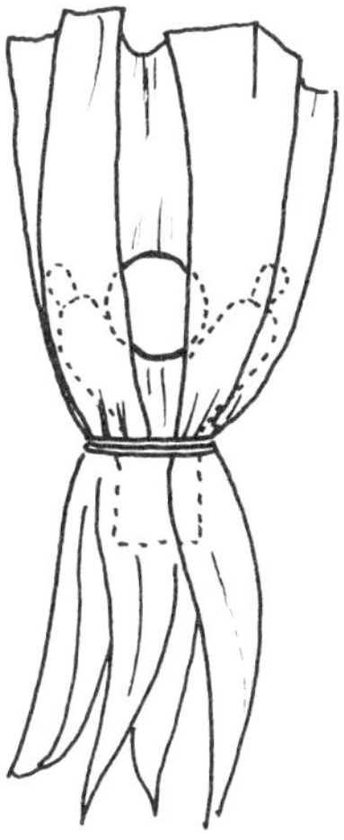
d

e

a: Holzperle mit eingeklebtem Streichholz in ein Maisblatt einrollen und Hals abbinden

b: Für die Arme Draht in ein Stück Maisblatt einwickeln, Handgelenk mit Faden abbinden, um die Handgelenke in Richtung nach außen Maisblätter binden und zur Mitte hin gegeneinander laufend umbiegen

c: Arme unterhalb des Kopfes zwischen die Enden des Maisblattes schieben und mit einem Faden umwickeln

d: Mehrere Lagen Maisblätter so um die Figur wickeln und festbinden, daß sie zunächst Arme und Kopf verdecken

e: Maisblätter abwärts biegen, unten gerade schneiden und der Figur Schultertuch und Schürze umbinden

Figuren aus Maisblättern

Bevor man Maisblätter verarbeitet, schneidet man verhärtete Stellen an den Enden ab und schlägt die Blätter in ein feuchtes Tuch. Man kann Figuren auf verschiedene Weise, mehr oder weniger kompliziert herstellen. Die Zeichnungen a–e sollen nur ein Anhaltspunkt für eigene Arbeiten sein.
Für den Kopf nimmt man eine kleine Holzperle, in deren Bohrung man ein Streichholz eingeklebt hat. Die Perle wird so in ein Stück Maisblatt eingerollt, wie auf Zeichnung a zu sehen. Für die zusammenhängenden Arme umwickelt man zunächst einen Drahtabschnitt

fest mit einem Maisblattstreifen und umwickelt beide Enden mit einem Faden (b, Phase 2). Dann wickelt man ein Stück Maisblatt so um das zuvor abgebundene Ende (Handgelenk), daß es seitlich weit übersteht (b, Phase 3). An das andere Handgelenk bindet man ein Stück Maisblatt in der gleichen Weise und biegt dann beide Stücke in entgegengesetzter Richtung zur Mitte aufeinander zu (b, Phase 4). Das sind die Arme mit den bauschigen Ärmeln, die nun zwischen die Blätter unterhalb des Kopfes geschoben und eingebunden werden (c). Damit ein weiter standfester Rock entsteht, werden mehrere Lagen Maisblätter rund um die Figur so angeordnet und festgebunden, wie bei d zu sehen. Die Blätter, die zunächst über Kopf und Armen sitzen, werden nun abwärts gebogen und gerade gestutzt. Nun kann man der Figur noch ein Schultertuch und eine Schürze umbinden (e). Soll die Figur Haare bekommen, so macht man diese aus Sticktwist.

Aus Maisblättern kann man solche kleinen Figuren machen. Sie sind im Original 9, 12 und 15 cm groß

Trockenblumen

Trockenblumen werden oft als Strohblumen bezeichnet, obwohl Strohblumen nur eine Trockenblumenart sind. Zu Trockenblumen gehören unter anderem: Sonnenflügel, Judas-Silberlinge, Papierknöpfchen (oft fälschlicherweise als Immortellen bezeichnet) Hasenschwanzgras, Papierblumen, Kugelamarant, Zittergras, Strohblumen, Schleierkraut, Staticen und echte Immortellen, die allerdings schwer zu ziehen sind. Alle anderen Trockenblumen kann man aber selbst gewinnen. Man braucht außer den Samen eine kleine Salatsteige oder einen ähnlichen flachen Holzkasten und Blumenerde. Der Blumensamen wird in der mit Erde gefüllten Steige im Frühjahr, etwa April/Mai, in Reihen ausgesät. Die Erde wird fest angeklopft und gut durchfeuchtet. Sie muß auch während der Keimzeit – etwa 8–14 Tage – stets feucht gehalten werden. Wenn die Saat aufgegangen ist, müssen einige Pflänzchen herausgezupft werden, damit die übrigen genügend Platz haben, um sich zu entfalten. Anfang Juni kommen die Pflanzen, die vorher an einem nicht zu kühlen hellen Platz gestanden haben, ins Freie. Sie sollten etwa 15–20 cm weit auseinander stehen. Der Boden muß vorher gut gedüngt werden. Wem das zu umständlich ist, der kann auch Anfang Mai kleine Pflanzen beim Gärtner kaufen und sie im Garten aussetzen. Von August bis Oktober blühen die Trockenblumen. Man schneidet sie, bevor sie voll erblüht sind, weil sie während des Trocknens noch weiter aufgehen. Man nimmt die nicht zu lang geschnittenen Stengel zu einem Bündel zusammen – besser mehrere kleine Bündel, dann trocknen sie besser –, umwikkelt sie mit feuchtem Bast und hängt sie mit den Blütenköpfen nach unten auf. Nach 3 Wochen sind die Blüten trocken und können weiter verarbeitet werden. Man kann sie auf einen Untergrund aufkleben oder mit Stecknadeln, die man einfach durch die Köpfe hindurchsticht, befestigen. Will man die Blumen in ein Gefäß stellen, so muß man die natürlichen Stengel entfernen (sie würden ohnehin nach kurzer Zeit abbrechen) und sie durch Stengel aus dünnem grünem Blumendraht ersetzen. Dazu wird der Drahtabschnitt von unten nach oben etwas seitlich neben der Blütenmitte durchgesteckt, oben zu

Aus Lärchenzapfen und winzigen getrockneten Blüten kann man hübsche Kerzenringe kleben

Um einen Ring aus kräftiger elastischer Pappe klebt man zuerst eine Runde Zapfen. Danach kommen die kleinen Blüten, die die Schnittkante der Pappe verdecken

einem Haken gebogen und neben der Blütenmitte (parallel zum Einstich) wieder nach unten zurückgesteckt. Das Ende unterhalb der Blüte biegt man seitwärts.
Auf die gleiche Weise kann man auch getrocknete Früchte (Buchekkern u. ä.) präparieren.

Ein Kranz aus Trockenfrüchten sieht nicht nur um die Weihnachtszeit freundlich und einladend aus

Kerzenringe aus Zapfen und Blüten

Material: elastische Pappe, UHU Alleskleber, Lärchenzapfen, Papierknöpfchen und Strohblumen oder Immortellen.
Aus 1 cm breiten Pappstreifen, die nicht zu dünn sein dürfen, klebt man Ringe in der Weite der zu verzierenden Kerzen. Auf der flachen Außenseite werden die Ringe mit Lärchenzapfen beklebt. Um den oberen Rand klebt man dann in die Lücken zwischen den Zapfen Strohblumen oder Immortellen. Zum Schluß klebt man auf die Kante jedes Ringes kleine Papierknöpfchen so fest, daß sie genügend Halt an den anderen Blüten haben. Man kann auch die Blütenrunde nach den Zapfen mit den Köpfchen aufwärts zeigend festkleben, so daß sie bereits die Schnittkante der Pappe verdecken, und dann die Papierknöpfchen dazwischensetzen (s. Seite 135). Damit die Kränzchen durch die heruntergebrannten Kerzen nicht Feuer fangen, besprüht man sie mit einem flammenhemmenden Mittel, wie es für Papiergirlanden verwendet wird. Außerdem sollte man die Kerzen am unteren Ende mit Stanniol oder Alufolie umwickeln.

Großer Kranz aus Trockenfrüchten

Trockenfrüchte für Kränze kann man in Plastikbeuteln sortiert kaufen. Es macht aber mehr Freude, wenn man sie im Herbst bei Waldspaziergängen selbst sammelt und mit Draht – wie bereits erwähnt – präpariert.
Als Unterbau verwendet man einen auf der Unterseite abgeflachten Styroporkranz, den man in Blumenhandlungen und Gärtnereien, gelegentlich auch in Geschäften mit Bastelmaterial kaufen kann. Einige Früchte werden mit Draht befestigt, jedoch nicht alle, sonst wird der Kranz zu stark durchlöchert und bröckelt auseinander. Der Kranz wird zunächst mit Alufolie umkleidet, die Folie muß fest angedrückt werden. Nun verteilt man die mit Drahtstielen versehenen Früchte rund um den Kranz, und zwar auch innen und außen an den abfallenden Rändern. Beim Einstechen der Drähte kann man leichtes Material (z. B. Schleierkraut oder Immergrün) mitfassen, wenn es ein Kranz mit verschiedenen Trockenpflanzen und Früchten werden soll. Will man ihn so konsequent wie auf dem Foto gestalten, muß man darauf verzichten. Sind alle Früchte eingesetzt, befestigt man weitere Früchte in den entstandenen Lücken mit UHU Alleskleber. Da der Kleber sich nicht mit dem Styropor verträgt, wurde der Kranz vorher mit der Metallfolie umkleidet. Hat man keine Folie um den Kranz gewickelt, muß man statt Alleskleber Weißleim (UHU coll) nehmen. Nachdem alle Lücken ausgefüllt sind und der Kleber trocken ist, kann man den Kranz aufhängen.

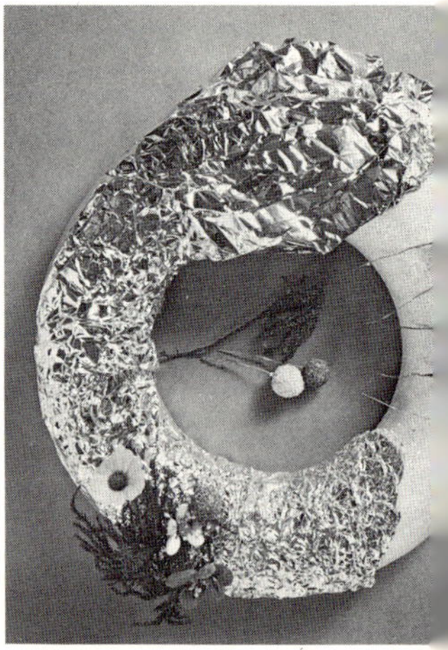

Ein Styroporkranz wird mit Alufolie umkleidet und mit Trockenfrüchten besteckt, die an einem Draht sitzen. Man kann auch Blüten und Immergrün daran befestigen

Tierische Werkstoffe

Tierische Werkstoffe

Von den vielen tierischen Werkstoffen lassen sich für Laien Leder, Pelz und Federn am leichtesten verarbeiten – wenn man einmal von dem Tierprodukt Ei absieht.
Leder und Pelz, früher wenigen Spezialgeschäften vorbehalten, gibt es heute in kleinen Mengen fast überall dort zu kaufen, wo man auch anderes Bastelmaterial bekommt. Leder in größeren Stücken und ganzen Fellen kauft man in einer Lederhandlung oder – meistens billiger – über Großhandlungen für Schuhmacherbedarf, die es allerdings nicht überall gibt. Pelzmaterial in ganzen Fellen bekommt man beim Kürschner, beim Rauchwarenhändler oder, wenn es sich nicht um ausgefallene Pelzarten handelt, bei einem Jäger.
Federn kann man zwar selbst sammeln, jedoch ist man weitgehend auf die Sorten von heimischen Vögeln angewiesen. Exotische Federn bekommt man in Geschäften, die Putz- und Modebedarf führen, bei einem Präparator oder zur Kostümfestzeit in Warenhäusern. Auch auf Flohmärkten oder beim Trödler hat man oft Glück.

Leder

Tierfelle, deren Hautseite man gegerbt und deren Haare man entfernt hat, nennt man Leder. Die unrechte Seite ist die Hautseite, die rechte Seite nennt man Narbenseite. Leder wird in ganzen oder halben Fellen nach Quadratfuß – das sind 30 × 30 cm große Stücke – berechnet. Kleinere Abschnitte werden nach Stücken oder, meistens in sogenannten Restebeuteln abgepackt, nach Gewicht verkauft. Man kann von zwei Möglichkeiten ausgehen: entweder man sucht das Leder im Hinblick auf die beabsichtigte Arbeit aus, oder aber man findet ein besonders schönes Stück Leder und überlegt, was man daraus machen könnte. Obwohl es für fast jede Lederarbeit ein spezielles Material gibt, richtet man sich heute nicht mehr so streng danach, zumal die vielen auf dem Markt vorhandenen Phantasieleder eine Materialbestimmung erschweren.
Für den Laien genügt meistens schon die Unterscheidung der drei großen Sammelgruppen: Möbelleder, Bekleidungsleder, Buchbinderleder; Möbelleder ist am schwersten, Buchbinderleder (meistens zum Kaschieren) am leichtesten (dünnsten).

Ledernadeln mit dreikantig geschliffener Spitze

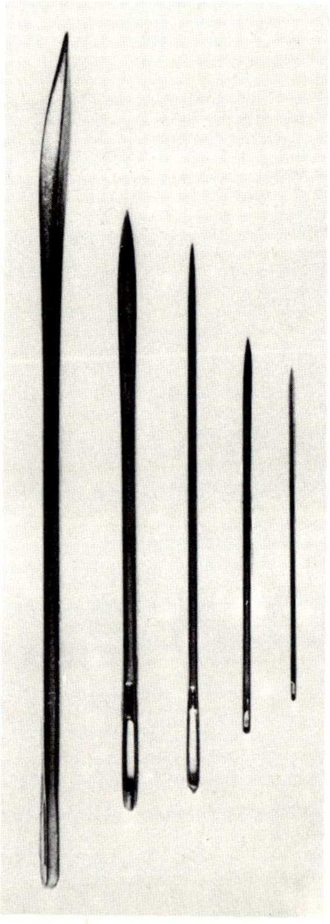

Werkzeug und Zubehör
Für Lederarbeiten braucht man – im Gegensatz zu Pelzarbeiten – einige Werkzeuge, und zwar:
Ledermesser oder Messer mit verstellbarer Klinge (auch für Pelz geeignet), Stahllineal oder Lineal mit Stahlkante,
Eisenwinkel (es genügt ein Verstärkungswinkel z. B. für Holzrahmen),
Lochzange,
Vorstecher (Pfriem),
Ledernadel (Nähnadel mit dreikantig zugeschliffener Spitze).

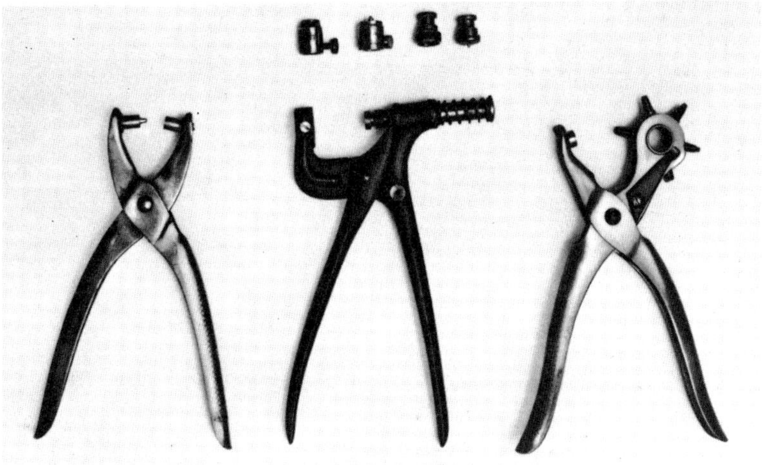

Zangen für Lederarbeiten. Von links nach rechts: Ösenzange, Druckknopfzange mit Einsätzen, Lochzange mit wählbaren Pfeifen

Mit dieser Ausrüstung kann man die meisten Arbeiten ausführen, wenn man die Mechaniken (Nieten, Druckknöpfe, Ösen) vom Schuhmacher, Sattler oder Segelmacher einschlagen läßt. Macht man jedoch häufig solche Arbeiten, lohnt sich der Kauf einer Ösenzange, einer Nietenzange und einer Druckknopfzange schon. Ösen- und Nietenzange (in Lederhandlungen, Hobbyläden, Eisenwarengeschäften) sind nicht teuer. Lediglich die Druckknopfzange ist eine größere Anschaffung: Zange und Matrizen (man braucht vier davon) sind nicht ganz so billig. Matrizen gibt es für verschiedene Druckknopfgrößen und -systeme. Was man sonst noch als Zubehör braucht, ergibt sich aus der Praxis. Taschenverschlüsse, Ringe, Ösen, Nieten, Beschläge, Karabinerhaken und Schnallen werden in den genannten Geschäften, die Leder verkaufen, angeboten.

Das Schnittmuster

Der größte Fehler, der unweigerlich zum Mißlingen einer Arbeit führen muß, ist das planlose Zuschneiden aus freier Hand. Jeder Lederarbeit muß ein genaues Schnittmuster zugrunde liegen. Man zeichnet seinen Entwurf auf Zeichenkarton, schneidet die einzelnen Teile sauber aus und setzt sie probeweise mit Klebstreifen zusammen. Bei dieser Gelegenheit kann man prüfen, ob einem das Modell in Form und Größe zusagt, zum anderen kann man die Stellen, an denen die Teile nicht zusammenpassen, noch korrigieren. Wenn alles übereinstimmt, nimmt man das Kartonmuster wieder auseinander. Die einzelnen Teile werden unter Berücksichtigung von Qualität und Dehnbarkeit (Quer- oder Längsrichtung) auf das Leder gelegt. Sie dienen als Schablonen, die nun mit einem Bleistift an den Konturen umfahren werden. Das Leder liegt flach auf einer dicken Pappunterlage auf dem Tisch, mit der rechten Seite nach oben. Wollte man das Leder wie Stoff, also mit dem Schnitt auf der unrechten Seite markieren und ausschneiden, liefe man Gefahr, Fehler auf der Oberseite des Leders zu übersehen. Damit sich die Schnitteile während des Aufzeichnens nicht verschieben, wird das Leder mit Stecknadeln oder Klebstreifen befestigt und das Schnittmuster belastet.

Zuschneiden

Grundsätzlich schneidet man Leder mit dem Ledermesser oder der Klinge zu. Da Leder geschmeidig ist, würde es dem Druck einer

Schere ausweichen, sich um einige Millimeter verschieben und ungenaue Schnitteile verursachen. Lediglich dünne Ledersorten (Buchbinderleder) kann man mit der Schere schneiden. Während man bei Pelz auf die Strichrichtung der Haare achten muß, ist beim Zuschnitt von Leder die Dehnbarkeit (Quer- oder Längsrichtung) zu berücksichtigen. Längere gerade Kanten werden mit Hilfe des Lineals, Ekken mit Hilfe des Metallwinkels zugeschnitten.

Schärfen

Unter dieser Bezeichnung versteht man das Dünnermachen, das Spalten zu kräftigen Leders. Will man zum Beispiel einen Riemen verlängern, muß man das Ende des einen und den Anfang des anderen Stückes vorsichtig schärfen. Dadurch hat man später eine Klebstelle, die in ihrer Stärke nicht von der des üblichen Riemens zu unterscheiden ist.
Auch Ränder, die umgebogen und verklebt oder gesteppt werden sollen, werden, wenn es sich um dickeres Leder handelt, ausgeschärft. Man legt dazu das Leder mit der rechten Seite nach unten auf eine feste Unterlage. Dann wird das Messer ganz flach gehalten und von innen zum Außenrand hin weggeschoben, wobei jedesmal ein Span Leder mitgenommen wird, ähnlich wie beim Schnitzen. Diese Arbeit erfordert Geduld, Aufmerksamkeit und Fingerspitzengefühl im wahrsten Sinne des Wortes.

Zusammenfügen

Beim Zusammenfügen von Leder unterscheidet man zwei Techniken: das Nähen und das Kleben. Die Wahl der Technik wird größtenteils von dem Verwendungszweck des Gegenstandes bestimmt. Während man Gürtel und Krawatten aus weichem Leder sehr gut kleben kann, wird man bei einer Tasche auf die klassische Handnaht im Zwiestich oder auf die Maschinennaht zurückgreifen. Ledernähnadeln gibt es für Hand- und Maschinennähte zu kaufen. Im übrigen kann man auch beide Techniken – Nähen und Kleben – kombinieren.
Die Maschinennaht. Man kann Leder mit einer normalen Nähmaschine nähen. Voraussetzung dafür ist, daß man eine Ledernähnadel (mit dreikantiger Spitze) einsetzt. Die Fadenspannung muß der Garnstärke (40er oder 50er Maschinengarn) entsprechend reguliert werden. Bevor man den Nähfaden in die Führungen der Maschine fädelt, zieht man ihn durch ein Stück Bienenwachs (Kerze), in das man ein feines Loch gebohrt hat. Das Wachsstückchen ist also mit aufgefädelt und wachst das Garn automatisch. Dadurch wird einmal der Nähvorgang erleichtert, weil der Faden besser gleitet, zum anderen wird das Garn haltbar gemacht.
Der Vorteil einer Maschinennaht gegenüber der Handnaht liegt darin, daß sie sauberer aussieht, und daß die Arbeit müheloser vonstatten geht. Nachteil: man kommt mit dem Nähfuß der Maschine nicht in die Ecken, so daß man fast alle Arbeiten mit der Hand vervollständigen muß.
Besonders gut gelingt die Arbeit, wenn man die Lederteile vorher aufeinanderklebt, so daß sie nicht mehr verrutschen können. Auch Reißverschlüsse klebt man am besten zunächst ein, beschwert die Klebstellen bis sie getrocknet sind, um sie dann sauber zu übersteppen.
Die Handnaht. Auch für die Handnaht kann die Maschine Hilfe leisten, indem man mit ihr – ohne Faden – eine Lochreihe vorsticht.

Es läßt sich dann mit der Hand leichter ein dickeres Garn verarbeiten als es sich in die Maschine einfädeln läßt. Die gebräuchlichsten Sticharten sind: der einfache Vorstich, der doppelte Vorstich (Steppstich) und der Sattlerstich (Zwienaht).

Beim einfachen Vorstich führt man die Nadel in gleichmäßigen Abständen auf und ab, so daß der Faden abwechselnd einmal auf der Vorder- und einmal auf der Rückseite der Arbeit verläuft.

Beim doppelten Vorstich ergibt sich eine geschlossene Stichreihe, ähnlich wie bei der Maschinennaht. Man arbeitet im Hin- und Rückgang. Beim Hingang macht man einfache Vorstiche. Beim Rückgang macht man die gleichen Vorstiche, jedoch in die Stichzwischenräume der Hinreihe.

Beim Sattlerstich arbeitet man gleichzeitig mit zwei Nadeln (Zwienaht). Dazu braucht man einen Vorstecher (Pfriem) und zwei mittelstarke Stopfnadeln (keine Ledernähnadeln). Mit Hilfe eines Lineals markiert man am Rand der Lederarbeit die Abstände für die Stiche. Von zwei zusammenzufügenden Teilen markiert man nur das eine Stück, locht es den Abständen entsprechend mit dem Pfriem und benutzt dieses vorbereitete Stück als Schablone für das Gegenstück. Zum Vorstechen legt man das markierte Leder auf eine dicke Lage Zeitungen. Der Pfriem wird mit der Hand durch das Leder gedrückt. Kein Schlagwerkzeug benutzen, sonst werden die Löcher ungleichmäßig groß. Die beiden vorgestochenen Teile werden aufeinandergelegt. Durch das erste Loch bzw. durch die beiden ersten aufeinanderliegenden Löcher sticht man mit der einen Stopfnadel, in die man einen langen Faden (Leinengarn, Sattlerzwirn, dünne Drachenschnur) gefädelt hat, und zieht den Faden bis zur halben Länge durch. Das hängende Fadenende wird ebenfalls in die Stopfnadel gefädelt, so daß auf jeder Seite der Arbeit am Faden eine Nadel hängt. Diese Nadeln werden nun jeweils so durch die folgenden Löcher geführt, daß die Fäden sich in den Löchern kreuzen, also: eine Nadel von oben in Abwärtsrichtung, die zweite durch dasselbe Loch von unten in Aufwärtsrichtung usw. Wichtig ist, daß man bei der einmal gewählten Reihenfolge bleibt – entweder stets zuerst die obere Nadel abwärts oder umgekehrt. Ist die Naht fertig, legt man die Arbeit zwischen zwei Pappen und klopft die Nähte mit dem Hammer flach, so daß das Garn sich ins Leder hineindrückt.

Das Kleben. Will man Teile zusammenkleben, streicht man sie auf den Innenseiten dünn aber gleichmäßig mit Kleber an, läßt sie trocknen und drückt sie fest zusammen. Dabei muß man beachten, daß beim Zusammenfügen keines der Teile gedehnt wird, sonst ist die Arbeit nachher wellig. Will man besonders glattes Leder zusammenkleben, so müssen die Klebstellen vorher mit feinem Sandpapier ein wenig aufgerauht werden.

Es gibt Leder-Spezialklebstoffe, jedoch kann man zum Kleben genausogut UHU Greenit oder Kontakt 2000 nehmen. Sollte Kleber auf die Oberseite des Leders geraten, kann man ihn meistens mit den Fingern abrollen, indem man darauf hin- und herwischt. Bereits angetrocknete Kleberflecken entfernt man mit Fleckenwasser.

Lochen des Leders

Löcher zum Anbringen von Ösen, Druckknöpfen, Nieten oder anderen Mechaniken macht man mit einer Lochzange oder einem Locheisen. Damit die Werkzeuge nicht so schnell stumpf werden, legt man beim Lochen ein Stück Pappe unter das Leder.

Anbringen von Mechaniken

Grundsätzlich werden alle Metallteile nach dem gleichen Prinzip am Leder angebracht: man steckt sie von einer zur anderen Seite – meistens von außen nach innen – durch das Leder und biegt sie mit der Zange oder einem Spezialwerkzeug um. Das ist bei Druckschlössern, Nieten oder Ösen immer der gleiche Vorgang. Wichtig ist dabei, daß das Loch im Leder genau der Größe des hindurchgesteckten Metallteiles entspricht. Sind die Öffnungen zu klein, beult das Leder nach dem Anbringen der Mechaniken, sind sie hingegen zu groß, fallen die Mechaniken bald wieder heraus, weil sie nicht genügend Halt im Leder haben. Anders ist es beim Anbringen von Schnallen mit Mitteldorn. Hierbei muß die längliche Öffnung für den Dorn doppelt so lang sein wie die Öse des Dorns, mit der er am Mittelsteg der Schnalle befestigt ist (Zeichnung), damit der Dorn genügend Spielraum hat.

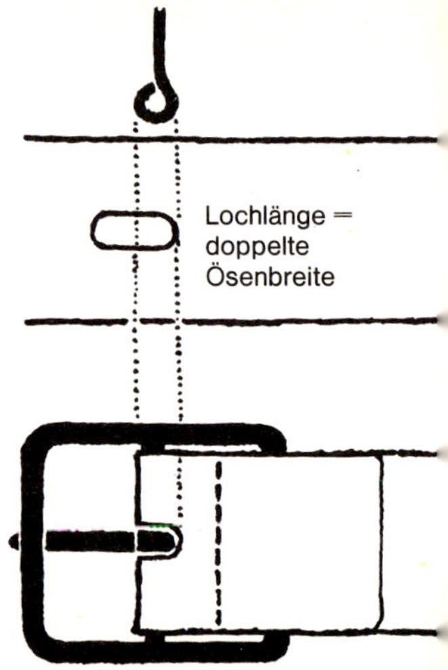

Für Gürtelschnallen mit Dorn muß das Leder in der Mitte des einen Endes waagerecht ausgeschnitten werden. Dieser Ausschnitt muß doppelt so lang sein wie die Öse des Dorns Platz braucht

Geklebte Riemen

Auf einer Pappunterlage breitet man das Leder so aus, daß die Schauseite (Narbenseite) nach unten zeigt, die unrechte (Hautseite) also oben liegt. Mit einem weichen Bleistift (keinen Kugelschreiber nehmen!) markiert man die Mitte des Streifens in Längsrichtung. Nun wird der ganze Streifen mit Klebstoff dünn, aber gleichmäßig eingestrichen. Kleben: Beide Kanten müssen so zur Mittellinie umgebogen werden, daß sie sich dort treffen. Sie sollen nicht übereinandergehen, sondern gegeneinanderstoßen. Danach bedeckt man die geklebte Arbeit mit einem Stück Pappe und klopft leicht mit dem Hammer darauf.

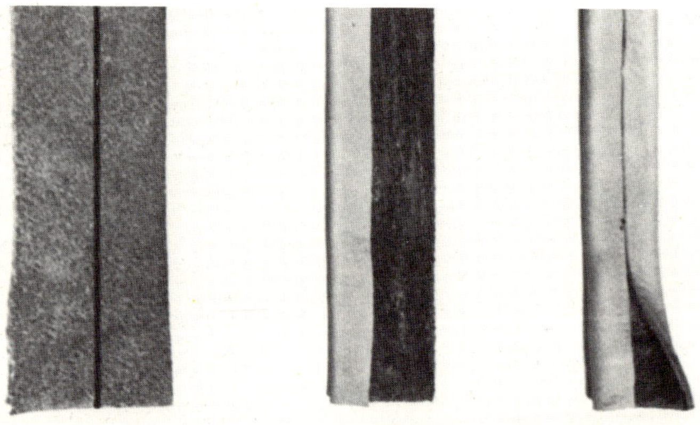

So klebt man Riemen: Leder in der Mitte markieren, linke Hälfte bis an die Markierung umkleben, rechte Hälfte bis an die Schnittkante der ersten Hälfte kleben

Taschen und Behälter mit Falzen

Das Anfertigen einer Tasche ist denkbar einfach. Man näht zwei gleich große Teile an drei Seiten zusammen und läßt die vierte Seite offen. Das jedenfalls ist die Grundmethode. Es geht sogar noch einfacher. Man legt ein Stück Leder doppelt zusammen und näht die beiden Seiten zu. Solche Taschen haben aber nur ein geringes Fassungsvermögen. Kollegmappen, Handtaschen und ähnliche Behälter haben entweder einen Boden oder Seitenteile, sogenannte Falze. Manche Taschen haben beides. Solche Falze können auf verschiedene Art gearbeitet werden.

1) Tasche aus drei Teilen. Vorderteil und rückwärtiges Teil durch Zwischenblende verbunden

2 a) Tasche aus drei Teilen. Vorderteil und rückwärtiges Teil aus einem Stück. Seitenfalze an den Längsseiten angenäht. Am Boden (Bruch) nach innnen geschoben

2 b) Tasche aus drei Teilen.

3) Tasche aus einem Stück. Der Lederbruch bildet den Boden. Längsseiten und ein Stück offen gelassen, Bodenteil T-förmig gegengenäht

4 a) Schnitt einer Tasche mit angeschnittenem Boden- und Seitenfalz

4 b) Seitennähte

4 c) Verbindung von Seiten- und Bodenteil

1

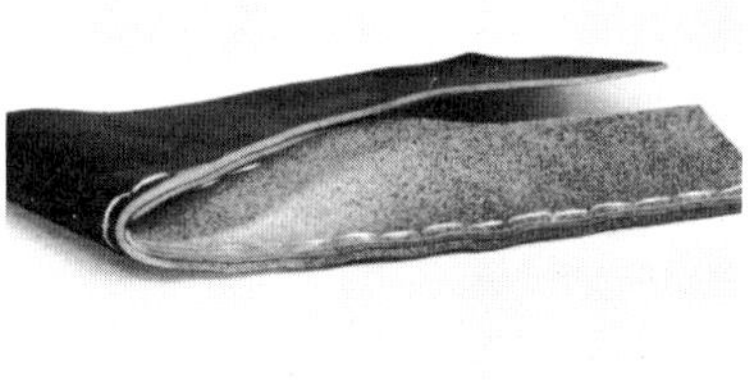
2a

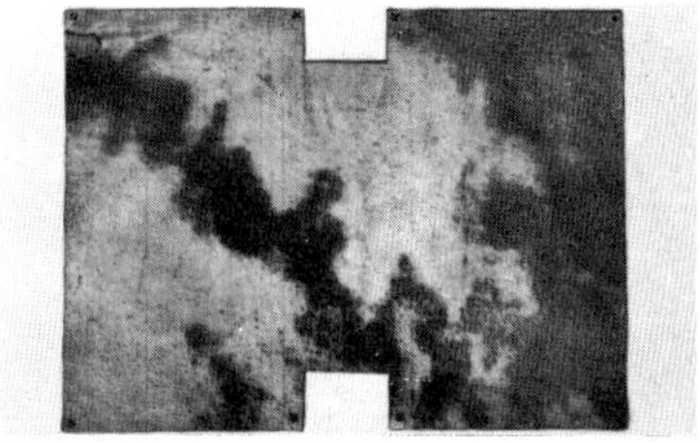
4a

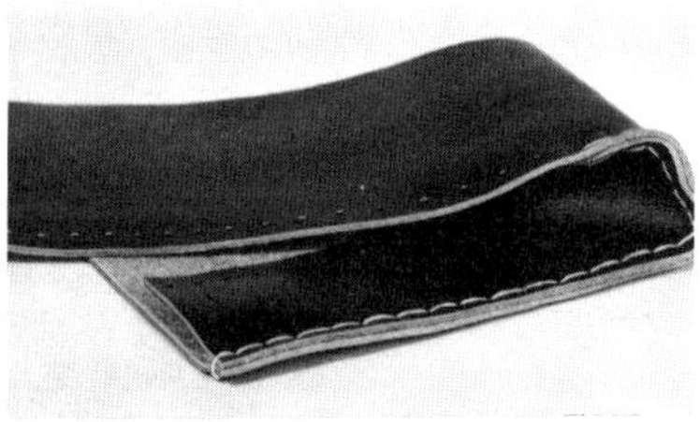
2b

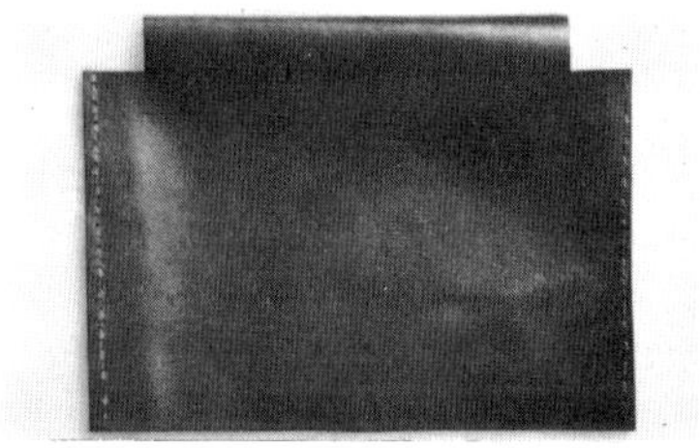
4b

3

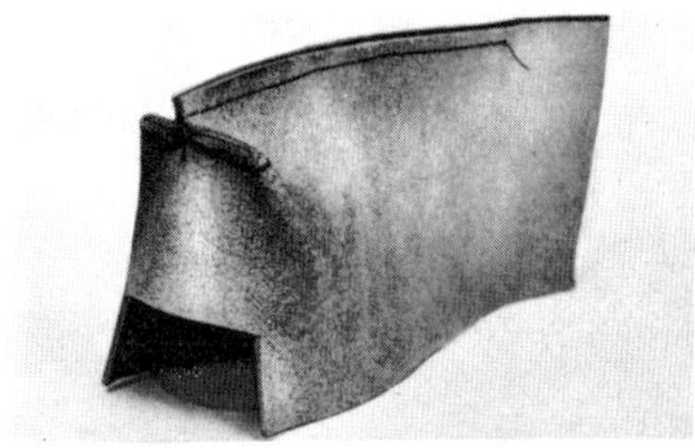
4c

1. Man verbindet Vorder- und Rückteil einer Tasche durch einen Lederstreifen – eine sogenannte Zwischenblende –, der an drei Seiten zwischengesetzt wird. Er dient also zugleich als Seitenfalz und als Boden.
2. Man verbindet Vorder- und Rückteil, die aus einem Stück bestehen (der Lederbruch bildet dabei den Boden), mit Lederstreifen, die an beiden Seiten der Tasche zwischengesetzt werden. Diese Blenden kann man wiederum auf zwei Arten einsetzen:
a) indem man beide Längsseiten des Streifens mit Vorder- bzw.

Rückteil verbindet und ihn an seiner unteren Schmalseite, also am Taschenboden einfach nach innen schiebt;
b) indem der Streifen an zwei Längsseiten und an der zum Taschenboden zeigenden Schmalseite sinnvoll mit der Lederarbeit verbunden wird.
3. Einen Taschenboden gewinnt man auch ohne Zwischenblende, indem man Vorder- und Rückteil einer Tasche so weit zusammennäht, daß zwischen Ende der Naht und unterem Bruch so viel Spielraum bleibt, wie der Boden breit sein soll. Dann drückt man das Leder waagrecht gegen die senkrechte Seitennaht, so daß sich die Form eines auf dem Kopf stehenden T ergibt. In dieser Form wird die eine Hälfte der Bodenbreite an das Vorder-, die andere an das Rückteil der Tasche genäht.
4. Schließlich ist es sogar möglich, Boden und Seitenfalze gleich mit anzuschneiden. Das Leder muß dann so zugeschnitten werden, wie es die Abbildung 4 a zeigt. Zuerst werden die Seitennähte (Vorder- und Rückteil einer Tasche) geschlossen. Danach drückt man den Boden in der unter 3 beschriebenen Weise an jeder Seite waagrecht gegen die Längsnähte und näht ihn dagegen. Es ergibt sich eine leichte Schrägung. Man kann solche Ecken noch mit Ledernieten verstärken.
Es ist Geschmackssache und hängt vom Material ab, ob man die Nähte außen läßt, oder die Arbeit rechts auf rechts zusammennäht und sie dann wendet.
5. Einen ganz schmalen Falz bekommt man, wenn man zwei Lederteile zusammennäht, von innen einen schmalen Streifen Hartpappe gegen die Naht klebt und die Naht von außen etwas anfeuchtet. Das Leder zieht sich in die gewünschte Form und wird, wenn der eingeklebte Streifen nicht zu breit ist, wieder ganz glatt.

Füttern einer Lederarbeit

Das Füttern von Lederarbeiten hat zwei Vorteile: einmal sieht der Gegenstand auf der Innenseite besser aus, zum anderen macht das Futter die Arbeit formbeständiger. Außerdem ermöglicht es zum Beispiel bei Handtaschen das Anbringen von zusätzlichen Innenfächern. Man kann zum Füttern entweder Stoff oder Spaltleder nehmen. Von den Stoffarten ist Filz am besten geeignet, weil er nicht ausfranst, also genauso saubere Schnittkanten wie Leder hat. Allerdings dehnt es sich auch wie Leder, so daß man, um eine bessere Stabilität zu erreichen, zwischen Leder und Filz eine dünne Lage Pappe einarbeiten sollte. Bei der Verarbeitung von Futterleder ist vor allem auf einen Gegenzug von Außen- und Innenleder zu achten, das heißt: dehnt das Oberleder sich quer, muß das Futterleder sich in Längsrichtung dehnen bzw. umgekehrt. Zum Kleben nimmt man entweder Spezial-Lederklebstoff, Gummilösung oder Kontakt 2000. Für Anfänger empfiehlt sich die einfache Methode, das Futterleder vor dem Zusammennähen der Teile auf das zugeschnittene Außenleder aufzukleben und die Ränder später zu beschneiden. Es ist nicht ratsam, das Futterleder vorher genau zuzuschneiden. Möglicherweise verzieht es sich beim Aufkleben um einige Millimeter und paßt dann nicht mehr genau.
Will man eine Tasche mit Stoff füttern, schneidet man nach den vorhandenen Teilen des Außenleders das Futter so zu, daß es ringsherum einen halben Zentimeter kleiner ist. Dann näht man Außenleder und Futter jedes für sich zusammen und schiebt später beide ferti-

gen Teile so ineinander, daß die Nähte gegeneinandertreffen. Zum Schluß werden die Kanten von Außen- und Futterleder gegeneinander eingeschlagen und zusammengenäht oder -geklebt, je nach Art und Verwendungszweck des Gegenstandes.

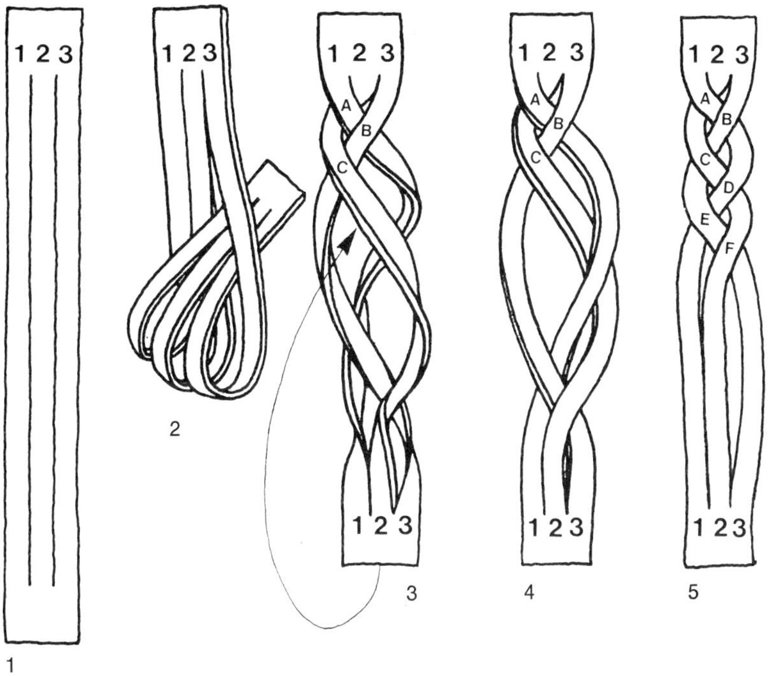

So wird ein Gürtel aus einem zusammenhängenden Stück geflochten

Geflochtener Gürtel

Für einen geflochtenen Gürtel, bei dem Verschlußlasche und Schnallenteil gleich angeschnitten sind, braucht man einen Lederstreifen, der um ein Drittel länger ist als der fertige Gürtel sein soll. Bei dikkem störrischen Leder muß man sogar mit 50% Schwund durch das Flechten rechnen. Zuerst markiert man den Teil des Gürtels, der geflochten werden soll, durch zwei senkrechte Linien. Man macht anschließend zwei Schnitte über die ganze Länge zwischen den Markierungen so in das Leder, daß drei gleich breite Streifen zum Flechten entstehen. Der Flechtvorgang ist auf den Zeichnungen genau dargestellt. Ist das Geflecht fertig, feuchtet man das Leder an, legt es auf eine feste Unterlage und klopft es auf der Rückseite mit einem Hammer etwas flach. Da man das genaue Maß des Gürtels vor dem Flechten nicht ermitteln kann, empfiehlt es sich, die Laschen für Schnalle und Lochreihe möglichst lang zu berechnen. Man kann sie später leicht kürzen. Ist der Gürtel zu kurz geworden, löst man einige Windungen wieder auf und verteilt den verbleibenden Zopf über die ganze Länge. Geringfügig kann man einen Gürtel weiten, wenn man ihn ganz naß macht, spannt und langsam trocknen läßt (nicht in der Nähe einer Wärmequelle, sonst wird er hart).

Gummigürtel mit Lederverschluß

In der gleichen Breite wie das vorgesehene Gürtel-Gummiband werden drei Lederstreifen von gleicher Länge – je 18 cm – zugeschnitten. Zwei Streifen werden an einem Ende genau gleich abgerundet

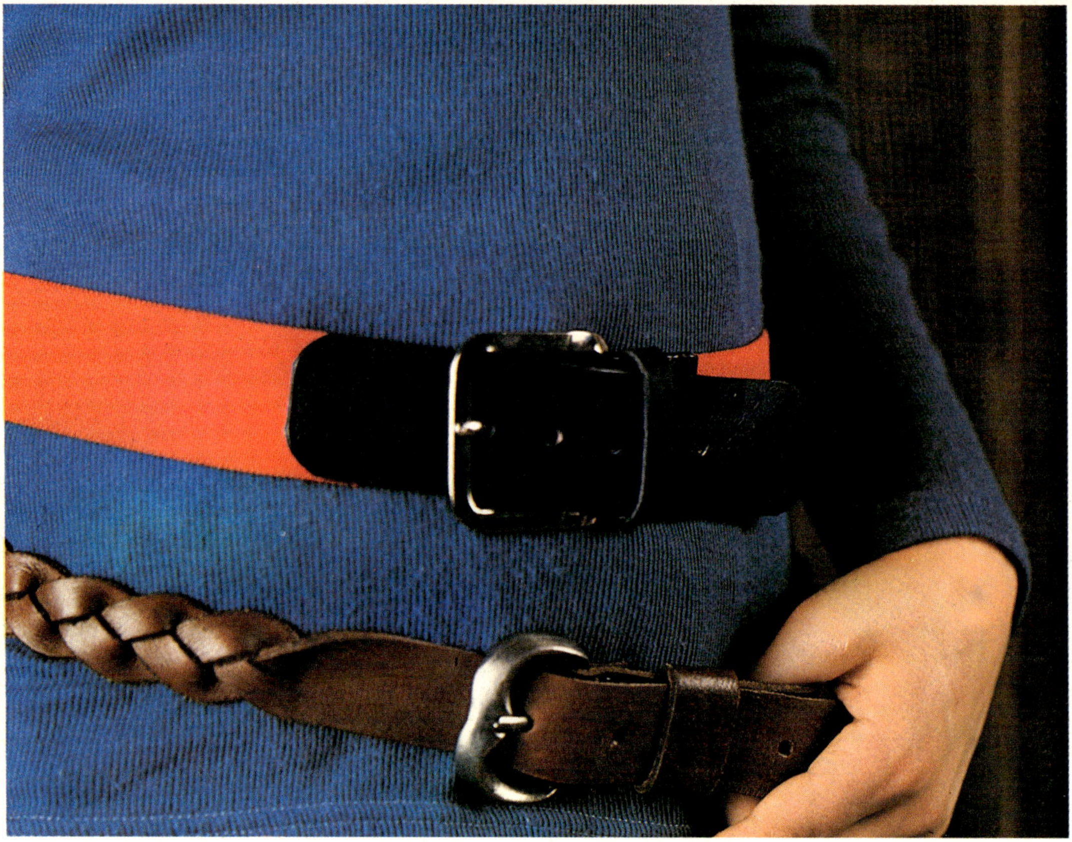

(s. Ende mit Lochreihe, Zeichnung rechts). Einen davon näht man mit der Hand oder mit der Maschine so auf das Ende des Gummibandes, wie auf der Zeichnung rechts gezeigt. Der Überstand wird mit Kontakt 2000 auf das Gummiband geklebt. Das zweite abgerundete Lederstück wird genau deckend so gegen das erste geklebt, daß das Gummiband dazwischen sitzt. Dann werden beide Teile zugleich gelocht. Man kann auch die ganze Lasche des oberen Lederstreifens auf das Gummiband steppen und auf die senkrechte Naht verzichten. Der Gürtel auf dem Farbfoto wurde so gemacht. Den dritten Lederstreifen bereitet man so für die Schnalle vor, wie auf der Zeichnung zu sehen und auf Seite 142 näher beschrieben. Dann näht man den Streifen auf der Vorderseite des Gummibandes genau so fest, wie die Streifen am anderen Ende, biegt das Leder nach hinten um und schiebt einen separat angefertigten Riegel über den Gürtel. Danach klebt man, den Riegel einschließend, das Ende des Lederstreifens auf das Gummiband.

Gummigürtel mit Lederverschluß und geflochtener Gürtel aus einem Stück

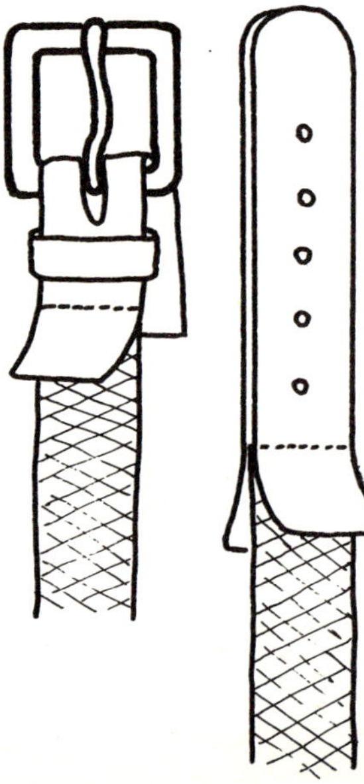

Kinder-Rucksack

Der Rucksack auf dem Foto rechts wurde aus Lederresten gemacht, wie man sie in Plastikbeuteln abgepackt für nicht allzuviel Geld kaufen kann. Er hat ein grünes Filzfutter und besteht nur aus dem rechteckigen Beutelteil, der Überschlaglasche und zwei Trägern. Die Maße für den abgebildeten Rucksack: 30 cm breit, 33 cm hoch. Die auf der Zeichnung oben angegebenen Maße sind ohne Nahtzugaben berech-

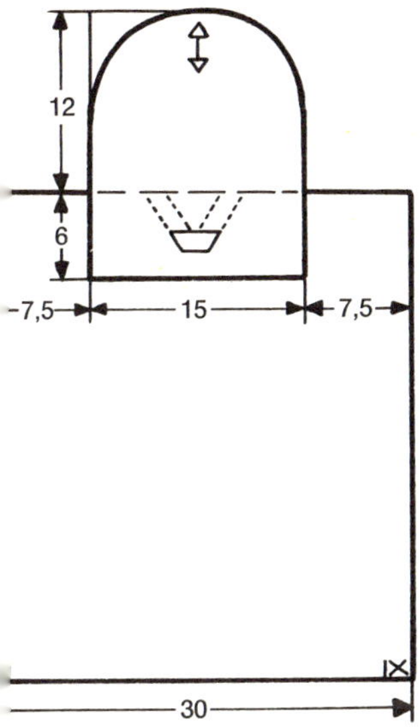

Schnittmuster für den Rucksack

net. Hat man ausreichend viele Lederstücke patchworkartig zusammengesetzt (s. auch Kap. Nähen/Patchwork, S. 301), näht man einen rechteckigen Beutel daraus, wobei man für den oberen Rand 3 cm, für Seiten und Boden jeweils 1 cm Nahtbreite berücksichtigt. Aus Filz näht man ohne Nahtzugaben einen zweiten Beutel und schiebt ihn – Nähte gegen Nähte – in den Lederbeutel. Der obere Beutelrand aus Leder wird nach innen so umgeschlagen, daß er die Schnittkante des Futters überdeckt, und rundherum festgesteppt. Dem Schnittmuster entsprechend wird die Überschlaglasche ohne Zugaben zugeschnitten. In der gleichen Form, jedoch mit ca. 1/2 cm Zugabe an allen Kanten wird ein Stück Filz ausgeschnitten und unter die Lasche gesteppt. Es sieht nett aus, wenn man die Überstände mit einer Zackenschere beschneidet. Die Träger macht man aus 3 cm breiten Lederstreifen, die man wie auf Seite 142 beschrieben und gezeigt zunächst klebt. Dann schneidet man Streifen aus Filz, die so breit sein müssen, daß sie an beiden Seiten unter den Lederstreifen der Träger hervorschauen. Die geklebten Träger werden mit der Klebnaht auf den Filz gelegt und an beiden Kanten aufgesteppt. Nun steppt man die Ver-

Kleiner Leder-Rucksack, in Patchworktechnik gearbeitet und mit grünem Filz gefüttert

schlußlasche so an den Rucksack, wie auf Seite 147 zu sehen, und näht durch Lasche und Rucksackteil die Enden der Träger mit gewachstem Zwirn und einer Ledernadel gut fest. An die Rucksack-Ekken werden zwei Eisenringe genäht, an die Träger-Enden, die man genau abmessen muß, zwei Karabinerhaken. Man kann auch den einen Träger ohne Haken und Ring direkt am Rucksack festnähen. Danach schneidet man in die Lasche ein senkrechtes Knopfloch, dessen Enden man durch Aufkleben von Lederflecken sichert, und näht einen Knopf an den Rucksack. Zum Schluß wird der Rucksackrand mit Löchern und Metallösen für das Durchzugband versehen, und zwar so, daß genau in der Mitte jedes Patchworkteilchens 1 cm vom Rand entfernt ein Loch sitzt.

Flache Schultertasche

Dünnes glattes Leder eignet sich für die Tasche rechts am besten. Die Maße sind so berechnet, daß man auch eine ausgediente aber noch gut erhaltene Kollegmappe verarbeiten könnte. Die Tasche hat nur Seitenfalze, vorderes und rückwärtiges Taschenteil sowie der Überschlag sind aus einem Stück. Man schneidet die Teile nach den Maßen der Zeichnungen a und b mit $1/2$ cm Nahtzugabe zu. Der Überschlag muß noch einmal separat zugeschnitten werden (Spitze bis

Schnittmuster für Tasche, Seitenfalze und Geldbörse

Die Enden des Schulterriemens werden zu Schlaufen umgenäht und mit Lederstreifen umklebt. Die Karabinerhaken sind mit Streifen auf der Taschen-Rückseite festgenäht

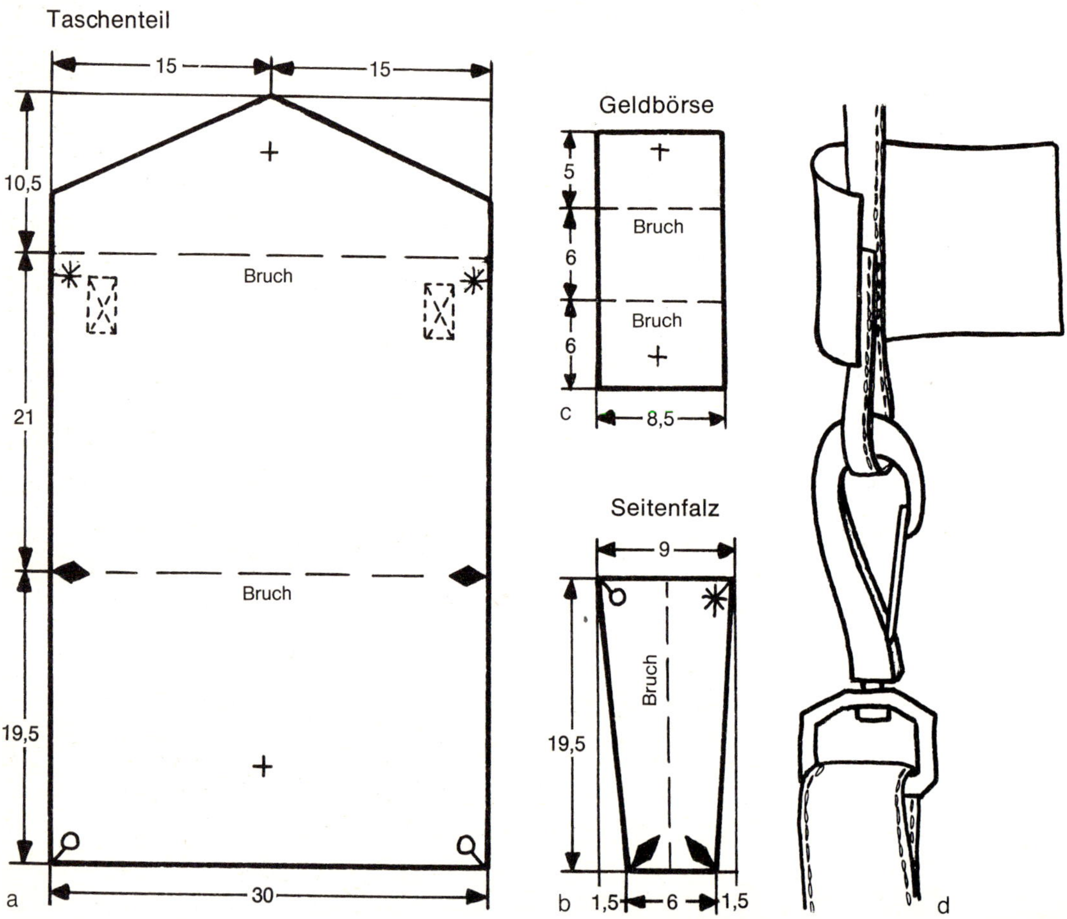

Diese flache Schultertasche aus glattem Leder ist leicht nachzuarbeiten. Sie hat nur Seitenfalze

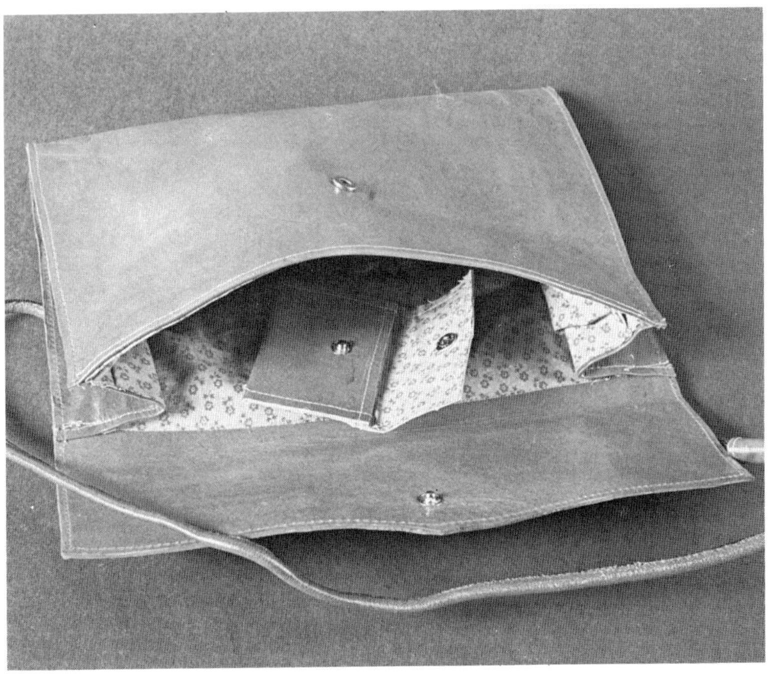

Innen ist die Tasche mit Blümchen-Baumwollstoff, der nach dem gleichen Schnitt genäht wurde, gefüttert. Die Börse wurde aus einem Rest gemacht

zur gestrichelten waagerechten Linie). Er wird wie ein Futter unter den anderen Überschlag geklebt und an den Kanten durchgesteppt. Vorher bringt man jedoch an der mit einem Kreuz gekennzeichneten Stelle die beiden oberen Druckknopfhälften an. Dabei ist wichtig, daß man den Stand genau abmißt und auch beim Lochen einhält. An der mit einem Kreuz gekennzeichneten Stelle des vorderen Taschenteils wird nun die andere Druckknopfhälfte befestigt. Man kann den Stand dieses Teils genau ermitteln, wenn man den Überschlag und die Taschenteile so faltet, wie sie später sitzen, und dann kräftig auf den Druckknopf drückt, so daß sich die Druckstelle abzeichnet. Die Seitenfalze, zweimal nach Zeichnung b ausgeschnitten, werden so zwischen die Taschenteile gesetzt, wie auf Seite 143 bei 2a gezeigt und beschrieben. Vorher befestigt man jedoch auf der Taschenrückseite (markierte Rechtecke mit Kreuzen) die beiden Schlaufen mit den Karabinerhaken (Zeichnung d, unterer Bildteil). Aus einem 80 cm langen Lederstreifen (notfalls zusammenstücken) von 2 cm Breite, macht man den Schulterriemen wie folgt: Leder in Längsrichtung, glatte Seite nach außen, knappkantig zusammensteppen, und in den entstandenen Schlauch eine gehäkelte Luftmaschenschnur aus Baumwolle (doppelte Fäden) einziehen. Baumwollkordel ganz straff ziehen und an beiden Enden innen im Leder gut verkleben. Die Einlage verhindert, daß sich das Schulterband zu sehr dehnt, außerdem sorgt es dafür, daß es schlauchartig bleibt und nicht flachgedrückt wird. Die Enden des Schulterbandes werden zu einer Schlaufe gebogen, festgenäht, und mit einem Lederstreifen kaschiert (Zeichnung d, oberer Bildteil). Das Taschenfutter wird ohne Nahtzugabe und ohne Überschlagteil aus Blümchen-Stoff genäht, in die Tasche geschoben und um den oberen Rand festgesteppt. Nach Schnittmuster c kann man noch eine kleine Börse machen.

Pelz

Unter Pelz versteht man das Fell wild lebender oder gezüchteter Tiere, dessen Hautseite durch einen Gerbungsprozeß haltbar gemacht wurde. Ein so zugerichtetes Fell nennt man Pelz oder Rauchware. Veredelungsarbeiten der Haarseite eines Felles ermöglichen es, daß das Fell eines Tieres das Aussehen eines Pelzes von einer völlig artfremden Tiergattung erhält.

Material und Werkzeug
Einzelfelle kommen flächig, seltener als Balg (geschlossen abgezogenes Fell) in den Handel. Kleine Felle werden zu Platten oder Streifen zusammengesetzt. Platten, schlauchförmig zusammengenäht, nennt man Rotunde. Der Preis eines Pelzes richtet sich nicht allein nach seiner Herkunft (man unterscheidet grob Edelpelze und Gebrauchspelze), sondern auch nach Schönheit der Farbtönung, Dichte und Feinheit der Haare und Geschmeidigkeit der Hautseite. Schließlich kommt es noch darauf an, ob es sich um Winter- oder Sommerpelz handelt – obwohl eigentlich nur Winterpelze gewonnen werden dürfen – und ob das Pelzstück vom Rücken oder Bauch (Wamme) des Tieres stammt. Das Rückenfell ist langhaariger und dichter als die Wamme. Zum Verarbeiten von Pelz braucht man außer einem Schneidmesser oder einer Rasierklinge kein Werkzeug, solange es

sich um kleinere Arbeiten wie Krawatten, Kragen, Mützen o. ä. handelt. Genäht wird Pelz mit einer kurzen, dünnen Nähnadel und einfachem Nähgarn. Die im Handel als Stücke oder ganze Felle erhältlichen Pelze sind bereits gebrauchsfertig. Lediglich ein Balg (meistens von Hasen oder Kaninchen) muß aufgeschnitten und mit Nägeln auf ein Brett gespannt werden. Dabei liegt die Haarseite nach unten, die Hautseite wird mit Wasser besprengt und in gespanntem Zustand getrocknet. Danach reibt man sie mit Glyzerin ab und nimmt das Fell vom Spannbrett herunter, sobald das Glyzerin eingezogen ist.

Die Verarbeitung

Man verarbeitet Pelz immer in Strichrichtung von oben nach unten. Auch beim Zusammensetzen einzelner Teile ist auf die Strichrichtung zu achten. Das hat zwei Gründe: einmal sieht die Arbeit schöner aus, zum anderen aber – und das ist sehr wichtig – haben alle Teile den gleichen Zug, das heißt, sie dehnen sich in gleicher Richtung. Nahtzugaben sind bei Pelzarbeiten im allgemeinen nicht erforderlich, man sollte aber die einzelnen Teile großzügig (ein paar Millimeter größer) zuschneiden. Ganz falsch ist es, Pelz beim Zuschneiden zu dehnen, weil das Stück nicht reicht. Die gedehnte Haut zieht sich nämlich wieder zusammen, die Arbeit wird schief, und die Nähte wellen sich. Zum Zuschneiden legt man die aus Karton geschnittenen

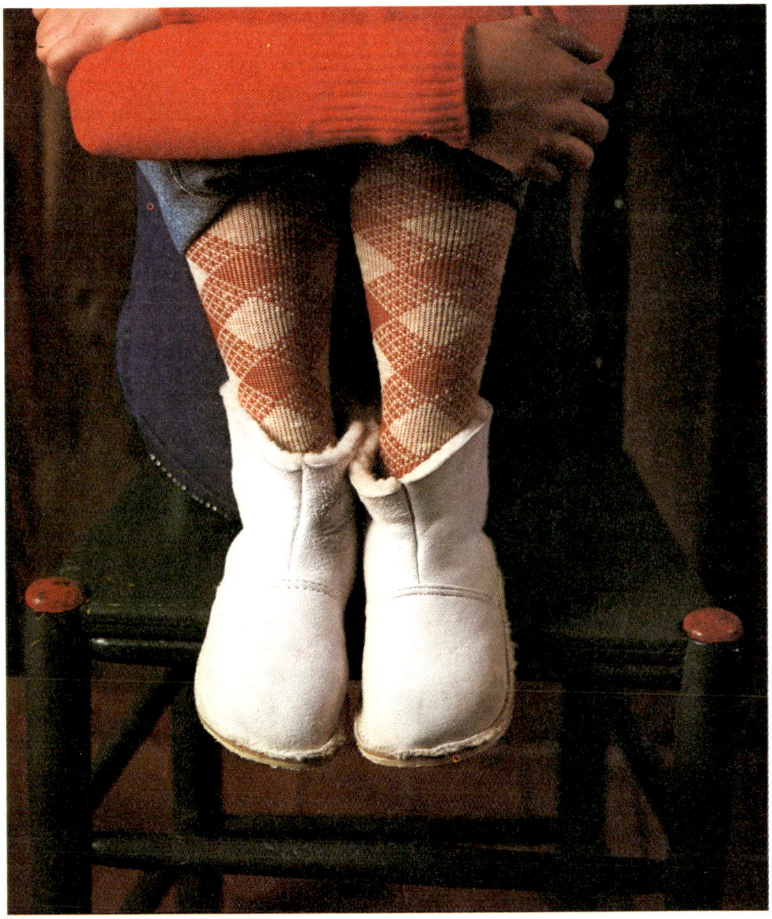

Lammfellstiefel in Größe 36/37. Man kann die Größe variieren. Arbeitsanleitung S. 154

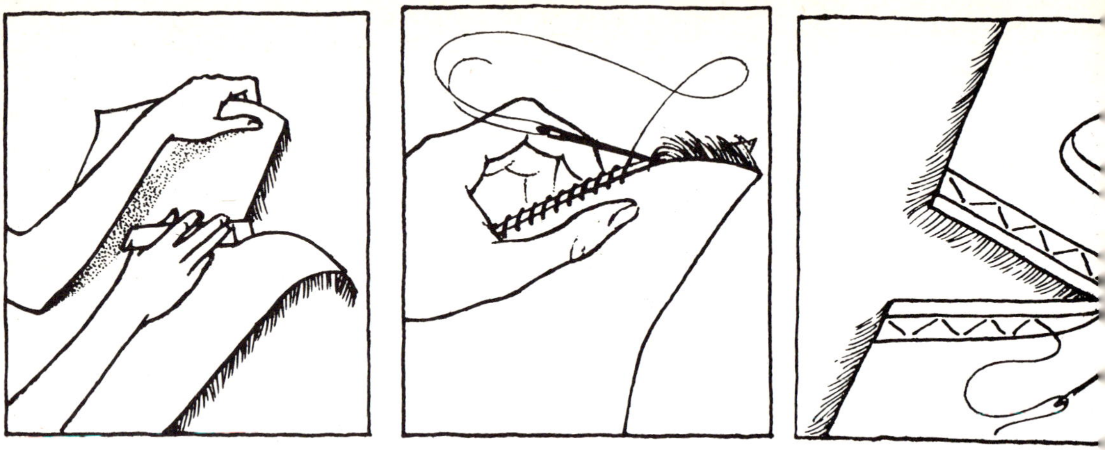

a b c

So wird Pelz geschnitten (a)
So wird Pelz genäht (b)
So wird das Bändelband angeheftet (c)

Musterteile auf die Hautseite des Pelzes und zeichnet sie mit Kugelschreiber nach. Pelz darf nicht mit der Schere geschnitten werden, weil man dabei die Haarspitzen mit abschneidet und kahle Nähte bekommt. Zum Zuschneiden der Teile legt man das Leder mit der Hautseite nach oben auf den Tisch, hält es mit dem linken Unterarm fest und hebt es mit der linken Hand etwas ab, so daß die Haut in der Luft zerschnitten werden kann. Man führt die Klinge von oben nach unten möglichst in Strichrichtung. Die zugeschnittenen Teile werden ausgeschüttelt (um lose Haare zu entfernen), mit den Haarseiten aufeinandergelegt und gesteckt. Dann näht man das Leder mit überwendlichen Stichen gegen den Strich zusammen, wobei man die Haare ständig nach innen streicht. Für längere Nähte empfiehlt sich das Einarbeiten eines Bändelbandes (ähnlich wie das Stoßband bei Herrenhosen). Dieses Band verhindert, daß sich die Nähte zu sehr dehnen. Es wird 1 cm von der Schnittkante entfernt mit größeren Zickzackstichen angenäht. Die Kanten beider Schnitteile müssen mit Bändelband versehen werden. Beim Zusammennähen der Teile wird das Bändelband jedoch nicht mitgefaßt. Die fertige Pelzarbeit wird gewendet, die Nähte werden von innen mit dem Daumennagel ausgestrichen. Gefüttert wird Pelz genau wie Stoff.

Babyschuhe

Die kleinen Babyschuhe vom Foto rechts kann man aus echtem Lammfell oder Webpelz machen. Der Schnitt ist für das Alter zwischen 10 und 14 Monaten gedacht. 1 Quadrat des Schnittes entspricht 2 cm der Originalgröße. Nach den angegebenen Maßen fertigt man einen Kartonschnitt an, zeichnet die Konturen auf der Hautseite des Fells nach und schneidet jedes Teil (Sohle und Oberschuh) zweimal aus. Die gleichen Teile werden noch einmal aus Baumwollstoff für das Futter zugeschnitten, und zwar mit 1 cm Nahtzugabe. Den Pelz schneidet man ohne Zugabe, weil er sich leicht dehnt. Zuerst schließt man die vordere Naht bis zur Pfeilspitze, dann näht man Oberteil und Sohle – Zeichen auf Zeichen – zusammen. Genauso wird das Futter gearbeitet, das man anschließend in den fertigen Schuh schiebt und mit geringem Saumeinschlag an den Kanten festnäht. Auch die Sohle wird mit einigen Stichen durchheftet.

Babyschuhe aus Lammfell für Einjährige

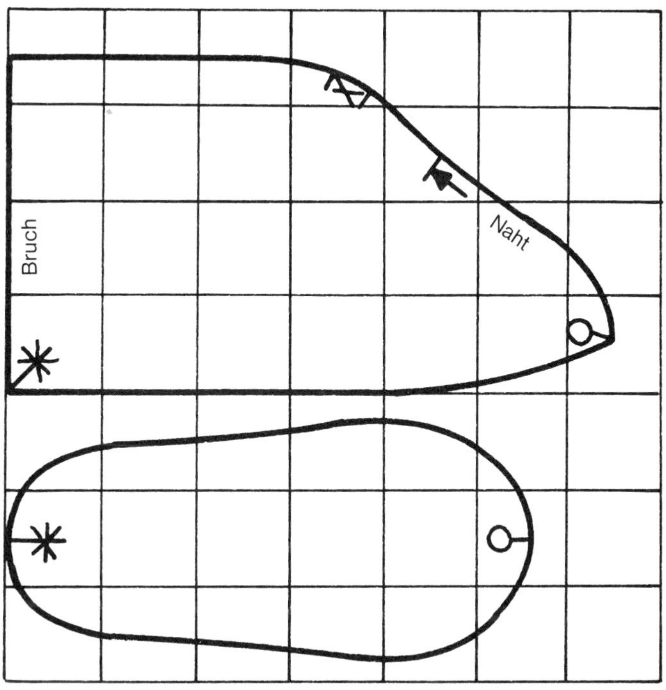

Schnittmuster für die Babyschuhe. 1 Quadrat entspricht 2 cm der Originalgröße

Kurze Pelzstiefel

Die farbig abgebildeten Pelzstifel sind für Größe 36/37 gedacht. Man kann den Schnitt aber ohne weiteres vergrößern. 1 Quadrat der Schnittzeichnung entspricht 3 cm der Originalgröße 36/37. Außer Resten von geschorenem Lammfell braucht man noch ein Paar Laufsohlen, die unter die fertigen Stiefel geklebt werden. Sie können aus Leder, Kunststoff oder Filz sein. Jeder Stiefel besteht aus vier Teilen: Vorschuh (Fußblatt), 2 Schafthälften und Sohle. Hat man die Teile mit dem Messer oder der Klinge ausgeschnitten, näht man sie wie folgt zusammen: zuerst werden die beiden Schafthälften in der vorderen Mitte zusammengenäht. Die Pelzseite liegt während des Nähens außen. Nun näht man den Vorschuh so an die Schaftteile, daß die zuvor geschlossene Naht genau in der Mitte des fast geraden Vorschuh-Teils liegt. Danach schließt man die rückwärtige Schaftnaht und näht den Schuh, an der rückwärtigen Naht beginnend an die Sohle. Hier liegen die Haarseiten jedoch innen, und man näht nicht überwendlich, sondern macht kleine Steppstiche, das sieht besser aus. Zum Schluß klebt man mit Greenit oder Kontakt 2000 Laufsohlen unter die Stiefel. Man braucht die Stiefel nicht zu füttern oder einzufassen, die Schnittkanten fransen nicht aus. Wenn man reichlich Pelzmaterial hat, kann man den Schaft länger zuschneiden und später umschlagen.

Rechte Seite: Bestickte Hirtentasche, aus Ziegenfell genäht. Anleitung S. 156

Schnittmuster für die Lammfellstiefel von S. 151. 1 Quadrat entspricht 3 cm der Originalgröße

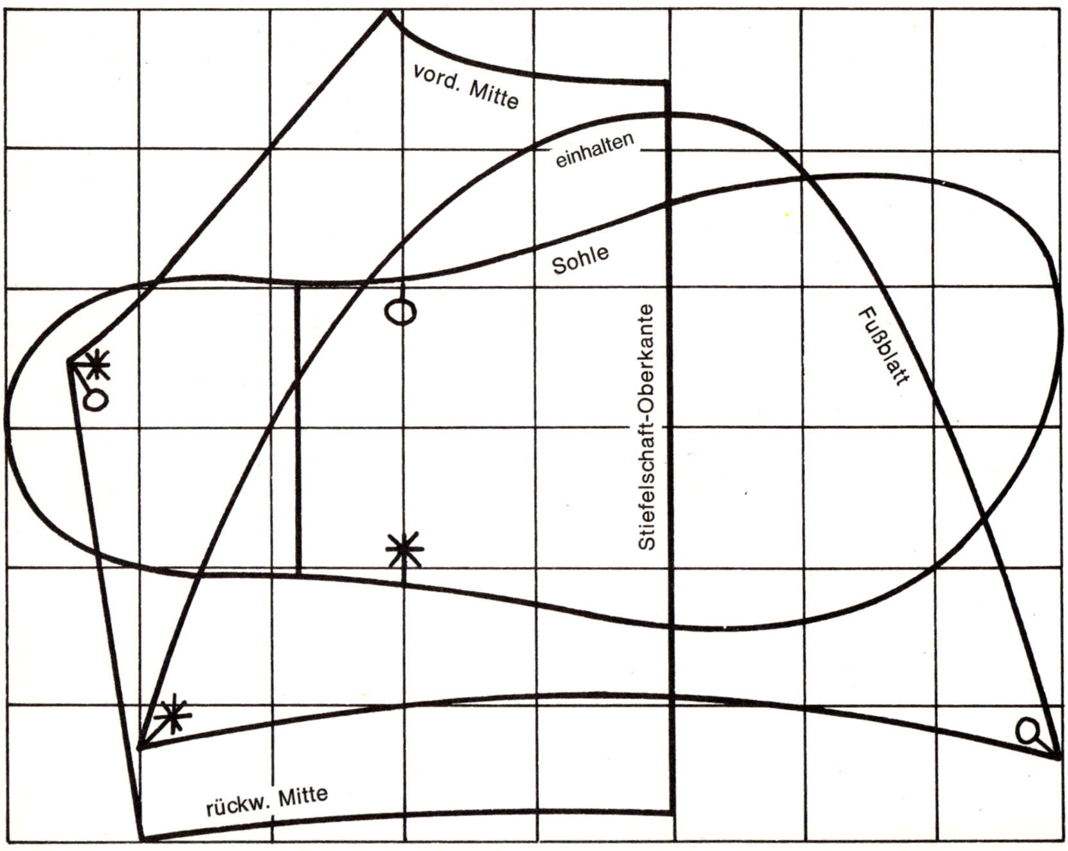

Bestickte Hirtentasche

Material: 2 Stücke Ziegenpelz, je 22 × 22 cm groß, 1 Streifen von 50 cm und 2 Streifen von je 21 cm Länge aus Ziegenpelz, alle 3 cm breit, sowie 3 Lederriemen, je ca. 75 cm lang, MEZ Sticktwist in Rot, Grün und Weiß (oder Farben nach Wahl). Die beiden Pelzquadrate werden an den unteren Ecken abgerundet. Auf die Lederseite zeichnet man nun das gewünschte Muster und stickt es unter Verwendung einer dreikantig geschliffenen Ledernadel mit Plattstichen nach. Anschließend werden die Quadrate mit den bestickten Seiten gegeneinander liegend zur Tasche zusammengenäht und gewendet. Die Pelzstreifen werden um die Nahtkanten und um den oberen Taschenrand so genäht, wie es die Zeichnung rechts zeigt. Aus den 3 Lederriemen wird ein Zopf geflochten, der als Schulterriemen rechts und links, etwa 1 cm unterhalb der Oberkante gut am Taschenleder festgenäht wird.

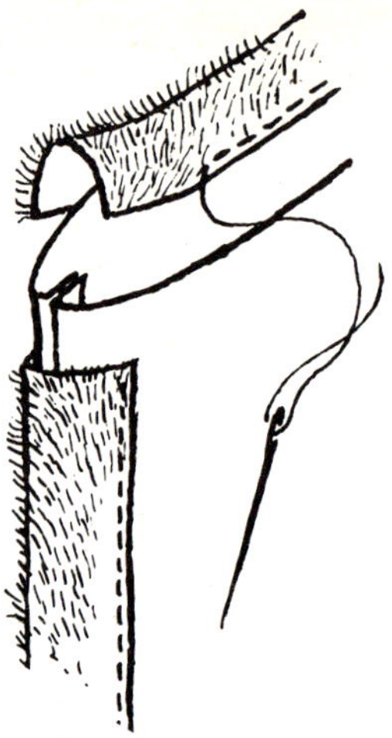

Alle Kanten der Hirtentasche werden mit Pelzstreifen eingefaßt

Federn

Federn spielen nicht nur als Füllmaterial für Betten und Kissen eine Rolle, sondern vor allem als Schmuck. Zusammen mit Tierfellen zählen Federn zu den ältesten Naturprodukten, mit deren Hilfe Menschen sich und ihre Umgebung schmücken. Noch bis vor 40 Jahren war ein Damenhut ohne Federschmuck ein fast untragbares Gebilde, bis die Mode schließlich die Federn als Putz vergaß. Viel Häßliches kann man produzieren, wenn man Federn färbt, deshalb sollte man sie stets so verwenden, wie sie in der Natur vorkommen. Die Federn heimischer Vögel mögen einzeln manchmal etwas farblos erscheinen, jedoch gleicht keine Feder genau der anderen, so daß sich im Zusammenspiel scheinbar gleicher Federn interessante Nuancen ergeben können.

Verarbeitung

Federn kann man nur zusammenbinden oder aufnähen. Auf keinen Fall sollte man sie kleben. Die glatte Klebfläche der Kiele ist zu klein, um genügend Halt zu geben, und die feinen Federhaare lassen sich nicht unsichtbar verkleben. Federn mit feinem Kiel kann man so verwenden wie sie sind; ist der Kiel jedoch sehr stark, muß man die Federn spleißen, d. h. vom Kielende her auseinanderreißen. Durch diese Maßnahme rollen sich die halbierten Federn oft zusammen, so daß man sie schneckenförmig verarbeiten kann. Spezielle Werkzeuge braucht man für Federarbeiten nicht.

Ein Stück Filz in Form des Taschenüberschlags wird mit Federn benäht und auf der Taschenrückseite mit einem Streifen Klettenverschluß befestigt

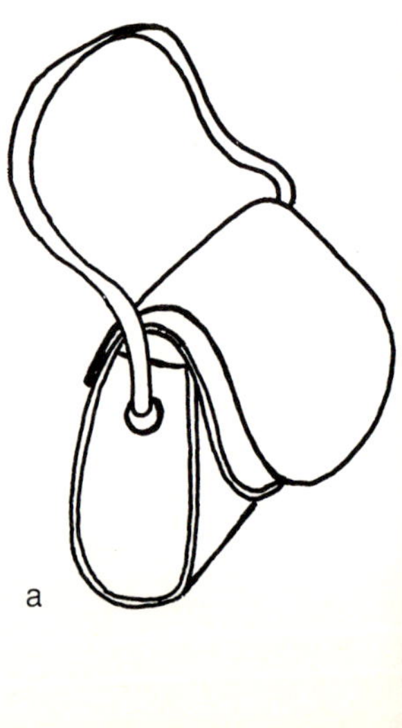

a

Jagdtasche mit Federbesatz

Eine einfache sportliche Tasche mit großem Überschlag kann man sehr gut mit Federn verzieren, ohne daß die Tasche darunter leidet. Der Federschmuck, der auf einem passend zum Überschlag zugeschnittenen Stück Filz sitzt, läßt sich jederzeit abnehmen und wieder befestigen. Man schneidet den Filz in Form und Größe des Überschlags (Taschenklappe) zu, jedoch verlängert man ihn so weit, daß er etwa 6 cm um den Klappenbruch nach hinten zur Taschenrückseite reicht. Dort wird er mit einem Klettenverschlußstreifen (Warenhaus, Kurzwarengeschäft), den man waagerecht festklebt, ange-

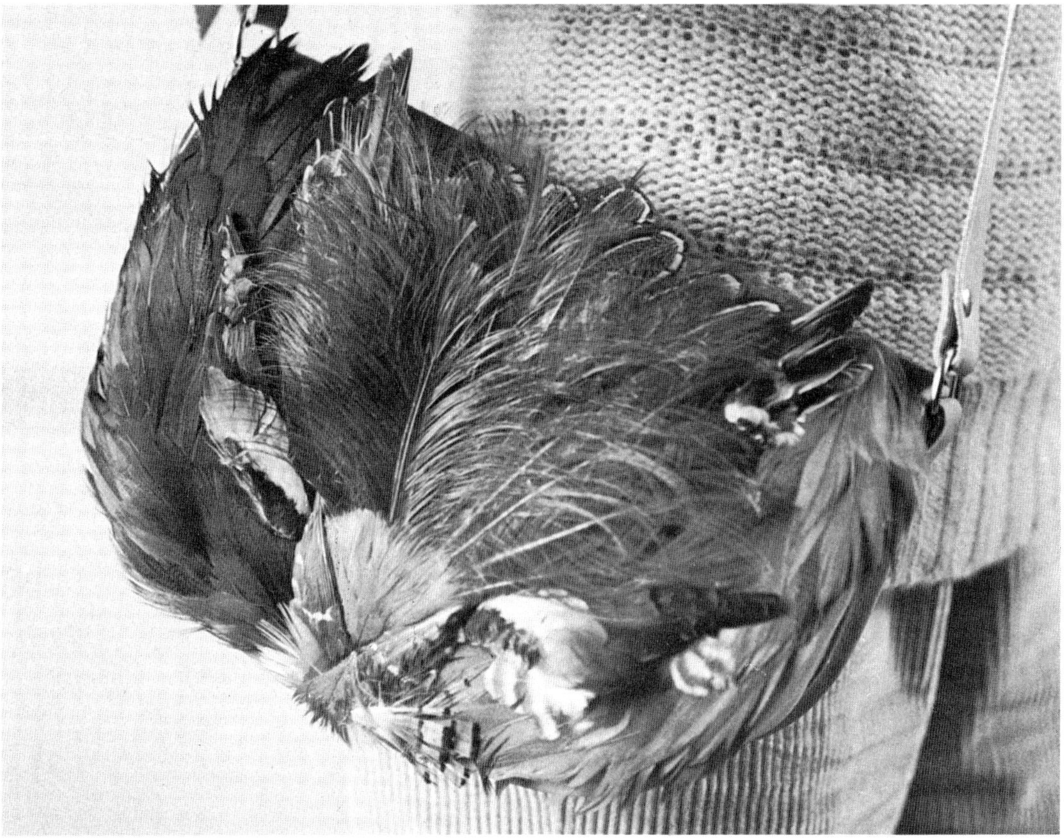

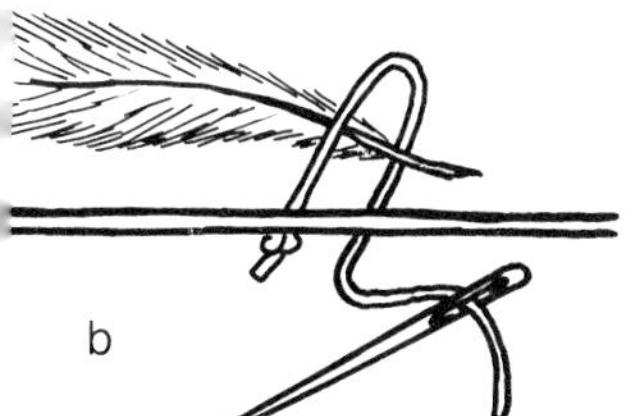

So werden die Federn mit Schlaufenstichen auf den Untergrund genäht

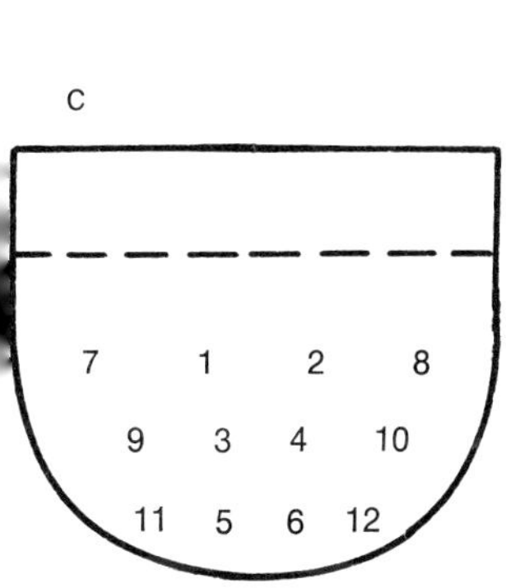

bracht. Die Klettenseite klebt man an den Filz, die weiche Gegenseite auf das Leder.

Auf dem Filz näht man die Federn mit Schlaufenstichen (s. Zeichnung b) fest. Man teilt zunächst das Material in zwei möglichst ähnliche Gruppen für die linke und rechte Hälfte der zu verzierenden Fläche, wobei man sowohl die Farben als auch die Art (fein, grob, starr, weich) in Betracht ziehen sollte. Mit dem Nähen beginnt man an der auf der Zeichnung c mit 1 bezeichneten Stelle, und zwar so, daß die Federn alle aufwärts oder schräg aufwärts nach außen zeigen. Man näht die Federn beider Hälften zur gleichen Zeit gruppenweise auf, arbeitet also nicht erst die eine Hälfte der gesamten Fläche fertig. Sind alle Federn zufriedenstellend befestigt und ausgerichtet, hinterklebt man den Filz mit einem weiteren Stück Filz, anderem Stoff oder dünnem Leder, um dem lose hängenden Feder-Überschlag mehr Halt zu geben. Soll der Federschmuck immer auf der Tasche bleiben, kann man auf das Klettenband verzichten und den Filz auf den Taschendeckel kleben. Allerdings hat man dann keine Möglichkeit, schadhaft gewordene Stellen später auszubessern.

Feder-Applikation

Für das große Federbild auf S. 158 wurde Rupfen auf einen Gobelinrahmen gespannt (man kann auch einen einfachen selbstgebastelten Leistenrahmen nehmen). Die Federn wurden einzeln oder in kleinen Bündeln mit Schlaufenstichen so auf den Stoff genäht, daß alle Kiele

Feder-Applikation auf rupfenbespannter Holzplatte

durch andere Federspitzen verdeckt sind. Um sich einen Eindruck zu verschaffen und die Federsorten harmonisch zu gruppieren, kann man sie abschnittweise mit Klebstreifen auf dem Rupfengrund befestigen. Das schadet den Federn nicht – da der Klebstoff-Film nicht gut auf den Federn haftet, kann man die Klebstreifen leicht wieder lösen.

Beim Aufnähen der Federn hält man den Rahmen so, daß die obere waagerechte Leiste auf der Tischkante, die untere auf dem Schoß liegt. So kann man von der Rückseite nach vorn durchstechen, den Faden als Schlaufe um den Federkiel legen und wieder zurück nach hinten stechen.

Sind alle Federn aufgenäht und ausgerichtet, bestreicht man ein vorher in der Bildgröße passend gesägtes Brett (Spanplatte) ganz mit Weißleim (UHU coll) und klebt die vom Arbeitsrahmen gelöste Federapplikation mit der Rupfenseite glatt darauf. Der Untergrund wird um die Kanten des Brettes herumgelegt und auf der Rückseite ebenfalls festgeklebt. Die Kanten des so entstandenen Bildes kann man mit schmalen Leisten umleimen.

Metall

Metall

Für den Laien genügen drei große Gruppen, sog. Halbfabrikate, in die man Metalle einteilt: Draht, Blech und Fließmetall.
Draht und Blech gibt es in Stärken von 0,2 mm aufwärts. Dünnere Bleche nennt man Feinbleche oder Metallfolien. Man unterscheidet außerdem Weiß-, Bunt- und Edelmetall. Weißmetalle sind Materialien aus Stahl, Zink oder Aluminium. Zu den Buntmetallen zählen Kupfer und Messing. Edelmetalle sind: Gold, Silber, Platin und Legierungen aus den genannten Metallen mit geringem Zusatz nichtedler Metalle. In die Gruppe der Fließmetalle, die bei niedrigen Temperaturen schmelzbar sind, gehören Blei und Zinn.

Draht

Draht gibt es als Rund- und als Flachdraht zu kaufen. Für die Schmuckherstellung, von der hier die Rede sein soll, verarbeitet man am besten Messingdraht oder sogenannten Silberdraht, bei dem es sich um versilberten Draht aus Buntmetall handelt. Will man Draht aus echtem Silber kaufen, muß man silbernen Draht (nicht Silberdraht) verlangen – so fein sind die Unterschiede. Solches Material bekommt man aber meistens nicht in Bastel- und Hobbyläden, sondern bei einem Silber- oder Goldschmied. Mengen über 20 Gramm

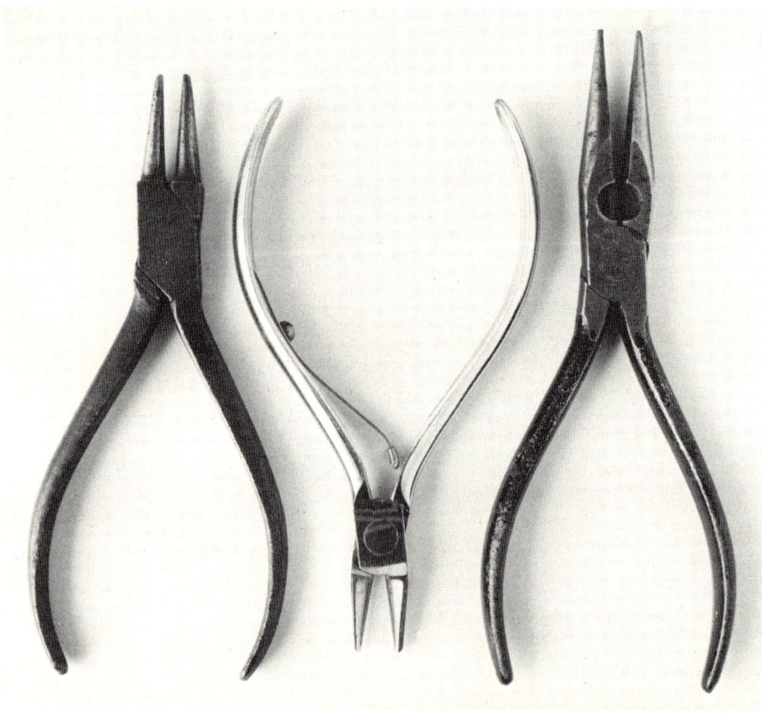

Rundzange, Seitenschneider, Flachzange

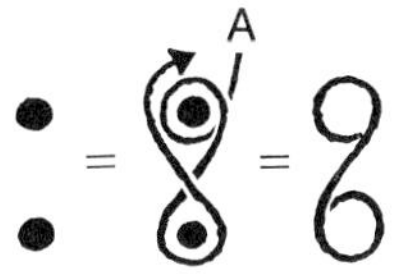

kann man bei den Niederlassungen der Degussa (Deutsche Gold- und Silberscheideanstalt) bestellen (Anschriften s. Bezugsquellenhinweise S. 408/409).

A = Anfang gut festhalten

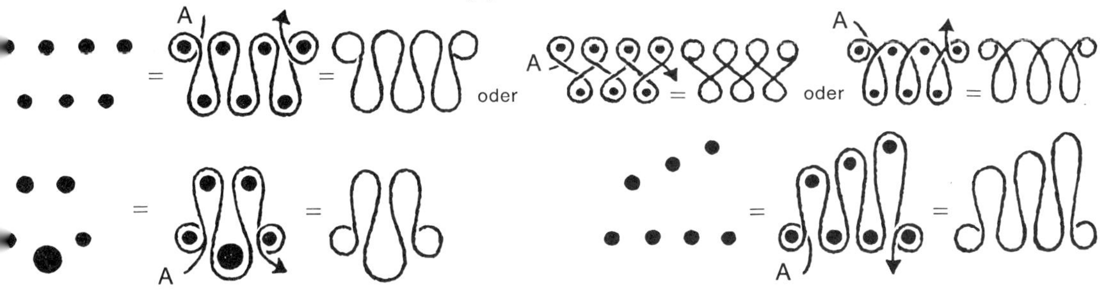

Verschiedene Formen, die man mit sogenannten Faulenzern herstellen kann

Werkzeug und Verarbeitung

Für Arbeiten aus Draht braucht man wenig Werkzeug. Große Formen kann man mit der Hand biegen. Kleinere Teile zum Zusammensetzen von Ornamenten (s. Foto links), für Kettenglieder oder Ringe werden mit einer Rundzange und einer Flachzange gebogen. Außerdem braucht man einen Seitenschneider – das ist eine kleine Zange mit Schneidbacken – zum Zerteilen des Drahtes. Es gibt Flachzangen, die zugleich mit einem Seitenschneider ausgerüstet sind, so daß man auf ein separates Werkzeug zum Schneiden verzichten kann. Dünner Draht läßt sich übrigens auch mit einer Schere schneiden, dicker mit einer Laubsäge (Metallsägeblatt) teilen. Als Hilfsmittel zum Biegen häufig wiederkehrender Formen (Kettenglieder u. ä.) leistet ein sogenannter Faulenzer (Fachbezeichnung: Biegelehre) gute Dienste. Man kann ihn selbst herstellen. Dazu schlägt man in bestimmter Anordnung kopflose Nägel in ein Brett. Der Draht wird um diese Nägel herumgebogen und später mit der Zange ausgerichtet oder auch zusätzlich gebogen. Die Zeichnungen oben zeigen einige Formen, die sich mit Hilfe von Faulenzern herstellen lassen. Ein Hilfsmittel, um gleichmäßige Ringe (Ösen) zu biegen, sind Rundstäbe aus Holz oder Kunststoff. Das kann ein Dübelholzabschnitt, ein Kochlöffelstiel, ein Bleistift oder etwas ähnliches sein. Die Ringe entstehen, indem man den Draht in gleichmäßigen, dichten Windungen um den Rundstab wickelt, die Spirale von dem Stab schiebt, und die Windungen in Ringe zerteilt. Wichtig ist das spätere Aufbiegen und Schließen der Ringe, um sie an einem anderen Werkstück zu befestigen, sie inein-

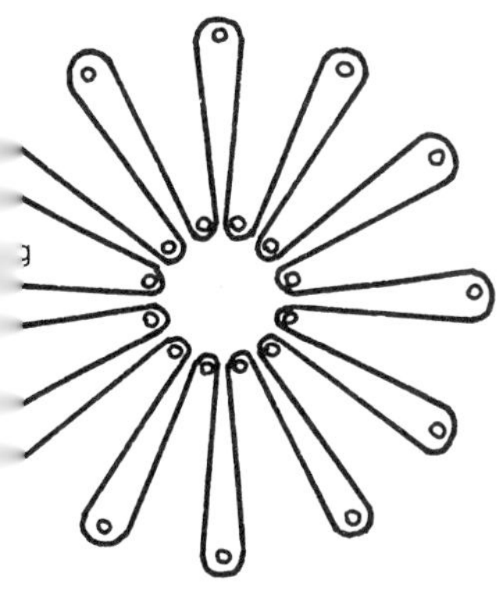

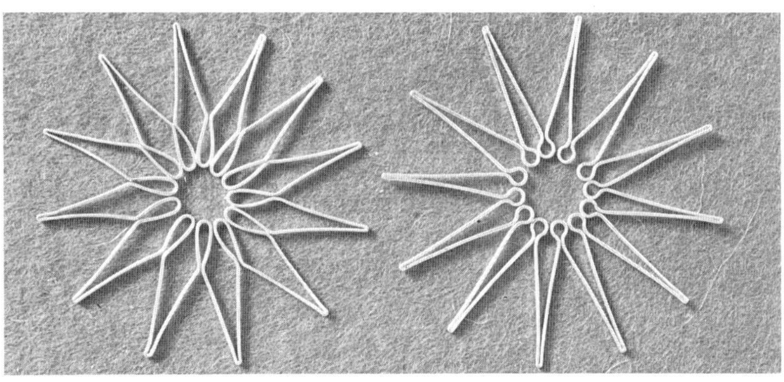

Die Silbersterne, die man mit Hilfe eines Faulenzers biegen und nachträglich mit der Zange in verschiedene Strahlenformen drücken kann, haben nur eine kleine Löt- oder Klebstelle

anderzuhängen oder sonstwie zu verwenden. Die Zeichnungen rechts zeigen das falsche (links) und das richtige Auseinanderbiegen eines Ringes. Zieht man Ringe einfach auseinander, indem man die Fuge zwischen den Schnittstellen erweitert, bekommen sie in der gegenüberliegenden Rundung einen kleinen Knick, der nur schwer zu korrigieren ist.

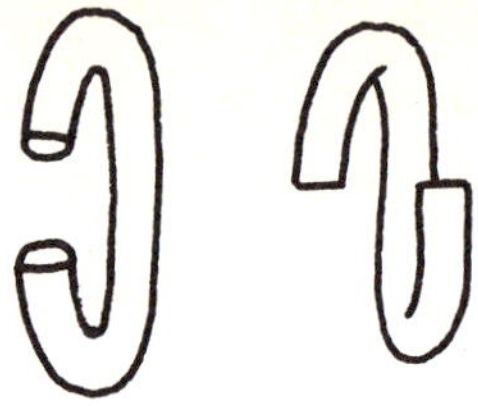

Ringe, wie man sie falsch (links) und richtig (rechts) auseinanderbiegt

Metallfolien

Metallfolien – dünn ausgewalzte Bleche – kann man mit den Händen ohne Werkzeug formen und mit einer Haushaltsschere schneiden. Beim Schneiden entstandene Grate an den Kanten reibt man mit geringem Druck mit dem Fingernagel oder einem stumpfen Gegenstand, der nicht aus Metall sein sollte, an. Durch kräftigen Druck und Reiben mit einem stumpfen Gegenstand kann man Metallfolien modellieren (sie wölben sich unter dem Druck). Zum Herausarbeiten po-

Aus Metallfolien modellierte Schilder, Anhänger und Rahmen kann man mit wasserfesten Faserschreibern (edding) farbig ausmalen

Rechte Seite: Schmuckstücke, die von Laien hergestellt werden können. 1. Reihe von oben nach unten: Buddha aus Silberblech, als Anhänger oder Brosche (S. 169), Silberkette mit Augen-Zwischensatz und Erbse als Schmuckstein (S. 177), Silber-Anhänger, aus Gabelzinken gebogen. 2. Reihe: Rosette und Quadrat, aus Messingblech ausgesägt, als Brosche oder Anhänger, zwei Broschen in Wolkenform aus einer Silberplatte (S. 178), rechts daneben: verschiedene Anhänger- oder Broschenteile aus Messingdraht (S. 167), ein Modell davon mit Blättchen aus Messingblech gesägt und getrieben. Darunter: Silber-Halsband mit Stäben aus Silberblech (S. 177) und Ringe aus Silberdraht mit Glasperlen (S. 177)

sitiver oder negativer Linien benutzt man spezielle Metalldrückwerkzeuge (Tif), die in einer Art Federhalter sitzen (Foto rechts). Sie sind nicht teuer. Zum Modellieren von Ornamenten, Buchstaben o. ä. legt man die Folie auf eine weiche Unterlage und fährt mit der Drückfeder die Linien mit nicht allzufestem Druck nach. Diesen Vorgang wiederholt man mehrmals, bis die Linien kleine Gräben bilden. Drückt man von Anfang an zu stark, durchtrennt man die Folie leicht. Die Flächen zwischen den Konturen kann man nun nach Belieben von der Vorder- oder Rückseite durch Reiben plastisch herausmodellieren. Das Farbfoto zeigt einige Möglichkeiten.

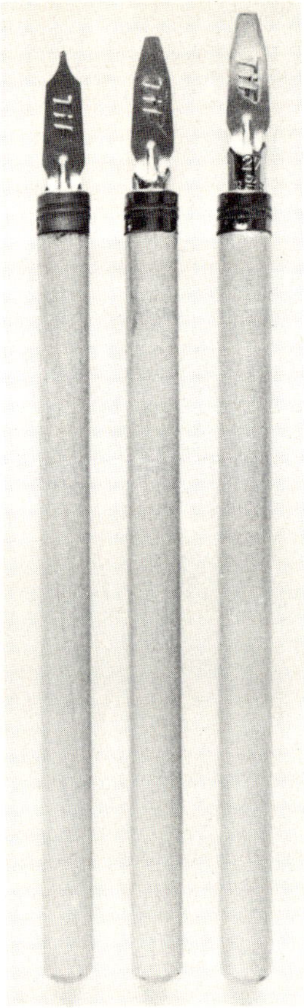

Mit solchen Metalldrückwerkzeugen werden Folien bearbeitet

Einfaches Blech

Blech schneidet man mit einer Blechschere. Dieses Werkzeug ist relativ billig. Es gibt Modelle mit geraden und mit gebogenen Schneidbacken. Für einfache Arbeiten genügt eine gerade Blechschere. Außerdem sollte man für Blecharbeiten noch eine Schlüsselfeile zum Beseitigen von Graten an Schnittkanten und einen Holzhammer haben. Für Arbeiten aus dickerem Blech nimmt man statt der Blechschere eine Laubsäge, in die man ein Metallsägeblatt einspannt, oder eine Spezialsäge für Metall, wie sie auf der Zeichnung unten zu sehen ist. Ungeübte sollten beim Blechschneiden schützende Arbeitshandschuhe tragen.

Edelmetall

Von den Edelmetallen kommt außer silbernem Draht für Hobby-Silberschmiede vor allem Silberblech (es gibt auch Granulate) in Frage. Die Preise für Edelmetalle sind schwankend. Zur Orientierung der Silberpreis von 1977: 1 Gramm Silberblech, 925er Legierung, kostet um 75 Pfennig. Es gibt auch Silber mit geringerem Feingehalt, d. h., der Anteil von Zink und Kupfer ist größer. Solches Material – Legierung 800/000, 835/000 oder 900/000 – ist härter. Für die in diesem Kapitel gezeigten Silberarbeiten eignet sich 925er Silberblech von 1 mm Stärke bzw. silberner Draht in der gleichen Legierung von 1 mm (Ringe) bzw. 1,8 mm (Halsreif, Ornament-Gitter, Kettenanhänger) gut. Um Geld zu sparen kann man auch versilbertes Material nehmen. Wer nie mit Metall gearbeitet hat, sollte ohnehin erste Versuche mit Messingblech und -draht machen, wie es Gold- und Silberschmiedelehrlinge tun.
Die Arbeit mit Silberblech erfordert viel Fingerspitzengefühl, Ausdauer, Genauigkeit und Liebe zum Detail. Auch muß man einige Spezialwerkzeuge als Grundausrüstung, die man allmählich vervollständigen kann, anschaffen. Die Zeichnungen rechts zeigen die wichtigsten großen Werkzeuge und Hilfsmittel zur Schmuckherstellung: Feilnagel als Hilfsmittel zum Bearbeiten des Metalls mit der Feile, Treibhammer zur Bearbeitung der Oberfläche, Handbohrmaschine mit feinen Bohrstiften, Metallsäge mit feinen Sägeblättern. Außerdem braucht man: Flachzange, Rundzange, Seitenschneider (s. Seite 160), einen Zirkel mit Reißnadel, verschiedene Nadelfeilen (flach, halbrund, rund), eine größere Halbrundfeile mit schwachem Hieb, ein

Metall-Lineal oder Holzlineal mit Metallkante, eine Reißnadel oder einen Stichel, eine Messingbürste, Schleifpapier Körnung 360 und 600, Bimsstein oder Bimsmehl für den Feinschliff, Wiener Kalk (als Paste), Schlämmkreide oder Tonmehl zum Polieren (falls das Silber nicht matt bleiben soll). Auf die Dauer lohnt sich die Anschaffung eines Gummihammers sowie eines Ringriegels, wenn man häufig Finger-

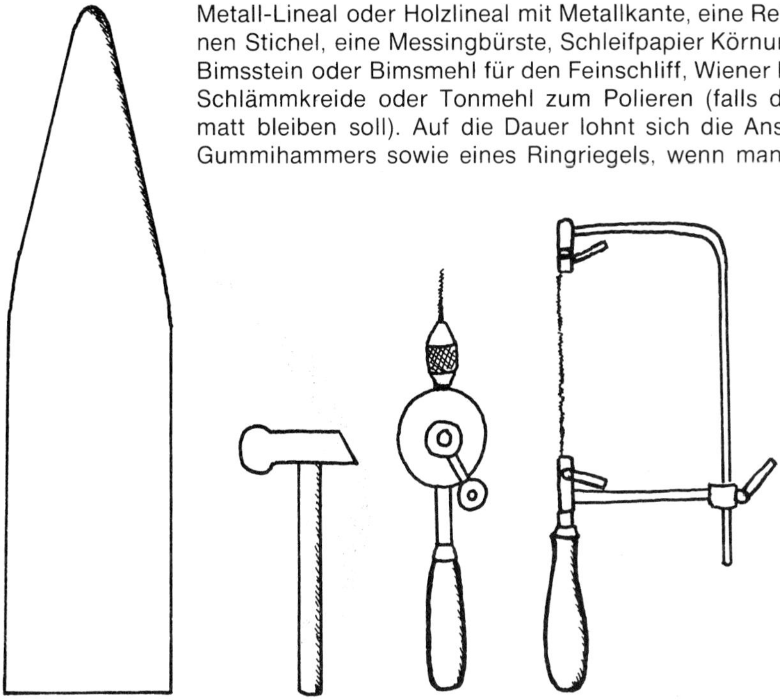

Werkzeuge für die Bearbeitung von Blechen aus Edelmetall: Feilnagel (Arbeitsbrettchen) aus Holz, Treib- oder Kugelhammer, Handbohrmaschine mit sehr feinem Bohrstift, Metallsäge

ringe oder Kettenglieder in Ringform herstellen möchte. Der Ringriegel ist ein konisch verlaufender Metallstab, der das Herstellen von Ringen in verschiedenen Größen nach Maß ermöglicht. Auf den ersten Blick erscheint die Liste der Werkzeuge und Hilfsmittel sehr umfangreich, es handelt sich aber um Dinge, die viele Hobbybastler ohnehin in Gebrauch haben, zum anderen sind die erforderlichen Sachen nicht übermäßig teuer. Schließlich sollte man nicht am Werkzeug sparen, wenn man das Silberschmieden als Hobby gewählt hat.

Metallverbindungen

Metallverbindungen, die von Laien ohne aufwendige Spezialwerkzeuge ausgeführt werden können, sind das Falzen, das Nieten, das Weichlöten und das Kleben. Das Hartlöten mit Silberlot gelingt Anfängern meistens nicht. Außerdem braucht man zum Hartlöten einen Lötkolben mit hoher Wärmeleistung.

Falze entstehen, wenn man zwei in entgegengesetzter Richtung umgebogene Blechkanten ineinander hakt und die Naht auf einer harten Unterlage (Stein, Eisenplatte, Amboß) mit dem Holzhammer flachschlägt. Diese Methode eignet sich, um aus einer Blechplatte eine zylindrische Form oder aus Blechstreifen Ringe herzustellen.

Nieten verwendet man zum Anbringen von Griffen, Henkeln oder beweglichen Blechteilen an Blech. Zum Nieten braucht man eine Lochzange oder ein Locheisen für Stellen, die mit der Zange nicht zu erreichen sind. Notfalls kann man die zum Durchstecken der Niete erforderlichen Löcher auch mit Hilfe eines dicken Nagels machen. Am leichtesten zu verarbeiten sind Aluminiumnieten. Man steckt sie durch die sich deckenden Löcher der zu verbindenen Metallteile und schlägt das Ende auf einer harten Unterlage mit dem Schlosserhammer flach.

Das **Löten** ist eine von vielen Hobbyfreunden ungeliebte Arbeit, weil sie oft mißlingt. Dabei ist es ganz einfach. Man braucht einen Lötkolben, elektrisch oder über einer Flamme aufheizbar, mit nicht zu schwacher Leistung. Elektrische Lötkolben für Hobbyzwecke gibt es von 20–500 Watt. 100 Watt reichen aus, wenn man mit Lötzinn (nicht mit Silberlot) arbeitet. Außerdem braucht man Lötzinn oder Lötdraht aus Zinn, Lötfett und einen Salmiakstein. Wichtig: Lötzinn besteht zu einem Teil aus Blei. Sollen Eß- oder Trinkgefäße gelötet werden, darf man nur Lötzinn mit höchstens 10% Bleigehalt (beim Kauf danach fragen) verwenden, weil Blei Gift enthält. Vor dem Löten müssen die Lötflächen mit Schleifpapier oder Feile gründlich gereinigt werden, denn das Zinn hält nur auf blankem oxydfreiem Metall. Damit die gereinigten Lötstellen nicht gleich wieder anlaufen, bestreicht man sie sofort mit Lötfett. Die Spitze des aufgeheizten Lötkolbens wird auf dem Salmiakstein abgerieben (dampft der Stein, hat der Lötkolben die richtige Temperatur) und mit einem Tropfen Lötzinn verzinnt. Dann führt man den Kolben an die zu lötende Metallstelle, heizt sie damit an und läßt das Zinn vom Kolben in die Lötfuge fließen. Reicht das geschmolzene Zinn nicht aus, wiederholt man den Vorgang. Da das Löten aus freier Hand für Anfänger schwierig ist, sollte man die zu verbindenden Teile provisorisch mit Klebstreifen oder Bindfaden,

Konservendosen, vom Rand bis zum Boden in schmale Streifen geschnitten, ergeben dekorative Rosetten und Sterne

Wäscheklammern oder kleinen Schraubzwingen zusammenfügen. Man kann auch auf beide Lötstellen der Fuge Zinn aufschmelzen, diese nochmals erhitzen und rasch zusammendrücken. Nach dem

Die einzelnen Teile für ein solches Schmuckstück können zusammengelötet oder mit UHU plus fast unsichtbar verklebt werden.

Zur Herstellung von Schmucknadeln und Broschen mit Gitterornamenten braucht man nur eine Flachzange

Erkalten feilt man die Lötstelle glatt, so daß möglichst wenig davon sichtbar ist.

Das **Kleben** hat im letzten Jahrzehnt unter den gängigen Metallverbindungen einen festen Platz eingenommen. Seit man sogar Flügelteile von Flugzeugen klebt, sind letzte Zweifel hinsichtlich der Haltbarkeit solcher Verbindungen ausgeräumt. Allerdings muß man einen Spezialkleber (z. B. UHU plus) verwenden. Dieser Zweikomponentenkleber wird kurz vor Gebrauch aus zwei Hauptbestandteilen – Härter und Binder – gemischt. Die geeigneten Klebtemperaturen, die eine wichtige Rolle dabei spielen, sind in der zum Kleber gehörenden Gebrauchsanleitung angegeben.

Auch zum Kleben müssen die zu verbindenden Teile fett-, staub- und oxydfrei sein und so vorbehandelt werden wie beim Löten.

Oberflächenbehandlung

Metall kann man punzieren, gravieren, bossieren, schleifen, polieren, hämmern, ätzen oder emaillieren, um seine Oberfläche zu verändern. Neuerdings gibt es auch Geräte, die eine Oberflächenveredlung (Versilbern, Vergolden, Verkupfern) auf galvanischem Wege für Laien möglich machen.

Verschiedene Punzen zum Punzieren oder Zieselieren von Metall

Punzieren: Das Metall wird auf eine weiche Unterlage (sandgefüllter Beutel, Kittbett o. ä.) gelegt. Dann setzt man eine Punze – das ist ein Metallstift mit besonders verzierter Spitze – darauf und schlägt mit dem Hammer kräftig auf den Stift, so daß sich das Muster der Punze auf dem Metall abdrückt. Man kann auch Köpfe von Nägeln oder andere harte Metallteile als Punzen verwenden. Einzeln gesetzte Abdrücke oder aus Einzelabdrücken zusammengestellte in sich geschlossene Muster nennt man Punzierung. Ist ein Gegenstand durchgehend mit einem Muster aus dichtgesetzten Punzenabdrücken versehen, so spricht man von Zieselierung. Zieselierungen kann man auch ohne Punzen direkt mit einem Spezialhammer einschlagen.

Gravieren: Zum Gravieren wird das Metall mit kleinen Schraubzwingen flach auf einer Arbeitsplatte oder dem Arbeitstisch befestigt. Damit das Metall keine Druckstellen bekommt, legt man zwischen Zwingenbacken und Blech ein Stück Holz. Das Muster kann man aus freier Hand gravieren oder nach einer Skizze, die auf das Blech gezeichnet wird. Damit die Linien während des Gravierens nicht verwischen, überstreicht man sie mit Schellack, den man später mit Terpentinersatz wieder entfernt. Will man häufiger gravieren, lohnt sich die Anschaffung verschiedener Stahlstichel (rund, flach, V-förmig in unterschiedlichen Stärken). Für einfache Arbeiten kommt man mit einem einfachen Stichel mit spitzem Dorn aus. Man setzt den Stichel flach auf die vorgezeichneten Linien und schiebt ihn unter leichtem Druck langsam vorwärts. Dabei dreht man ihn etwas hin und her. Hat man alle Linien so bearbeitet, beginnt man von neuem, bis sie tief genug eingegraben sind. Es ist wichtig, daß man stufenweise vorgeht und nicht von vornherein so heftig auf dem Metall herumschabt, daß die Gravur gleich stark sichtbar ist. Es besteht bei dieser Methode die große Gefahr, daß man abrutscht und die Arbeit verkratzt. Solche Kratzer kann man nur durch mühsames Schleifen und Polieren der ganzen Platte beseitigen – wenn überhaupt. Beim Gravieren muß das Metall spanweise abgetragen werden. Selbstverständlich kann man

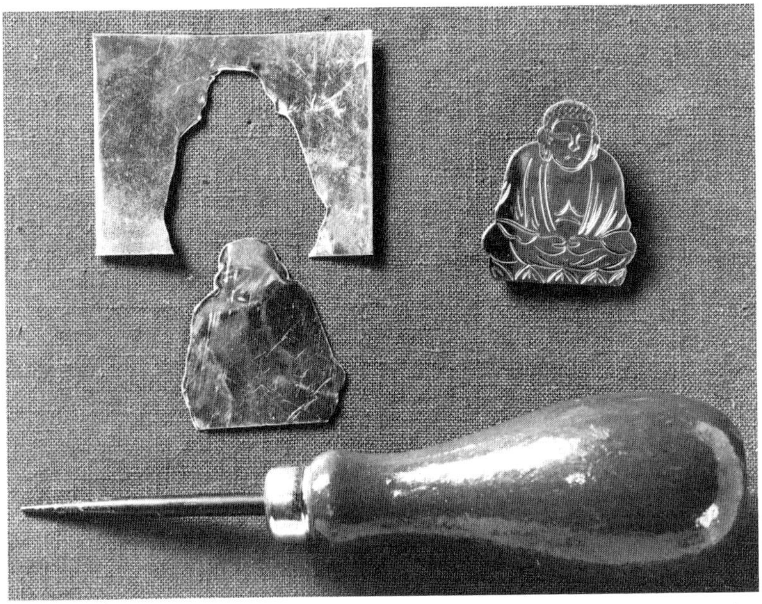

Aus einer ganz einfachen Form wird durch Gravieren mit einem Stahlstichel ein kleiner Buddha

auch einige Linien stärker hervorheben, indem man sie etwas breiter ausschabt. Allerdings braucht man dazu einen etwas breiteren Flachstichel. Arbeitet man von vornherein mit einem solchen Stichel, entstehen durch die Drehbewegungen beim Führen des Werkzeugs kleine Zackenlinien, wie man sie auf alten Zinngravuren findet. Die fertig gravierte Arbeit wird mit einer Messingdrahtbürste gereinigt, mit Bimsmehl geschliffen und mit Wiener Kalk poliert, falls sie nicht matt bleiben soll.

Bossieren: Diese Technik ist eine Weiterführung der Gravur und kann nur in ganz weichen Metallen – z. B. Zinn – ausgeführt werden. Im Anschluß an die Gravur werden auf den Flächen innerhalb der gravierten Konturen größere Spezialpunzen eingesetzt, mit denen man ein dichtes Muster in das Metall schlägt. Danach dreht man das Metall um, legt es auf einen kleinen sandgefüllten Beutel und schlägt nun die auf der Rückseite sichtbaren Punzenspuren mit der gleichen Punze wieder nach vorn durch, wobei sich das Metall auf der Vorderseite etwas wölbt.

Schleifen: Um bei der Bearbeitung entstandene Kratzer zu beseitigen, muß das Metall geschliffen werden. Für diese Arbeit gibt es Spezial-Schleifpapiere in sehr feinen Körnungen. Man beginnt mit 360er Papier und schleift mit 600er Papier nach. Dabei hält man das Metall von Zeit zu Zeit unter fließendes Wasser. Zum Schluß schleift man mit Bimsmehl nach, ebenfalls unter einem Wasserstrahl. Es gibt auch Bimspasten zu kaufen.

Polieren: Mattglänzendes Metall wirkt weicher als hochglänzendes. Der Mattglanz entsteht bereits durch das Nachbehandeln mit Bims-

mehl. Um eine Hochglanzpolitur zu erzielen, muß man das Werkstück mit Wiener Kalk (in Pastenform), Tonerde oder Schlämmkreide (aus der Drogerie) und einem Flanelltuch bearbeiten. Spiegelnde Flächen erzielt man nur mit einer elektrisch betriebenen Schwabbelscheibe, wie sie Gold- und Silberschmiede oder auch Feinmechaniker haben.
Hämmern: Durch Bearbeitung mit einem Treibhammer (Kugelhammer) kann man Metallflächen beleben. Man nennt solche Flächen Hammerschlagstruktur. Hammerschlagbleche kann man auch vorgefertigt kaufen. Kleine Schmuckstücke (z. B. die runde Brosche auf Seite 179) hämmert man, bevor man sie aussägt, weil das Metall sich durch das Hämmern ausdehnt. Es wird durch das Hämmern auch härter. Wichtig ist, daß man die ganze Metallfläche mit gleichmäßigen Hammerschlägen bearbeitet, so daß sich das Metall gleichmäßig streckt. Macht man das nicht, wird die Fläche wellig und beulig. Verbogenes Metall wird durch Schläge mit dem Holzhammer auf die Rückseite wieder planiert. Man kann auch einen Gummihammer nehmen.
Ätzen: Zum Ätzen eignet sich vor allem Material aus Kupfer, weil es weich ist und seine Tönung durch Behandlung mit Schwefelleber beeinflußt werden kann. Die zu ätzende Fläche wird zunächst mit einem Schmirgelstein (Schleiffix) gereinigt und in klarem Wasser abgespült. Sie muß oxyd- und fettfrei sein. Nun zeichnet man mit einem weichen Bleistift oder mit Hilfe von Kohlepapier das zu ätzende Motiv auf das Metall und malt mit Asphaltlack (Hobbyladen, Drogerie) alle Flächen aus, die nicht geätzt werden sollen. Dabei kann man zwischen Positiv- und Negativ-Ätzung wählen. Bei der Positiv-Ätzung wird das Motiv, das stehenbleiben soll, mit Asphaltlack abgedeckt, so daß das Ätzsalz nur den Untergrund angreift (S. 171 oben links). Bei der Negativ-Ätzung wird die ganze Fläche mit Asphaltlack überstrichen und das Motiv aus dem Lack herausgekratzt (Abb. S. 171 Mitte und

Seite 171:
So wird eine Kupferplatte für Positiv-Ätzung vorbereitet: Buchstaben und Ranken sind mit Asphaltlack aufgemalt, der freie Hintergrund wird geätzt

Vorbereitung für die Negativ-Ätzung: Kupfer ganz mit Asphaltlack bestreichen

... und in den getrockneten Lack das Motiv, das geätzt werden soll, einkratzen

Geätzte Kupferplatten. Obere Reihe: Negativ-Ätzung, untere Reihe: Positiv-Ätzung

Zinnfiguren, wie sie aus der Gießform kommen

Fertige Zinnfigur, mit Bastelfarbe bemalt

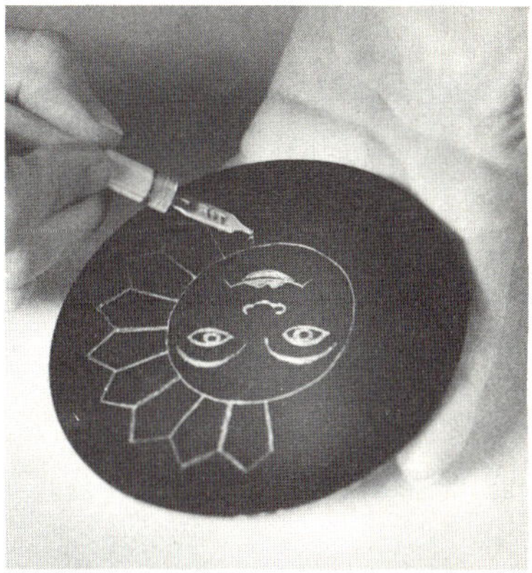

rechts). Das Ätzmittel wird aus dem Metallsalz Eisenchlorid (Hobbyladen) und Wasser in einem nichtrostenden, flachen Gefäß angesetzt, in das man die vorbereitete Kupferarbeit legt. Das Kupfer muß ganz von der Flüssigkeit bedeckt sein. Von Zeit zu Zeit muß man die Ätzflüssigkeit mit einem Holzstab umrühren, da das Ätzmittel sich nicht ganz auflöst und auf den Boden des Behälters sinkt. Je nach Tiefe der gewünschten Ätzung läßt man das Metall zwischen 3 und 5 Stunden in der Flüssigkeit. Dann nimmt man es mit einer Pinzette, Zange oder einem anderen Instrument aus dem Bad und spült es unter klarem Wasser ab. Den Asphaltlack entfernt man mit Terpentinöl oder Nitroverdünnung (Fenster aufmachen!) und einem Wattebausch. Danach ist die Ätzung sichtbar. Nun schleift man die ganze Fläche mit feiner Stahlwolle oder einem Schmirgelstein blank. Man kann das Metall so belassen oder mit Schwefelleber, die man in lauwarmem Wasser auflöst, und auf das Metall aufstreicht (Gummihandschuhe anziehen!), dunkelbraun bis blauviolett färben. Die erhabenen, nicht geätzten Flächen, schleift man abermals, so daß sie sich hell vom Ätzgrund abheben.

Emaillieren: Das Emaillieren ist eine Metalltechnik für sich, die man ohne Spezialwerkzeuge und Brennofen nicht ausführen kann. Sie wird eingehend auf Seite 182 erklärt.

Zinngießen

Zinn gehört zu den wenigen Metallen, die man als Laie schmelzen und zum Gießen verwenden kann. Gießformen gibt es in großer Auswahl zu kaufen, man kann sie auch aus Silikon-Kautschuk oder Formsand selbst herstellen.

Gießen in vorgefertigte Formen

Die aus zwei Teilen bestehende Gießform wird mit Talkum, das man mit einem Wattebausch aufträgt, sorgfältig auf beiden Innenseiten eingepudert. Überschüssiges Talkum entfernt man durch Gegeneinanderschlagen der beiden Formteile. Talkum ermöglicht, daß das heiße Metall in alle winzigen Teile der Form ungehemmt fließen kann. Es gibt zum Zinngießen kleine abgepackte Zinnbarren. Viel billiger ist es jedoch, Stangenzinn im Eisenwarenhandel zu kaufen. Man unterscheidet Reinzinn und Zierzinn. Reinzinn ist für die Herstellung von

Die Gießform wird mit Talkum eingepudert

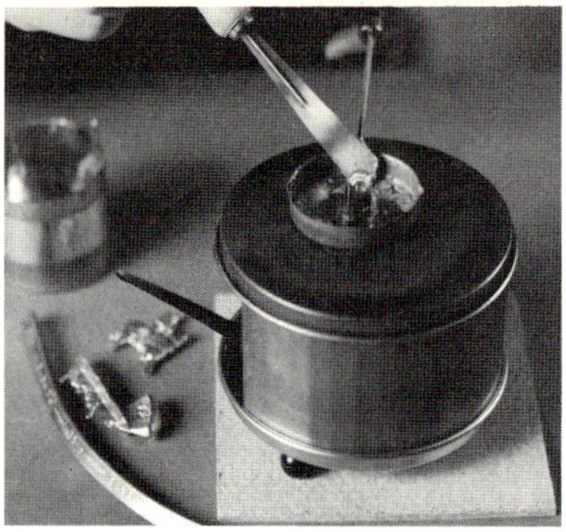

Das Zinn wird geschmolzen, die unreine Schicht entfernt

Temperaturprüfung: wenn das Hölzchen raucht, ist das Zinn gießfertig

Das flüssige Zinn wird zügig in die Form gefüllt, bis es oben hervorquillt

Nach dem Erkalten des Zinngusses (etwa 3–5 Minuten) wird die Form auseinandergenommen

Grate und überschüssiges Zinn feilt man ab

Bechern oder anderen Gefäßen, die mit Nahrung in Berührung kommen sollen, zu verwenden, weil es bleifrei ist. Es besteht aus 92% Zinn, der Restanteil aus Kupfer und Antimon. Reinzinn schmilzt bei ca. 240 Grad Celsius. Für dekorative Gegenstände kann man Zierzinn verwenden, das bleihaltig, also etwas giftig ist (nach dem Arbeiten damit muß man gründlich die Hände waschen). Zierzinn schmilzt bei etwa 300 Grad. Man kann das Zinn auf einer Wärmeplatte über einem Teelicht schmelzen oder über einer anderen Wärmequelle. Gut geeignet ist ein kleiner Hobbyofen, der mit Trockenbrennstoff (Esbit) geheizt wird (s. Fotos oben). Er ist nicht teuer und kann z. B. auch für Emailarbeiten mit Weichschmelzpulver (nicht Feueremail) verwendet werden. Das Zinn wird in eine flache Schmelzpfanne in kleinen Bröckchen, die man leicht absägen kann, zum Schmelzen gegeben. Nach einer Weile bildet sich auf der Oberfläche eine Zunderhaut, die man mit einem Spatel o. ä. entfernt. Inzwischen schließt man die beiden Hälften der Gießform. Wenn das Zinn die richtige Temperatur hat, kann der Guß erfolgen. Man prüft die Temperatur, indem man ein Hölzchen in das Metall hält. Raucht das Holz, ist die Temperatur richtig. Das flüssige Zinn wird von der Wärmequelle genommen und unverzüglich durch die Gießöffnung in die Form gegossen, bis es aus der Öffnung hervorquillt. Nach einigen Minuten ist das Zinn erstarrt, und man kann den Gießling entformen. Den Anguß – das ist die

Stelle an der Öffnung – zwickt man mit einer Zange ab und feilt ihn glatt. Auch andere kleine Grate an den Konturen des Gießlings müssen abgefeilt werden. Es ist wichtig, daß man die Standflächen von Figuren absolut plan schleift, sonst stehen sie schief. Mißlungene Gießlinge kann man wieder einschmelzen und neu gießen. Allerdings muß man Zinnbrocken hinzufügen, damit die Menge ausreicht, denn man muß stets alles in einem Zuge gießen.

Fehler beim Gießen

Ist die gegossene Figur unvollständig, so kann das drei Ursachen haben.

1. Die Formteile wurden zu fest verschraubt (entfällt bei Formen mit Klammern), so daß die Luft durch die feinen Kanäle nicht entweichen konnte und den Zinnfluß gestaut hat.
2. Das Talkumpuder ist nicht überall hingekommen, so daß das Zinn nicht rasch genug geflossen ist.
3. Das flüssige Zinn hatte nicht die richtige Temperatur (zu kalt = zu träger Fluß, zu heiß = Blasen).

Nachbehandlung

Die fertig geputzten Figuren kann man metallisch lassen oder mit Email-Zierfarbe (z. B. DEKA color) anmalen. Man braucht dazu feine Pinsel, eine ruhige Hand und viel Liebe zum Detail.

Abgießen in Formsand

Zum Abgießen von Modellen in Formsand (lose in Plastikbeuteln zu kaufen) braucht man zwei gleich große Kastenrahmen, die man aus Leisten basteln kann. Sie sollten ca. 5 cm breiter und länger als das Gießteil und je 5 cm hoch sein. Die beiden Rahmen versieht man an den Längs- und Schmalseiten mit einem Hakenverschluß, so daß man sie aufeinanderlegen und zusammenhaken kann. Es gibt auch Formrahmen aus Kunststoff zu kaufen, die an den Enden mit Führungsstiften versehen sind (s. Fotos). Wichtig ist, daß die beiden Rahmen genau aufeinander passen und sich beim Einfüllen des Zinns nicht verschieben.
Einer der beiden Formrahmen wird mit einem Kantholz bis zum oberen Rand mit Formsand vollgestampft. Der Formsand soll fest im Rahmen sitzen. Das abzuformende Modell wird bis zur Hälfte flach

Für Zinngüsse in Formsand werden beide Kastenrahmen mit Sand vollgestampft

Das nachzugießende Modell wird in den geglätteten Formsand gedrückt, alles wird mit Talkum überpudert

Der zweite Kastenrahmen wird auf den unteren mit dem eingelegten Modell gedrückt und wieder abgenommen. Dann nimmt man das Modell heraus

liegend in den Sand gedrückt. Dann überpudert man die ganze Fläche, auch das Modell, mit Talkum. Der zweite Formrahmen wird ebenfalls mit Formsand vollgestampft und auf den ersten Rahmen mit dem Modell aufgesetzt, ohne etwas zu verschieben. Der festgestampfte Sand hält fest in der Form, wenn man sie anhebt. Man kann auch den leeren Rahmen auf den gefüllten setzen und dann den Sand einstampfen, jedoch besteht hier leichter die Gefahr, daß man das eingelegte Modell verschiebt. Der obere Formrahmen wird wieder vorsichtig abgehoben. Der Sand trennt sich leicht von der mit Talkum beschichteten unteren Form. Mit einer Pinzette wird das Modell herausgenommen. Mit einem Röhrchen sticht man vorsichtig am Ende oder an einer Seite des abgedruckten Modells von innen nach außen durch den Sand den Angußkanal für das Zinn und mit einer Stricknadel dem Anguß gegenüber einen feinen Luftkanal. Besser ist es, wenn man mehrere kleine Luftkanäle aussticht, damit das Zinn ungehindert fließen kann. Anguß- und Luftkanal müssen unmittelbar Verbindung mit dem Modellabdruck haben, ohne jedoch diesen zu beschädigen. Ist alles vorbereitet, kann man das geschmolzene Zinn (s. auch „Gießen in vorgefertigte Formen") durch das Angußloch im oberen Formrahmen, den man wieder auf den anderen aufgesetzt und mit diesem verbunden hat, eingießen. Man muß so viel Zinn einfüllen, daß es aus dem Angußloch hervorquillt. Nach einigen Minuten ist der Guß erkaltet, und man kann die Formen voneinander trennen. Der Gießling ist fertig, überschüssiges Zinn von der Angußrinne bricht oder zwickt man mit der Zange ab. Alle Kanten und die Standfläche werden mit der Feile geglättet.

Der obere Rahmen wird wieder aufgesetzt. Durch eine ausgestochene Öffnung wird das flüssige Zinn eingefüllt

Nach dem Erkalten des Zinns wird der Kasten geöffnet, der Gießling kann entnommen werden. Die dunklen Punkte auf dem Sand rechts sind Löcher für Einguß und entweichende Luft

Freie Zinngüsse

Man kann Formsand, den man in einen Rahmen gestampft hat, auch mit den Fingern ausmodellieren und damit eine Gießform selbst gestalten. Allerdings wird der Abguß nicht vollplastisch, es sei denn, man modelliert den Sand in der aufgesetzten Form ebenfalls, was jedoch sehr schwierig ist, da sich die Formhälften an der Naht dekken müssen. Dennoch ermöglicht diese Methode interessante Experimente.

Lampenschirm aus Kupferblech

Material: Lampenschirmgestell mit 16 Streben, unterer Durchmesser 40 cm, 120 × 70 cm (oder mehrere kleinere Stücke) weiches Kupferblech, 0,5–0,8 mm stark, Blechschere, Feile mit Hieb 3, zum Kleben Kontakt 2000.

Für jede Strebe des Schirmgestells werden 7 Blätter in den aus der Zeichnung S. 176 ersichtlichen Größen ausgeschnitten und an den Kanten glattgefeilt. Außerdem schneidet man 16 Streifen je 2 cm Breite zu, die 1 cm kürzer als die Streben sind, und einen 2 cm breiten Streifen dem Innenumfang des unteren Gestellrandes entsprechend (2 Streifen zusammensetzen). Alle Streifen werden an den Kanten ebenfalls gefeilt und mit den geschlossenen Backen der Blechschere in Längsrichtung eingedrückt, so daß eine Rille entsteht. Dann legt man die Streifen mit dem Knick nach oben zeigend auf einen Stoß Zeitungen und reibt die Kanten neben dem Knick mit den abgerundeten Griffenden der Blechschere, dem Auge einer Haushaltsschere, den geschlossenen Backen einer Beißzange oder einem ähnlichen stumpfen Metallgegenstand so an, daß sich das Metall geringfügig wölbt. Die Blätter werden auf die gleiche Weise so

Rechte Seite: Lampenschirm, aus Kupferblech geschnitten, gefeilt und geklebt

In diesen Größen und Formen müssen die Blätter zum Bekleben einer Strebe des Gestells ausgeschnitten werden

angerieben, daß sich die Wölbung dem Gestänge der Lampe anpaßt. Zuerst klebt man die 16 Kupferstreifen so von innen mit der Rille auf die Streben, daß sie genau mit den Enden am unteren Lampenschirmring sitzen – sie reichen also nicht ganz bis zur Öffnung für die Fassung. Danach klebt man den langen Streifen mit der Rinne gegen den unteren Ring, ebenfalls von innen. Nun werden auf der Außenseite die Blätter auf die Streben geklebt. Man beginnt unten mit dem größten Blatt und ordnet die weiteren Blätter so an, daß sie schuppenartig übereinander stehen und das letzte Blatt mit der Spitze an dem kleinen oberen Ring für die Fassung endet. Die großen Blätter sollen am unteren Lampenschirmrand den Ring etwa 4 cm weit überdecken. Am besten probiert man den Stand der ersten Blattreihe aus, indem man die Blätter mit Klebstreifen provisorisch zusammenfügt, die Überlappungen markiert und auf die anderen Blätter überträgt. Zum Schluß schneidet man zwei gleich große kreisrunde Scheiben mit je 10 cm Durchmesser aus, in deren Mitte man das Loch des oberen Lampenschirmringes markiert. Beide Scheiben werden entsprechend ausgeschnitten und oben auf den Lampenschirm als Abschluß geklebt – einer von innen, einer von außen (s. Foto).

Innenansicht des Lampenschirms aus Kupferblech

Schmuckanhänger aus Silber

Aus alten Silbergabeln, die vielleicht irgendwo übrig geblieben sind, kann man originelle Schmuckanhänger machen (s. großes Foto auf Seite 163, links unten). Zuerst sägt man den Stiel ab. Dazu braucht man eine Taschen- oder Laubsäge mit einem Metallsägeblatt. Dann schlägt man die Zinken mit einem Eisenhammer flach und biegt sie in verschiedene Formen. Die Schauseite des Anhängers kann man

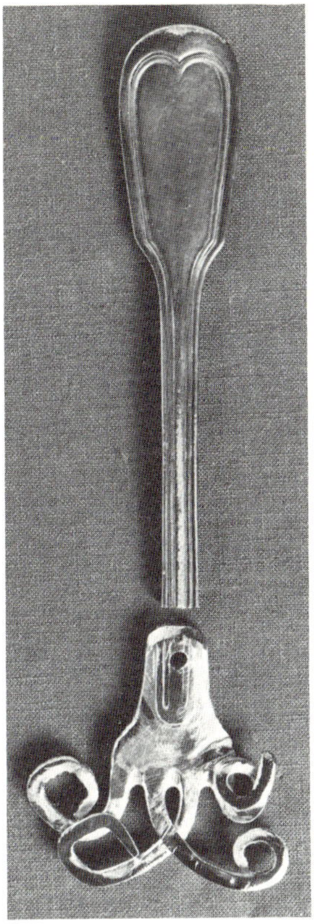

Aus dem unteren Teil einer Silbergabel kann man originelle Schmuckanhänger machen. Hier: erste Versuche. Fertiges Modell auf Seite 163, links unten

noch durch Hammerschläge oder durch Punzieren zusätzlich verzieren. Das Loch wird mit einer Handbohrmaschine und einem Widia-Bohrstift gemacht. Dazu befestigt man das Werkstück mit kleinen Zwingen auf der Arbeitsfläche. Gabelzinken aus Silber lassen sich leicht mit einer Flachzange aus der Hand biegen. Versilbertes Material ist härter und muß zur Bearbeitung in einen Schraubstock eingespannt werden, besonders, wenn man die Zinken zuvor mit dem Hammer breitgeschlagen und so das Metall noch zusätzlich gehärtet hat.

Halsreif mit Silberstäben

Für den Halsreifen unten rechts auf dem großen Foto von S. 163 braucht man ein Stück silbernen Draht, 1 mm stark, der 4 cm länger sein muß als die Halsweite, und 6 × 7,5 cm Silberblech, 1–1,2 mm stark. Werkzeug: Flachzange, Metallsäge, flache Nadelfeile, Schleifpapier und Poliermittel.
Der Draht wird um eine Konservendose gewunden. Die Enden zieht man so übereinander, daß sie sich kreuzen. Läßt man sie wieder los, hat der Draht die richtige Spannung für den Halsreifen. Das Silberblech wird vor der Weiterverarbeitung mit Wiener Kalk oder Schlämmkreide poliert, da die einzelnen Stäbchen sich bei einer solchen Behandlung verbiegen würden und sich auch nicht gut festhalten lassen. Das Blech wird anschließend so eingesägt, wie es die Zeichnung links zeigt, und zwar sollen es 29 Sägeschnitte (für 30 Stäbchen) im Abstand von 2,5 mm sein. Danach sägt man das Blech an der gestrichelten Linie durch, so daß die einzelnen Stäbchen abfallen. Diese Methode ist zwar mit geringem Materialverlust verbunden (man kann den abfallenden Streifen für Ösen o. ä. verwenden), führt aber zu einem besseren Ergebnis als wenn man die Stäbchen einzeln von der Platte absägen würde. Die Stäbe werden mit der Flachzange vorsichtig gerade gerichtet, an den Kanten gefeilt und an einem Ende so zur Öse gebogen, wie auf der Zeichnung dargestellt. Dann reiht man sie auf den Draht, dessen Enden zu Verschlußhaken gebogen werden. Zum Schluß poliert man den Schmuck mit einem Silberputztuch.

So wird das Silberblech zunächst eingesägt. Danach sägt man den oberen Streifen ab und biegt die Enden der Stäbchen zu Ösen

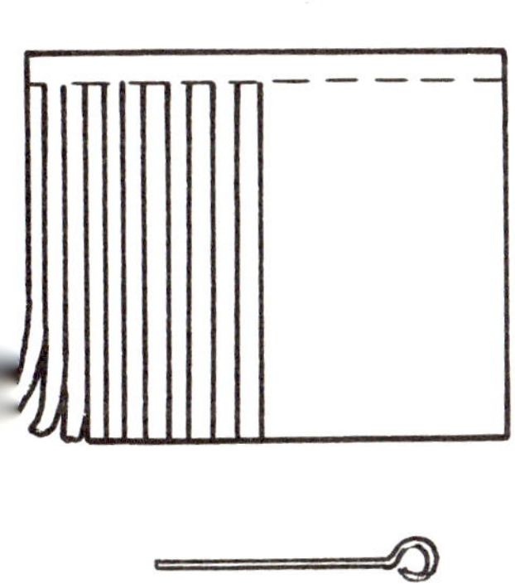

Kleine Perlenringe

Ganz einfach sind solche Ringe mit Glasperlen zu machen, wie sie auf dem Foto von Seite 163 zu sehen sind. Man biegt ein Stück Silberdraht von etwa 0,8 mm Stärke an einem Ende zur Öse, reiht drei oder mehr kleine Glasperlen darauf, und biegt das gekürzte andere Ende so zur Öse, daß die Perlen stramm dazwischensitzen. Nun biegt man das Ende eines weiteren Drahtabschnitts, den man zuvor halbrund geformt hat, ebenfalls zur Öse und hakt diese, bevor man sie ganz zusammendrückt, in eine Öse des Perlen-Zwischenteils. Das Ende des halbrunden Drahtes wird durch die andere Öse des Zwischenteils gesteckt und der halbfertige Ring über den Finger geschoben. Man ermittelt nun die richtige Weite und schneidet den Drahtüberstand so weit ab, daß er sich noch zu einer Öse biegen läßt.

Silberkette mit Zwischensatz

Der silberne Zwischensatz bei der Kette links auf dem Foto von Seite 163 sieht aus wie ein Auge. Er besteht aus Flachdraht, Silberblech und einer getrockneten halbierten Erbse. Die Kette selbst ist fertig gekauft.

Um das Auge nachzuarbeiten, braucht man Erfahrung im Umgang mit Lötkolben und Silberlot, wenn man die Teile nicht kleben will, was natürlich möglich ist. Auf ein kreisrund ausgesägtes Stück Silberblech (Leg. 925/000), 1 mm stark, wird ein Ring von gleicher Größe (Umfang der halbierten Erbse) aufgelötet. Zwei gleich lange sichelförmige Drahtabschnitte werden so an den Enden zusammengelötet, daß das runde Mittelstück genau dazwischenpaßt. Es wird ebenfalls angelötet. Auf die so entstandene Fassung wird die halbierte und mit Kunstharz überzogene Erbse geklebt. Zum Schluß lötet man an den Ecken der einen Sichel kleine Ösen zum Einhängen der Kettenteile an.

Wolkenbroschen
Ohne Materialverlust kann man zwei Anstecknadeln herstellen (s. großes Foto S. 163), wenn man ein Motiv wählt, dessen Positiv- und Negativ-Form so klare Umrisse haben, daß man das Motiv beider Teile klar erkennen kann. Das Motiv wird dazu auf das Blech gezeichnet. Da man nicht vom Rand aus sägen kann, bohrt man mit einem ganz feinen Bohrer (Handbohrmaschine) ein Loch genau auf die gezeichnete Linie, und zwar an einer Ecke. Das ausgespannte Metallsägeblatt wird durch das Loch gesteckt und wieder in den Bügel gespannt. Nun kann man das Motiv heraussägen. Es ist beim Sägen von Metall besonders wichtig, daß man den Sägenbügel senkrecht führt und das Sägeblatt nicht verkantet. Ein geringer Schlenker nach links oder rechts beeinträchtigt sofort die Linienführung. Es kommt oft auf Bruchteile von Millimetern an. Beim Aussägen enger Bögen oder Wendungen muß man mehrmals auf der Stelle auf und ab sägen, um das Sägeblatt in die richtige Richtung drehen zu können. Die gesägten Kanten müssen gefeilt und anschließend geschliffen werden. Dann kann man die Teile polieren. Es ist gut, wenn man sich zum Feilen ein kleines, spitz zulaufendes Arbeitsbrettchen (Feilnagel, s. Zeichnung auf Seite 165) bastelt, das man mit einer kleinen Zwinge am Arbeitstisch befestigt. Der Feilnagel ermöglicht das Kantenfeilen eines flach liegenden Werkstücks. Die Broschennadeln, die man fertig kaufen kann, werden mit UHU plus auf der Rückseite der ausgesägten Teile festgeklebt.

Vier Blüten im Ring
Den Schmuck auf dem Foto oben kann man mit einer Öse versehen als Kettenanhänger oder mit einer Nadel versehen als Brosche arbeiten. Er wird aus 1 mm starkem gehämmertem Silberblech ausgesägt, gefeilt, geschliffen und poliert. Was über das Aussägen von Metall in der Anleitung für die Wolkenbroschen gesagt wurde, gilt für diesen Schmuck noch in verstärktem Maße, denn die Stege zwischen Ring, Blüten und Mittelteil sind sehr schmal. Auch zum Sägen kann man den Feilnagel (das zugespitzte Arbeitsbrettchen) gut verwenden. Es ist wichtig, daß das Werkstück mit dem größten Teil der Fläche immer flach aufliegt, es muß während der Arbeit also ständig gedreht werden, so daß vor allem die bereits ausgesägten Abschnitte eine feste Auflage haben. Mit dem Sägen beginnt man in der Mitte des links abgebildeten originalgroßen Musters, bei den zum Mittelquadrat führenden Stengeln. Danach sägt man die Teile zwischen den Blüten und zum Schluß die runde Form des Schmuckstücks aus. Wenn man kein Hammerschlag-Silberblech beschaffen oder herstellen kann, nimmt man Silber mit glatter Oberfläche, das sieht auch

Vorlage zum Nacharbeiten der Brosche rechts

Brosche mit vier Blüten, aus Hammerschlag-Silber gesägt, getrieben und graviert

Silber-Armreif, mit Halbmond- und Perlpunzen verziert, mit dem Gummihammer über Rundholz in Form gebracht. Ring, aus einer 2 × 2 cm kleinen Silberplatte gesägt und gebogen

gut aus. Nach dem Aussägen kann man die Blütenmitten etwas auftiefen, das heißt, man legt sie mit der Schauseite über das Loch einer Schraubenmutter und schlägt von der Rückseite mit einem Eisendorn (Rundeisenabschnitt, Schraubenkopf o. ä.) und dem Hammer darauf. Die Blütenmitte wölbt sich dadurch etwas. Auf der Vorderseite kann man die Blüten nun noch mit einem Stichel gravieren (s. Seite 169). Abschließend werden alle Schnittkanten mit Nadelfeilen geglättet, und das Werkstück wird mit Schleifpapier Körnung 600 naß geschliffen, mit Bimsmehl nachgerieben und mit Schlämmkreide poliert. Öse oder Nadel werden auf der Rückseite mit UHU plus befestigt.

Armreif und Ring

Für den Armreif (Seite 179) braucht man 18 cm Silberblech, 2 cm breit, mindestens 1 mm stark, eine Perl- und eine Halbmondpunze (oder andere Motive), Schlosserhammer, Gummihammer, Nagelfeile oder größere Metallfeile mit schwachem Hieb. Außerdem sollte man einen Schraubstock oder Schraubzwingen haben. Der Silberstreifen wird an den Kanten gefeilt. Die Ecken werden abgerundet. Dann schlägt man mit den Punzen einen Musterstreifen in Längsrichtung ein. Bei dem Modell auf dem Foto wurde zuerst die Halbmondpunze abwechselnd mit der Wölbung nach oben und nach unten als Wellenlinie eingeschlagen, in die Bögen wurde dann die Perlpunze gesetzt. Der Armbandstreifen wird geschliffen und poliert, dann treibt man ihn rund. Dazu wird ein dickes Rundholz (Teigrolle o. ä.) in den Schraubstock oder in die Zwingen gespannt. Nun wird der Metallstreifen über diese Auflage geführt, und zwar so, daß das eine Ende etwas übersteht. Man schlägt diesen Überstand mit dem Gummihammer nach unten. Sobald sich der Streifen biegt, schiebt man ihn unter gleichmäßigen Hammerschlägen weiter, bis die richtige Rundung erreicht ist. Dann dreht man den Reif so um, daß das andere Ende hervorsteht, das man mit dem Hammer so viel nacharbeitet, bis beide Enden gleich stark gebogen sind.

Für den Ring braucht man nur 2 × 2 cm Hammerschlag-Silberblech (es kann auch glattes Material sein), 1,2 mm stark. Der Ring wird nämlich nahtlos aus einer Platte hergestellt. Die Zeichnungen rechts zeigen die Arbeitsgänge. Zuerst wird die Platte den Umrissen der Zeichnung entsprechend zurechtgesägt. Dann sägt man an der gestrichelten Linie entlang. Danach wird das Ornament für die Ringplatte – hier ein S – ausgesägt. Nun biegt man den unteren Bogen, den man zuerst eingesägt hat, langsam nach hinten. Der so entstandene Bügel wird über einen Rundstab aus Hartholz oder Eisen geschoben und mit dem Treibhammer (Kugelhammer) oder der Spitze eines einfachen Schlosserhammers bearbeitet, bis er die Ringform hat. Danach feilt man alle Sägekanten mit Nadelfeilen glatt, schleift und poliert den Ring. Es empfiehlt sich, den Bogen für den Ring lieber etwas kürzer zu sägen, damit man den Ring nicht zu groß macht. Zu kleine Ringe kann man nachsägen oder durch Austreiben (Behämmern) weiten.

So wird der Ring aus einem Stück hergestellt: Bogen einsägen, Ornament aussägen, Bogen im rechten Winkel nach hinten biegen, Ring über Rundholz in Form hämmern

Email

Email

Das Emailbrennen ist eine Arbeit, die zwischen bildnerischer Technik und Kunsthandwerk liegt. Sie erfordert ausgeprägten Formen- und Farbensinn auf der einen und handwerkliches Geschick auf der anderen Seite. Die vielfältigen Möglichkeiten, die sich aus dem Material und den verschiedenen Arbeitsmethoden ergeben, regen zu immer neuen Ideen an.
Der Vorgang des Emaillierens ist einfach: Emailpulver wird auf Metall aufgestreut und bei mindestens 900 Grad Celsius in einem Spezial-

Tausendblümchen wurden zusammen mit einem aus Kupfer gebogenen Ring bei hoher Temperatur in dunkelblauen Emailgrund eingeschmolzen

ofen gebrannt. Dieses Metall, dessen Schmelzpunkt über dem des Emailpulvers liegen muß, nennt man Emailträger, Rohling oder Platine. Es kann aus Kupfer, Edelstahl, Tombak (eine Legierung aus Kupfer und Zink), aus Silber oder Gold sein. Am häufigsten wird Kupfer verwendet. Auch die zahlreichen vorgeformten Rohlinge (Tiere, Blätter, Früchte, Herzen und Phantasieformen), die im Handel angeboten werden, sind aus Kupfer.

Material und Werkzeug

Das Foto unten zeigt eine komplette Ausrüstung für Hobby-Emailleure. Für den Anfang kommt man jedoch mit folgendem Zubehör aus: Brennofen mit Schamotteplatte und Brenneinsatz (Gestell, auf dem das Brenngut liegt), Schieber zum Transport des Brennguts, Ablageplatte aus Asbest, Streusieb, Schmirgelstein, Carborundumstein, Emailpulver und Metall-Rohlinge.

Komplette Ausrüstung für Hobby-Emailleure. Hinten: Asbesthandschuh und Brennofen mit Temperaturregler. Vor dem Ofen: Silberfolie zum Einbrennen und verschiedene Emailsorten. Daneben: Pinzette, Pinsel, Ziehhaken, Flachzange, Streusieb, Carborundumstein und Schleifblock (oben). Ganz links: verschiedene Brenneinsätze und ein Schieber

Reinigen

Das zu emaillierende Kupferstück muß auf der Vorderseite und an den Rändern absolut schmutz-, fett- und oxydfrei sein, sonst platzt die aufgebrannte Emailschicht später wieder ab. Um das zu erreichen, reinigt man das Metall, das man danach nicht mehr mit den Fingern berühren darf, gründlich mit einem Schmirgelstein und spült es unter klarem Wasser ab.

Aufstreuen des Emailpulvers

Das Emailpulver wird aus dem Töpfchen ins Sieb geschüttet. Dazu legt man zunächst ein sauberes Blatt Papier auf den Tisch, darauf den Deckel des Töpfchens, mit der Öffnung nach oben, auf den Dekkel das Sieb. Nun kann man das Pulver umschütten. Das im Deckel aufgefangene Emailpulver wird später wieder ins Töpfchen zurückgeschüttet. Ebenso Pulver, das beim Aufstreuen auf das Metall danebenfällt. Wichtig ist, daß dabei keine Schmutzteilchen ins Emailpulver geraten.

Den gereinigten Rohling legt man zum Bestreuen am besten etwas höher, z. B. auf den Carborundumstein, damit man ihn später leichter auf den Schieber nehmen kann. Dann bestreut man die ganze Metallfläche gleichmäßig mit Emailpulver. Das geht am besten, wenn man mit dem Zeigefinger leicht gegen den Siebrand klopft. Die aufgetragene Pulverschicht soll etwa so dick sein wie das Metall. Ist der Auftrag unregelmäßig geworden, schüttet man das Pulver ins Sieb zurück und beginnt noch einmal.

Beim Auftrag des Emailpulvers muß man besonders sorgfältig darauf achten, daß die Ränder gut bestreut sind, sonst bilden sich dort häßliche dunkle Stellen.

Mit einem Sieb wird das Emailpulver gleichmäßig aufgestreut

Kupferteile, die mit eingebrannt werden sollen, legt man mit einer Pinzette in das Pulver (Teile vorher reinigen)

Der bestreute Kupferrohling wird mit einem Spatel auf den Brenneinsatz gelegt

Emailpulver gibt es in drei Härtegraden: weich, mittel und streng. Sie sind je nach Farben verschieden und meistens auf den Dosen angegeben. Weiches Email schmilzt am schnellsten.

Will man kleine Kupferteilchen mit einbrennen, müssen diese ebenfalls vorher auf beiden Seiten gereinigt werden.

Ist der Rohling fertig vorbereitet, nimmt man ihn so auf den Metallschieber oder einen Spachtel, daß er vorn etwas übersteht. Man kann ihn dann besser auf den Brenneinsatz legen ohne das Pulver zu verschütten.

Brenneinsätze gibt es in verschiedenen Ausführungen. Für einseitiges Email genügt ein Brenneinsatz, auf dem das Werkstück flach aufliegt. Es gibt solche Einsätze als Lochplatte und als Drahtgitter.

Das erkaltete Werkstück wird an den Kanten mit dem Carborundumstein gereinigt

Brennen

Der Emailofen muß vor dem Einstellen des Werkstückes etwa eine halbe Stunde vorgeheizt werden. Es gibt Brennöfen, die knapp 1000 Grad Celsius erreichen und solche, die 1250 Grad und mehr entwikkeln. Für die leistungsstärkeren Öfen, in denen man auch Keramik brennen kann, braucht man einen Temperaturregler, der für Emailarbeiten auf Stufe 8 eingestellt wird. Welchen Ofen man nehmen soll, hängt davon ab, wie intensiv man sein Hobby betreiben und wieviel man dafür ausgeben will.

Den Brennvorgang kann man durch ein Guckloch in der Ofentür beobachten. Es schadet aber auch nichts, wenn man zwischendurch die Klappe des Brennofens kurz öffnet und nachsieht, ob das Metall schon glüht und das Pulver zu schmelzen beginnt. Wenn es zu einer glänzenden Fläche zusammengeflossen ist – nach etwa 10 bis 15 Minuten –, nimmt man den Brenneinsatz mit dem Werkstück vorsichtig heraus und stellt ihn zum Abkühlen auf die in Ofennähe liegende Asbestplatte.

Mit einem Schieber setzt man den Brenneinsatz in den vorgeheizten Ofen

Nach dem Brennen wird das Werkstück mit dem Brenneinsatz zum Auskühlen auf einer Asbestplatte in Ofennähe abgesetzt

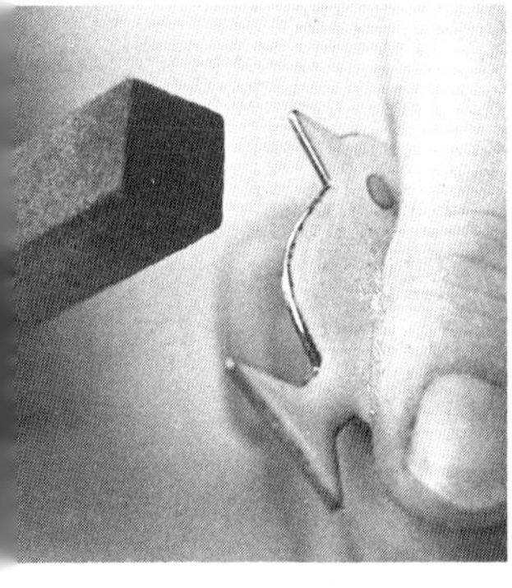

Nachbehandlung

Wenn das Werkstück vollständig ausgekühlt ist (nicht eher!), muß es von dem durch den Brand entstandenen schwarzen Zunder befreit werden. Man nimmt dazu den Carborundumstein und putzt mit dem weicheren Schmirgelstein nach. Vorsicht: Das Metall verbiegt sich leicht, und dann platzt das Email ab!

Gegenemail

Das einseitige Emaillieren eignet sich nur für einfarbige kleine Werkstücke. Bei allen anderen muß man beide Seiten emaillieren. Man nennt die Rückseite, die als erstes emailliert wird, Gegenemail. Zum Aufstreuen kann man Emailpulver-Reste verwerten. Das Metall muß

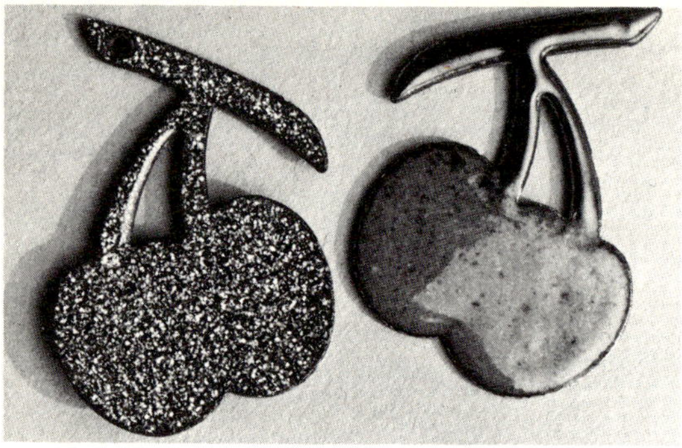

selbstverständlich auch hierbei zuerst gereinigt werden. Damit die emaillierte Rückseite einer Arbeit nicht auf dem Brenneinsatz festschmilzt, während die Vorderseite gebrannt wird, benutzt man für Gegenemail spezielle Brenneinsätze. Sie sind so gebogen, daß das Werkstück nur stellenweise an den Kanten aufliegt, die emaillierte Unterseite hängt also frei.

Links: Für das Gegenemail kann man Emailpulver-Reste nehmen (linkes Werkstück)

Damit das Gegenemail nicht auf der Unterlage festschmilzt, benutzt man Brennständer als Einsatz

Mehrfarbiges Email

Bei mehrfarbigen Arbeiten unterscheidet man zwei Grundmethoden: einmal kann jede Farbe für sich aufgestreut und separat gebrannt werden, z. B. erst roter Grund, dann grüne Blätter, dann brauner

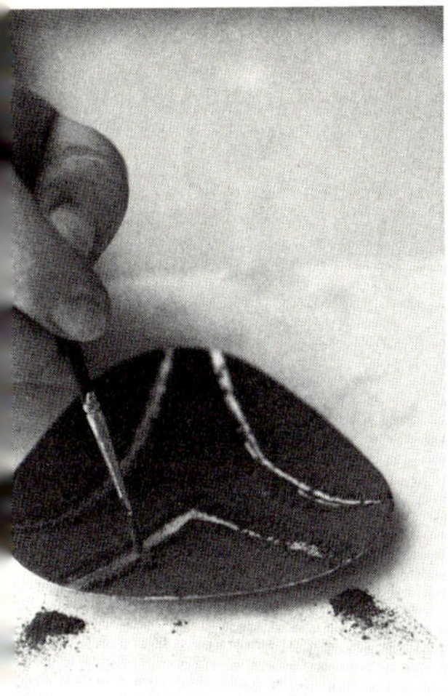

Überstreut man eine bereits eingebrannte Schicht mit Pulver, kann man darin mit einem Pinsel ein Motiv zeichnen, indem man das Pulver stellenweise wegfegt

Stengel. Zum anderen kann man aber auch alle Farben nacheinander aufstreuen und in einem Arbeitsgang brennen. Dazu braucht man jedoch einige Übung. Am Anfang ist es besser, erst eine dünne Grundschicht zu brennen und dann die Schmuckfarbe aufzustreuen. Da die emaillierte Fläche sehr glatt ist, bestreicht man sie vor dem Aufstreuen der nächsten Farbe mit Haftmittel (in Plastikflaschen zu kaufen). Mit dem Brennen darf man erst beginnen, wenn das im Haftmittel enthaltene Wasser verdunstet ist. Dazu stellt man das vorbereitete Stück in Ofennähe. Emailfarben sind nicht untereinander zu einer neuen bestimmten Farbe mischbar.

Ein weiterer Effekt bei mehrfarbigem Email besteht darin, eine Grundschicht, die bereits gebrannt ist, mit einer Kontrastfarbe zu überstreuen und in das Pulver Linien, die nicht zu fein sein dürfen, zu zeichnen. Nach dem zweiten Brand scheint die zuerst aufgebrannte Farbe als Zeichnung durch die zweite Schicht hindurch. Es ist ratsam, bei mehrfarbigem Email immer zuerst Gegenemail (s. S. 185) aufzubrennen, da die Emailschicht bei mehrfarbigen Arbeiten dicker ist.

Eine weitere Mehrfarbentechnik ist das Schablonieren. Auch hier sollte man zunächst die Rückseite emaillieren (s. Foto S. 186 oben). Danach wird die Schauseite einfabrig emailliert. Diese Schicht darf nicht zu dick sein. Dann schneidet man aus Papier oder Karton eine Schablone in der vorgesehenen Form und legt sie auf das Email.

Nun wird die ganze Fläche mit Emailpulver in einer Kontrastfarbe dünn aber deckend überstreut.

Nach dem Überstreuen nimmt man die Schablone mit einer Pinzette

Messingdosen mit Email-Deckelverzierungen (aufgeklebt). Links: Steg-Email, hinten: Tausendblümchen, vorn: Abziehbild-Dekor

So sieht die Emailplatte – hier für eine Zündholzschachtel – nach dem Brennen aus

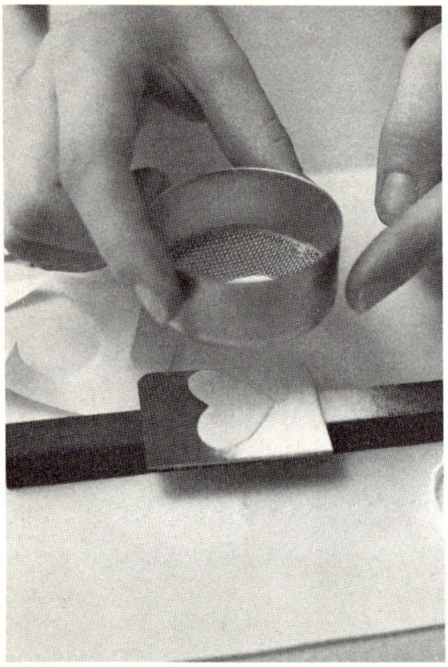

Eine Papierschablone wird auf eine bereits aufgebrannte Schicht gelegt und überstreut

Mit einer Pinzette wird die Schablone nach dem Überstreuen abgenommen, dann wird das Werkstück gebrannt

ab, ohne sie zu verschieben. Man kann auch vorher eine Stecknadel durch das Papier stechen, die Schablone mit dem Nadelkopf nach unten auf das Email legen und später die Schablone an der hochstehenden Nadel abheben.
Sollte etwas Emailpulver auf die abgedeckte Fläche rinnen, kann man es mit einem trockenen Aquarellpinsel wieder an den Rand fegen, so daß die Konturen sauber erkennbar sind.

Andere Emailsorten
Von den vielen Emailsorten, die es außer dem Pulver noch gibt, ist das Stückenemail am billigsten. Dabei ist es keineswegs minderwertig, seine Herstellungskosten sind nur geringer.
Beim Stückenemail wird die zuvor auf der Unterseite emaillierte gereinigte Metallfläche zunächst gleichmäßig aber dünn mit Emailpulver bestreut.
Danach legt man mit einer Pinzette Stück für Stück Emailbrocken darauf. Sie sollten nicht zu dicht liegen, sonst fließen sie beim Brennen zu sehr ineinander. Sind einzelne Stücke im Verhältnis zu den anderen wesentlich dicker, zerkleinert man sie vorher mit dem Hammer.

Stückenemail kann man mit einer Pinzette auf eine eingebrannte Emailschicht oder in das aufgestreute Pulver legen

Emaillieren von Gefäßen
Damit das Emailpulver an Gegenständen mit steilen Wandungen haftet, muß man das gereinigte Kupfer mit einem Haftmittel bestreichen, das es in kleinen Plastikflaschen zu kaufen gibt. Man kann jedoch auch selbst ein Haftmittel herstellen, indem man Tragantpulver (Drogerie, Hobbyladen) in destiliertem Wasser auflöst. Das hat den Vorteil, daß man nur jeweils soviel ansetzt, wie man gerade braucht. Käufliche Haftmittel verdunsten auch in der verschlossenen Flasche allmählich.
Nachdem man das Haftmittel mit dem Pinsel aufgetragen hat, bestreut man zuerst die steilen bzw. schrägen Teile des Rohlings. Dazu nimmt man ihn, ohne die zu emaillierende Fläche zu berühren, in die Hand und hält ihn so, daß die schräge Fläche möglichst waagrecht verläuft. Zum Schluß bestreut man den Boden. Bevor das Stück ge-

Links: Damit das Emailpulver auf steilen Flächen hält, bestreicht man sie mit einem Haftmittel (Tragant)

Rechts: Beim Aufstreuen hält man das Kupfer so, daß die zu bestreuende Fläche möglichst waagerecht verläuft

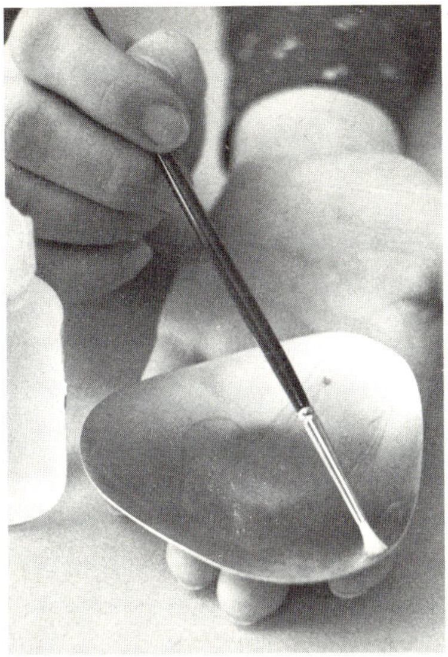

brannt wird, muß die im Haftmittel enthaltene Feuchtigkeit – am besten in Ofennähe – verdunsten, sonst platzt das Email später ab.

Steg-Email

Beim Steg-Email wird Draht, den man in bestimmte Formen gebogen hat, in eine farblose Emailschicht (Fondantpulver) eingebrannt. Die einzelnen durch die Drahtstege unterteilten Flächen können anschließend mit farbigem Naß-Email ausgefüllt werden. Naß-Email erhält man, wenn man Emailpulver mit destilliertem Wasser zu einem Brei anrührt, der mit dem Pinsel aufgetragen werden kann. Vor dem Brennen muß das Wasser aus dem Emailauftrag jedoch erst wieder verdunsten. Man kann auch eine einfarbig bestreute Fläche mit Drahtstegen beleben, ohne die entstehenden Zwischenräume andersfarbig auszufüllen.

Links: Für Steg-Email werden Teile aus gereinigtem Kupferdraht mit der Flachzange gebogen

Rechts: Die einzuschmelzenden Drahtteile kann man mit der Pinzette in das aufgestreute Pulver oder auf eine bereits gebrannte Emailschicht legen

Für Steg-Email verwendet man vorwiegend Kupfer-Flachdraht, der hochkant verarbeitet wird. Wichtig ist, daß der Draht immer reliefartig hervorsteht. Man biegt ihn am besten mit einer kleinen Flach- oder Rundzange. Mit den Fingern geht es zur Not auch.
Allerdings kann man auch Silberdraht nehmen (Vorsicht, er schmilzt bei 950 Grad Celsius). Vor dem Brennen müssen die Draht-Teile in einer Mischung aus 1 Tasse Weinessig und 2 Teelöffeln Kochsalz gereinigt und unter klarem Wasser nachgespült werden. Es ist nicht ganz einfach, die Draht-Teile genau zu plazieren. Fällt eines an die falsche Stelle, nimmt man es mit der Pinzette wieder auf. Nicht einfach verschieben! Damit das Emailpulver wieder zusammenrinnt, klopft man mit dem Finger von unten gegen den Rohling.
Nach dem Einschmelzen werden die hervorstehenden Drahtstege mit einem Schmirgelstift blank geputzt.

Seite 191: Emailplatten für Dosen, Gürtelverschlüsse, Broschen usw., mit aufgebrannten Abziehbildern verziert. Unten rechts: Teil eines Abziehbildes mit der Schere ausgeschnitten. Anleitung S. 193

Tausendblümchen, kombiniert mit Faden- und Stückenemail sowie einer Kupferdrahtschleife, wurden in olivgrünes Transparentemail eingebrannt. Temperatur: 800 Grad Celsius

Tausendblümchen

Tausendblümchen – runde Steinchen mit bunten Rosetten, Sternen oder Ringen – gibt es in Größen von 1 bis 15 Millimeter Durchmesser in unterschiedlichen Stärken. Man bekommt sie nach Größen sortiert in kleinen Glasröhrchen.

Es ist ratsam, für eine Arbeit, bei der mehrere dieser Blümchen verwendet werden sollen, Steinchen von möglichst ähnlicher Stärke (Höhe) auszusuchen, damit sie alle ungefähr zum gleichen Zeitpunkt zerfließen.

Auf einen mit Emailpulver bestreuten Rohling, der zuvor auf der Unterseite emailliert wurde (Gegenemail, s. S. 185) werden die Tausendblümchen einzeln mit der Pinzette aufgesetzt. Sie sollten nicht zu dicht stehen, sonst fließen sie ineinander – es sei denn, man beabsichtigt diese Wirkung. Tausendblümchen lassen sich mit fast allen

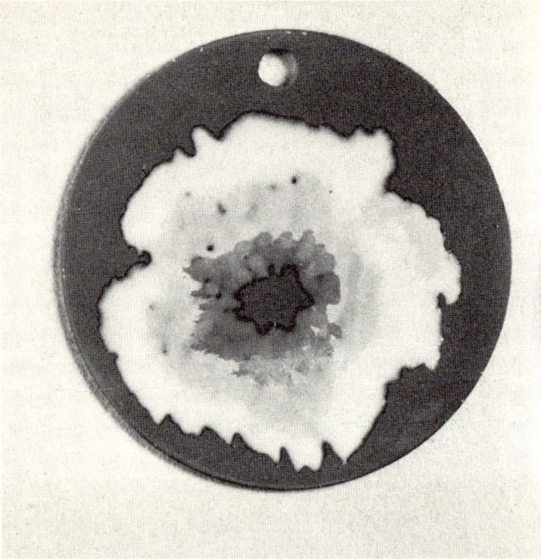

Links: Anhänger in Mal-Email – roter Mohn in verschiedenen Tönen auf blauem Grund

Rechts: Pillendose in Emailmalerei – rote Blüten, Blätter und Stengel in verschiedenen Grüntönen, mit Weiß schattiert

anderen Emailsorten z.B. Faden-, Kugel- und Stückenemail sowie mit Kupferdraht kombinieren.

Emailmalerei

Man unterscheidet zwei Grundtechniken: das Mal-Email und die Emailmalerei, die – ähnlich wie bei Porzellan – als Auf- oder Unterglasurmalerei ausgeführt werden kann.
Bei der Emailmalerei arbeitet man mit sogenannten Schmelzfarben, das sind Metalloxydfarben in Pulverform, die mit indischem Sandelholzöl zu einer geschmeidigen Masse angerührt werden. Man trägt sie mit dem Pinsel auf. Diese Farben sind aber nicht überall erhältlich. Hobbyläden haben sie meistens nur, wenn sie auch Zubehör für Porzellanmalerei führen – es sind zum Teil die gleichen Farben.
Bei der Emailmalerei kann man zwei Wege gehen. Entweder malt man direkt auf der gereinigten Kupferplatte und brennt nach 24 Stunden Trockenzeit eine transparente Emailschicht (Fondant) auf, das ist die Unterglasurmalerei oder Malerei mit Überfangbrand.
Oder man bemalt eine bereits gebrannte opake (undurchsichtige) Emailschicht und brennt die Farbe nach 24 Stunden bei mittlerer Hitze (Probe machen) direkt ein. Das ist die Aufglasurmalerei.
Beim Mal-Email wird Emailpulver mit destilliertem Wasser angerührt und mit dem Pinsel auf eine emaillierte Fläche aufgetragen. Nachdem das im Mal-Email enthaltene Wasser verdunstet ist, kann man die Arbeit brennen. Diese Maltechnik ermöglicht nicht so feine Konturen wie die Emailmalerei, ist für Anfänger aber besser geeignet.

Dekore mit Abziehbildern

Für alle, die nicht auf Email malen möchten oder können gibt es Spezial-Abziehbilder für Feueremail, die auf eine zuvor auf beiden Seiten emaillierte Arbeit aufgebrannt werden. Wichtig ist, daß die zu verzierende Fläche satt emailliert ist. Man muß eventuell zwei dünne Schichten nacheinander aufbrennen (nicht eine dicke Schicht allein, weil das Email leicht abplatzen würde). Das Abziehbild, aus dem man mit der Schere auch nur Teile herausschneiden und aufbrennen kann, wird zunächst in Wasser eingeweicht. Dann legt man es auf die

Das Abziehbild wird in Wasser eingeweicht

Auf die Schauseite einer beidseitig emaillierten Platte wird das Abziehbild gelegt und das Schutzpapier abgezogen

Mit einem saugfähigen Tuch tupft man das überschüssige Wasser ab und drückt das Abziehbild gut an

Auf einem Brennständer wird das vorbereitete Werkstück in den Ofen gesetzt

So sieht die weißgrundige Emailplatte mit dem eingebrannten Abziehbild nach dem Erkalten aus

absolut saubere emaillierte Fläche und zieht das im Wasser gelöste Schutzpapier ab. Mit einem saugfähigen Tuch wird das Bild, ohne es zu verschieben, angedrückt und das Wasser abgetupft. Danach legt man die vorbereitete Arbeit auf einen Brenneinsatz und schiebt sie in den Ofen. Das Bild muß unter Beobachtung der Arbeit eingebrannt werden. Sobald die Emailschicht glänzend wird und zu fließen beginnt, nimmt man das Werkstück aus dem Ofen. Kühlung und Reinigung der Kanten wie bei allen anderen Emailarbeiten.

Die zu einer Magnetplatte gehörenden Magnetknöpfe wurden mit emailverzierten Vögeln beklebt. Das Magnetblech wurde mit Selbstklebefolien beklebt, die die Magnetkraft kaum beeinträchtigen

Fehler und Ursachen	Behebung des Fehlers
Rauhe, unebene Oberfläche: Emailpulver nicht ausgeschmolzen, zu früh aus dem Ofen genommen	Nachbrennen, bis sich eine blanke glatte Fläche im Ofen zeigt
Das Email hat Risse und Sprünge: Verhältnis zwischen Emailauftrag und Metall nicht richtig, beide müssen etwa gleich dick sein	Falls noch nicht geschehen, Gegenemail aufbrennen, sonst noch einmal nachbrennen und langsam in Ofennähe abkühlen lassen. Zugluft vermeiden
Schwarze Löcher und Ränder: Emailpulver stellenweise zu dünn aufgetragen oder: Email zu lange gebrannt (durchgebrannt)	Größere Löcher mit Sandpapier oder einer Glaskratzbürste reinigen. Löcher mit Emailpulver nachstreuen, dann die ganze Fläche überstreuen und nachbrennen

Mit Farbschmelzpulver im Malverfahren hergestelltes Kupferbild. Die Schwäne wurden separat bearbeitet und aufgeklebt

Fehler und Gegenmaßnahmen

Der erste Brand wird vielleicht nicht gleich gelingen, denn man braucht beim Emaillieren einige Erfahrungen. Das Ergebnis einer Emailarbeit ist von der Temperatur, der richtigen Brenndauer und diese wiederum von der Stärke des Emailträgers, also des Metalls, abhängig. Die verwendeten Härtegrade spielen zudem noch eine Rolle, außerdem schmelzen die verschiedenen Emailfarben unterschiedlich; so brauchen die hellblauen und hellgrünen Töne länger als Rot, Gelb, Orange und Braun. Das Dottergelb ist z. B. weicher als das Zitronengelb, obwohl es sich bei beiden Emailsorten um mittlere Härtegrade handelt. Die meisten Emailpulver-Hersteller geben auf den Packungen den Härtegrad an.

Eine nicht auf Anhieb gelungene Arbeit ist meistens noch zu retten, indem man sie überstreut und nachbrennt. Die allgemeine Brenndauer liegt um 5 Minuten. Bis man die richtigen Werte im Griff hat, sollte man sich Brenndauer und -temperatur jeder gelungenen Arbeit notieren, z. B.: Karminrot, $4\frac{1}{2}$ Minuten, Temperaturstufe 8 (sofern man einen Temperaturregler hat). Die häufigsten Fehler, deren Ursachen und Behebung zeigt die nachstehende Tabelle. Sollte eine Arbeit nicht mehr zu retten sein, klopft man die Emailschicht mit dem Hammer ab und putzt das Metall mit dem Schmirgelstein.

Backofen-Email

Ein neues Farbschmelzpulver auf Kunstharzbasis macht es möglich, Kupferrohlinge mit Emaileffekt im Backofen oder auf einem kleinen

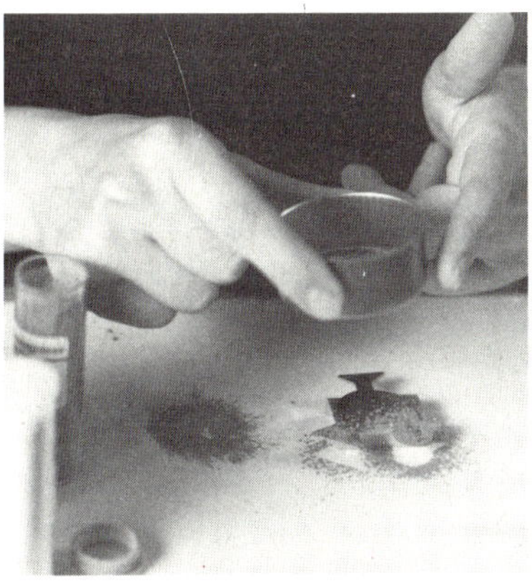

Zum Bestreuen mit Schmelzfarben legt man das gereinigte Kupferteil erhöht auf ein Stückchen Holz o. ä.

Der kleine Ofen wird mit Trockenbrennstoff (Esbit) geheizt

Sobald das Farbpulver zu einer glänzenden Schicht zusammenschmilzt, nimmt man es von der Brennstelle

Ein kleiner Brennsteg aus Blech erleichtert das Aufsetzen und Abnehmen des Werkstückes

Spezialofen mit nur geringer Heizleistung zu brennen. Es gibt Spezialöfen, die mit Trockenbrennstoff heizbar sind (s. Fotos Seite 195) oder mit elektrischem Anschluß (Efco und Uhlig). Diese Öfen kann man auch zum Schmelzen von Zinn und Granulat benutzen. Auch für Wachsschmelzarbeiten sind sie geeignet. Die Anschaffung eines solchen preiswerten Öfchens lohnt sich also für alle, die vielseitig sind.
Man arbeitet mit dem Schmelzpulver, das es in vielen Farben gibt, grundsätzlich wie mit Feueremail: das Kupfer muß vorher gereinigt werden, dann streut man das Pulver auf, läßt es auf der Ofenplatte ausschmelzen und danach abkühlen. Auch im Backofen bei 180 Grad Celsius schmilzt das Farbpulver auf dem Kupfer. Nach 15–20 Minuten Abkühlung ist die Schmelzschicht fest. Nachteile dieser Email-Effekt-Arbeiten: die aufgeschmolzene Schicht ist nicht so hart und kratzfest wie Feueremail. Vorteile: die Schmelzfarben sind untereinander zu neuen Tönen mischbar, der Brennvorgang ist relativ ungefährlich und kann auch schon von Kindern eingeleitet und überwacht werden. Allerdings ist für Kinder der kleine mit Trockenbrennstoff (Esbit) heizbare Ofen wegen der Sicherheit besser geeignet als Heizquellen, die mit Strom oder Gas betrieben werden.

Stein und Kunststein

Stein und Kunststein

Die Verwendung von Steinen beschränkt sich für Laien hauptsächlich auf Mosaikarbeiten. Naturstein ist das klassische Material für Mosaiken, jedoch lassen Kunststein und Glas wesentlich mehr Gestaltungsmöglichkeiten zu. Unter Kunststein versteht man im Zusammenhang mit Mosaiken alle nicht direkt aus der Erdkruste gewonnenen, künstlich hergestellten Materialien, zum Beispiel Klinker, Keramik und Glas, um nur einige zu nennen.

Mosaiktisch: Geschliffenes Glasmosaik, nach der indirekten Methode verlegt

Material und Werkzeug
Natursteine für Mosaiken sollen flach und möglichst farbig sein. Man findet sie an Fluß- und Seeufern, auf dem Feld und in Kiesgruben. Gewaschene, polierte Kiesel kann man in Beuteln abgepackt kaufen.
Glassteinmosaik (nicht zu verwechseln mit Glasmosaik) ist ein von Laien bevorzugtes Material, weil es infolge der gleichen Größe und Stärke der einzelnen Steine leicht zu verarbeiten ist. Man unterscheidet zwei Sorten: Italienisches Glasmosaik, Smalti genannt, das in 1,4 × 2 cm großen Rechtecken zu haben ist, und geschliffenes Glasmosaik, das man in 2 × 2 cm großen Quadraten oder als gebrochene Stücke nach Gewicht oder Anzahl kaufen kann. Bei beiden Glassteinsorten sind die roten Farben, die sich nur durch einen Zusatz von Goldspat erzielen lassen, am teuersten.
Glasmosaik ist ein Material, das man als Glaskuchen, den man selbst zerteilen muß, kaufen kann. Auch in einem Emailbrennofen geschmolzene Scherben von Industrieglas (Flaschen usw.) nennt man Glasmosaik. Ebenso Kunst- oder Kathedralglas, das es als Abfall beim Kunstglaser gibt.
Keramikmosaik nennt man kleine, fliesenähnliche Steine mit glasierter Oberfläche. Es gibt sie, auf Rupfengitter aufgeklebt, in etwa 20 × 30 oder 30 × 30 cm großen Platten zu kaufen. Solche Steine kann man auch aus Ton selbst herstellen und brennen.
Klinkermosaik sind gebrochene Wand- und Bodenplatten, die man als Bruch kaufen kann und selbst weiter zerkleinern muß.
Zum Verfugen von Mosaiken nimmt man entweder fertig gemischte Füllmasse (Moltofill), der man Wasser zusetzt, oder man mischt selbst Fugenmasse aus 8 Teilen feinem Sand, 2 Teilen Portland-Zement, 1 Teil Löschkalk und Wasser.
Sollen die Steine nicht direkt auf den Untergrund gesetzt, sondern in Zementmörtel eingebettet werden, so mischt man dazu 1 Teil Zement

Glassteinmosaik auf Holzgrund

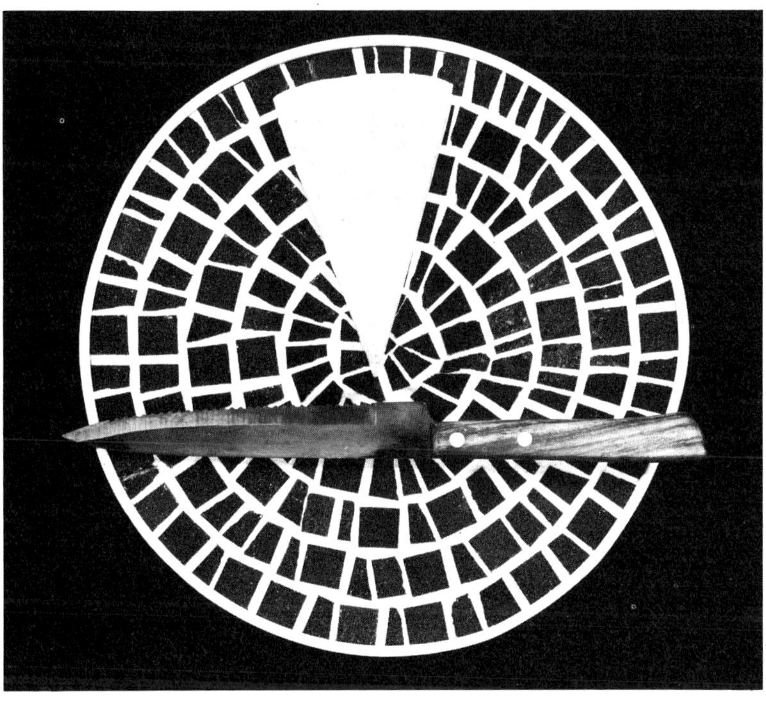

Mosaik aus selbstgemachten Tonsteinchen

mit 3 Teilen Sand gut durch und feuchtet die Masse mit Wasser an, so daß sie erdig ist. Man kann die Steine aber auch in etwas dickeren Brei aus Moltofill setzen. Für große Mosaikflächen muß man in das Zementmörtelbett eine Armierung mit eingießen. Dazu braucht man ein leichtes Drahtgitter (Stalldraht, Hühnerdraht).
Sollen die Steine direkt auf einen Untergrund (Träger) gesetzt werden, klebt man sie mit UHU plus auf. Als Untergrund kann man Preßspan, Eternit, Metall, Keramik oder kunststoffbeschichtetes Holz nehmen. Für kleinere Mosaiken kann man auch Tischlerleimplatte verwenden.
An Werkzeug braucht man außer einer Fliesenzange zum Zerteilen der Steine und einer kleinen Maurerkelle zum Verstreichen des Zementmörtels nichts. An Hilfsgeräten sollte man einen Teigschaber zum Ausfugen, einen großen Schwamm zum Reinigen der Mosaikoberfläche sowie einen Eimer und ein Rührholz zum Ansetzen des Zementmörtels oder der Füllmasse haben. Ferner ein Holzbrett zum Ebnen der Oberfläche (bei eingebetteten Steinen). Für Mosaiken, die nach der indirekten Methode verlegt werden (siehe Techniken) braucht man außerdem Rupfen (Sackleinen), dick angerührten Tapetenkleister und einen Flachpinsel.
Für Mosaikplatten, die keinen Träger haben, braucht man entweder einen Kasten oder einen Holzrahmen als Gießform, sowie Plastikhaut zum Auskleiden der Form.

Vorarbeiten
Jeder Mosaikarbeit sollte eine Motivskizze zugrunde liegen, besser noch ein ausgearbeiteter Entwurf in der Größe der zu bearbeitenden Fläche, denn nur so kann man sich den richtigen Eindruck von der späteren Wirkung des Mosaiks verschaffen. Bei der Motivwahl sollte

Mosaikplatten, Natursteine in Rahmen gegossen

man sehr zurückhaltend sein. Das Motiv muß klar abgegrenzte Felder haben, sonst ist es später nicht zu erkennen. Man kann beim Entwerfen zwei verschiedene Wege gehen, die beide werkgerecht sind: entweder fertigt man eine Reinzeichnung an, nach der man das Mosaikmaterial beschafft, oder man geht von dem vorhandenen Material aus und stellt danach das Mosaik zusammen.
Eine wichtige Vorarbeit ist das Zerteilen der Steine. Durch die neu gewonnenen Steinformen erhält das Mosaik erst seinen eigentlichen Reiz. Nie sollte man versuchen, ein Mosaik ausschließlich aus Steinen von einheitlicher Größe herzustellen. Zum Zerteilen braucht man eine Fliesenzange. Notfalls geht es auch mit einer nicht zu kleinen Kneifzange. Man setzt die Zangenbacken nur jeweils an der Kante eines Steins an und hält sie in Richtung auf die gewünschte Bruchstelle. Nicht mit der Zange ganz über den Stein greifen, das ergibt

Natursteinmosaik auf Eternitgrund

ungenaue Scherben und viel Abfall. Um das Herumfliegen von Splittern zu vermeiden, arbeitet man mit beiden Händen in einer großen Plastiktüte, die genügend Bewegungsfreiheit erlaubt. Die nächste Arbeit ist das Sortieren nach Farben und Formen. Bei größeren Flächen ist auch das Wiegen der Steine wichtig, damit man einen ausreichend kräftigen Träger beschafft. Zu dem Gewicht der Steine muß man noch einmal dasselbe Gewicht für das Zementmörtelbett hinzurechnen. Die Fugenfüllmasse macht etwa $^1/_{10}$ des Steingewichts aus.

Verschiedene Techniken

Es gibt mehrere Techniken zur Herstellung von Mosaiken. Welche man wählt, hängt einmal von dem Mosaikmaterial (Steinsorte) ab, zum anderen von dem Verwendungszweck des fertigen Mosaiks. Will man ein Schauobjekt machen, brauchen die Steine nicht so fest verankert zu werden, als wenn man einen Gebrauchsgegenstand mit Mosaik herstellt. Die folgenden Beispiele zeigen verschiedene Möglichkeiten, bei der einfachsten beginnend.

1. Man zeichnet das Motiv für das Mosaik direkt auf den Träger (Untergrund) und klebt die Steine, die man den Erfordernissen entsprechend mit einer Fliesenzange zerteilt, mit UHU plus auf den Untergrund.

2. Man zeichnet das Motiv in Originalgröße auf Papier und legt es ganz mit Mosaiksteinen aus, wobei die Schauseite der Steine nach oben zeigen muß. Danach bestreicht man ein großes Stück Rupfen mit dickem Tapetenkleister und legt es, ohne die Steine zu verschieben, darauf. Wenn der Kleister trocken ist, schneidet man den Rupfen in handliche Stücke, die man numeriert. Dann bestreicht man den Untergrund, die nun nach oben zeigende Rückseite der Steine, abschnittweise mit Kleber und legt sie der Numerierung entsprechend, mit dem Rupfen nach oben zeigend, auf den Untergrund. Nachdem der Kleber abgebunden hat und die Steine ganz fest sitzen, löst man den Rupfen mit Wasser und Schwamm ab. Man nennt diese Art die indirekte Methode.

3. Auf die gleiche Weise wie bei 2. beschrieben, werden auch für die folgende Technik Mosaiksteine mit Rupfen überklebt. Danach beschichtet man den Träger (Untergrund) etwa in halber Steinstärke mit Zementmörtel und rüttelt ihn, damit sich der Zement setzen kann. Sollte der Träger keine hochstehenden Kanten haben, muß man ihn mit ein paar Holzleisten, die man später wieder entfernt, umnageln. Anschließend setzt man, wie bei 2. beschrieben, die Steine Abschnitt für Abschnitt in das Mörtelbett und ebnet die Fläche mit einem Holzbrett so, daß alle Steine die gleiche Höhe haben. Überschüssiges Wasser saugt man mit einem Schwamm auf. Sollte ein Stein einsinken, schneidet man den Rupfenbelag an dieser Stelle auf, nimmt den Stein heraus, und füllt etwas mehr Mörtel in die Lücke. Dann setzt man den Stein wieder hinein. Danach läßt man die Arbeit ruhen, bis der Zement vollkommen erhärtet ist. Später entfernt man den Rupfen mit Wasser und Schwamm. Vorsicht, nicht zu früh damit beginnen,

Mosaik aus Glasstückchen und -streifen, die vor dem Verlegen auf der Rückseite mit Glasfarbe bemalt wurden

da man sonst leicht die Steine mit herausreißt. Sollte das trotzdem passieren, muß man die Stelle etwas auskratzen, gut anfeuchten und etwas Zementmörtel auffüllen, bevor man den Stein wieder einsetzt. Handelt es sich um eine größere Fläche, die mit Mosaik belegt wird, gießt man in den Zementmörtel ein Drahtgeflecht mit ein, das ringsherum 1 cm kleiner sein muß als der Untergrund. Anstelle des Zementmörtels kann man auch Moltofill verwenden.

4. Die folgende Technik eignet sich vor allem für Mosaikmaterial von unterschiedlicher Stärke, zum Beispiel Natursteine, selbstgemachte Keramiksteine, geschmolzenes Glas o. ä. Man nennt diese Technik direkte Methode oder klassische Manier:

Zuerst bringt man auf den mit einem Rahmen versehenen Untergrund eine Zementmörtelschicht auf, die halb so dick ist wie der dickste Mosaikstein aus dem Sortiment. Nach einer Rohskizze, nach der man das Material vorsortiert hat, werden die Steine, am Außenrand beginnend, zur Mitte hin direkt in das Mörtelbett gesetzt. Wird man an einem Tag nicht mit der Arbeit fertig, bedeckt man alles mit einem feuchten Sack, mehreren Lappen o. ä. und legt ein Stück Plastik darüber. Sind alle Steine eingesetzt, gleicht man den Höhenunterschied mit einem Brett, das man leicht daraufdrückt, aus. Sollte ein Stein zu weit hervorstehen, muß er ausgetauscht werden. Eingesunkene Steine müssen herausgenommen und mit mehr Mörtel untermauert werden.

5. Mosaikplatten (Mosaiken, die keinen besonderen Träger haben) stellt man wie folgt her: Aus Holzleisten nagelt man einen Rahmen in der gewünschten Plattengröße zusammen, legt ihn auf eine glatte, genau waagerechte Unterlage, die als Boden dient, und schlägt die so entstandene Form mit einem Stück Plastikfolie aus (man kann auch einen Kastendeckel als Form benutzen). Dann verteilt man innerhalb des Rahmens Zementmörtel oder Moltofill bis auf halbe Steinhöhe und setzt die Steine in das Mörtelbett. Entstandene Pfützen tupft man mit einem Schwamm ab. Dann läßt man den Mörtel langsam abbinden. Ein zu frühes Abbinden der Oberfläche verhindert man, indem man das Mosaik 1–2 Tage lang mit Plastik oder einem feuchten Tuch abdeckt. Durch diese Verzögerung wird erreicht, daß der Zementmörtel von innen nach außen trocknet, während sonst die abgebundene Oberfläche das Entweichen der im Mörtel enthaltenen Feuchtigkeit erschwert. Nach dem Trocknen wird das Mosaik entweder aus der Form gestürzt oder man nimmt den Rahmen auseinander.

Auf ähnliche Weise kann man auch transparente Mosaiken aus Glasstücken, Glaskugeln oder Glasperlen machen. Man legt dazu den vorbereiteten Holzrahmen auf eine Glasplatte, die man zuvor mit selbstklebender Klarsichtfolie bedeckt hat. Dabei liegt die Klebstoffseite der Folie nach oben. Auf die Klebschicht werden nun die einzuschließenden Glasstücke gelegt. Danach füllt man die Zwischenräume mit gut durchgeknetetem, jedoch nicht zu dünnflüssigem Moltofill aus. Man kontrolliert den Einguß von Zeit zu Zeit, indem man Rahmen und Glasboden etwas anhebt und von unten durch die Scheibe schaut. Die Glasstücke sollen überall gut von Füllmasse umschlossen sein. Notfalls drückt man um die Kanten herum mit dem Finger nach. Die aufgetragene Schicht darf fast so hoch sein wie die Steine dick sind. Nach 1–2 Stunden wischt man die beim Auftragen der Füllmasse verschmierten Glasstücke mit einem Schwamm vorsichtig ab. Dann läßt man das Mosaik trocknen und schleift die Füllmasse später mit einem Schleifpapier glatt. Sollten sich Luftlöcher zeigen, feuchtet man die Oberfläche etwas an und überstreicht sie mit dünn angerührter Füllmasse. Zum Schluß entfernt man den Rahmen und zieht von der Gegenseite des Mosaiks die Folie herunter.

Links: Beim Ausfugen beginnt man in der Mitte und verstreicht die Füllmasse zu den Kanten

Rechts: Sobald die Füllmasse angezogen hat, tupft man das überschüssige Fugenmaterial vorsichtig mit einem feuchten Schwamm ab

Das Ausfugen

Damit eine geschlossene Oberfläche entsteht, müssen die Zwischenräume zwischen den Steinen ausgefüllt (verfugt oder ausgefugt) werden. Das gilt für alle Mosaiken, die einen Untergrund (Träger) haben. Zum Ausfugen nimmt man fertig gemischtes oder selbst hergestelltes Füllmaterial (siehe Seite 199). Man beginnt mit dem Ausfugen in der Mitte der Arbeit, indem man einen größeren Klumpen Füllmasse auf die Steine legt und ihn mit einem Teigschaber oder einem ähnlichen Hilfsgerät zu den Seiten hin verstreicht und in die Zwischenräume drückt. Man muß immer wieder nachstreichen, damit die Fugen auch tatsächlich satt gefüllt sind und die gleiche Höhe wie die Steine haben. Nachdem die Füllmasse etwas abgebunden hat, tupft man das überschüssige Fugenmaterial schon vorsichtig mit einem Schwamm ab. Aber nur tupfen, nicht wischen, sonst wäscht man möglicherweise die Fugen wieder aus. Wartet man dagegen zu lange mit der Grobreinigung, ist das Säubern der Steine später recht mühsam. Müssen Fugen nachgearbeitet werden, feuchtet man sie gut an, bevor man sie neu mit Füllmasse dichtet.

Steinfiguren

Zum Kleben von Steinfiguren braucht man weder besondere Werkzeuge noch handwerkliche Kenntnisse irgendwelcher Art. Das wichtigste Material außer Steinen in verschiedenen Formen und Größen ist der richtige Kleber, der es ermöglicht, geklebte Steinplastiken ohne weiteres auch an die Wand zu hängen (s. Foto 206). Man nimmt zum Kleben von Steinen einen Kleber aus dem UHU plus-Programm, den es als endfest, schnellfest und sofortfest gibt. Für kleine und mittlere Steinfiguren reicht der Kleber UHU plus sofortfest völlig aus. Größere Brocken klebt man mit einem der anderen genannten Kleber. Die zu verklebenden Steine müssen trocken und absolut sauber sein. Es ist ratsam, aufgebaute Figuren während des Trocknens in eine Ecke zu stellen, wo sie von zwei Seiten Halt haben, und sie not-

Geklebte Steinfiguren

Wandplastik, aus Steinen geklebt

falls auch noch vorn an der freien Seite durch aufgestapelte Bücher o. ä. abzustützen, bis der Kleber erhärtet ist (die Aushärtungszeit steht auf der Packung des Klebers).

Perlen

Perlen

Die unzähligen Perlensorten, die auf dem Markt sind, lassen sich nur nach Werkstoffen: Porzellan, Keramik, Glas, Holz und Kunststoff oder nach ihren Formen: Walzenperlen, Kugelperlen, Stift- oder Stabperlen usw. in Gruppen zusammenfassen. Eine Ausnahme bilden die winzigen Rocailles (2,6 oder 3,5 mm Durchmesser), die besser unter der Bezeichnung „Indianerperlen" oder „Stickperlen" bekannt sind. Dieses Perlenmaterial, das oft schlecht sortiert und fehlerhaft in den Handel kommt, wird auch zum Perlenweben verwendet. Es ist in Glas, Porzellan und Holz zu haben.

Verarbeitungsmethoden

Perlen kann man aufsticken, aufnähen, auffädeln, einweben und einknüpfen, einhäkeln und einstricken oder auch aufkleben. Man kann sie zusammen mit textilem Fadenmaterial, mit synthetischen Fäden (z. B. Perlon), mit Lederstreifen oder mit Draht verarbeiten – wenn man von den zahlreichen experimentellen Kombinationen, wie sie Kunsthandwerker anwenden, einmal absieht. Beim Sticken unterscheidet man drei Arten: das freie Sticken, das fadengebundene Sticken auf Stramin, und das fadengebundene Sticken auf zählbarem Gewebe nach Zählmustern oder Kreuzstichvorlagen.

So müssen Stickperlen aussehen: gleichmäßig sortiert und ohne Bruch. Das ist vor allem für Perlenweberei wichtig

Freies Sticken

Diese Art der Perlenstickerei ist am einfachsten, weil man sich weder nach einer Vorlage noch nach dem Abstand der Gewebefäden des zu bestickenden Materials richten muß. Man arbeitet mit Nadel und Faden wie beim halben Kreuzstich: sticht von unten aus dem Stoff heraus, nimmt mit der Nadel eine Stickperle auf und sticht im Abstand der Perlenstärke rechts oberhalb der Ausstichstelle wieder nach unten durch den Stoff. Durch diese Arbeitstechnik haben die Perlen alle die gleiche Lage und ergeben eine ruhige geschlossene Fläche. Soll die Stickerei jedoch lebhaft wirken, sticht man wahllos auf und ab, so daß die Perlenbohrungen keine einheitliche Richtung aufweisen.
Da Stickperlen in der Menge recht schwer sind, empfiehlt es sich, den zu bestickenden Stoff vorher mit einem kräftigeren Gewebe zu unterlegen, um späteres Ausbeulen oder Verziehen zu vermeiden.

Die Stickvorlage für die Schildkröte wird auf Transparentpapier durchgezeichnet und mit Schneiderkopierpapier auf den Stoff übertragen

Aussticken eines Motivs

Man zeichnet das Motiv auf Transparentpapier oder anderes dünnes Papier durch und überträgt es dann mit Graphitpapier auf hellen oder mit hellem Schneider-Kopierpapier auf dunklen Stoff. Der Stoff wird in einen Stickrahmen gespannt. Ist er sehr dünn oder weich, unterlegt man ihn mit festerem Stoff und durchstickt beide Lagen. Bei der Schildkröte werden zuerst die Konturen des Panzers, dann die Einzelmotive gestickt. Zum Schluß kommen die Zwischenräume, sowie Kopf, Schwanz und Beine.

Sticken auf Stramin

Das Perlensticken auf Stramin ist einfach. Wichtig ist jedoch, daß Perlen und Stramin im richtigen Verhältnis zueinander stehen. Die Perlen müssen den Stramin nach dem Besticken völlig bedecken, ohne sich gegenseitig zu verdrängen. Sind die Perlen für den Stramin zu groß, wölbt sich die Stickerei später, die Konturen der Motivdetails werden ungenau. Sind die Perlen hingegen zu klein, ergibt sich kein geschlossenes Bild. Da es nur zwei Perlengrößen, dagegen aber viele Straminsorten mit unterschiedlichen Fadenabständen gibt, besorgt man immer zuerst die Perlen und kauft dann den passenden Stoff. Es gibt eingittrigen Stramin und Doppelgitterstramin. Beim eingittrigen Material sind alle Gewebefäden gleich weit voneinander entfernt, beim Doppelgitter sind es jeweils Fadenpaare, die waagerecht und senkrecht verlaufen. Auf beiden Straminsorten kann man mit Rocailles (Stickperlen) arbeiten. Man stickt einen halben Kreuzstich, wobei man zwischen Aus- und Einstich jeweils eine Perle auf-

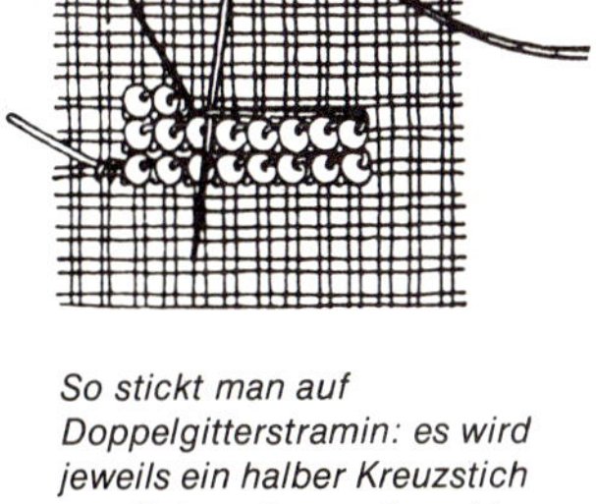

So stickt man auf Doppelgitterstramin: es wird jeweils ein halber Kreuzstich von links unten nach rechts oben gemacht

Schildkröte, mit Stickperlen nach einer Zeichnung auf grobem Gewebe gestickt

Nicht nur Bilder, auch ein Namensschild kann man mit Perlen aussticken und rahmen (Foto: F. C. Gundlach)

Perlenstickerei auf Stramingrund. Das Motiv wurde mit Filzstiften direkt auf den Stramin gezeichnet und nachgestickt

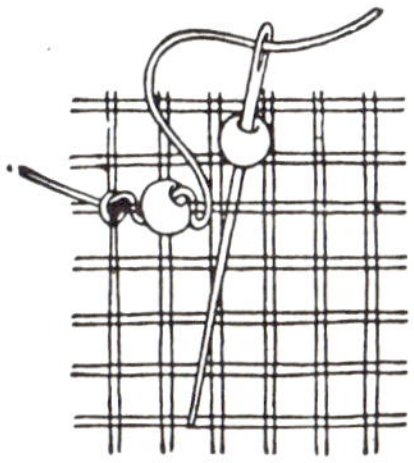

Eingittriger Grundstoff wird wie Doppelgitterstramin behandelt. Alle Perlen müssen die gleiche Lage haben

nimmt. Gestickt wird in waagerechten Reihen, unten links beginnend. Ist eine Reihe fertig, stickt man nicht zurück, sondern fängt wieder links an und arbeitet nach rechts. Die Zeichnungen links zeigen die Nadelführung beim Sticken auf Doppelgitterstramin (links) und auf eingittrigem Grundmaterial. Durch das Aufnehmen der Perlen bei jedem Stich geht viel Zeit verloren. Man muß bei einem Stickbild von 13 cm Breite eine Stunde für zwei Reihen ansetzen. Das Motiv kann man mit Filzstiften direkt auf den Stramin malen und dann nachsticken.

Fadengebundenes Sticken nach Zählmustern

Für diese Perlensticktechnik braucht man dichten groben Stoff mit zählbaren Gewebefäden. Je nach Dichte des Gewebes bzw. nach Stärke der Stickperlen (2,6 oder 3,5 mm) überstickt man mit einer Perle einen Faden oder zwei Fäden des Stoffes in diagonaler Perlenlage. Man arbeitet also wie beim Sticken auf Stramin, nur ist die Perlenstickerei nach Zählmustern auf grobem Gewebe keine flächenfüllende Arbeit, die gobelinartig das Grundgewebe überdeckt, sondern Perlen und Gewebe ergänzen einander. Als Zählvorlage kann man jedes Kreuzstichmuster nehmen, eigene Entwürfe auf Karopapier zeichnen oder mit dem kleinen x auf der Schreibmaschine tippen. Es ist einfacher, wenn man beim Entwerfen einer Stickerei kleine Einzelmotive wählt und diese dann zu einem größeren Motiv oder durch Reihung zu einem sich wiederholenden Muster (Rapport) zusammenstellt.

Halsbänder aus Perlenresten. Links und rechts: Lederband und Messingdraht mit Glasperlen. Mitte: Phantasieperlen auf gewachstem Bindfaden

Halsreif aus Messingdraht mit Metall- und Orientperlen. Der tropfenförmige Anhänger hängt mit einer Drahtöse in einem Verbindungsring, der aus einem flachgehämmerten Gardinenring besteht

Aufreihen von Perlen

Man sagt auch auffädeln oder aufziehen zu dieser einfachen Arbeit, die jeder aus seiner Kinderzeit kennt. Da man aber nicht nur Fadenmaterial sondern auch Draht nehmen kann, trifft der Begriff aufreihen am besten zu. Das Aufreihen nacheinander ist am einfachsten, jedoch gibt es auch hier nicht allein durch die Wahl der Perlen Variationsmöglichkeiten. Man kann z. B., wie hier gezeigt, Perlen auf einen gewachsten Bindfaden so aufreihen, daß der Faden sichtbar bleibt und einen Teil des Schmucks ausmacht. Die Perlen werden dabei zwischen Knoten an ihrem Platz gehalten.
Schon ein Perlenrest genügt, um daraus in Verbindung mit Lederband und phantasievoll gebogenem Messingdraht einen interessanten Halsschmuck zu machen (Foto links). Bei dem Halsreif darunter wurden sogenannte Orientperlen und ein flacher gelochter Stein aus gleichem Material mit goldfarbenen Metallperlen zusammen verarbeitet. Die Perlen wurden auf einen Halsreif aus Messingdraht gereiht, der Stein hängt an einer Messingdrahtöse, die wiederum in einen flachgehämmerten Gardinenring aus Messing sitzt.

Flächige Perlenarbeiten

Die bekanntesten flächigen Fädelarbeiten sind Untersetzer aus Walzenperlen, wie sie gern von Kindern hergestellt werden. Man kann aber auch aus Rocailles (Indianerperlen) hübsche Kleinigkeiten anfertigen.

Grundreihe: Man beginnt mit einer ungeraden Perlenzahl und sticht zum Wenden in die drittletzte Perle zurück

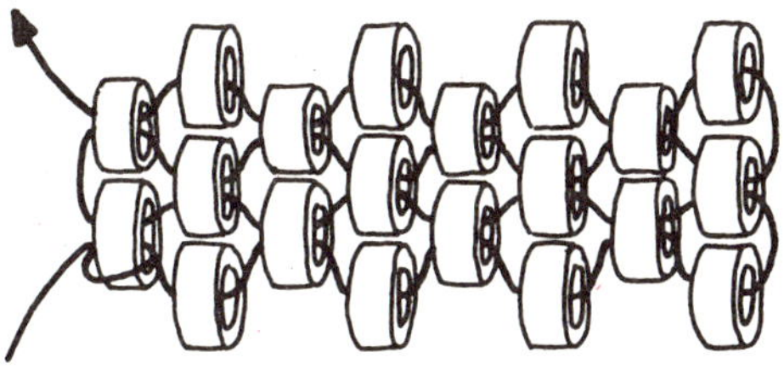

Anschlußreihen: man nimmt stets eine Perle auf den Faden, übergeht damit eine Perle der Vorreihe und sticht durch die folgende Perle. Die Verzahnungen ergeben sich von selbst

Die Fädeltechnik ist einfach: nachdem man den Arbeitsfaden um die Anfangsperle geknüpft hat (er wird später wieder gelöst und vernäht), reiht man so viele Perlen auf wie der Gegenstand breit werden soll. Es muß eine ungerade Zahl sein. Am Ende der Reihe geht man in die drittletzte Perle zurück (Zeichnung unten), nimmt eine neue Perle auf die Nadel und fährt mit der Nadel durch die übernächste Perle der Grundreihe. So fährt man fort, indem man jeweils eine Perle aufnimmt und durch jede zweite Perle der Grundreihe fährt. Am Ende der Reihe wendet man die Arbeit, so daß man wieder von rechts nach links gehend fortfahren kann, nimmt eine Perle auf und sticht durch die danebenliegende, die wie eine Zacke vorsteht. Von nun an fädelt man so weiter, wie es die Zeichnung oben zeigt, bis die Arbeit die gewünschte Größe hat.

Eine einfache Lampenkuppel mit einem Randwulst eignet sich gut zum Anbringen eines Perlenfransenbandes. Das Band wurde angefeuchtet, straff um den Rand gelegt und an den Enden zusammengenäht

So müssen die Perlenfransen am unteren Rand des Bandes sitzen: lückenlos nebeneinander

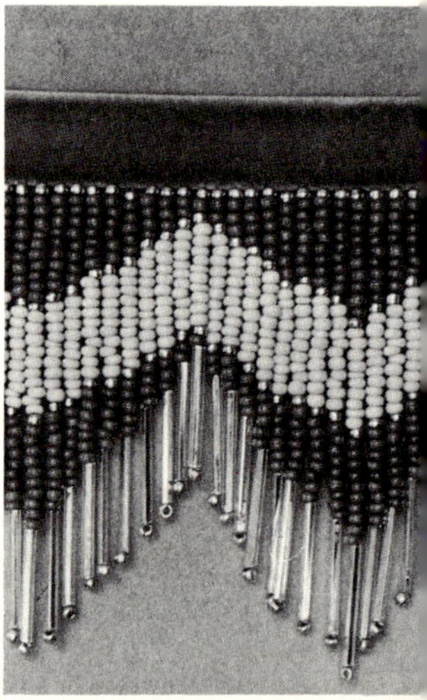

Perlenfransen

Perlenfransen kann man als Halsschmuck, Verzierung für ein Kleidungsstück oder eine Tasche oder als Kantenabschluß für einen Lampenschirm verwenden. Es gibt Perlenfransen, als Meterware zu kaufen (Gruco), jedoch sind sie recht teuer. Billiger, wenn auch zeitraubend, ist das Selbermachen. Vor Beginn fertigt man auf Karopapier ein Zählmuster an. Die Perlenfransen werden dem Zählmuster entsprechend aufgereiht, die Fransen an einem breiten Samtband (für Halsschmuck) oder an einem schmalen Band (für einen Kantenabschluß) befestigt. Den Materialbedarf kann man anhand des Zählmusters leicht feststellen. Für eine größere Arbeit – etwa einen Lampenschirm – rechnet man aus, wieviel Zentimeter ein Rapport (Mustersatz) einnimmt und wie oft der Rapport für den Lampenschirm-Umfang wiederholt werden muß. Zählt man die Perlen eines Rapports aus, braucht man diese Zahl nur mit der der Rapporte zu multiplizieren.

Das Auffädeln und Befestigen ist einfach: ein ausreichend langer Faden wird an der Unterkante eines schmalen Samtbändchens in einer zu den Perlen passenden Farbe befestigt. Nachdem man die Perlen für eine Franse aufgezogen hat, fährt man mit der Nadel durch die vorletzte Perle und alle weiteren Perlen wieder zum Ausgangspunkt zurück, befestigt den Faden am Samtbandrand mit zwei Stichen und überbrückt so den Abstand zur folgenden Franse. Die jeweils zuletzt aufgefädelte Perle am Ende jeder Franse ist die Halteperle. Ist der Nähfaden zu Ende, knotet man ihn so an, daß der Knoten in der Stiftperle sitzt. Die Enden hinter dem Knoten dürfen nicht zu knapp abgeschnitten werden.

Untersetzer, die weder rechteckig noch quadratisch sind, fädelt man von der Mitte ausgehend in waagerechten Reihen

Fädelarbeiten mit Walzenperlen

Walzenperlen kann man so auffädeln, wie auf Seite 213 beschrieben und gezeigt. Allerdings hat die dort beschriebene Methode einen Nachteil, der bei Verwendung kleiner Perlen nicht so ins Auge fällt: die Ecken sind ungleich. Es sieht immer so aus, als ob an zwei Ecken

Grundreihe: man arbeitet mit zwei Nadeln und wendet, indem man auf beiden Seiten in die jeweils drittletzte Perle zurücksticht

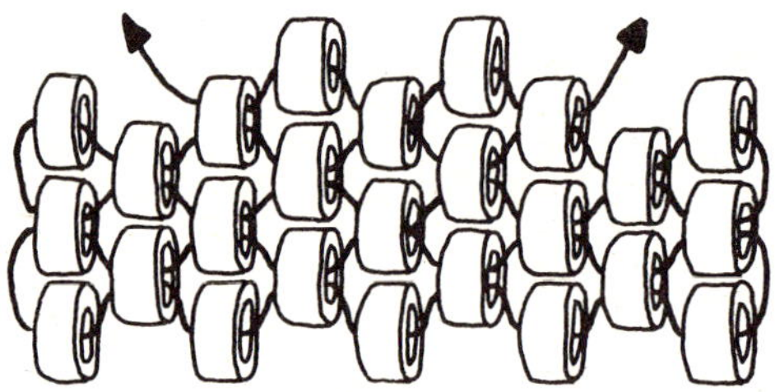

Anschlußreihen: man arbeitet auf die Mitte zu, kreuzt die Fäden dort und fährt nach außen fort

jeweils eine Perle fehlt. Bei der hier gezeigten Arbeitsweise, zu der man zwei Nadeln braucht, ist das nicht der Fall. Außerdem besteht die Grundreihe hier aus einer ungeraden Anzahl Perlen, was für bestimmte Muster unbedingt erforderlich ist. Zu Beginn der Arbeit fädelt man beide Enden des Fadens in je eine Nadel. Als Fadenmaterial eignet sich dünne Plastikschnur genau so gut wie gewachster, dünner Bindfaden oder Drachenschnur aus Perlon. Hat man eine ungerade Anzahl Perlen aufgezogen, fährt man an jedem Ende mit jeder Nadel so durch die dritte Perle, wie es die Zeichnung oben zeigt. Dann arbeitet man zunächst mit der einen, dann mit der anderen Nadel auf die Mitte zu, indem man jeweils eine Perle aufzieht, damit eine Perle der Grundreihe überspringt und in die folgende einsticht. In der Mitte kreuzen sich die Fäden aus beiden Richtungen in einer Perle und man arbeitet mit jeder Nadel separat auf den Rand zu.
Nach dem Wenden fädelt man wie beschrieben und auf der Zeichnung oben gezeigt, weiter. Die Fäden verlängert man, indem man sie so anknotet, daß der Knoten in einer Perlenbohrung verschwindet. Es ist wichtig, daß man den Faden gleichbleibend mäßig straff zieht. Da Walzenperlen oft nicht genau zylindrisch sondern konisch sind, muß man beim Fädeln darauf achten, daß die Perlen an solchen Stellen versetzt angebracht werden: auf das dickere Ende kommt in der folgenden Reihe eine Perle mit dünnerem Lochausgang.
Will man ein Sechseck oder eine andere Form fädeln, beginnt man mit der Mittelreihe, arbeitet erst die eine Hälfte der Form, dann, erneut an der Mitte ansetzend, die zweite. Das Abnehmen ist leicht: man läßt an Anfang und Ende jeder Reihe eine Perle weg. Formen und Muster für Perlenarbeiten in der beschriebenen Technik kann man auf Karopapier entwerfen.

Perlenhäkelei, Perlengestrick

Beim Einhäkeln und Einstricken von Perlen wickelt man das Garn auf zwei Knäuel. Auf das Garn des einen Knäuels fädelt man die Perlen wie bei einer Kette auf. Während man mit dem Garn des anderen Knäuels ganz normal häkelt oder strickt, nimmt man für jede Reihe oder Runde, die mit Perlen versehen werden soll, das Perlen-Knäuel. Man häkelt oder strickt so, daß eine Perle jeweils auf dem Verbindungsfaden von der einen zur anderen Masche sitzt (Zeichnungen rechts), also nicht mit durchgezogen werden muß.

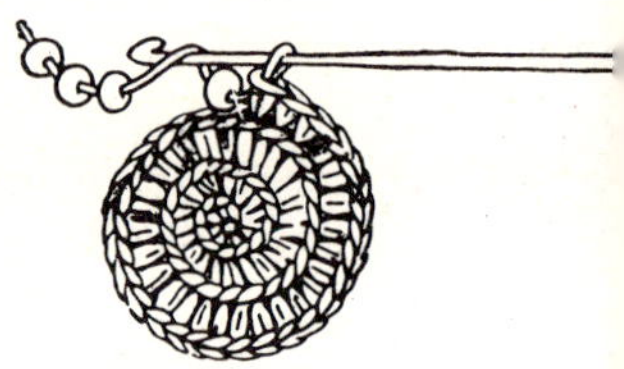

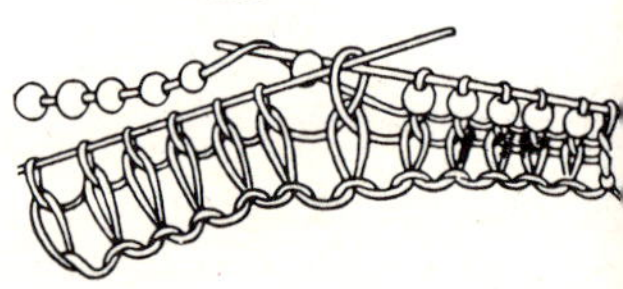

Beim Einhäkeln oder Einstricken von Perlen müssen die Perlen auf dem Verbindungsfaden zwischen den Maschen sitzen

Brillenfutteral aus rosa Baumwollgarn mit eingehäkelten blauen Glasperlen

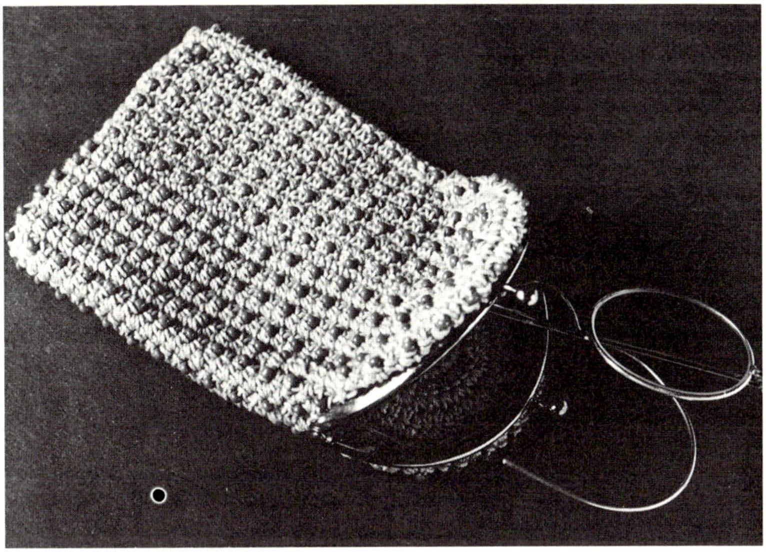

So muß eine Perlenweberei aussehen: die Kettfäden dürfen nicht sichtbar, der Rand muß gleichmäßig sein

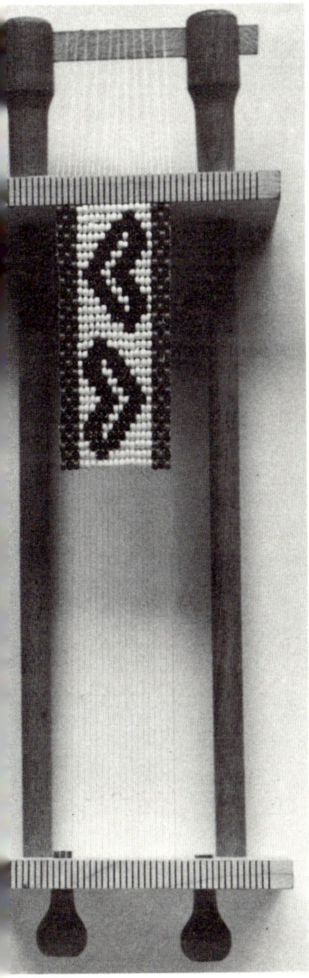

Perlenweberei

Es gibt im Handel zusammensetzbare Perlwebrahmen und auch ganze Hobbykästen zu kaufen, in denen alles Perlwebmaterial zusammengestellt ist (Indianische Perlarbeiten, Otto Maier Verlag Ravensburg). Man kann aber auch selbst einen kleinen Perlwebrahmen herstellen, indem man zwei Metallkämme (aus der Zoo-Handlung) außen auf die einander gegenüberliegenden Schmalseiten eines rechteckigen Holzkastens klebt. Zum Weben spannt man Fäden in Längsrichtung (wie eine Kette bei der Textilweberei), deren Abstände der Perlengröße möglichst entsprechen sollten. Auf keinen Fall dürfen sie zu dicht sein. Zu weite Abstände kann man durch Straffziehen des waagrecht einzuarbeitenden Perlenfadens etwas korrigieren. Es ist ratsam, die Kettfäden an beiden Kanten doppelt zu nehmen. Ist die Kette gespannt, wird das Ende des waagerechten Webfadens, der die

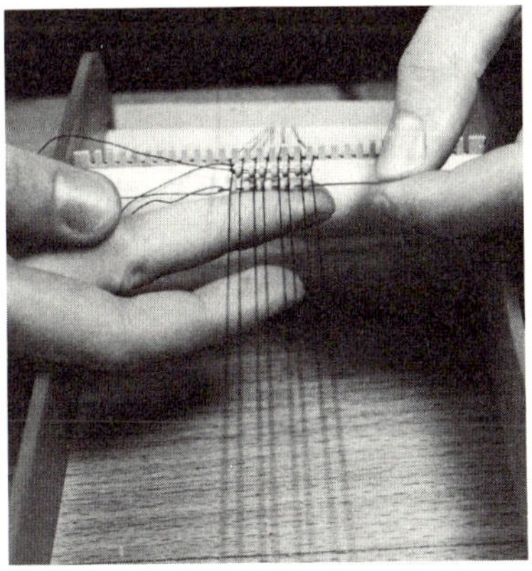

Man nimmt zum Weben eine den Kettfadenzwischenräumen entsprechende Anzahl Perlen auf die Nadel und hält diese unter die Kettfäden. Jede Perle muß zwischen zwei Fäden sitzen

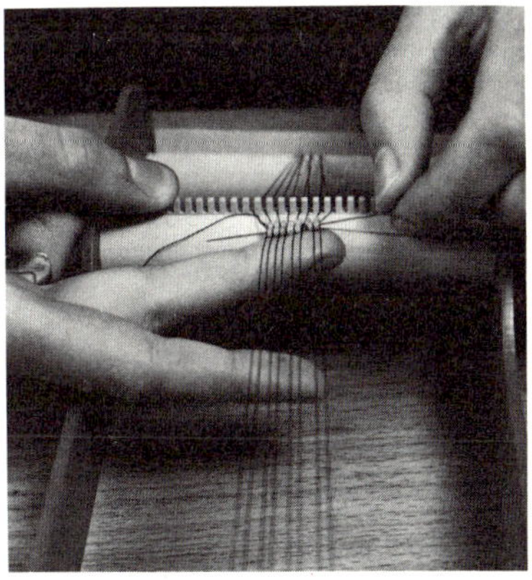

Über den Kettfäden fährt man noch einmal mit der Nadel durch alle Perlen, die man von unten mit dem Finger etwas hochdrückt

Perlen trägt, am äußeren doppelten Kettfaden der rechten Seite festgeknotet. Dann nimmt man eine den Kettfadenzwischenräumen entsprechende Anzahl Perlen auf die Nadel, die möglichst dünn und lang sein soll, und hält diese unter die Kettfäden. Mit dem Mittelfinger drückt man die Perlen in die Zwischenräume, hält sie fest und zieht den Faden durch. Nun fährt man zurück durch alle Perlen, und zwar oberhalb der Kettfäden (Seite 217). Dabei ist darauf zu achten, daß man alle Kettfäden auch wirklich überfahren hat, sonst sieht die

Perlencollage in direkter Methode. Ein Puppenfoto wurde mit Messingfolie eingerahmt (überdeckt und ausgeschnitten), die Messingfolie unter Glas eingerahmt. Die Perlen wurden auf das Glas den Ausschnittkonturen der Folie folgend geklebt

Fransenhalsbänder aus Stick- und Stabperlen

Arbeit fehlerhaft aus und die Perlen bleiben nicht an ihrem Platz. Der Faden wird so fest angezogen, daß die Perlen eine geschlossene Reihe ergeben, ohne daß die Kettfäden sichtbar sind. So arbeitet man weiter Reihe für Reihe, stets einmal unter der Kette entlang und einmal darüber durch die Perlen fahrend. Diese einfache Technik erlaubt es, nach ebenso einfachen Vorlagen zu arbeiten: Muster, die man auf Karopapier zeichnet, oder Kreuzstichmuster. Man kann auch Muster mit dem kleinen x auf der Schreibmaschine tippen. Nach Beendigung der Weberei werden die gespannten Kettfäden gelöst und einzeln vernäht.

Perlencollage

Bei Anfertigung einer Perlencollage (geklebtes Perlenbild) kann man zwischen zwei Methoden wählen: der direkten und der indirekten. Bei der direkten Methode werden die Perlen einzeln mit einer Pinzette auf den dafür vorgesehenen Untergrund gesetzt, der zuvor abschnittweise mit Alleskleber bestrichen wurde. Das Muster für das Perlenbild kann man direkt auf den Untergrund, der ja mit Perlen bedeckt wird, zeichnen. Klebt man die Perlen, wie bei dem Bild S. 218, auf Glas, kann man die Musterzeichnung mit Klebstreifen unter der Glasplatte befestigen. Die Perlen werden so auf den Untergrund gesetzt, daß die Bohrungen senkrecht stehen, also sichtbar sind. Einfacher ist die Arbeit jedoch, wenn man den jeweiligen Abschnitt, der in einer Farbe ausgefüllt werden soll, mit Kleber bestreicht und die Perlen auf den Kleber streut. Ist der Kleber trocken, dreht man die Platte um und fängt die überschüssigen Perlen, die nicht festgeklebt sind, auf einem großen Blatt Papier (Zeitung) auf. Allerdings läßt diese Methode keine genau abgegrenzten Konturen zu.

Für eine Perlencollage nach der indirekten Methode braucht man außer Perlen, die möglichst gleichmäßig hoch sein sollten, ein Stück Selbstklebefolie in der gewünschten Bildgröße, eine Preßspanplatte gleicher Größe und Weißleim (UHU coll) sowie eine Pinzette.

Collage aus Walzenperlen nach der indirekten Methode

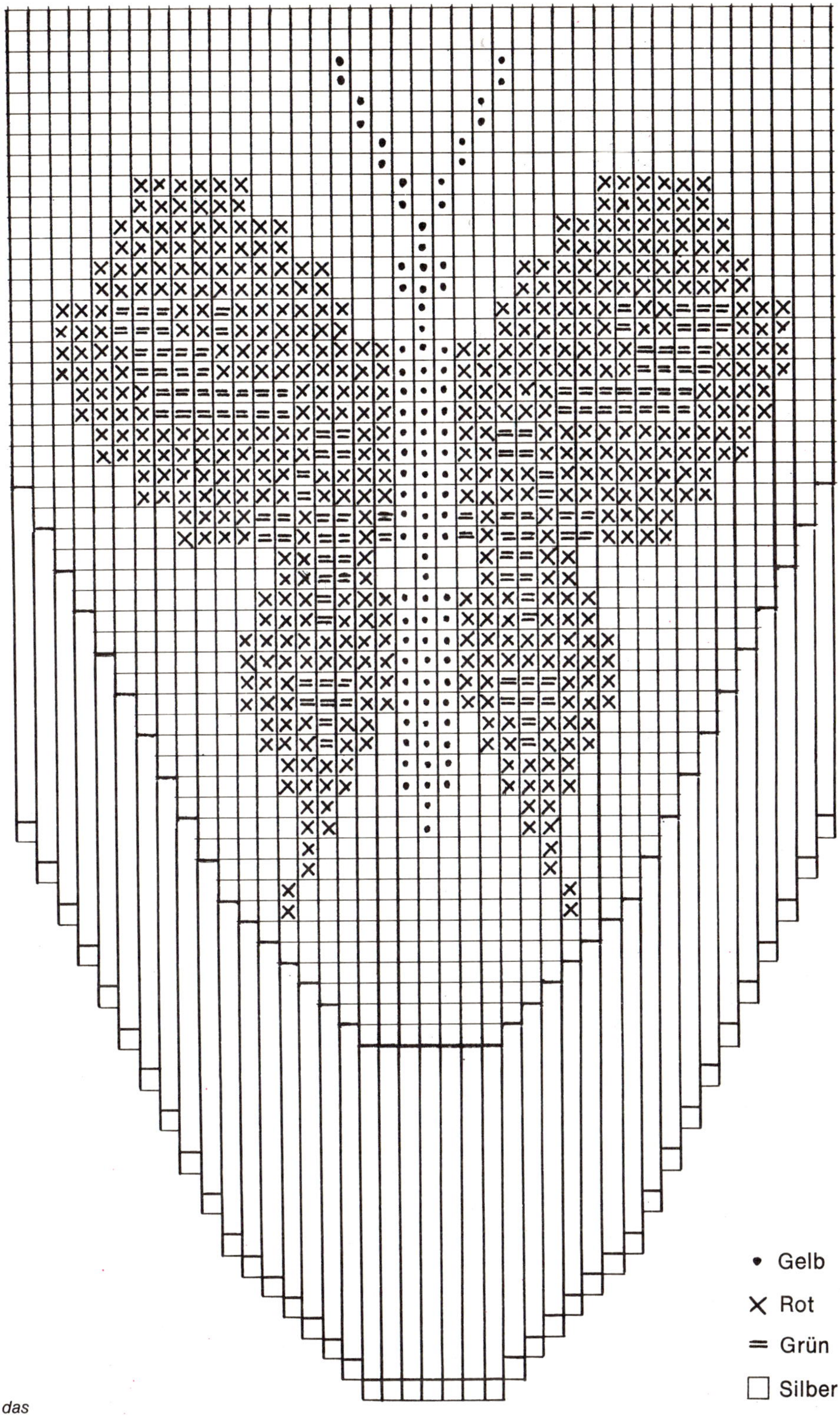

• Gelb

X Rot

= Grün

□ Silber

Zählvorlage für das Schmetterlingshalsband

Die Folie wird mit der Klebseite nach oben flach auf den Tisch gelegt. Auf diese Fläche setzt man dicht nebeneinander die Perlen, der Phantasie oder einer Vorlage folgend, mit der Lochseite. Die Perlenbohrungen sind also alle sichtbar. Die Pinzette benutzt man, um bereits gesetzte Perlen innerhalb der Fläche gegen andere auszutauschen, falls eine Korrektur notwendig wird. Ist die ganze Klebefolie dicht mit Perlen besetzt, streicht man die Preßspanplatte mit einer nicht zu dicken Schicht Weißleim ein und legt sie mit der Klebseite randgenau auf die Perlen. Ohne irgend etwas zu verschieben wird das Brett mit einem schweren Gegenstand belastet, bis der Kleber trocken ist – am besten über Nacht. Dann dreht man die Spanplatte um, prüft ob der Kleber auch wirklich fest ist, und zieht die Selbstklebefolie vorsichtig ab. Perlen, die sich eventuell gelöst haben, werden einzeln nachgeklebt. Zum Schluß leimt man eine Leiste als Rahmen um das Perlenbild.

Bevor man sich eine großflächige Arbeit vornimmt, sollte man an einem Probestück herausfinden, wieviel Perlen auf eine 10 × 10 cm große Fläche gehen, um einen Überblick über den Bedarf zu haben. Auch ist es ratsam, auf einem Brettchen auszuprobieren, wie dick die Klebstoffschicht sein muß, damit sie zwar die Perlen festhält, jedoch nicht in die Zwischenräume und durch die Bohrungen läuft.

Fenstervorhang aus runden und länglichen Glasperlen. Man kann auch Kunststoffperlen nehmen, die leichter und billiger sind (Foto: la maison de marie claire)

Fransenhalsbänder

Das Schmetterlingsband kann nach dem Zählmuster S. 221 gefädelt werden. Jedes Quadrat bzw. Zeichen steht für eine Perle, jeder Streifen für einen Glasstift. Material: Stickperlen in Gelb, Rot, Grün und Silber und milchweiße Glasstäbe. Alle Perlen sind transparent. Die Fransen werden wie auf Seite 214 beschrieben gefädelt und an einem 2 cm breiten Samtband befestigt. Anschließend wird das Samtband in Längsrichtung nach hinten bis zur Hälfte umgebogen und gegen die Unterkante der vorderen Hälfte geheftet. Das Band kann mit einem Halsband-Steckschloß, mehreren Haken und Ösen oder einem Druckknopf geschlossen werden.

Das Halsband mit dem Blütenmotiv kann nach dem Zählmuster für die Lampenschirmfransen auf Seite 225 gefädelt werden.

Perlenvorhang für ein Fenster

Der Fenstervorhang aus blauen und wasserhellen Glasperlen läßt sich in Länge und Breite beliebig variieren. Die große Zeichnung zeigt nur das Mittelmotiv, das man seitlich und unten durch den Gittergrund (Zeichnung rechts) ergänzen kann. Für den Gittergrund werden zunächst die Perlen auf Schnüre gereiht und dann waagerecht mit Perlenreihen verbunden. Der Materialbedarf hängt von der Größe der Perlen und Stifte ab. Am besten fädelt man aus den dafür vorgesehenen Perlen und Stiften ein 10 × 10 cm großes Probestück und zählt die Perlen danach aus. Die Fülle der Glasperlenstränge im oberen Bildteil, Wolken darstellend, erreicht man, indem man den Gittergrund darüber mit doppeltem Faden arbeitet und diesen anschließend teilt. Aus jeder senkrechten Gitterreihe werden dann zwei Perlenreihen.

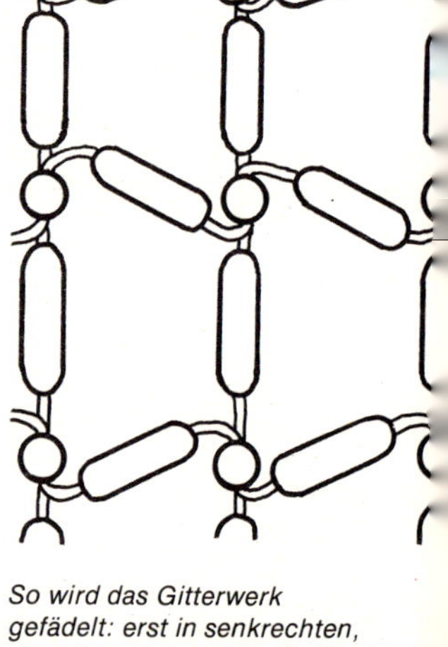

So wird das Gitterwerk gefädelt: erst in senkrechten, dann in waagerechten Reihen

Lampenschirm mit Perlenfransen

Für Perlenfransen, die einen Lampenschirm zieren sollen, nimmt man schmales Baumwollsamtband in der Farbe des Bezuges oder in der Farbe der Perlen, wenn diese stark abweicht. Das Band sollte

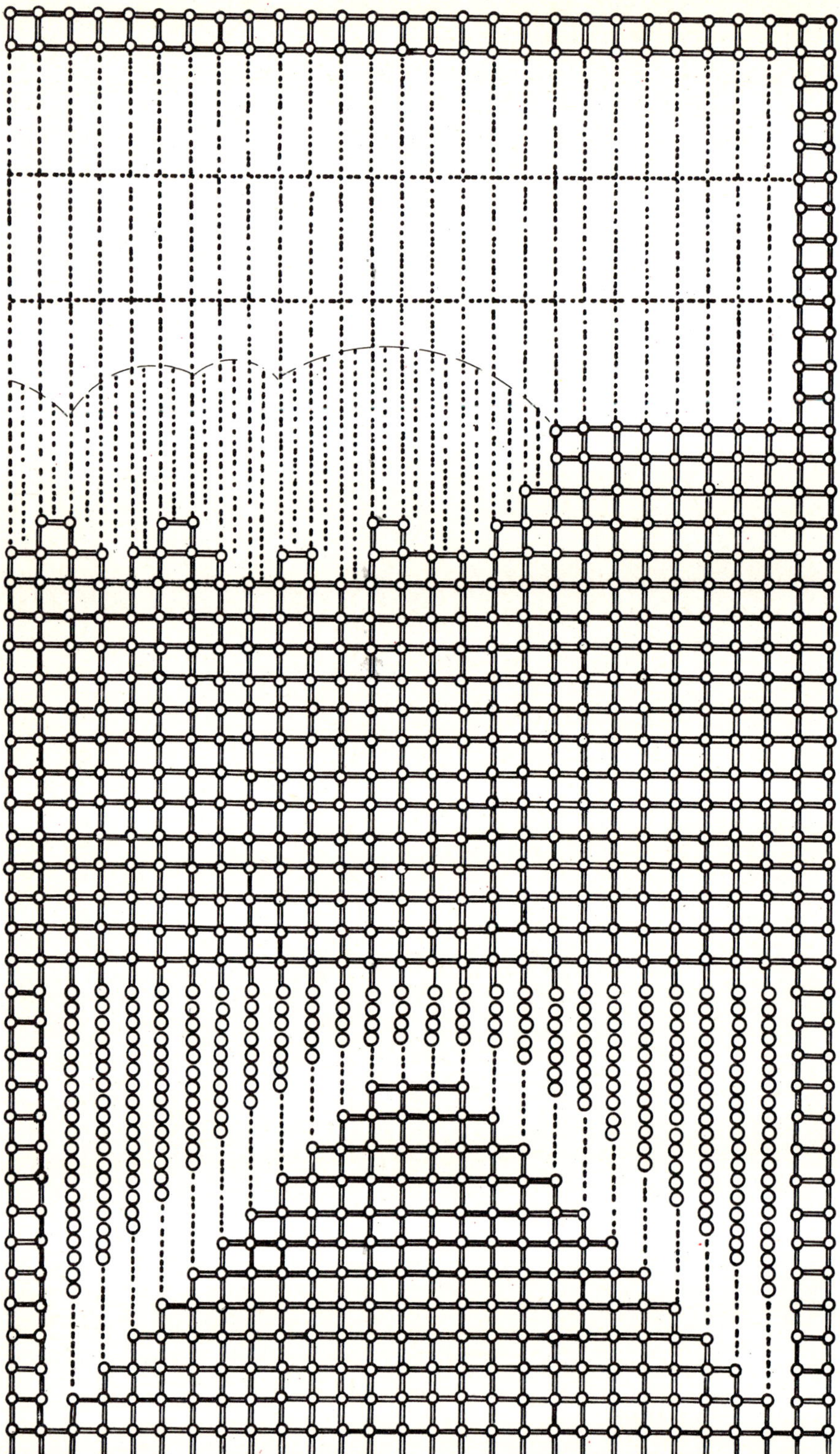

Fädelvorlage für den Vorhang Seite 223

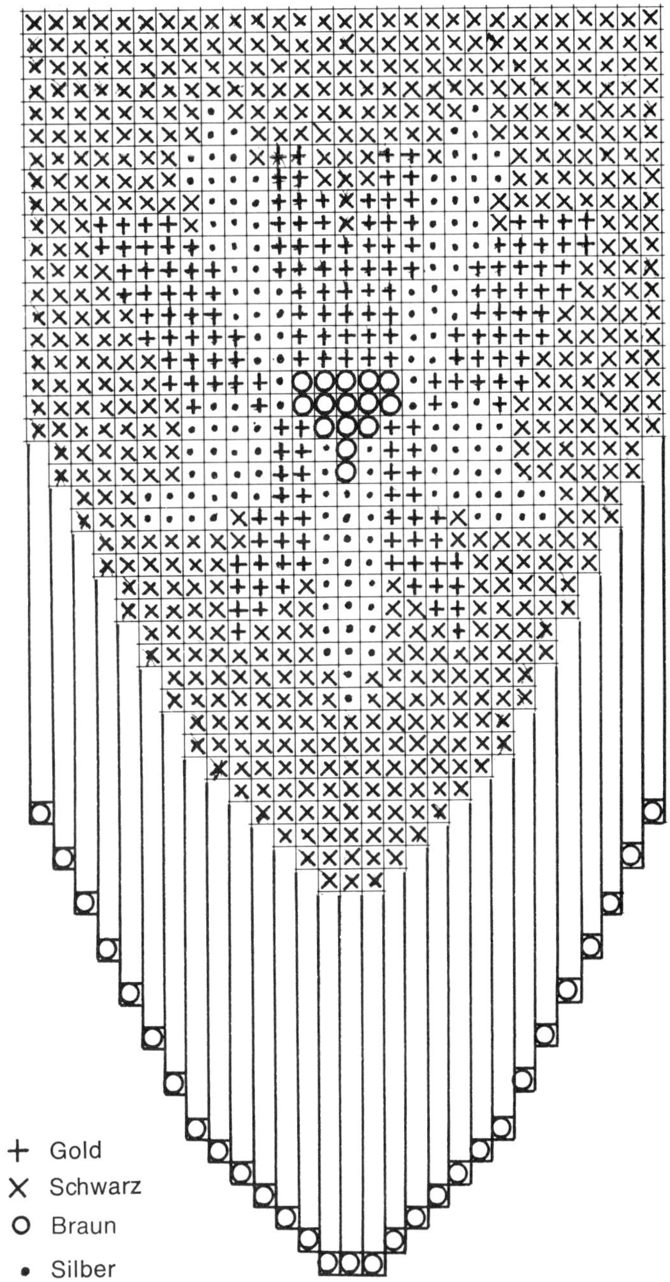

Zählvorlage für die Perlenfransen der Lampe und das Halsband auf Seite 219

Lampenschirm aus brauner Seide mit farblich passendem Perlenfransen-Abschluß. Man kann die Perlenfransen als Meterware kaufen oder nach der Zählvorlage selbst fädeln

etwa 3 cm länger sein als der Schirmumfang. Zum Zusammennähen läßt man am Anfang des Samtbandes 1 cm perlenfrei, am Ende bleibt so viel frei, wie es sich durch Abmessen und Ausprobieren ergibt. Material: Stickperlen in Braun, Schwarz, Silber und Gold sowie Glasstifte in Braun. Bis auf die schwarzen Perlen ist alles Material transparent. Zum Fädeln sollte man möglichst transparentes (Perlon) oder dunkles Fadenmaterial nehmen, damit die Stiche am Samtband wenig sichtbar sind. Gefädelt werden die Fransen nach dem Zählmuster Seite 225. Jedes Zeichen steht für eine Perle bzw. einen Glasstift. Den Lampenschirmbezug kann man, der Form des Gestells folgend, im Prinzip so nähen wie die Filzlampe auf Seite 294. Anstelle der unteren Bogenkante schneidet man den Rand gerade, biegt ihn nach innen um den Lampenschirmrand und näht ihn mit kleinen Stichen fest. Diese Stiche können außen ruhig sichtbar sein, sie werden durch das Samtband, das man anschließend außen annäht, verdeckt. Da die Perlenfransen recht schwer sind, muß das Samtband sowohl an der oberen als auch an der unteren Webkante am Lampenschirm festgenäht werden, sonst hängt es möglicherweise ungleich durch.

Kleingeldbörse, nach der auf Seite 213 beschriebenen Einfaden-Methode gefädelt

Kleingeldbörse

Für die Grundreihe fädelt man 39 Stickperlen nach dem Farbschlüssel zur Zeichnung rechts auf, sofern man nicht andere Farben nehmen möchte. Für jede Perle steht ein Zeichen auf dem Zählmuster. Da jede zweite Perle der Grundreihe durch die folgende Reihe hochgezogen wird, muß man diese Perlen beim Fädeln der ersten Reihe berücksichtigen. Man beginnt also: 2 Gelb, 3 Grün, 5 Gelb, 2 Grün, 1 Weiß, 2 Grün, 4 Gelb, 1 Weiß (Mitte der Reihe) usw. Die Grundreihe endet mit einer grünen Perle, die nach dem Wenden die Anfangsperle der zweiten Reihe bildet. So arbeitet man weiter in Hin- und Rückreihen. Für die Börse muß man zwei Rhomben hintereinander fädeln (hier nur eine Rhombe gezeigt), bevor man die dritte Rhombe als Spitze arbeitet. Die Spitze bildet sich, wenn man die

Zählmuster für die Kleingeldbörse

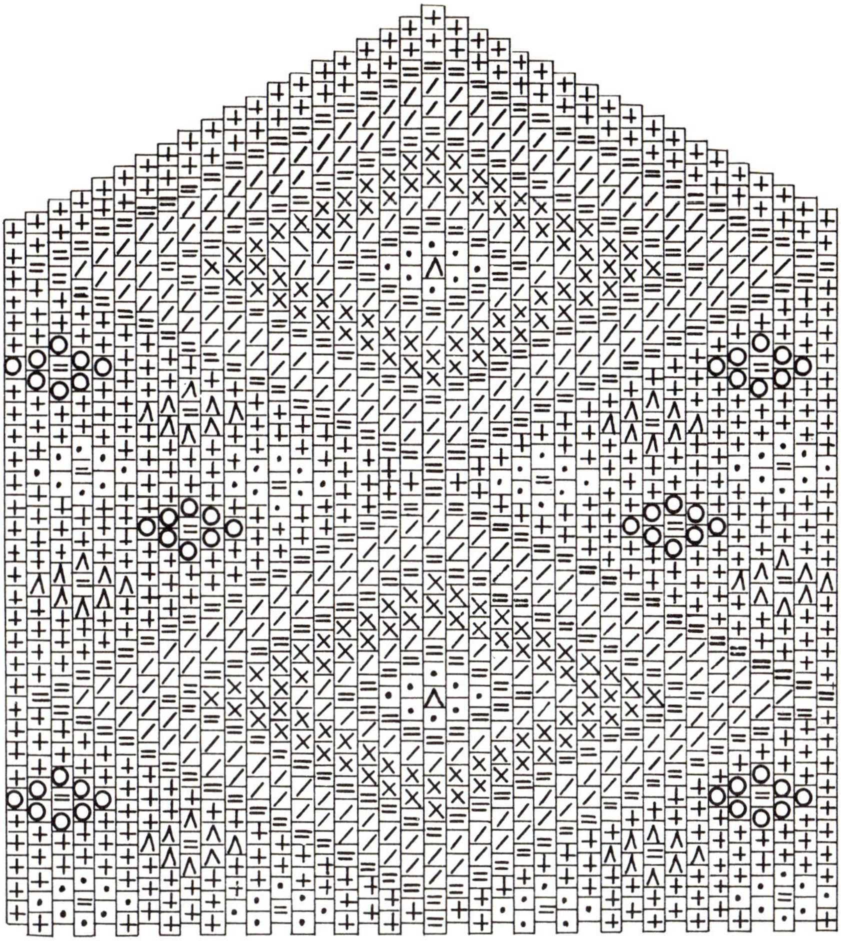

- \+ Gelb
- / Rot
- × Blau
- ∧ Orange
- ○ Türkis
- = Weiß
- • Grün

Decke aus knapp erbsengroßen Glasperlen, von der waagerechten Mittelreihe ausgehend gefädelt. Fertigmaß: 19 × 23 cm

Wendeperle am Ende jeder Reihe fortläßt und den Faden einfach über die Perle der letzten Reihe führt. Zum Zusammennähen der Börse faltet man die untere Rhombe auf die mittlere und schließt die Seitennähte, indem man durch die Wendefäden näht.

Perlendecke

Die Glasperlen für die dekorative Perlendecke Seite 227 sind knapp erbsengroß. Mit dem Fädeln nach dem Zählmuster darunter beginnt man bei der mittleren waagerechten Reihe. Das Zählmuster zeigt 2 Reihen senk- und waagerecht mehr als 1/4 der Decke. Zuerst wird die eine Hälfte in waagerechten Reihen wie eine halbe Rhombe gefädelt. Die zweite Hälfte arbeitet man anschließend ebenfalls von der Mittelreihe ausgehend gegengleich. Danach werden die beim Fädeln nicht ausgeführten Rundungen der Ecken dem Zählmuster entsprechend ausgeführt. Zum Schluß fädelt man die Bogenkante aus 8 Perlen je Bogen, und zwar werden 7 Perlen für den eigentlichen Bogen benötigt, die 8. Perle dient als Verbindung zum Rand der Decke und zum folgenden Bogen. Man fährt mit der Nadel durch diese Perle, dann in den Rand der Decke und wieder durch diese Perle zurück, bevor die Perlen für den nächsten Bogen aufgereiht werden. Mit jedem Bogen werden 4 Perlen des Deckenrandes übergangen.

Zählmuster für die Perlendecke. Man arbeitet die fehlenden Seiten gegengleich (hier 1/4 der Decke + 2 Reihen waagerecht und senkrecht)

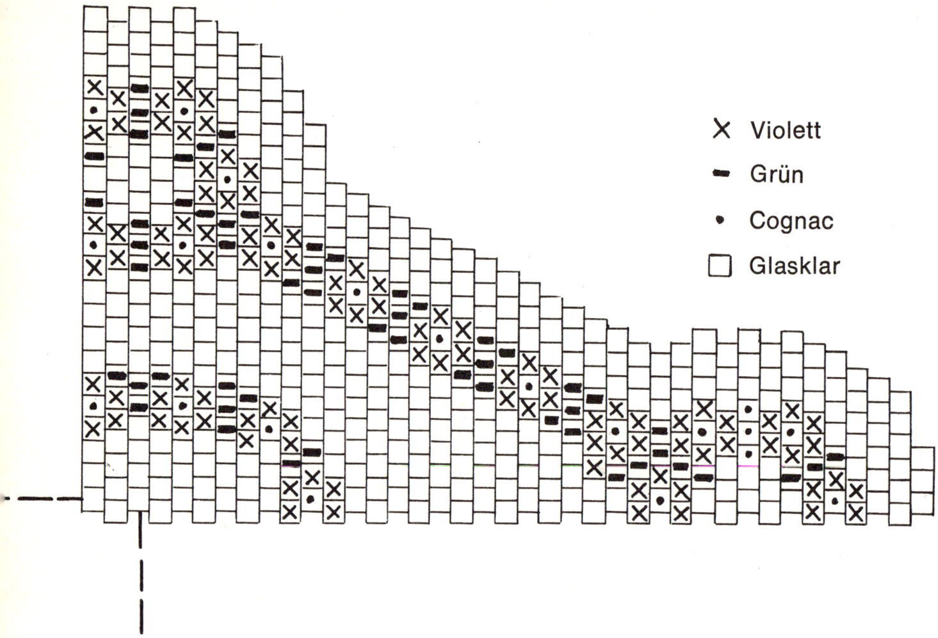

Kunststoffe

Kunststoffe

Alle nicht natürlichen Werkstoffe nennt man Kunststoffe. Es gibt unzählige Kunststoffarten, deren Bestimmung eine Wissenschaft für sich ist. Die für Hobbyzwecke in Frage kommenden Kunststoffe gehören zu der großen Gruppe der Duroplaste, Thermoplaste und Elaste. Im allgemeinen werden Kunststoffe von Laien einfach Plastikmaterial genannt.

Thermoplast-Material Lupolen

Dieses Material, das es in verschiedenen Härtegraden und zahlreichen Farben gibt, ist für den Bastler nur in Form von sogenannten Kunststoffplatten und -resten interessant. Es ist härter und spröder als das für Haushaltswaren (Eimer, Wannen, Schüsseln) verwendete Plastikmaterial und läßt sich sägen, ritzen, feilen und schleifen. Man kann es durch wohldosierte Hitzeeinwirkung verformen.

Broschen, aus Kunststoffresten (Lupolen) ausgesägt, geschliffen und bemalt. Nadel rückseitig angeklebt

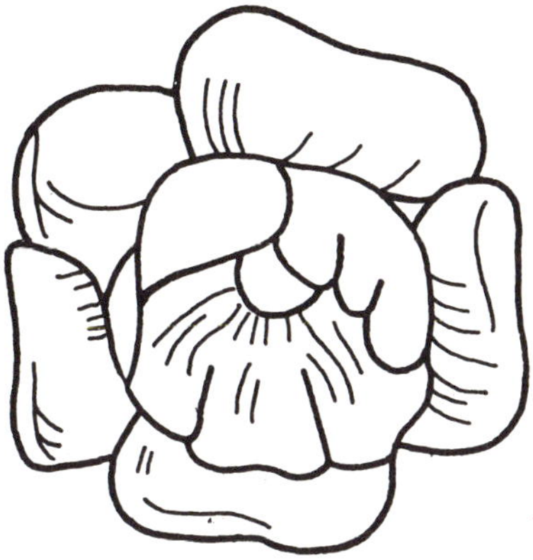

Muster für die Brosche in Originalgröße zum Nacharbeiten

Broschen aus Lupolen

Blüte und Möwe wurden mit der Laubsäge (Metallsägeblatt) aus weißem Kunststoff, 1,5 mm stark, ausgesägt und an den Kanten gefeilt. Dann wurden die Sägekanten über einer Flamme erwärmt, bis der Kunststoff an den rauhen Stellen glänzend wurde. Vorsicht: nicht zu nahe an die Flamme (Kerze oder Gas) halten, sonst brennt das Material an. Anschließend wurden die Broschen mit wasserfesten Filzschreibern (edding) bemalt. Kratzspuren, die bei der Bearbeitung entstanden sind, kann man mit Acrylglas-Polierpaste entfernen. Die Zeichnung oben rechts zeigt die Vorlage zum Nacharbeiten der Blüte in Originalgröße.

Taschenverschluß aus Lupolen

Ein Rest Kunststoff, 2 mm stark, in Schwarz wurde oval ausgesägt. Aus weißem Lupolen gleicher Stärke wurden die beiden Blüten und

Taschenverschluß aus einer oval gesägten Kunststoffplatte, auf die Blüten und Blätter aufgeklebt wurden

Blätter ausgesägt und – wie bei den Broschen – über einer Flamme an den Sägekanten geglättet. Blätter und Blüten wurden mit wasserfesten Filzstiften bemalt. Man kann auch DEKA color nehmen. Mit einem Spiralbohrer wurden an beiden Seiten Löcher in die ovale Platte gebohrt, und die Platte wurde so auf die Taschenklappe genäht, daß sie um Druckknopfbreite über den Rand steht. Auf der Unterseite klebt man zum Schluß mit UHU plus eine Druckknopfhälfte fest.

Styropor

Styropor ist ein besonders leichter, spröder Kunststoff, der hervorragend isoliert. Es gibt ihn in verschiedenen Formen, wie Kugeln, Würfeln, Kegeln und Ringen sowie als Platten in verschiedenen Stärken

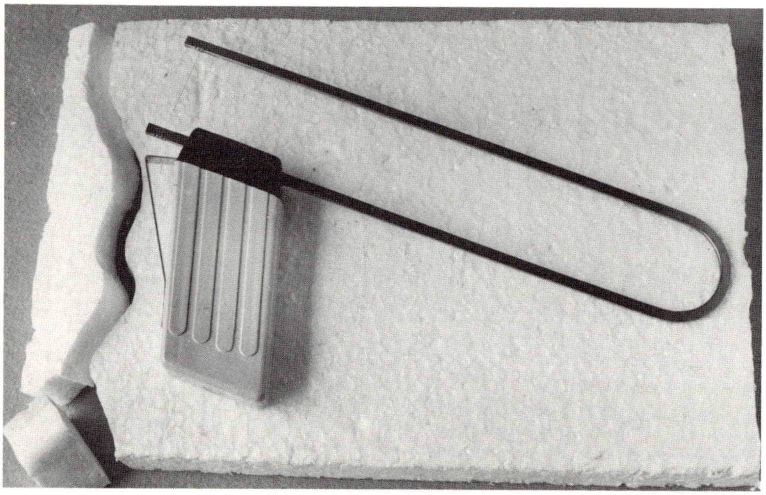

Batteriebetriebene Thermo-Säge zum Schneiden von Styroporplatten

Elefantenfamilie, aus Styropor ausgesägt und mit DEKA Ziermatt bemalt

zu kaufen. Styropor kann man entweder mit einer scharfen Klinge oder mit einem heißen Draht zerschneiden. Bei häufigeren Arbeiten mit diesem Werkstoff empfiehlt sich die Anschaffung einer sogenannten Thermo-Säge, ein meistens batteriebetriebenes Gerät, das einer Laubsäge ähnelt, jedoch statt des Sägeblatts einen Heizdraht hat. Styropor-Sägen sind billig und auch von Kindern schon gefahr- und problemlos zu handhaben. Styropor läßt sich kleben, jedoch nur mit einem Spezialklebstoff, der das Polystyrol (die Ausgangsbasis des Materials) nicht angreift. Gut bewährt hat sich UHU por.

Tauchlack

Ein verhältnismäßig junges Kunststofferzeugnis ist der Tauchlack. Es handelt sich dabei um einen lackartigen, zähflüssigen Kunststoff-Film von hoher Elastizität, den es in vielen untereinander nur bedingt mischbaren Farben gibt. Die rasch trocknende Plastikschicht ist hauchdünn und sehr empfindlich. Man kann sie durch Eintauchen in einen Spezial-Härter widerstandsfähiger machen. Tauchlack wird einstweilen noch ausschließlich im Hobbybereich für dekorative Arbeiten verwendet.

Die Arbeitsweise mit Tauchlack

Dünnes Drahtmaterial, das man mit den Händen zu einer beliebigen in sich geschlossenen Form biegt, wird in den Lack getaucht, so daß sich der Lackfilm zwischen den Drahtkonturen flächig spannt. Dann steckt man den Draht in ein Stückchen Styropor und läßt den Lack trocknen. Nach dem Trocknen taucht man die Teile in farblosen Härter und läßt sie abermals trocknen (das geht sehr schnell). Danach kann man die einzelnen lackbespannten Drahtteile beliebig zusammenstellen und auch noch leicht verformen. Aus den Teilen lassen sich Fensterbilder, Blüten, Kränze oder Sträuße machen.

So arbeitet man mit Tauchlack: in sich geschlossene Drahtformen werden in Lack getaucht und zum Erstarren in eine Styroporplatte gesteckt

Blattformen, mit transparentem und opakem Tauchlack überspannt, eignen sich gut zum Zusammenstellen von dekorativen Blüten, die man als Ansteckschmuck verwenden kann

Tauchlack-Herzen wurden um einen mit Alufolie kaschierten Styroporkranz angeordnet

Viele kleine Blüten, aus Einzelformen zusammengebunden, und unterschiedlich große Blätter braucht man, um einen solchen Wandschmuck herzustellen. Die Drahtenden stecken in einem Styroporkranz

Polystyrol-Granulat

Schmelzgranulat – kleine Polystyrol-Körnchen – gibt es in zahlreichen leuchtenden Farben. Man bekommt es in kleinen Probierbeuteln oder Großpackungen zu 250, 500 und 1000 Gramm. Für den Anfang sind 250 g-Packungen am besten geeignet. Das Granulat wird in einem normalen Haushalts-Backofen oder auf einer Wärmeplatte mit einer Heizleistung von 240 Grad geschmolzen. Vorsicht bei offener Flamme (Gas), das Material fängt leicht Feuer, ist jedoch rasch wieder durch Ausblasen gelöscht.
Als Schmelzformen braucht man ungeprägte Blechdeckel mit aufgebogenem Rand (Eindrückdeckel) oder Spezialformen, die es billig in verschiedenen Größen – rund und eckig – zu kaufen gibt.
Werkzeuge braucht man zunächst nicht. Die wenigen Hilfsmittel, die benötigt werden, hat man meistens im Haus: einen Bratenwender, Spachtel oder ähnliches Instrument zum Herausnehmen der heißen Form aus dem Ofen, einen kleinen Löffel zum Einfüllen und Andrükken des Granulats an die Formränder, eine Paraffinkerze (keine Wachskerze) zum Glattschmelzen der Kanten und Stahlwolle zum Reinigen der Formen. Später kommen noch ein paar Dinge für kompliziertere Arbeiten hinzu.

Arbeitsweise
In eine saubere, trockene Form schüttet man eine ca. ½ cm dicke Schicht Granulat, drückt die Körnchen überall gut an den Rand und

Nur wenig Zutaten braucht man, um Granulat aus Polystyrol im Backofen in bestimmte Formen zu schmelzen

stellt die Form in den auf 240 Grad vorgeheizten Backofen. Nach etwa 15–20 Minuten – man kann zwischendurch ruhig nachschauen – sind die Körnchen zu einer ebenen Fläche zusammengeschmolzen, und man kann die Form mit dem Hilfsgerät (Bratenwender oder Spachtel) herausnehmen. Zum Abkühlen stellt man sie auf eine ebene hitzebeständige Unterlage (Mauerstein, Zementboden). Durch das Auskühlen zieht sich die Polystyrolmasse zusammen (sie knistert und knackt) und läßt sich dann mühelos aus der Form stürzen. Die groben Unebenheiten und Grate am Rand entfernt man mit einer alten Schere, den Rest mit Stahlwolle oder Sandpapier feinster Körnung. Über einer Kerze werden die Schleifspuren glattgeschmolzen.

Seite 238: Viele Kunststoffscheiben, in Dosendeckeln geschmolzen, ergeben eine dekorative Lampe. Die Scheiben sind durch Perlonfäden miteinander verbunden. Sie hängen an einem Lampenschirmring mit Kreuzstreben und Fassungsring

Eigene Formen

Man ist nicht allein auf käufliche Formen angewiesen, sondern kann selbst mühelos Formen mit einfachen Konturen herstellen. Dazu braucht man sogenannte Folienstreifen – das sind schmale Abschnitte von Aluminiumblech, die es in Ringen oder Bündeln als Bastelpakkung zu kaufen gibt – und eine kleine Flachzange, am besten mit Schneidvorrichtung. Die Folie läßt sich jedoch auch mit einer Schere schneiden.

Beim Herstellen von Formen aus Streifen ist es wichtig, daß Anfang und Ende eines Streifens – die Naht der Form – fest miteinander verbunden sind, damit sich die Form durch die Ausdehnung des Granulats während des Schmelzens nicht öffnet. Dazu verbindet man die Streifen-Enden außerhalb der Form mit einem Doppelfalz, wie er unten in vier Phasen dargestellt ist.

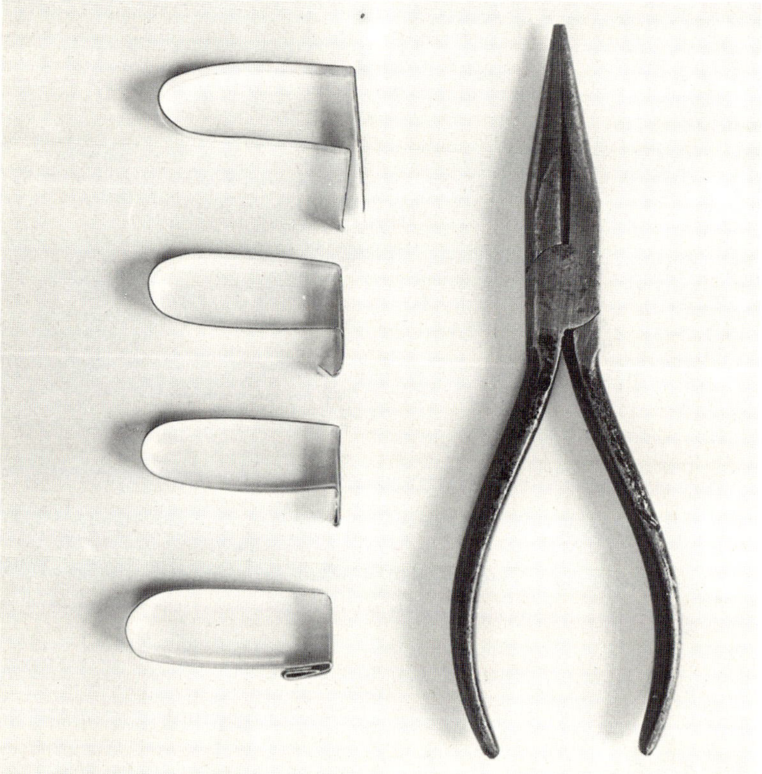

Das Biegen von Schmelzform-Umrissen aus Aluminiumstreifen, in vier Phasen dargestellt

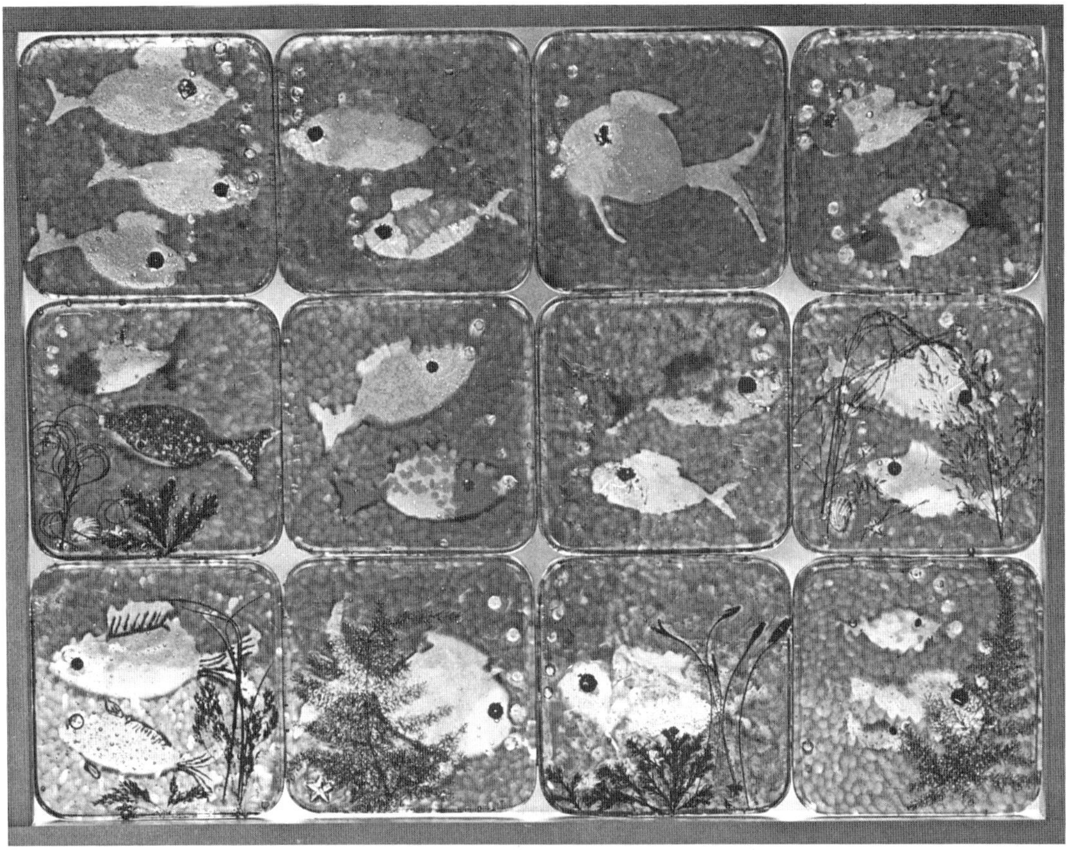

Quadratische Einzelplatten mit Fischen aus andersfarbigen Granulaten und Einschluß von Trockenfarn (s. auch S. 240) mit UHU plast auf eine Glasscheibe geklebt und eingerahmt

Mißlungene Arbeiten kann man wieder einschmelzen oder brechen und als Mosaik auf eine feste Unterlage kleben

Polystyrolbecher, teilweise mit eingestreutem Granulat, teilweise mit Perlen belegt und umstreut, auf einem Backblech zum Schmelzen bereitstehend

Nach 10 Minuten Schmelzzeit: die Becher sinken bereits zusammen, das Granulat schmilzt langsam

Nach 20 Minuten ist der Schmelzprozeß zu Ende, es ist eine reliefartige Farbkomposition entstanden, die durch den weißen, an den Kanten überstehenden Untergrund ihren Zusammenhalt bekommt

Bevor man mit dem Biegen der eigentlichen Form beginnt, läßt man 2 cm des Folienstreifens unberücksichtigt. Ist die Form fertig, werden noch einmal 2 cm für den Falz hinzugerechnet. Erst dann wird der Rest abgeschnitten. Da die so hergestellten Formen keinen Boden haben, stellt man sie in eine andere Vollform oder auf ein Stück Blech. Ist der Schmelzvorgang beendet, läßt man das Werkstück auskühlen, öffnet den Falz und zieht den Streifen – notfalls mit Hilfe der Zange – vom Schmelzling ab. Vor dem nächsten Arbeitsgang muß die als Unterlage (Boden) dienende Platte sorgfältig gereinigt werden.

Einschmelzen von Trockenpflanzen
Trockene, gepreßte Gräser, Blütenblätter und Farne eignen sich gut zum Einschmelzen. Allerdings sollte das Granulat hell sein, damit man die Pflanzen noch erkennt. Zuerst wird eine nicht zu dicke Platte ein- oder mehrfarbig geschmolzen. Auf die noch heiße Oberfläche drückt man rasch die bereitgelegte Pflanze so an, daß sie nirgends hochsteht. Darüber wird eine Schicht glasklares Granulat gestreut, das dann im Backofen zu einer glatten Fläche zerschmelzen muß, die die Pflanze bedeckt.

Experimente
Das Grundmaterial, aus dem das Granulat hergestellt wird, ist Polystyrol. Viele Dinge des täglichen Bedarfs sind in Polystyrolbehältern verpackt: Fertigdesserts aus Fruchtsäften, Bonbons, Tabletten, Tabak, Nadeln, Knöpfe, Nägel usw. Polystyrol ist eine glasklare feste Masse – ähnlich aussehend wie Plexiglas, jedoch sehr spröde und empfindlich. Weichplastics, z. B. Joghurtbecher, sind nicht aus Polystyrol.
Polystyrolerzeugnisse eignen sich zum Schmelzen genausogut wie Granulate, sie haben nur den Nachteil, daß sie farblos und nicht dosierbar sind. Der unangenehme Geruch, der beim Schmelzen entsteht (und rasch wieder verschwindet), ist nicht gesundheitsschädlich. Auch der zum Schmelzen benutzte Backofen kann gleich danach wieder für seinen eigentlichen Zweck verwendet werden. Während des Schmelzens sollte man – wie beim Kochen – ein Fenster öffnen und die Türen zu den übrigen Räumen schließen.
Mit dem erwähnten Material kann man ausgezeichnet experimentieren, denn es läßt sich mit farbigen Granulaten, Perlen, Steinen, Metallkügelchen und anderen unbrennbaren Dingen kombinieren. Die Kunst des Experimentierens liegt darin, daß man die Polystyrolteile nicht alle zur selben Zeit in den Ofen stellt, sondern einige anschmelzen läßt, dann neue in die Lücken oder obendrauf setzt, hier und dort farbige Granulate oder andere Materialien einstreut und so immer wieder in den Schmelzprozeß eingreift. Es empfiehlt sich, immer eine größere Menge glasklaren Granulats vorrätig zu haben, um Stellen, an denen die Fläche nicht genügend zusammengeflossen ist, damit zu überbrücken (siehe Fotos S. 239).

Buntes Dorf
Material: 150 g glasklares Granulat, kleinere Mengen in verschiedenen Farben; mehrere lange Aluminiumstreifen, ca. 1 cm breit; eine quadratische Schmelzform, etwa 24 × 24 cm groß.
Hilfsmittel: Flachzange; UHU plus zum Kleben.

Aus einzeln geschmolzenen Teilen zusammengestellte Dorfansicht auf einer einfarbigen glasklaren Hintergrundplatte aus Schmelzgranulat

Herstellung: Aus glasklarem Granulat in der großen Form eine Grundplatte schmelzen.
Achtung: die Platte nicht zu früh aus der Form nehmen. Sie muß ganz ausgekühlt sein, sonst verbiegt sie sich nachträglich!
Aus den Metallstreifen Formen von Häusern usw. – ähnlich wie auf dem Foto – biegen und jede Form mit einem Falz schließen (s. Seite 236). Granulat in die Formen ein- oder mehrfarbig einstreuen und schmelzen. Folienbänder nach dem Erkalten entfernen und die Kanten bearbeiten: grobe Unebenheiten mit der Zange abbrechen, kleinere abschleifen. Die Teile für das Dorf mit Stabilit Express auf den Untergrund kleben und mindestens 3 Stunden mit einem schweren Gegenstand belasten.
Wer schon einige Übung im Umgang mit dem Material hat, kann die Dorfteile auch gleich auf die gerade geschmolzene, noch heiße Grundplatte setzen und sie kurz anbacken. Das muß aber rasch ge-

So einfach können die aus Aluminiumstreifen gebogenen Formen für die Dorfansicht sein

schehen, und die Grundplatte darf dabei nicht ganz aus dem Brennraum herausgenommen, sondern nur etwas hervorgezogen werden. Natürlich muß man bei dieser Methode die Dorfteile zuerst brennen.

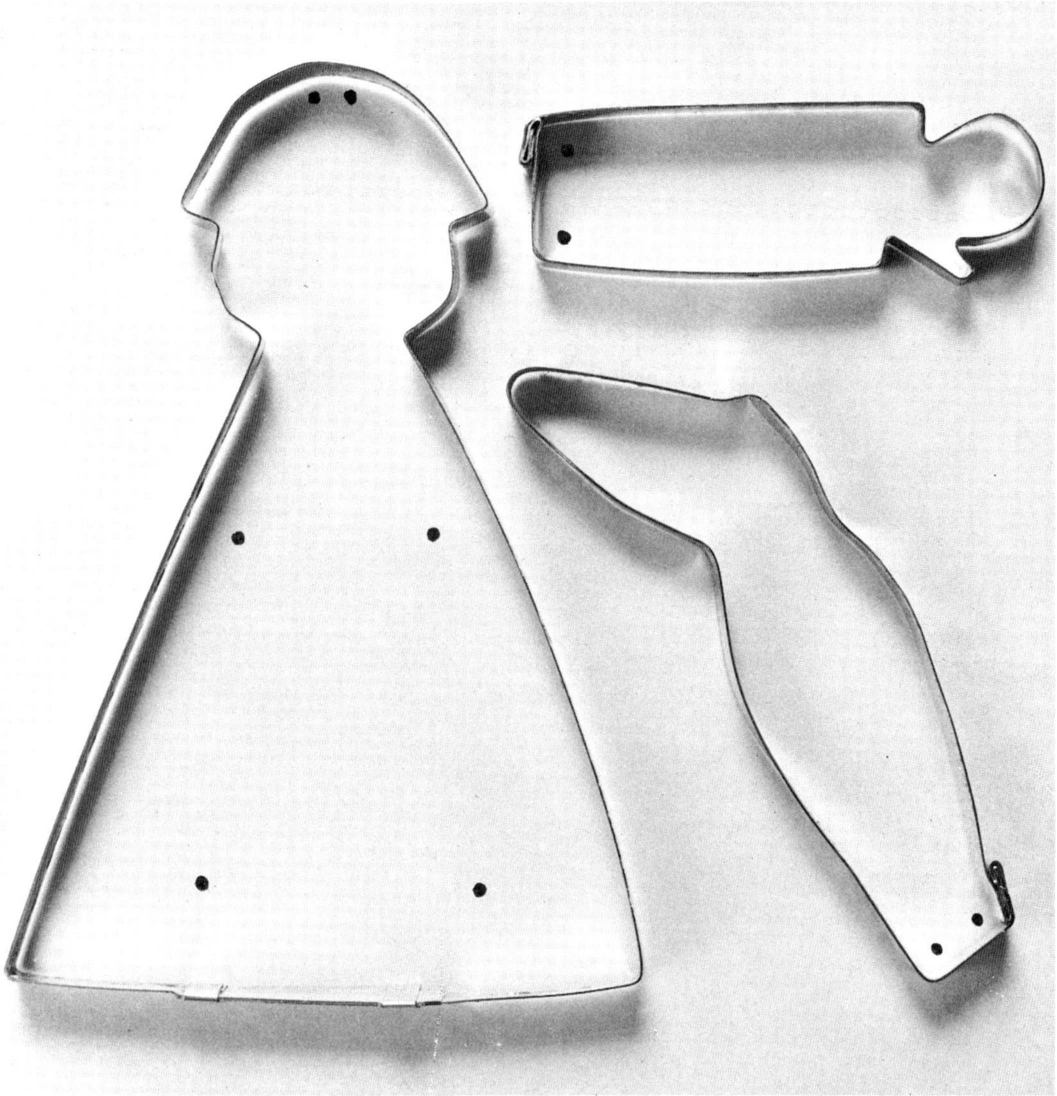

Eine einfache Aluminiumform für eine Figur. Die Punkte markieren die Einstichlöcher zum Befestigen der Arme und Beine

Transparente Figuren mit separat angebrachten Armen und Beinen, aus Polystyrolgranulat geschmolzen. Man kann die Figuren auch als bewegliche Hampelmänner und -mädchen montieren

Kleine Figuren

Für Figuren mit beweglichen Armen und Beinen, muß man zunächst Umrißformen aus Aluminiumstreifen für Körper, Arm und Bein herstellen. Arm und Beinform werden nacheinander zweimal mit Granulat gefüllt und geschmolzen, wobei man die Formen beim zweiten Schmelzgang umgedreht füllt, damit man jeweils ein Arm- und Beinpaar erhält. Mit einer heißen Stricknadel oder einem ähnlichen Stechwerkzeug werden in das erkaltete Schmelzmaterial Löcher zum Befestigen von Armen und Beinen eingestochen. Soll die Figur durch Fadenzug beweglich sein (Hampelmann), müssen Arme und Beine mit jeweils zwei Löchern versehen werden (s. Abbildung oben). Das eine Loch dient zum Befestigen am Körper (Faden durchziehen und an beiden Enden mit einer Perle verknoten), das andere zum Einknüpfen der waagerechten Verbindungsfäden zwischen den Armen und den Beinen. Die Abbildung links zeigt einige von vielen Möglichkeiten, Granulatfiguren zu formen. Bei einigen der Figuren wurden die Arme an den Körper angeschmolzen. Dazu wurden die Ansatzstellen an Körper und Arm jeweils über einer Flamme erhitzt und schnell zusammengedrückt. Auch die Verformungen bei den Armen der Figur ganz links wurden durch Hitzeeinwirkung erreicht.

Gießharz

Gießharz, ein wasserklares, zähflüssiges Material, wird besonders zum Eingießen von Objekten bevorzugt. Man kann die Masse mit Spezialfarben einfärben. Die Verarbeitung von Gießharz aller Fabrikate ist grundsätzlich gleich, lediglich die Art und Menge des Härters, die dem Grundmaterial vor der Verarbeitung zugesetzt werden muß, ist unterschiedlich. Zum Eingießen der angesetzten und eventuell vorreagierten Masse (nach spezieller Gebrauchsanweisung) benötigt man Gießformen, die es zu kaufen gibt. Man kann aber auch glatte, saubere Behälter aus dem Haushalt (z. B. Joghurtbecher, Pillenröhrchen, Plexiglas- oder Plastikdosen oder -deckel) nehmen. Wichtig ist, daß die Gießform glattwandig ist und sich zur Öffnung hin nicht verjüngt. Die Gießform wird mit Trennmittel (Lack oder Wachs) gut ausgeschwenkt, damit sich der erhärtete Gießling später herauslösen läßt. Man gießt zuerst eine nicht zu dicke Grundschicht – etwa 1/3 der Gesamtstärke des Blocks – ein. Sobald diese Schicht zu

Links: Männchenfigur aus Metallfolie, mit Alu-Folie unterlegt, zwischen zwei Schichten Gießharz eingebettet

Rechts: Sanduhr, liegend in drei Schichten Gießharz eingeschlossen

härten beginnt – je nach Fabrikat in 1–3 Stunden –, legt man das einzuschließende Objekt darauf (man kann beinahe alles eingießen) und gießt neu angesetzte Masse bis zur gewünschten Blockstärke darauf. Die beiden Schichten verbinden sich nahtlos miteinander. Die Gießform wird bis zum Erhärten der zweiten Schicht gegen Staub abgedeckt. Nach einigen Stunden kann der Gießling herausgenommen werden. Alle Unebenheiten werden mit Schleifpapier in verschiedenen Körnungen geglättet. Danach poliert man die Arbeit mit einer speziellen Polierpaste. Das Schleifen und Polieren ist die wichtigste aber auch mühsamste Arbeit. Besonders die obere Schicht des Gießlings ist oft ziemlich uneben. Durch ein falsches Mischungsverhältnis zwischen dem Grundstoff Styrol und dem Härter kommt es vor, daß die Oberfläche der zuletzt aufgegossenen Schicht nicht ganz aushärtet. Man muß sie dann bis zur festeren Schicht darunter einige Millimeter abschleifen. Es ist deshalb äußerst wichtig, die Mengenangaben auf den Packungen des Materials peinlich genau zu beachten, denn ein einmal in Harz eingegossenes Objekt ist unlösbar mit diesem Kunststoff verbunden und bei einem Fehlguß verloren.

Einmal-Gießformen

Zu den Einmal-Formen zählt man alle Gefäße, die beim Entformen des Gießlings zerstört werden müssen, weil ihre Öffnung sich nach oben verjüngt. Das sind z. B. Eierschalen, Weingläser o. ä., Behälter aus Glas oder auch ausgediehnte Glühlampen, bei denen Sockel und Einsatz entfernt wurden. Jedenfalls müssen diese Formen aus einem Material sein, das sich leicht entfernen läßt, ohne den Gießling zu beschädigen.

Briefbeschwerer mit Strohblume

Der dekorative Briefbeschwerer besteht aus einer Dreiviertelkugel, die in einem billigen Weinglas mit glatt gerundetem Innenboden gegossen wurde. Dazu wurde zunächst so viel Harz mit Härter gemischt, daß die Menge für eine 2 cm dicke Schicht im Glas ausreicht. Zuvor aber wurde das Glas gründlich mit Trennmittel (käuflich) ausgeschwenkt, damit sich der Gießling später vom Glas lösen läßt. Nach dem ersten Einguß wartet man ca. eine Stunde, bis die Masse abzubinden beginnt. Dann legt man eine absolut trockene Strohblüte mit der Schauseite nach unten auf die gallertartige Schicht. Nach einer weiteren Stunde wird eine zweite Schicht von abermals 2 cm Dicke eingefüllt. Entstehende Luftblasen müssen mit einer Stecknadel geöffnet werden, sobald sie auf der Oberfläche erscheinen. Man klopft dazu mit dem Fingerknöchel gegen die Wandung der Form. Allerdings kann man die Blasen auch mit einschließen. Nach weiteren zwei bis drei Stunden wird die letzte Schicht Harz eingefüllt. Sie soll etwa 1 cm höher sein als die Rückseite der Blüte.

Nach etwa 6–8 Stunden kann der Gießling entformt werden. Dazu wird das Glas vorsichtig zerschlagen. Die zuletzt eingegossene Schicht ist uneben und vielleicht etwas klebrig. Diese Schicht entfernt man durch Schleifen in fünf Gängen mit Schleifpapier in den Körnungen 100, 120, 220, 400 und 600. Danach wird die Fläche mit Polierpaste und einem Wattebausch blank gerieben.

Mit der Schauseite nach unten zeigend wird die Strohblume auf die erste gallertartig erstarrte Gießharzschicht gelegt, danach füllt man zwei weitere Schichten ein

Ei mit Gräsern

Auf die gleiche Weise wie den Briefbeschwerer kann man auch ein vollplastisches Ei gießen. Dazu braucht man eine saubere, trockene Eierschale, deren Öffnung nur etwa pfenniggroß sein darf. Damit das eingegossene Harz nicht oben flach einsinkt sondern eine Eiform bildet, bekommt die Eierschale zuvor eine Art Stehkragen aus Knetwachs. Dadurch erhöht sich der Anguß, den man später grob in Eiform sägen und anschließend zurechtschleifen kann. Bevor das Gießharz eingefüllt wird, muß die Eierschale innen gründlich mit Trennmittel oder flüssigem Wachs ausgeschwenkt werden. Diesen Vorgang wiederholt man nach dem Antrocknen zweimal, damit sich eine dichte Trennschicht zwischen Eierschale und späterem Gießling

Der dekorative Briefbeschwerer wurde in einem Weinglas mit sich verjüngender Öffnung gegossen

Auch ein vollplastisches Ei kann man gießen, wenn man als Form eine mit Trennmittel ausgeschwenkte makellose Eierschale verwendet

Damit sich der Anguß erhöht (man trägt ihn später in Eiform ab), wird um die Öffnung der Eierschale ein Stehkragen aus Knetwachs gelegt

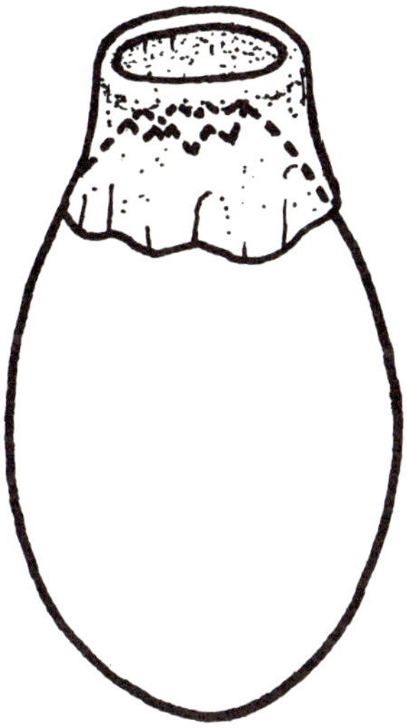

Manschettenknöpfe, mit Stanniol beklebt, bemalt, mit einem Ring verziert und mit Gießharz beschichtet

bildet. Der Einguß erfolgt in mehreren Schichten, wie beim Briefbeschwerer beschrieben. Auch die Trockengräser werden zwischen den Schichten wie beschrieben eingebettet.

Beschichten mit Gießharz

Man kann das Gießharzgemisch nicht nur zum Gießen einer eigenständigen Form verwenden, sondern auch als Material zum Beschichten, anstelle von Lack. Die Manschettenknöpfe wurden mit einer Gießharzschicht versiegelt. Dazu wurde zunächst ein Stück Stanniol auf die Manschettenknöpfe (eigentlich für Emailarbeiten gedacht) geklebt. Mit wasserfestem schwarzem Filzstift wurde das Stanniol so bemalt, daß sich eine Blüte bildete. In die Blütenmitte wurde jeweils ein aus Draht gebogener Ring geklebt. Danach wurden die Blütenblätter mit blauem wasserfestem Filzstift ausgemalt, die Blütenmitte ist grün. Um jeden Manschettenknopf wurde dann ein Rand aus UHU film geklebt, der das überfließende Gießharz, das mit einem Holzspatel aufgetropft wurde, auffängt. Die Gießharzschicht trocknet fest auf. Man muß sie jedoch mit Schleifpapier und Poliermittel nachbehandeln.

Farben

Farben

Man kann Gegenstände mit Farben dekorieren, indem man sie anstreicht, einsprüht oder taucht. Das Tauchen empfiehlt sich nur bei kleinen Gegenständen oder bei Verwendung von Spezialfarben (schnelltrocknende Nitrolacke). Auch das Aufsprühen von Farben sollte immer ein Notbehelf sein. Sprühfarben haben den Nachteil, daß sie sehr teuer sind, daß man sie nicht mischen kann und daß man sehr viel Übung braucht, um ein wirklich befriedigendes Ergebnis zu erzielen. Hinzu kommt noch, daß eine aufgesprühte Farbe – vor allem auf Holz – nicht so haltbar ist wie eine Farbe, die mit dem Pinsel regelrecht in die Holzfasern hineingestrichen wurde.
Es gibt ein großes Angebot von Farben, das auf den ersten Blick verwirrend erscheint, aber sie alle lassen sich einer der folgenden Gruppen zuordnen:

Ölfarben, besser gesagt: Öllacke, gibt es kaum noch im Handel, weil die Farbe sich als zu wenig widerstandsfähig erwiesen hat. Moderne Farben haben die alten Öllacke, die man nur noch für simple Anstriche (etwa für Kellerregale) verwendet, verdrängt.

Emaillacke, auch Emaillelacke genannt, sind nicht etwa nur zum Ausbessern von Emaillegegenständen bestimmt, sondern sie heißen so, weil ihre Festigkeit der von Email entspricht. Wenn in einer Beschreibung steht, man solle Lackfarbe nehmen, ist meistens Emaillack gemeint. Mit Emaillack kann man Holz, Glas, Metall und einige (aber nicht alle!) Kunststoffe streichen.

Kunstharzlacke haben die gleichen Eigenschaften wie Emaillacke. Es gibt sie in verschiedenen Härtegraden und Zusammensetzungen, so daß man für jede Anstrichart einen Speziallack bekommen kann. Die Härte des Lackes richtet sich nach dem Untergrund: für weichen Grund nimmt man entsprechend weichen, also elastischen Lack.

Sprühlacke sind meistens entweder Kunstharzlacke oder Lacke auf (schnelltrocknender) Nitrobasis. Sie eigenen sich für Holz, Glas und Metall sowie für einige Kunststoffarten.

Thixotrope Lacke sind nichttropfende Lacke von breiiger Konsistenz, die erst durch Umrühren oder Schütteln streichfähig werden. Sie haben den Vorteil, daß sie meistens schon beim ersten Anstrich dekken, jedoch den Nachteil, daß sie sich relativ schwer verstreichen lassen. Außerdem sind sie ziemlich teuer.

Kaseinfarben, genauere Bezeichnung: Kaseinemulsionsfarben (z. B. DEKA Ziermatt) werden auch unter der Bezeichnung Plakatfarben gehandelt, obwohl für Plakatmalerei bestimmte Farben Temperafarben sind. Kaseinfarben gibt es in vielen Tönen. Sie lassen sich untereinander mischen, mit Wasser verdünnen und problemlos verarbei-

Altes Tellerbord (hier auf dem Kopf hängend), abgebeizt, geschliffen, gespachtelt, grundiert und mit Rosen und rocaillenartigen Ornamenten bemalt, anschließend gewachst

ten. Nach dem Trocknen sind sie wisch- und begrenzt wasserfest. Mit farblosem Lack überstrichen sind sie fast so haltbar wie Lackfarben. Kaseinfarben sind billig und sparsam im Gebrauch, deshalb eignen sie sich besonders gut für Hobbyarbeiten. Sie haften auf allen sauberen, fettfreien Flächen und greifen auch Kunststoffe nicht an.

Arbeitsgerät

Außer Farben braucht man verschiedene Pinsel, deren Art sich nach der Farbe und der Größe der anzustreichenden Fläche richtet. Lackfarben werden grundsätzlich mit Borstenpinseln verstrichen. Für gerade Flächen nimmt man Rundpinsel, für Ecken, Leisten und Kanten Flachpinsel. Emaillacke werden auf kleineren Flächen mit Kunsthaarpinseln (Tuschpinseln) aufgetragen, ebenso Kaseinfarben. Auch zum Lackieren eignen sich Haarpinsel besser als Borstenpinsel, weil der

Lack sich dünner verstreichen läßt. Vor Gebrauch muß jeder neue Pinsel in warmes Wasser getaucht und auf einem sauberen Stück Karton oder Holz mehrmals hin- und hergestrichen werden, um lose sitzende Borsten oder Haare zu entfernen.
Ferner braucht man zum Reinigen von Arbeitsgerät und Händen ein Reinigungs- oder Lösungsmittel (z. B. Moltoclar), bei Kaseinfarben nur Wasser. Dazu einige saubere Lappen zum Abwischen von Farbe an nicht dafür vorgesehenen Stellen. Zum Bereitstellen und Mischen verschiedener Farben braucht man Gefäße aus Glas oder Porzellan, die absolut sauber sein müssen (alte Tassen, Untertassen, Konservengläser o. ä.).

Malen auf Holz

Zum Bemalen muß der Untergrund vorbereitet werden, ganz gleich, ob es sich um neue rohe Holzgegenstände (sogenannte Rohlinge) oder um alte Dinge handelt, die frisch gestrichen und bemalt werden sollen.
Alte Anstriche entfernt man mit einem käuflichen Abbeizmittel, das mit einem billigen Fiberborstenpinsel aufgetragen wird. Beim Auftragen Gummihandschuhe oder Plastiktüten über die Hände ziehen, die Abbeize greift nicht nur Farbe an! Vorsicht auch bei Spritzern auf Kleidung und Brillengläser. Am besten arbeitet man im Freien. Ist dies nicht möglich, sollte der Raum, in dem die Abbeizprozedur stattfindet, gut belüftet sein. Nach einiger Einwirkungszeit (genauere Angaben sind dem Abbeizmittel beigepackt oder stehen auf dem Behälter) beginnt die Farbe sich zu kräuseln. Dann kann man sie mit einem Metallspachtel vom Holz abschieben. Wo das nicht gelingt, weil vielleicht mehrere Farbschichten übereinander sitzen, muß der Abbeizanstrich wiederholt werden. Für schwer mit dem Spachtel oder Schabwerkzeug zugängliche Ecken nimmt man eine Drahtbürste zum Entfernen der Farbe. Man kann auch aus Metallstreifen selbst kleine Spatel herstellen oder ein altes Küchenmesser nehmen. (Messer wegwerfen, nicht wieder für Lebensmittel benutzen!) Anschließend wird das Holz mit klarem Wasser und einer Bürste gründlich abgewaschen. Ist das Holz gut durchgetrocknet, schleift man die rauhe Oberfläche glatt, und zwar beginnt man mit Schleifpapier Körnung 80, fährt dann fort mit 120er Papier, das man um einen Schleifklotz wickelt.
Auch neue Holzgegenstände sollten vor dem Bemalen geschliffen werden, selbst wenn sie auf den ersten Griff hin glatt erscheinen. Die beim Hobeln nur festgedrückten, sich aber durch die Feuchtigkeit in der Farbe aufrichtenden Faser-Enden können eine Bemalung erheblich stören und auch die Haltbarkeit der Farbe beeinträchtigen. Besonders die Kanten müssen mit Schleifpapier gebrochen (d. h. etwas abgerundet) werden, weil sonst hier die Farbe nicht hält. Ist das Holz stellenweise schadhaft oder fehlerhaft (Risse, Astlöcher, Druckstellen) bessert man die Schäden mit Holzkitt aus. Ganze Flächen, die uneben und rissig sind, behandelt man mit Spachtelkitt, der streifenweise aufgetragen und nach dem Trocknen geschliffen wird. Allerdings kann man nur dann Spachtelkitt verwenden, wenn das Holz später einen Deckanstrich bekommt. Will man eine sogenannte Blankholzmalerei (der natürliche Holzton bildet zugleich den Unter-

grund) ausführen, kann man grobe Risse nur mit einem passend geschnitzten Span oder Streifen ausbessern. Aststellen bohrt man in diesem Fall größer aus und setzt ein Stück Rundholz mit passendem Durchmesser ein. Notfalls muß man die ausgebesserten Stellen mit Holzkitt ausfugen.

Vorlage zum Bemalen eines Kleiderbügels in Anlehnung an die Bauernmalerei

Kleiderbügel, in bäuerlichem Stil bemalt und mit Antikwachs nachbehandelt

Nach allen diesen Vorarbeiten kann das Holz grundiert oder vorgestrichen werden. Der erste Anstrich soll mager sein. Man taucht den Pinsel nur mit den Spitzen in die Grundierung oder Vorstreichfarbe und streicht sie zügig aus. Ist der Anstrich durchgetrocknet (nicht nur aufgetrocknet), schleift man ihn einmal mit feinkörnigem Schleifpapier und fegt den Schleifstaub ab. Danach kommt der zweite Anstrich, den man gleich mit der Farbe abtönen kann, die später den Untergrund für die Malerei bilden soll. Ist auch dieser zweite Anstrich durchgetrocknet, kann man mit dem Bemalen beginnen.

Bauernmalerei

Der Begriff Bauernmalerei klingt simpel, aber die Malerei ist nicht ganz so einfach wie es den Anschein hat. Sie wurde auch früher schon von Könnern ausgeführt, deren Arbeiten heute hoch gehandelt werden. Man könnte deshalb eher von bäuerlicher Malerei reden.
Die häufig wiederkehrenden Blütenmotive Rose, Tulpe, Nelke basieren auf Grundformen, die sich auf unzählige Weise abwandeln lassen. Im Zusammenklang mit der Farbe können sie zurückhaltend oder aufdringlich, kühl oder gemütvoll auf den Beschauer wirken. Für die Bauernmalerei gibt es Vorlagen, die jeder getrost nutzen sollte, der zu eigenen Malereien dieser Art nicht besonders befähigt ist. Falscher Ehrgeiz bringt in diesem Zusammenhang auch meistens ein falsches oder unschönes Ergebnis. Es bleibt jedem unbenom-

Es müssen nicht immer ganze Möbelstücke sein, an denen man seine Malkunst erprobt: kleine Schlüssel- oder Kettenanhänger tun es auch

men, die vorhandenen Vorlagen als Ausgangsmaterial zu benutzen und in Anlehnung daran eigene Vorstellungen einzubeziehen. Eine weitere Schwierigkeit liegt in der Flächenaufteilung, dem Füllen freier Flächen durch Motive oder Ornamente, die das Hauptmotiv ergänzen.

Bevor man mit der Malerei beginnt, überträgt man das Motiv oder die Motivteile auf das Holz. Dazu nimmt man Schneiderkopierpapier (nicht Kohle- oder Blaupapier). Die Farben der Dekore sollten ruhig satt aufgetragen werden. Danach geht es an die Feinarbeit: das Abschattieren von Blüten, Blättern, Ranken oder Figuren, das der Bauernmalerei erst ihren Reiz gibt. Hierbei sollte man nicht zu zaghaft mit dem Pinsel umgehen. Es spielt auch keine Rolle, wenn man – sei es durch Fehler beim Bemalen oder durch eine Sinneswandlung – von seinem eigentlichen Konzept abgeht. Eine Malerei soll sich bei der Arbeit fortentwickeln und nicht statisch an Vorgegebenem festhalten. Erst so bekommt sie ihre unverwechselbare Note, erst so macht sie wirklich Spaß.

Nachbehandlung

Um die Malerei zu schützen, kann man sie mit farblosem Lack überstreichen, um sie künstlich zu altern, mit käuflicher Patina behandeln. Viel wärmer und griffiger wird die Oberfläche aber, wenn man sie wachst. Es gibt verschiedene Wachse, von farblos bis „antik", die mit einem Lappen eingerieben und mit einem weichen Tuch nachpoliert werden.

Man kann Malereien auf Spanschachteln durch Spruchbänder nach Art alter Haubenschachteln beleben

Farben machen es möglich, daß eine Tür aus festem Holz plötzlich durchsichtig wirkt (Malerei: Riccarda Gregor-Grieshaber)

Drei Spanschachteln, mit Szenen nach Art der naiven Bildmalerei verziert

Oft sind es nur wenige Pinselstriche, die aus einem langweiligen Schränkchen ein kleines Schmuckstück machen

Verschiedene Dekore
Man muß Holz nicht unbedingt im Stil der Bauernmalerei verzieren, auch Szenerien nach Art der naiven Bildmalerei oder Landschaften, strenge Ornamente und Muster können ihren Reiz haben. Es müssen ja nicht immer ganze Möbelstücke bemalt werden. Kleiderbügel, Spanschachteln oder winzige Schlüsselanhänger eignen sich besonders gut, erste Erfahrungen bei der Malerei auf Holz zu sammeln. Erfahrungen kann man übrigens auch sammeln, wenn man einen Schrank, auf den es nicht so sehr ankommt, zunächst von innen bemalt (Türen, Schubladen, Böden, Teile der Rückwand usw.). Auch ein altes Nachtschränkchen ist ein gutes Übungsobjekt.

Porzellanmalerei

Die Porzellanmalerei ist ein Hobby, das nicht sehr verbreitet ist. Das liegt weniger an der Schwierigkeit der Ausführung, als vielmehr an der mangelnden Gelegenheit zum Einbrennen der Spezialfarben. Auch ist die Beschaffung der Farben nicht ohne weiteres möglich. Nur wenige gut sortierte Hobbybedarfs- und Spielwarengeschäfte mit entsprechender Abteilung führen das zum Porzellanmalen nötige Material und nehmen auch bemalte Arbeiten zum Brennen an. Das ist sehr schade, denn die Porzellanmalerei ist ein interessantes Hobby – einmal, weil es die Möglichkeit bietet, Haushaltsgeschirr individuell zu gestalten, zum anderen, weil man vorhandenes Geschirr, dessen zerbrochene Teile nicht mehr nachkaufbar sind, ergänzen kann. Unbemaltes Porzellan kann man in vielen Formen verhältnismäßig billig in Warenhäusern und Spezialgeschäften kaufen. Größere Mengen einer bestimmten Serie kann man auch direkt bei den Porzellanfabriken bestellen. Benutztes Geschirr aus dem Haushalt eignet sich nicht zum Bemalen, denn es hat meistens unsichtbare Risse in der Glasur, durch die die Farbe dringt und verläuft.

Aufglasur-Malerei

Von der Technik her gesehen ist das Malen auf Porzellan eine einfache Sache. Wichtig ist, daß man in einem möglichst staubfreien Raum ohne Zugluft arbeitet, gutes Licht und einen festen Tisch hat, auf den man die Arme aufstützen kann, ohne daß er wackelt. Zum Schutz der Platte bedeckt man den Tisch am besten mit einem Stück Plastik, mindestens aber mit einigen Lagen Zeitungspapier.

An Farben hat man die Wahl zwischen Porzellanfarben in Tuben und Farben in Pulverform. Die Tubenfarben haben den Vorteil, daß sie gebrauchsfertig sind, aber den Nachteil, daß sie sehr fett (ölig) sind. Mit reinem Terpentin (nicht Terpentinersatz) oder einem Spezialmittel lassen sie sich verdünnen. Damit ändert sich aber nicht nur ihre Konsistenz sondern auch ihre Intensität. Farbpulver kann man so satt anrühren wie man will, aber der Nachteil ist eben, daß sie nicht gebrauchsfertig sind, man muß sie auf einer sauberen Glasplatte mit Dicköl anreiben. Beiden Farbsorten sind genaue Anleitungen über die malfertige Vorbereitung aufgedruckt oder beigegeben. Es empfiehlt sich, von allen Farben, die man benutzen möchte, Probestriche auf einem Teller zu machen und sie brennen zu lassen. Anschließend malt man unter jede Farbe noch einmal eine Probe, ohne sie zu brennen. So hat man jederzeit vor Augen, wie die Farben wirken. Dies ist auch bei Mischungen, die man häufiger zusammenstellt, sehr zu empfehlen. Man kommt am Anfang mit wenigen Grundfarben aus. Zu viele Farben verleiten zu üppigen Malereien. Die Schweizer Porzellanmalerin Liliane Bollag empfiehlt als Grundausstattung folgende Farben: Schwarzgrün, Pompadourgrün, Smaragdgrün, Kobaltblau, Karminpurpur, Dunkelpurpur, Kapuzinerrot, Eisenlila, Eigelb und Schwarz, sowie Grau zum Schattieren. Ferner zunächst das billigere

Mit einem Spezialbleistift wird das Motiv direkt auf das Porzellan gezeichnet

Man sollte es immer so einrichten, daß man beim Malen wenigstens eine Hand aufstützen kann

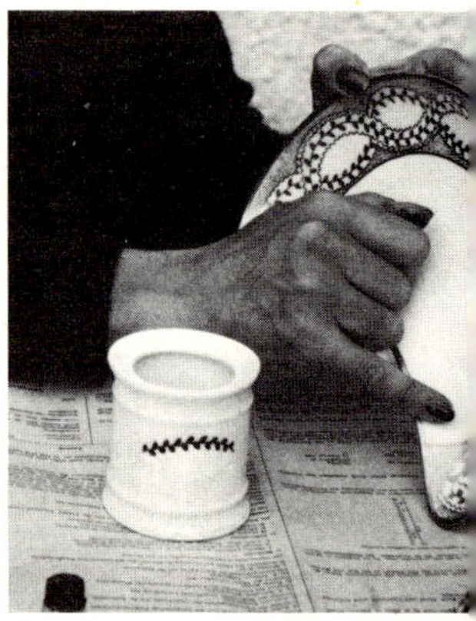

Man malt von innen nach außen, hier: zuerst die Ranke, dann den Fond

So bemalt man eine Schüssel mit dem althergebrachten Strohblumenmuster: zuerst den Mittelkreis (links), dann den Außenrand, danach die Verbindung von der Mitte nach außen (rechts), anschließend die vier Randornamente (links unten) und zum Schluß die Details der Randornamente (rechts unten)

Glanzgold. Sofern die Farben nicht in Tuben (fertig) oder Packungen (Pulver) dosiert sind, kauft man 10 g Pulver je Farbe (Farbpulver von der Degussa über den Fachhandel). Gelegentlich gibt es fertig zusammengestellte Sortimente für Hobbymaler, die auch Dicköl und sonstiges Zubehör enthalten.

Zum Malen nimmt man Haarpinsel guter Qualität in verschiedenen Stärken, und zwar Stärke 0 und 1 nur für Goldauftrag, Nr. 1 und 2 für feine Linien und Schattierungen, Nr. 3 und 4 für flächige Arbeiten und einen dicken Fondpinsel zum Malen des Unter- oder Hintergrundes in Stärke 6 bis 8. Vor dem Malen werden die Pinsel in Terpentin gereinigt und zwischen zwei Fingern gerollt, um lose Haare zu entfernen. Zwischen den einzelnen Farbaufträgen werden die Pinsel ebenfalls sorgfältig mit Terpentin gereinigt, damit die Malerei klare Farben aufweist.

Die Porzellanmalerei ermöglichst es, zerbrochene Geschirrteile mit einem alten Muster selbst zu ergänzen

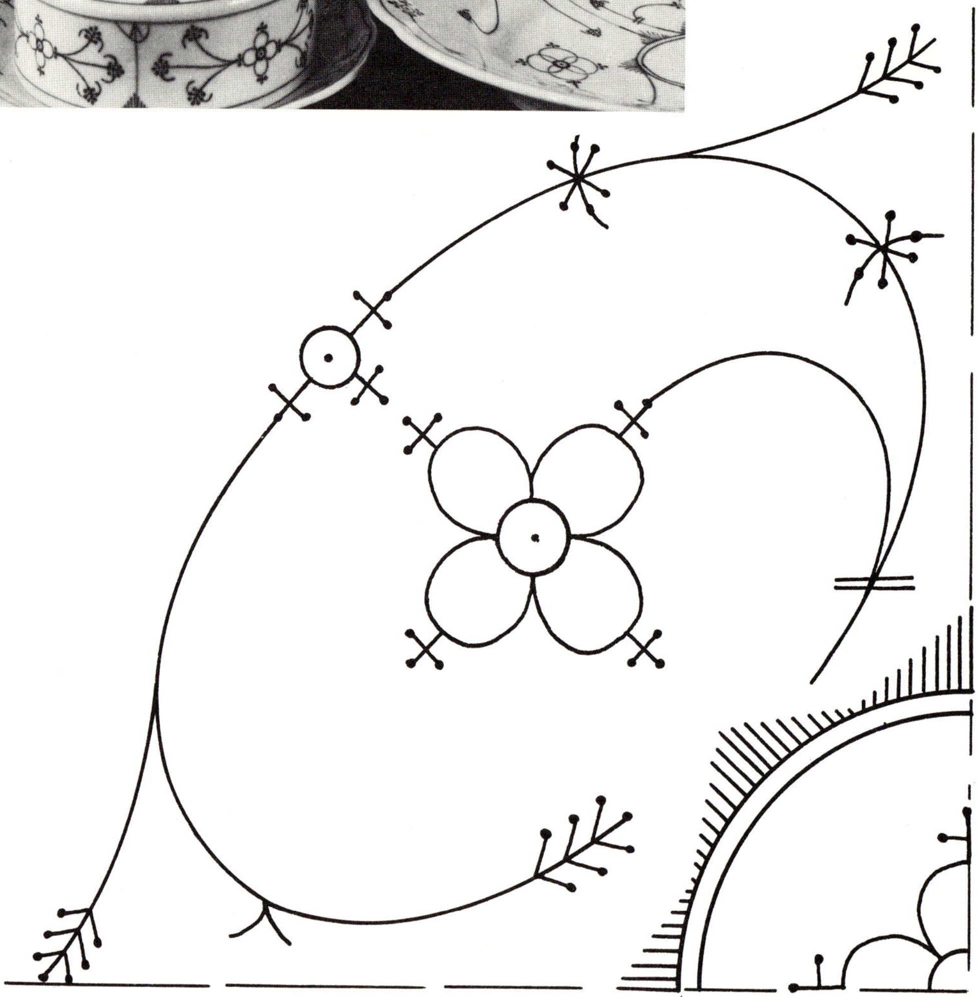

Strohblumenmuster-Vorlagen zum privaten Nachmalen von Geschirrteilen

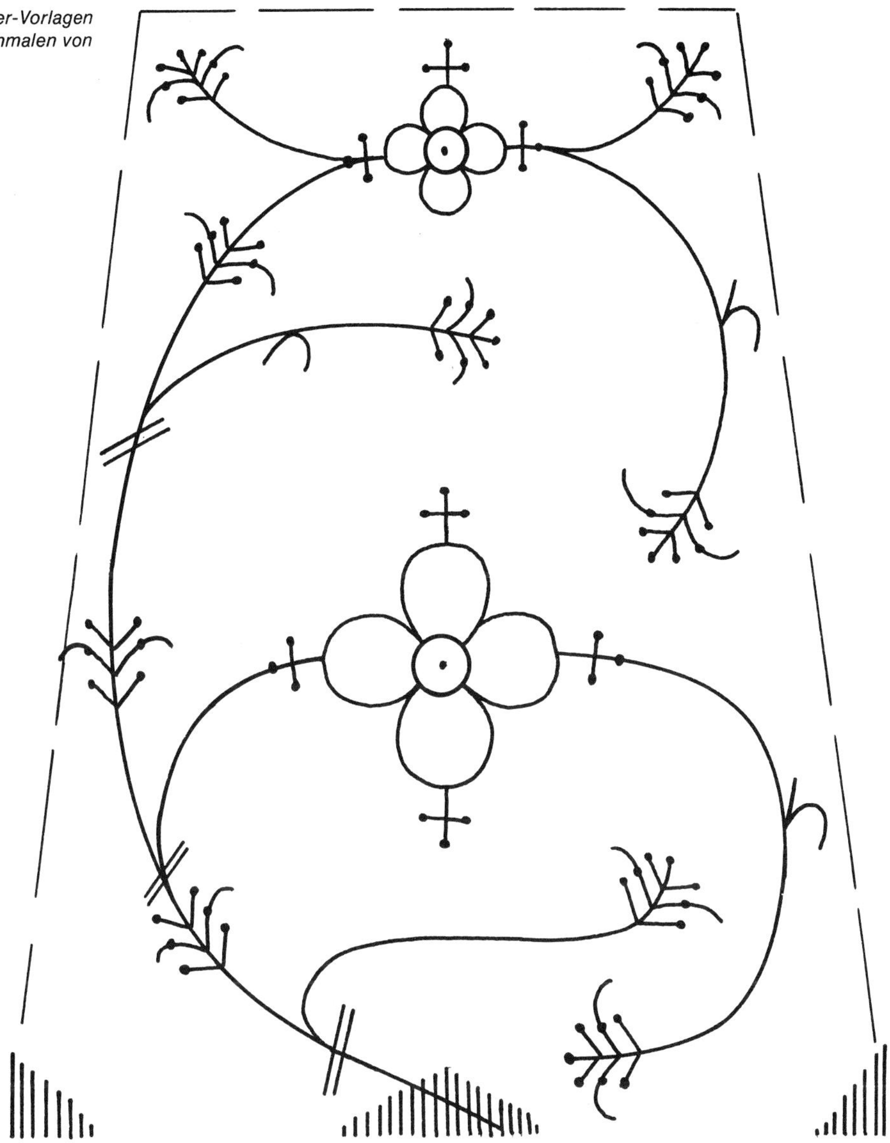

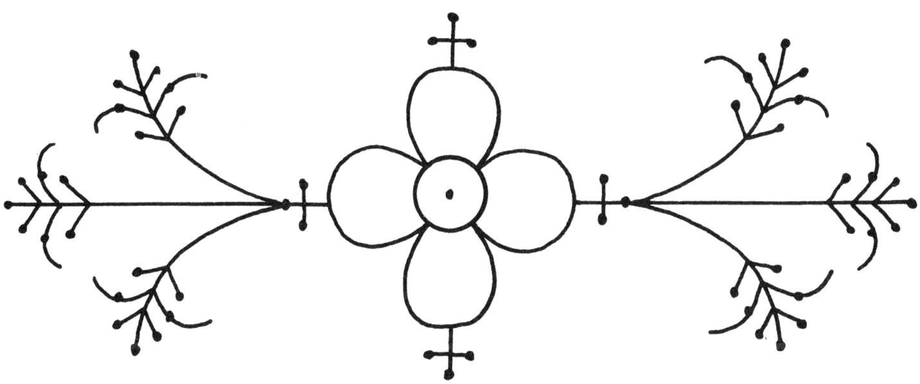

Links: Es kann reizvoll sein, Geschirr passend zu Tischdecke, Servietten oder Sets zu bemalen

Rechts: Originelle Ergänzung zum Tischtuch: Einzelmotiv auf dem Porzellanbrett

Als Hilfsmittel wären noch zu nennen: ein sauberer Leinenlappen zum Abwischen und Korrigieren falscher Pinselstriche, etwas Brennspiritus zum Reinigen der Konturen (Vorsicht, zersetzt die Farbe), ein Schaumstoffschwämmchen und eine Glasfiberbürste zum Reinigen des Goldes nach dem Brand. Das Schwämmchen wird benutzt, um einem aufgemalten Fond das weiche gepuderte Aussehen zu geben, indem man damit die Fläche betupft. Arbeitet man mit Pulverfarben, braucht man noch eine Glasplatte und einen Spatel mit elastischer Kante zum Anreiben der Farben.
Zum Malen wird der Pinsel nur jeweils mit den Spitzen in die Farbe getaucht, niemals damit getränkt. Zu Beginn der Porzellanmalerei, wenn man also zum ersten Mal auf Porzellan arbeitet, sollte man zügig drauflosmalen ohne sich nach einer Vorlage oder nach vorgezeichneten Linien zu richten. Nur so bekommt man das richtige Gefühl für Strichstärke, Pinselführung und Farbauftrag. Man kann eine mißlungene Malerei jederzeit wieder abwischen und neu beginnen. Wichtig ist, daß das Porzellan immer wieder gut gereinigt wird und keine Abdrücke von fettigen Dingen aufweist, auf denen die Farbe später nicht hält. Zum Vorzeichnen auf Porzellan nimmt man einen Spezialbleistift, z. B. All-Stabilo 8008, den man ohne weiteres übermalen kann. Seine Spuren verschwinden beim Brennen und beeinflussen die Haltbarkeit der Malerei nicht. Nach dem Bemalen muß das Porzellan gebrannt werden. Es gibt in größeren Städten und Orten Volkshochschulen, in deren Öfen man gegen Entgelt seine Arbeiten brennen lassen kann. Hobbyläden, bei denen man Porzellanfarben und -malzubehör kaufen kann, nehmen meistens ebenfalls Sammelaufträge ihrer Kunden zum Brennen an. Wenn in der Nähe eine Glasmalerei oder auch nur eine Porzellanklinik ist, so kann man dort brennen lassen. Ideal ist natürlich der eigene Besitz eines kleinen Muffelofens, wie man ihn für Emailbrennerei recht preiswert angeboten bekommt. Wer die Anschaffung eines solchen Ofens erwägt – vielleicht in Gemeinschaft mit anderen – , sollte nicht am falschen Ende sparen: ein Ofen mit einem größeren Brennraum ist auf die Dauer gesehen am wirtschaftlichsten. Man kann in ihm nicht nur be-

maltes Porzellan und Email brennen, sondern auch Töpferarbeiten. Niemals darf man aber Porzellanmalereien zusammen mit anderen Arbeiten brennen, da die Dämpfe sich gegenseitig schaden.
Das Porzellan wird in den kalten Ofen gestellt, den man langsam auf 500 Grad Celsius aufheizt. Damit die in der Farbe enthaltenen Dämpfe abziehen können, läßt man den Ofenschieber, das Schauloch oder die Tür (je nach Modell des Ofens) einen Spalt offen. Erst danach heizt man auf etwa 820 Grad (Schmelzpunkt der Porzellanglasur, in die die Malerei etwas einsinken muß, um sich mit ihr zu verbinden). Hat der Ofen keinen Temperaturmesser (Pyrometer), so muß man einen sogenannten Segerkegel mit dem Brenngut so im Ofen plazieren, daß man ihn von außen sieht. Sinkt der Segerkegel um, muß die Temperatur noch 2 – 3 Stunden konstant gehalten werden. Das Brenngut darf erst aus dem Ofen genommen werden, wenn es ausgekühlt ist. Vorsicht: nicht nach Beendigung des Brandes die Ofentür öffnen, das Porzellan könnte durch den plötzlichen Temperatursturz springen.
Um die Haltbarkeit der Farben zu erhöhen, ist es ratsam, sie zweimal nacheinander einzubrennen. Dabei kann man seine Malerei nach dem ersten Brand noch ergänzen und kleine Korrekturen vornehmen.

Unterglasurmalerei auf Porzellan
Bei der Unterglasurmalerei, malt man auf einem rohgebrannten Porzellanscherben, der erst nach der Bemalung mit einer Spezial-Glasurfarbe glasiert und gebrannt wird. Technisch ist die Unterglasur-

Es muß nicht teures Material sein, das man mit Keramikfarben verschönt, eine Blumenvase für eine Mark aus einem Sonderangebot eignet sich sehr gut zum Bemalen

malerei für Laien zwar ebenso durchführbar wie die Malerei auf fertig glasiertem Porzellan, jedoch ist rohgebranntes Porzellan immer schwieriger zu bekommen. Auch Hobbyläden und Brennereien nehmen solche Stücke nur ungern an, da sie sehr empfindlich sind gegen Finger- und sonstige Abdrücke, außerdem sind sie leichter zerbrechlich. Wegen dieses hohen Ausschußrisikos wird der Verkauf von Rohporzellan und den dazugehörigen Malutensilien wohl bald ganz eingestellt werden.

Malerei auf Keramik

Für die Keramikmalerei gelten dieselben Grundregeln und Vorbereitungen wie für die Porzellanmalerei. Nur muß man hier mit speziellen Keramikfarben malen. Die Malerei muß kräftiger ausgeführt werden, weil sie sonst so verloren auf dem rustikalen Material aussieht. Auch muß man mit mehr Farbe arbeiten, da diese tiefer in den porösen Grund einsinkt. Das gleiche gilt für das Malen auf Weichporzellan, z.B. auf Kacheln. Auch bei der Keramikmalerei unterscheidet man zwischen Aufglasur- und Unterglasurmalerei. Die Rohlinge für Unterglasurmalerei nennt man Schrühware (sie sind einmal gebrannt), die für Aufglasurmalerei Majolika. Außer diesen beiden kann man auch hell engobierte Rohlinge – man nennt sie Farbkeramiken – bemalen. Die gebräuchlichsten Farben für Unterglasurmalerei sind Pinselfarben, die wie Aquarellfarben mit Wasser verdünnt und Aquarellpinseln aufgetragen werden können. Die Pinselfarben trocknen wischfest und brauchen für den Transport in die Brennerei – sofern man sie nicht selbst einbrennt – nicht fixiert zu werden.

Die Entführung einer Prinzessin, Rast auf einer baumumstellten Wiese – eine ganze Geschichte hat Platz auf Rand und Boden einer Keramikschüssel für Kinderbrei

Das Keramiktöpfchen, das man einem vorhandenen nachmalt, muß dem Vorbild nicht bis ins Detail gleichen, um mit diesem ein Paar zu bilden

Will man ein flächiges Muster vom Tischtuch für das Geschirr übernehmen, eignet sich Keramik besser als Porzellan, weil man mit Keramikfarben satter malen kann

Bilderrahmen in Hinterglasmalerei: zuerst wurden die goldenen, dann die roten Teile ausgemalt, zum Schluß wurden die goldenen, jedoch nicht die roten Partien mit Schwarz hintermalt bzw. von der Rückseite übermalt. Das Bild – die drei blauen Bäume – fügt sich harmonisch ein

Zum Bemalen von Majolika gibt es spezielle Aufglasurfarben, die streichfertig geliefert werden. Sie lassen sich bei Temperaturen von 500 bis 600 Grad Celsius aufbrennen, während Pinselfarben über 1000 Grad Brenntemperatur benötigen.
Die Unterglasurmalerei auf Schrühware ist insofern komplizierter, als sie sich schwierig korrigieren läßt. Hat man sich vermalt, muß man den ganzen Scherben mit Wasser und Bürste reinigen und kann ihn erst wieder bemalen, wenn er trocken ist. Bei der Aufglasurmalerei dagegen kann man den fehlerhaften Farbauftrag auch stellenweise wegwischen und korrigieren.

Porzellanmalerei mit Backofenfarben
Einfacher als das Arbeiten mit echten Schmelzfarben ist die Malerei mit Hobbyfarben für Porzellan und Keramik, die sich bei Temperaturen um 240 Grad im Backofen einbrennen lassen (z. B. DEKA color, Testors Pla). Man trägt diese Farben mit einem Haarpinsel auf die zuvor in heißem Spülwasser gereinigten Flächen auf, läßt sie trocknen und brennt sie dann 20–30 Minuten, je nach Dicke des Farbauftrags (Pünktchen brauchen länger) im normalen Haushaltsbackofen ein. Obwohl diese Farben ungiftig und ziemlich fest aufgebrannt sind, empfiehlt es sich nicht, Eßgefäße innen damit zu bemalen, vor allem keine Teller, weil man mit dem Besteck gelegentlich Farbteilchen mit abkratzt, die sich dann mit den Speisen vermischen. Die Backofenfarben eignen sich vorwiegend für Ziergefäße und Kacheln. Auch Platzteller, auf die man kleinere Glasteller setzt, können gut mit solchen Farben bemalt werden. Als Rohling kann man jeden Porzellan- oder Keramikgegenstand verwenden.

Malerei auf Glas
Die klassische Technik heißt Emailmalerei auf Glas. Sie wird mit Spezialfarben ausgeführt und bei 400 Grad Celsius eingebrannt. Genau wie Porzellanfarben so entwickeln auch Glasmalfarben ihre Schönheit und Leuchtkraft durch Hitzeeinwirkung. Für die Malerei auf Glas gelten die gleichen Richtlinien wie für die mit sogenannten Scharffeuerfarben auszuführende Porzellanmalerei – abgesehen von der Brenntemperatur. Da die Emailmalerei auf Glas ein sehr ausgefalle-

Eine bemalte Flasche mit selbstgemachtem Saft ist ein sehr persönliches Geschenk

Glas mit Emailmalerei, Farben bei 400 Grad Celsius eingebrannt

Einfaches Konservenglas mit bäuerlichen Blumen bemalt. Farbe: DEKA color, im Backofen eingebrannt

nes Hobby ist, sind auch die Farben nur über den Fachhandel (Niederlassungen der DEGUSSA) zu beziehen.

Eine andere Möglichkeit, Glas zu bemalen, ist die sogenannte Kaltmalerei auf Glas. Die hierzu notwendigen Farben (DEKA transparent oder DEKA color) sind überall zu bekommen. Man brennt sie nach dem Aufmalen bei 240 Grad Celsius im Haushalt-Backofen ein. Das Malen selbst ist problemlos. Wie bei der Porzellanmalerei, so muß auch Glas vor dem Bemalen gereinigt werden, so daß es staub- und fettfrei ist. Das Motiv kann man mit einem Spezialbleistift (Allstabilo) direkt auf das Glas zeichnen. Man kann auch ein Stück Papier mit der Motivskizze hinter das Glas kleben.

Hinterglasmalerei

Die Hinterglasmalerei war als Hobbytechnik lange in Vergessenheit geraten. Nun hat sie wieder viele Anhänger. Um sich die Technik der Hinterglasmalerei anzueignen, sollte man ausnahmsweise nach alten Vorlagen, die man in Museumskatalogen und Kunstbüchern findet, malen und diese kopieren, bevor man nach eigenen Vorlagen arbeitet. Es geht hier nicht einfach um das Bemalen einer Glasscheibe, sondern das Wesen dieser Technik liegt in der Ausführung, die stufenweise und in umgekehrter Reihenfolge wie bei anderen Malereien vor sich geht. Man malt hier Vordergrund, Mittelgrund, Hintergrund. Jeder Fehler in der Reihenfolge wird – besonders bei figürlichen Darstellungen – später auf der umgedrehten Platte sichtbar. Es ist deshalb ratsam, zuerst ein seitengleiches Motiv zu wählen.
Man kann entweder auf einfachem Bauglas (Fensterglas) malen oder auf Plexiglas, das allerdings leichter verkratzt. Glas sollte 2 mm stark sein, bei Tafeln, die über 20 × 30 cm groß sind, 3–4mm.
Am besten malt man mit Pinseln aus Rotmarderhaar. Für die Zeichnungen braucht man Stärken von 00–2, für flächige Malereien Stärken 3–6 (hier kann man auch einfachere Schulmalpinsel nehmen). Farben braucht man sowohl für die Rißzeichnung als auch für die flächige Ausmalung. Früher nahm man für den Riß Farbpigmente, die mit Leim gebunden waren, für die Flächen wurden die Pigmente (Farbpulver) mit Öl gebunden. Heute kann man für die Rißzeichnung Dispersionsfarben nehmen, die es in kleinen Dosen und Flaschen, aber auch in größeren Plastikbehältern gibt. Man braucht: Weiß, Gelb, Ocker, Orange, Englischrot, Rot, Hellblau, Dunkelblau, Mittelgrün, Braun und Schwarz. Am Anfang kommt man auch mit weniger Farben aus. Zum Ausmalen der Flächen eignen sich am besten Studien-Ölfarben, die mit Leinöl angerieben werden. Auch hier gibt es eine Farbskala, die bei alten Hinterglasbildern immer wieder auftaucht (das hängt mit den früheren natürlichen Erdfarben sowie Mineral- und Pflanzensubstanzen zur Farbgewinnung zusammen). Es sind dies: Weiß, Zinkgelb, Lichter Ocker, Kadmiumorange, Kadmiumrot hell, Englischrot, Chromoxydgrün stumpf, Coelinblau, Pariserblau, Vandyckbraun und Elfenbeinschwarz. Man kann diese Farben auch als malfertige Künstler-Ölfarbe kaufen, die man für die Hinterglasmalerei mit einem schnelltrocknenden Malmittel etwas verdünnt. Auch die mit Leinöl angeriebenen Farben müssen mit Malmittel oder Terpentin und Sikkativ (1 : 10) versetzt werden.
Außer den Farben braucht man einen Leinenlappen und Spiritus zum Reinigen der Glasplatte. Zum Schutz der Glasplatte gegen Verunreinigung durch die Hände legt man auf die nicht zu bemalende Fläche ein Blatt Papier.
Jeder Hinterglasmalerei liegt ein Riß zugrunde, das ist eine Zeichnung, die die Umrisse und Details, jedoch keine flächige Ausarbeitung aufweist. Der Riß wird auf Transparentpapier gezeichnet, seitenverkehrt auf weißes Papier gelegt und mit der mit Spiritus sorgfältig gereinigten Glasplatte überdeckt. Mit dem feinsten Pinsel (Nr. 00) wird der Riß auf der Glasplatte nachgemalt, und zwar in den jeweils dafür vorgesehenen Farben. Es wäre falsch, den Riß wirklich als Umrißmalerei auszuführen und nur eine Farbe zu verwenden. So müssen z. B. bei einer Figur Schattierungen von Gewand, Gesichtsteilen usw. zuerst aufgetragen werden, später kann man nichts mehr hinzufü-

Eine Arbeitsanleitung in Bildern ist auf Seite 272 zu finden

Auf den ersten Blick sieht das Ei aus, als sei das weiße Muster aus der blauen Farbe herausgekratzt, es wurde aber mit einem feinen Pinsel aufgemalt

Zum Bemalen von Eiern kann man fast jede Farbe nehmen, ganz gleich ob es Malstifte oder flüssige Farben sind. Lack oder Wachs machen die Kleinkunst haltbar

gen. Es ist für Anfänger schwierig, in umgekehrter Reihenfolge zu denken und zu arbeiten und beispielsweise zu berücksichtigen, daß man erst Augen, Nase und Mund malen muß, bevor der Kopf gemalt wird. Auch Partien, die mit Gold versehen werden sollen, müssen vor der flächigen Ausmalung berücksichtigt werden. Zum Ausmalen der Flächen mischt man die Farben auf einer Palette oder einer anderen Unterlage mit schnelltrocknendem Malmittel und arbeitet dann stufenweise von vorn nach hinten weiter. Zum Schluß kommt der Hintergrund.

Durch Bemalung wird ein unscheinbarer Stein zu einem satten Baby oder einem friedlichen Löwen

Farbe auf verschiedenen Untergründen

Ob man Steine, Ostereier oder etwas anderes bemalt, die Grundregel heißt immer: der zu bemalende Untergrund muß sauber und fettfrei sein, sonst hält die Farbe nicht. Für jede Art Malerei gibt es Spezialfarben, aber es gibt im Bastelbereich auch die Gruppe der Kaseinemulsionsfarben (z. B. DEKA Ziermatt), die man als Universalfarben bezeichnen kann, weil sie für alle dekorativen Malereien, die nicht stark beansprucht werden, geeignet sind. Versieht man sie mit einer Wachspolitur, werden die tuchmatten Farben weich glänzend und unempfindlicher, überstreicht man sie mit farblosem Lack, entspricht ihre Unempfindlichkeit gegen Nässe und Kratzer der Qualität des Lackes. Viele Dinge – z. B. Ostereier – kann man auch mit Tusche aus dem Schulmalkasten oder mit Filzstiften anmalen.

Der Riß wird unter die Glasplatte gelegt und nachgemalt. Dabei muß man genau senkrecht auf die Platte schauen

Um Glas und Zeichnung nicht zu verunreinigen, überdeckt man bereits bemalte Flächen mit einem Blatt Papier

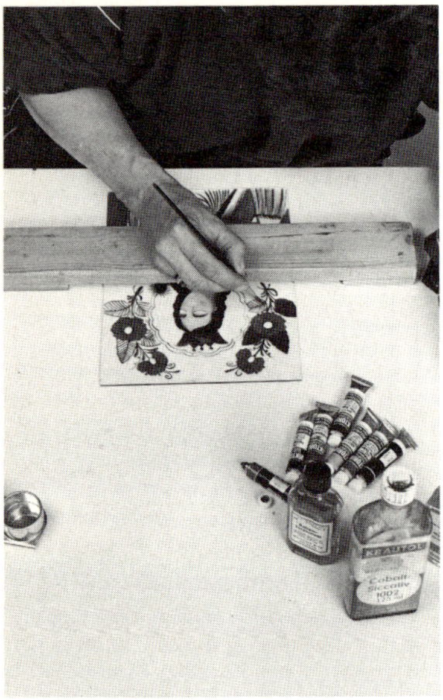

Beim Ausmalen der Flächen benutzt man zum Schutz bereits bemalter Teile ein Malerbänkchen, bestehend aus einem Brett mit unterleimten flachen Klötzchen

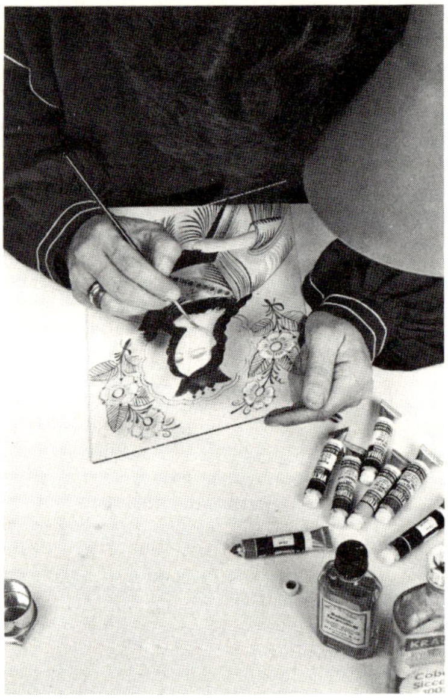

Übermalt man eine helle Grundfarbe – hier ein Gesicht – stellenweise dunkel, erscheinen diese Flächen später auf der Schauseite als Schattierungen

Glasmalerei

Glasmalerei

Glasmalerei, jene Methode, bei der farbige Glasstücke durch verlötete Bleiruten mosaikartig miteinander verbunden und zusätzlich mit Schwarz- oder Silberlot bemalt werden, ist eine Kunsttechnik, die erhebliche handwerkliche Kenntnisse und Fähigkeiten voraussetzt. Für einen Laien, der noch nie auf diesem Gebiet tätig war, ist sie kaum ausführbar, ganz abgesehen davon, daß dazu Spezialwerkzeuge nötig sind.

Glaskunst im Jugendstil aus Antik-Opalescentglas von Frederick Ackiss Foto: DESAG/Pagel

Die Tiffany-Technik

Eine reizvolle Arbeit, die der klassischen Bleiverglasung sehr nahe kommt, ist die Tiffany-Methode. Hier werden die Kanten der Farbglas-Abschnitte mit selbstklebender Kupferfolie eingefaßt und mit Spezial-Lötzinn zusammengelötet. Diese Technik ist auch von Laien ohne Schwierigkeiten zu bewältigen. Man braucht außer Antik- oder Farbglas (Dicke 2–3mm) einen Glasschneider, selbstklebende Streifen aus Kupferfolie (nicht kupferfarbiges Kunststoffmaterial!), einen Elektrolötkolben (ca. 40–60 Watt), Spezial-Lötzinn (kein Radiolot oder Bastlerlot), Lötwasser, Tiffany-Patina, Spiritus zum Reinigen des Glases und Kupferdraht zur Randverstärkung bei großflächen Arbeiten.

Die Arbeit beginnt mit dem Glasschneiden nach einem Entwurf mit einfachen Umrissen. Der Entwurf wird unter die Glasscheibe gelegt und die Konturen werden in der jeweiligen Glasfarbe mit dem Rädchen des Glasschneiders nachgefahren. Entlang dieser eingeritzten Linie läßt sich das Glas nach unten brechen. Ist das Glas zu dick oder die Kerbe zu schwach, so klopft man mit dem Griff des Glas-

Variation der Glasmalerei in vereinfachter Form: bemalte ausgeschnittene Glasstücke wurden auf Spiegelglas geklebt und an den Nähten mit selbstklebendem Bleiband überdeckt

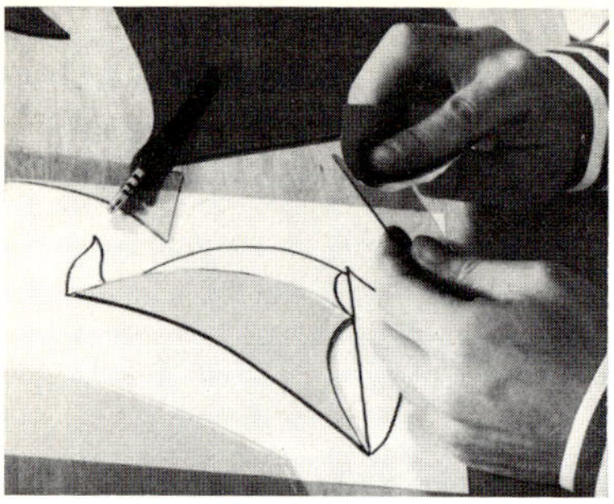

Nach den Umrissen eines einfachen Entwurfs werden die Glasteile zugeschnitten. An den Kanten wird das Glas mit einer Carborundum-Feile oder Sandpapier entgratet

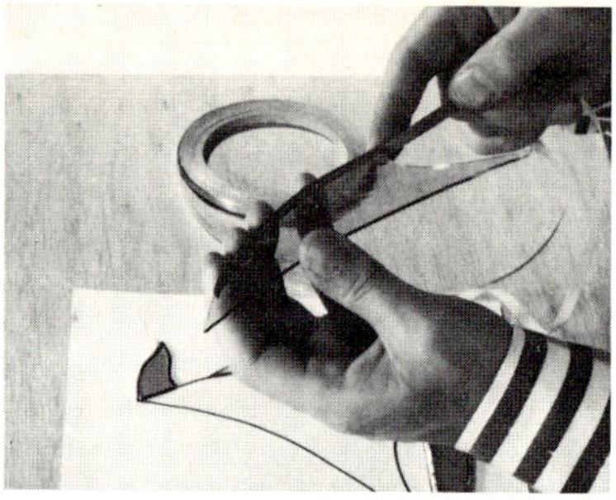

Die Kanten der einzelnen Glasstücke werden mit selbstklebenden Kupferstreifen so eingefaßt, daß der Streifen auf beiden Seiten gleich weit (etwa 5 mm) übersteht

Die umgebogenen Kanten des Kupferstreifens werden mit einem stumpfen Gegenstand gut angerieben, so daß das Glas fest eingerahmt ist

schneiders von unten gegen die Kerbe. Dadurch entsteht ein Sprung, und das Glas bricht durch. Die Bruchkanten werden mit Sandpapier stumpf geschliffen, damit sie weder Hände noch Kupferfolie verletzen. Bevor man mit dem Glasschneiden beginnt, muß man den Tisch unbedingt mit mehreren Lagen Zeitungspapier oder einer anderen weichen Unterlage (z. B. Dämmpappe) bedecken. Nach dem Schneiden werden die Glasstücke mit Spiritus gereinigt, damit die Folie, die nun um jede Scherbe herumgeklebt wird, hält. Die Überstände der Folie werden auf beiden Seiten der Glasstücke mit dem Scherenrükken angerieben, so daß sie glatt aufsitzen. Danach legt man die eingefaßten Glasteile dem Entwurf entsprechend zusammen und lötet sie unter Verwendung des Speziallots zusammen. Dabei muß man darauf achten, daß die Stücke genau plan liegen, sonst wird die Arbeit wellig. Auch um den Außenrand herum muß die Folie überlötet werden, so daß sie ganz verzinnt ist. Dabei arbeitet man einen als Öse gebogenen Kupferdraht gleich mit ein (sofern die Arbeit aufgehängt werden soll). Umfangreichere großformatige Glasmalereien werden um den ganzen Außenrand herum mit Draht verstärkt, damit sie mehr Halt haben. Abschließend werden die gelöteten Nähte mit Patina behandelt und leicht eingeölt, damit sie nicht oxydieren.

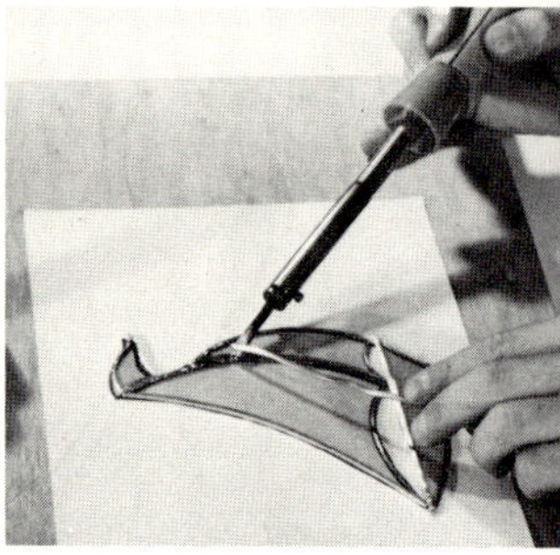

Man hält das Ende des Lötzinns direkt an die zusammenstoßenden Kupferstreifen und bringt es mit dem Lötkolben zum Schmelzen. Lötkolben und Zinn führt man langsam an den Nahtstellen entlang, so daß das Zinn in die Fugen fließt. So verlötet man die Kupferstreifen von beiden Seiten

Imitationen

Es gibt seit einiger Zeit Materialien auf dem Markt, mit deren Hilfe man Glasmalerei-Bilder imitieren kann. Die dunklen Konturen, bei den klassischen Bildern durch Bleiruten, bei der Tiffany-Methode durch Kupferbänder hervorgerufen, werden hier durch Auftrag einer dickflüssigen Konturenpaste nachgeahmt, die einzelnen Felder aus Farbglas einfach durch Bemalen mit Transparentfarben ersetzt. Das kann zwar ganz reizvoll sein, ist aber eine Technik für sich, die in die Kategorie des Glasbemalens gehört.

Näher an der klassischen Methode ist schon folgender Weg: man schneidet aus bemaltem Glas (DEKA transparent) Motivteile aus und klebt sie so auf eine Glas- oder Spiegelglasscheibe, daß die Schnittkanten gegeneinander stoßen. Diese Schnittkanten, die besonders bei Anfängern nicht ganz genau zusammenpassen, werden durch selbstklebendes Bleiband überdeckt. Die Kanten des fertigen Objekts kann man – wie bei der Tiffany-Methode beschrieben – mit Bleiband einfassen.

Wachs

Wachs

Wachs ist ein vielseitiges Material. Man kann es kneten und modellieren, ritzen, ausschaben, bekleben, bemalen und färben. Flüssig gemachtes Wachsmaterial kann man gießen und ziehen. Nicht alles, was wie Wachs aussieht, ist auch welches. Es gibt reines Bienenwachs, das verhältnismäßig teuer ist, verschiedene Wachsgemische und das billige Stearin, aus dem die meisten Haushaltskerzen gemacht sind. Wachsmaterial wird in Flocken, Platten, Rollen und Blökken gehandelt und ist in vielen Farben zu haben. Modellierwachs, ein besonders geschmeidiges Knetmaterial, ist ein Gemisch aus Bienenwachs und Paraffin. Zum Verzieren von Wachs gibt es Wachsfolie, das ist dünn ausgewalztes Modellierwachs. Es läßt sich wie Papier schneiden und haftet ohne Klebstoff auf Wachsuntergründen. Wachsfarbe wird in Blöcken gehandelt. Man schmilzt das Material im Wasserbad und mischt es mit weißem Material. Man kann auch weiße

Einfache Haushaltskerzen aus Stearin, in einem Tauchbad aus Farbwachs eingefärbt

Eine Kerze, verziert mit dem Profil des oder der Beschenkten, ist eine originelle Überraschung

Im Wachsbad gezogene dünne Kerzen lassen sich in noch warmem Zustand zu Drillingen zusammendrehen

Stearinkerzen durch Eintauchen in Wachsfarbe ganz oder teilweise färben (s. Foto links). Zur Behandlung der Oberfläche von Wachsarbeiten wären noch Spezial-Wachsfarben zum Bemalen, Metallpulver zum Anreiben (Vergolden, Versilbern) und Patinierpulver zum Abschattieren zu nennen. Stearin kann man auch mit DEKA Ziermatt oder wasserfesten Filzstiften (edding) bemalen, wenn es sich um kleinere Flächen handelt.
Wachsreste von Kerzen lassen sich gut für neue Wachsarbeiten verwerten, jedoch sollte man vor dem Einschmelzen angezunderte Kanten rund um den Docht abkratzen, da sie die Farbe verunreinigen. Sonstige Unreinheiten (Dochtreste usw.) sinken beim Erhitzen auf den Boden. Nicht immer ist der neue Farbton, der durch Zusammenschmelzen vieler farbiger Reste entsteht, sehr schön, deshalb sollte man die Reste in helle und dunkle Gruppen teilen und getrennt einschmelzen.

Kerzenherstellung
Beim Herstellen von Kerzen unterscheidet man zwei Grundmethoden: das Ziehen und das Gießen.
Kerzenziehen: Zum Kerzenziehen braucht man außer dem Wachs- oder Stearinmaterial einen Docht, der etwa 10 cm länger als die Kerze ist, eine Perle, Schraubenmutter oder etwas ähnliches und zwei hohe, schmale Gefäße (Konservendosen von Würstchen eignen sich gut), die ineinander passen. In das kleinere Gefäß bröckelt man das Wachsmaterial, in das andere kommt Wasser. Die Dose mit dem Wachs wird ins Wasserbad gestellt, und das Wasser wird erhitzt, so daß das Wachs schmilzt. Der Spiegel des geschmolzenen Wachses muß nahe am Dosenrand stehen, sonst muß man noch Wachs hinzufügen. An den Docht knotet man die Perle oder Schraubenmutter und senkt den Docht so in das heiße Wachs, daß die Perle den Dosenboden berührt. Dann zieht man den Docht wieder heraus und wartet, bis das hängengebliebene Wachs erstarrt ist. Danach wird der Docht wieder in das Wachsmaterial getaucht, und wieder läßt man

das Wachs kalt werden. Diesen Vorgang wiederholt man so oft, bis die Kerze die gewünschte Stärke hat. Zwischendurch muß man Wachsbrocken nachfüllen und schmelzen, weil der Wachsspiegel in der Dose durch das am Docht hängengebliebene Wachs gesunken ist. Damit man die Tauchkerze während des Erkaltens nicht so lange in der Hand halten muß, knotet man sie mit dem Dochtüberstand an ein Hölzchen (Bleistift o. ä.), das man auf zwei gleich hohe Bücherstapel legt, so daß die Kerze dazwischen hängen kann. Die noch nicht ganz erstarrten gezogenen Kerzen lassen sich verformen und zu Spiralen winden, wenn sie nicht zu dick sind (s. Foto Seite 279).

Kerzengießen: Zum Kerzengießen braucht man eine Gießform, die man entweder aus gewachstem Karton (Milchtüte) oder Aluminium-

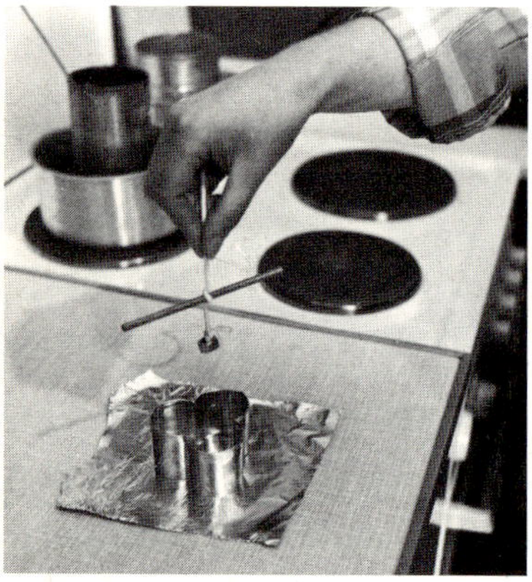

Vor dem Eingießen des Wachses wird der Docht um ein Hölzchen gebunden, an das untere Ende kommt eine Perle

Der Docht muß genau in der Mitte der Form hängen, dann kann das flüssige Wachs eingegossen werden

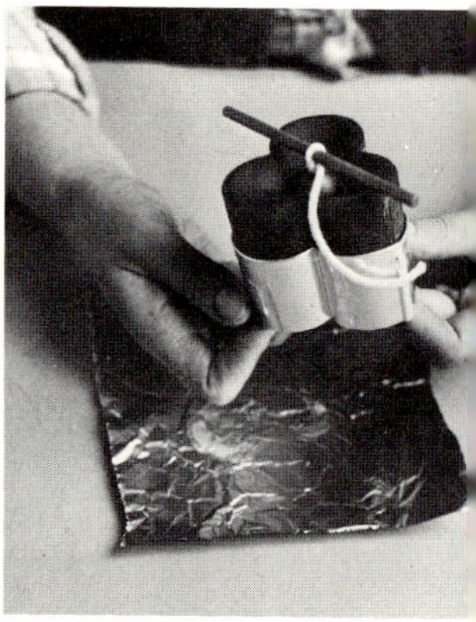

Ist das Wachs erstarrt, drückt man den Gießling von unten aus der Form

streifen (s. Polystyrol-Granulat S. 236) selbst herstellen kann. Man kann zum Gießen auch eine Kuchenform verwenden. Hat die Form keinen Boden, stellt man sie auf eine Unterlage aus Alu-Folie. Zum Gießen einer kleinen Kerze, wie es auf den Arbeitsfotos hier gezeigt wird, braucht man 100 Gramm Wachsmaterial (das kann auch Stearin oder ein Gemisch sein), ferner einen Docht, der doppelt so lang wie die Kerzenform hoch ist, eine Perle oder Schraubenmutter und ein Rundhölzchen oder eine Stricknadel. Das Wachs wird in einer Dose, die in einem Wasserbad steht, erhitzt (niemals die Wachsdose direkt auf den Herd stellen). Das eine Dochtende wird um das Hölzchen gebunden, an das andere kommt die Perle oder Mutter. Die Gießform steht mitsamt der Alu-Unterlage auf einer hitzebeständigen Arbeitsplatte. Der Docht wird mit dem Hölzchen als Halterung so in die Form gehängt, daß die Perle genau in der Mitte den Boden berührt. Dann wird das Wachs eingegossen. Ist das Wachs erstarrt, drückt man den Gießling von unten her aus der Form. Sitzt er zu fest, taucht man ihn mitsamt der Form kurz in heißes Wasser. Zum Schluß schneidet man den Docht auf die richtige Länge.

Zum Schluß wird der Docht gekürzt. Man kann auch mehrere Farbschichten gießen. Jeder Guß muß aber erhärtet sein, bevor der nächste folgt

Andere Wachsgüsse

Es müssen nicht immer Kerzen sein, die man aus Wachsmaterial gießt. Man kann zum Beispiel nach der zuvor erklärten Methode kleine Wachsanhänger für Adventskranz, Weihnachtsbaum oder Ge-

Für Wachsanhänger gießt man die Formen nur ½ cm hoch aus. Die Löcher sticht man mit einer dicken Stricknadel ein, solange das Wachs noch weich ist

schenke gießen, indem man die Form nur ½ cm hoch ausgießt. Das Loch für einen Aufhängefaden sticht man mit einer dicken Stricknadel in das noch warme Wachs.

Reliefgüsse kann man mit Hilfe von Modeln herstellen. Da man solche Wachsmodel heute kaum noch bekommt, muß man sie aus Linol selbst herstellen. Dazu fertigt man einen Linolschnitt an, wie man ihn für die Negativ-Druckerei auf Stoff verwendet (s. Linoldruck S. 28). Die Linolplatte wird mit einer Unterlage aus doppelter Alu-Folie versehen, deren Ränder man an den Kanten des Linols aufwärts biegt. Sie sollen beim Einguß das Wachs wie eine Form stauen. Damit der Wachsguß sich nachher trennen läßt, streicht man das Linol mit Speiseöl ein. Nach dem Schmelzen des Wachses wird eine etwa fingerdicke Schicht auf das Linol gegossen, die nach dem Erstarren umgedreht und auf den Tisch gelegt wird. Nun kann man von einer Ecke ausgehend das Linol abziehen. Den fertigen Abguß kann man noch bemalen oder durch Ritzen oder Nacharbeiten einiger Details vervollständigen.

Auch vollplastische Figuren kann man in Wachs gießen. Dazu verwendet man Gießformen, wie sie für den Zinnguß angeboten werden. Bevor man das Wachs durch den Gießkanal in die geschlossene Form füllt, müssen beide Hälften der Form sorgfältig mit Speiseöl ausgepinselt werden, sonst fließt das Wachs nicht schnell genug in alle Ecken, außerdem löst sich der Gießling nach dem Erstarren nur schwer von der Form. Aus Formsand, wie es ihn für Zinngüsse zu kaufen gibt, oder aus angefeuchtetem Vogelsand kann man ebenfalls einfache Formen für Wachsgüsse selbst modellieren.

Für einen Reliefguß wird das Motiv aus einer Linolplatte herausgearbeitet. Die fertige Linolplatte legt man auf ein größeres Stück Alu-Folie, dessen Kanten man wie bei einem Backblech aufwärts biegt

Auf die zuvor mit Speiseöl eingestrichene Platte wird das flüssige Wachs fingerdick gegossen

Nach dem Erstarren dreht man die Arbeit um und löst, an einer Ecke beginnend, die Linolplatte vom Wachs

Kleine Wachsarbeiten, in Modeln gegossen, bemalt und mit Goldstaub angerieben

Textilien

Textilien

Unter Textilien verstand man früher nur gewebte Fasern. Durch moderne Verfahren in der Stoffherstellung hat sich das Bild jedoch verschoben. So zählt man heute nicht nur gewebte, sondern auch gewirkte und gestrickte sowie gepreßte Fasern zu den Textilien. Gewirkte und gestrickte Stoffe sind als Jersey, gepreßte als Filz auf dem Markt. Die vielen Faserarten, aus denen Stoffe gemacht werden, lassen sich nicht mehr lückenlos aufzählen, da – besonders durch die chemische Industrie – dauernd neue entwickelt werden. Fast alle Gewebe haben heute eine Beimischung von Chemiefasern. Auch die auf einem Etikett ausgewiesene „Reine Wolle" hat meistens einen synthetischen Beilauffaden, der dem Gewebe mehr Festigkeit und Haltbarkeit gibt. Lediglich die Bezeichnung „100% reine Wolle" besagt, daß es sich hier um ein ausschließliches Naturprodukt handelt.
Grundsätzlich lassen sich Textilien in fünf große Gruppen einteilen: Wolle, Baumwolle, Seide, Synthetiks und Mischgewebe. Beim Mischgewebe handelt es sich um verschiedene Faserarten, die zusammen verarbeitet wurden. Leinen wird oft als Faser verstanden, jedoch bezeichnet man auch eine Webart so (siehe Kapitel „Weben"). Übrigens: Alle synthetischen Gewebe sind männlich, also der Perlon, der Dralon usw.
Ferner unterscheidet man noch glatte, genoppte, florige und hochflorige Stoffe, sowie Strukturgewebe. Florige Stoffe sind z. B. Samt, Velours, Cord, Velvet und Frottee. Zu den hochflorigen Stoffen zählt man alle sogenannten Teddystoffe, Webpelze und Pelzimitationen. Bouclé, ein Stoff mit schlaufenartiger Oberfläche, kann sowohl nieder- als auch hochflorig sein.

Die Verarbeitung von Textilien
Glatte Stoffe lassen sich – sofern es das gewebte oder aufgedruckte Muster zuläßt – in beiden Längsrichtungen verarbeiten, während Stoffe mit floriger Oberfläche nur in einer Richtung, nämlich mit dem Strich zugeschnitten werden dürfen. Eine Ausnahme bildet Samt, der im allgemeinen gegen den Strich, also mit den Florspitzen aufwärts zeigend (vom Saum zum Halsausschnitt) verarbeitet wird.
Gewebe in einfacher Leinenbindung, auch Kreuzgewebe genannt, kann man sowohl längs (von Schnittkante zu Schnittkante) als auch quer (in Webkantenrichtung) nehmen. Ebenso Filz, der weder Webkanten noch Struktur hat. Da Filz an den Kanten nicht ausfranst, kann man ihn verarbeiten, ohne die Schnittkanten zu versäubern oder zu befestigen. Auch für Klebarbeiten eignet sich dieser Stoff wie kein anderer.

Ein bißchen Schneiderlatein

Ein Schnittschema zu übertragen erscheint nur dem schwierig, der das noch nie ausprobiert hat – es ist nämlich ganz einfach: Man nimmt weißes Papier in der Originalgröße des Schnittmusters (notfalls zwei Bögen zusammenkleben) und mißt nun, an der unteren oder oberen Schmalseite beginnend, mit dem Maßband oder Lineal die angegebenen Zentimeter ab und trägt sie auf dem weißen Bogen ein. Es ist gut, wenn man dazu einen Winkel hat, den man sich notfalls aus Karton anfertigen kann. Sind alle Maße eingetragen, verbindet man die einzelnen Punkte, den Maßangaben auf dem Schema entsprechend, miteinander.

Fadenlauf bezeichnet die Richtung, in der der Stoff zugeschnitten werden muß. Man unterscheidet geraden und schrägen Fadenlauf. Der gerade Fadenlauf geht von Schnittkante zu Schnittkante, der schräge Fadenlauf über die Diagonale. Dabei ist es wichtig, daß der Stoff auch tatsächlich diagonal und nicht etwa halbschräg zugeschnitten wird. Halbschräge Arbeiten verziehen sich auf beiden Seiten ungleichmäßig und sehen nie ordentlich aus. Um die Diagonale eines Stoffes festzulegen, legt man die Schnittkante auf die Webkante (wie bei einem zum Dreieck gelegten Kopftuch).

Stoffbruch nennt man den Falz, an dem der Stoff bei doppelter Lage umgebogen ist. Oft sind Schnitte mit gleichen Seiten nur zur Hälfte angegeben. Das heißt dann, daß man sie aus einer doppelten Stofflage zuschneiden muß, indem man die gerade Mittelkante des Schnitts auf den Stoffbruch legt.

Nahtzugaben sind grundsätzlich nicht angegeben. Man schneidet den Stoff je nach Festigkeit des Gewebes (ob er stark ausfranst oder nicht) an allen Schnittkanten 1–2 cm größer zu als das Schnittmuster. Lediglich an der Bruchkante wird nichts zugegeben.

Doppelt zuschneiden ist etwas anderes als zweimal (Angabe auf dem Schnitt: 2×) zuschneiden. Doppelt, das heißt aus einer doppelten Stofflage mit Bruchkante. Zweimal, das bedeutet, daß man ein bestimmtes Schnitteil (beim Schneidern heißt es immer *das* Teil) in zweifacher Ausfertigung braucht. Es kann (muß aber nicht) aus einer doppelten Stofflage geschnitten werden.

Verstürzen heißt, ein Stoffteil (Paspel, Formstreifen, Saumblende) von rechts auf ein anderes (Hauptteil) aufsteppen, nach links umschlagen und dort gegennähen oder von rechts durchsteppen.

Einhalten ist das Gegenteil von Dehnen. Während man beim Dehnen den Stoff etwas zieht, wird er beim Einhalten zusammengeschoben oder vor dem Nähen mit einem Heftfaden, den man später wieder entfernt, zusammengezogen.

Den Zeichen entsprechend zusammennähen heißt, daß man die im Schnittmuster angegebenen Markierungen (Kreuze, Kreise, Punkte o. ä.) auf den Stoff überträgt und ihn so zusammensteckt und -näht, daß je zwei gleiche Markierungen genau aufeinandertreffen.

Das Nähen

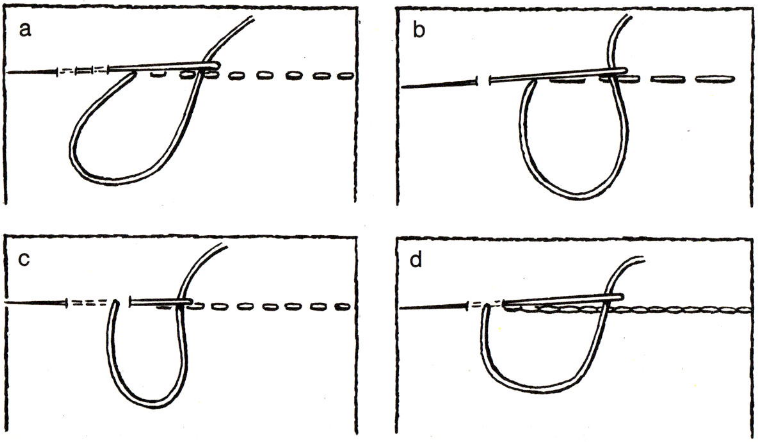

Die wichtigsten Stiche

Die gebräuchlichsten **Sticharten** der Handnaht sind: der Vorstich a, der Heftstich oder Reihstich b, der Hinterstich c und der Steppstich d, der einer Maschinennaht am ähnlichsten ist.

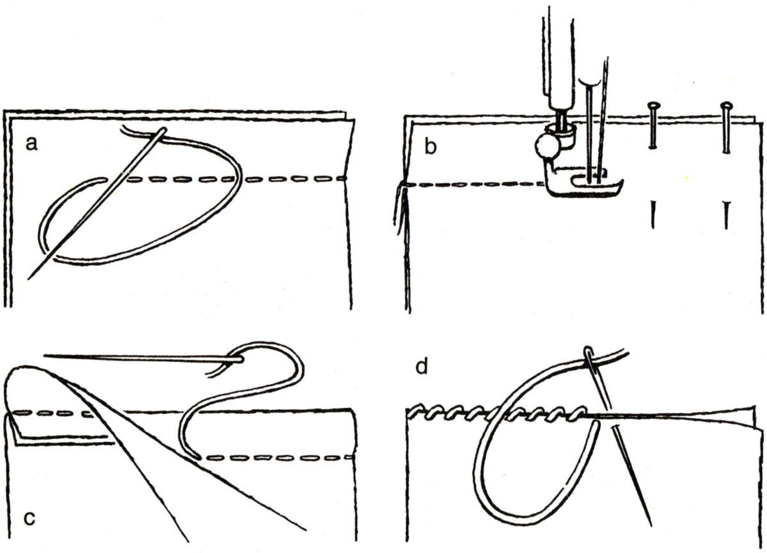

Die wichtigsten Nähte

Die gebräuchlichsten **Nähte** sind: die einfache Naht mit der Hand a oder Maschine b, die Rechtslinks- oder Doppelnaht c (vorwiegend bei leichteren Baumwollstoffen angewandt) und die überwendliche Naht d (bei Webkanten).

Die wichtigsten Versäuberungen

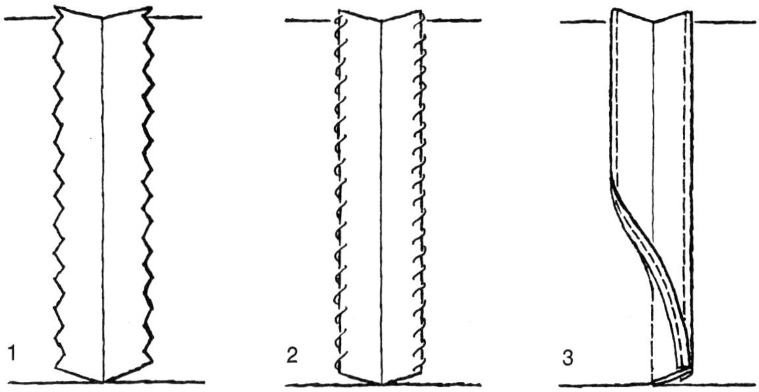

Die auseinandergebügelten Schnittkanten der einfachen Naht b kann man befestigen (versäubern), indem man sie 1. mit der Zackenschere beschneidet, 2. mit kleinen Saumstichen umnäht oder 3. gegen den Stoff einschlägt und mit der Maschine knappkantig steppt.

Die wichtigsten Säume

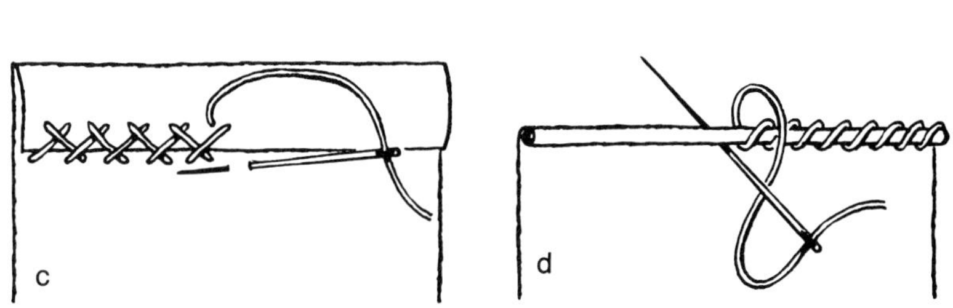

Die gebräuchlichsten **Säume** sind: der einfache Saum a, bei dem der Stoff zweimal umgebügelt und mit kleinen Stichen angenäht wird, der Hohlstichsaum b, bei dem die Stiche möglichst unsichtbar zwischen Grundstoff und Umschlagkante in Auf- und Abgängen geführt werden, der Hexenstichsaum c, bei dem der Stoff nur einmal umgeschlagen und mit über die Schnittkante führenden Stichen von links nach rechts gehend angenäht wird, und der Rollsaum d, bei dem die Stoffkante schmal, aber fest eingerollt und umstochen wird.

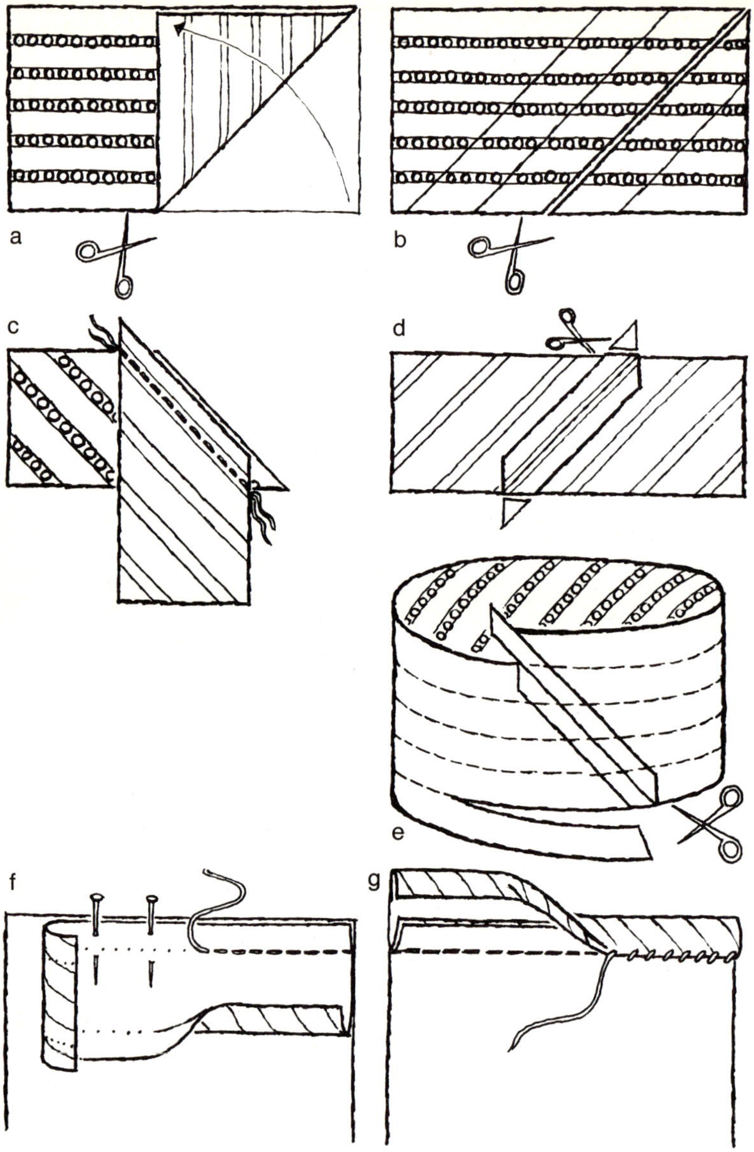

Das Zuschneiden und Verarbeiten von Schrägstreifen

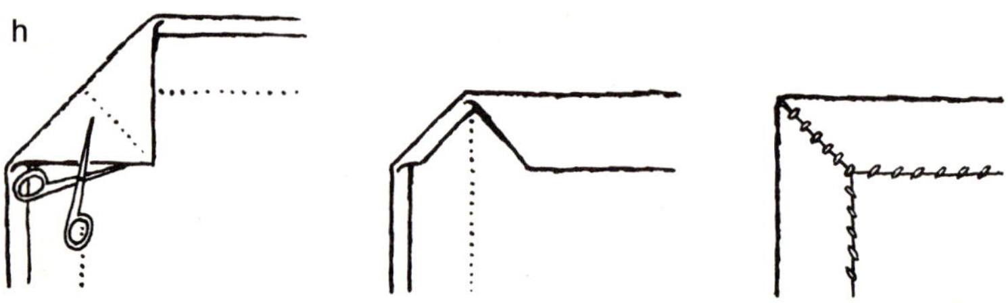

So werden Ecken gesäumt

Die gebräuchlichsten **Kantenabschlüsse** außer Säumen sind: Paspeln aus Schrägstreifen, Bandeinfassungen und Formblenden. Schrägstreifen erhält man, wenn man ein Stück Stoff diagonal faltet (a), an der Bruchkante durchschneidet (b) und einzelne Streifen in

Richtung der schrägen Schnittkante schneidet. Man setzt die einzelnen Streifen wie c im rechten Winkel zusammen, bügelt oder streicht die Naht auseinander und schneidet die beiden überstehenden Ecken ab (d). Einen längeren Schrägstreifen aus einem Stück erhält man, wenn man einen schrägen Stoffstreifen an den Schmalseiten zu einem Ring zusammennäht und ihn dann spiralenartig zerschneidet (e). Der Paspelstreifen wird mit seiner rechten Seite auf die rechte Seite der einzufassenden Arbeit gesteppt, nach links umgebogen und dort mit schmalem Kanteneinschlag gegengesäumt (g). Die Ecken verarbeitet man so, wie es die drei Phasen der Zeichnung h zeigen.

Die Formblende als Kantenabschluß

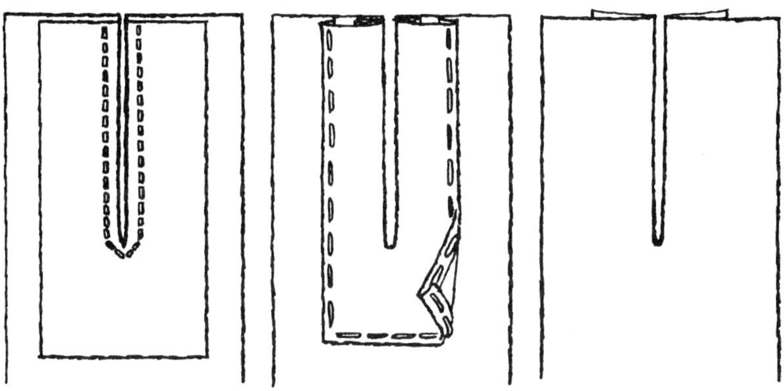

Bandeinfassungen werden im Prinzip genauso gemacht, nur kann man hier den Saumeinschlag sparen, da das Band Webkanten hat. Geübte legen sogar die Schnittkante des Stoffes zwischen den auf halbe Breite gebügelten Bandstreifen, heften alles und steppen die obere und untere Bandkante in einem Arbeitsgang auf den Stoff.
Die Formblende wird dem einzufassenden Ausschnitt entsprechend (nach demselben Schnittmuster) etwa 5–10 cm breit zugeschnitten, rechts auf rechts aufgesteppt, nach links (innen) umgebogen und dort hohl gegengesäumt (siehe Hohlstichnaht Seite 287).

Andere Textilverbindungen
Textilien kann man nicht nur nähen. Man kann sie auch flechten, Kleben und sogar wie Perlen aufreihen. Für solche Arbeiten eignet sich Filz am besten. Er läßt sich leicht zuschneiden, trocken von beiden Seiten bügeln und in jeder Richtung verarbeiten. Das Versäubern der Schnittkanten fällt weg, weil Filz nicht gewebt, sondern gepreßt ist und deshalb nicht ausfranst. Aber auch andere Stoffe kann man ohne weiteres kleben. Wichtig ist, daß man den richtigen Kleber verwendet. Am besten eignet sich Tapetenkleister, den man als Trokkensubstanz kaufen und mit Wasser anrühren kann. Die Feuchtigkeit schlägt zwar beim Kleben durch den Stoff hindurch, jedoch verursacht sie keine Flecken. Nach dem Trocknen ist der Stoff wieder einwandfrei. Dickere Stoffe kann man auch mit UHU-Alleskleber verarbeiten. Hierbei darf man aber nur so wenig Kleber nehmen, daß er nicht auf die andere Stoffseite durchschlagen kann, da er nach dem Antrocknen Spuren hinterläßt. Nach einigen Versuchen hat man jedoch schnell die richtige Klebstoffmenge herausgefunden. Schließ-

lich kann man Textilien noch durch Bügeln miteinander verbinden, indem man zwischen die zusammenzufügenden Stofflagen einen beidseitig präparierten Vliesstoff legt, dessen Haftmittel sich durch Hitzeeinwirkung löst und beim Erkalten mit dem angepreßten Stoff verbindet. Diese Art Stoffverbindung eignet sich z. B. für Gürtel, doppelte Sohlen von Hausschuhen, Säume an Puppenkleidern und für Applikationen. Vilexit dagegen ist ein Einlagematerial, das nach dem Aufbügeln nur einseitig klebt.

Nach der Theorie die Praxis

Mit den im vorangegangenen Kapitel vermittelten Grundkenntnissen kann man alle in diesem Buch gezeigten Modelle aus Textilien ohne Schwierigkeiten nacharbeiten. Wer noch keinerlei Erfahrungen im Nähen hat, macht zuerst einmal ein Probestück aus Papier oder wertlosem Abfallstoff. Es empfiehlt sich dringend, alle Teile vor dem Zu-

Arbeitsschürze aus Markisenstoff mit aufgesetzten Taschen aus kräftiger Plastikfolie. Die Schürze wurde nach dem Grundschnitt auf S. 292 genäht, lediglich die Latzschrägung ist verändert worden

Links: Schürze aus Baumwoll-Streifenstoff, eingefaßt mit rotem Schrägband. Die Größe läßt sich durch Verlängern oder Kürzen des Halsbandes verändern. Schnittschema dazu 292

Rechts: Schürze aus Nessel für größere Kinder und Erwachsene. Alle Kanten wurden hier mit der Maschine gesäumt. Die Schürze kann nach dem gleichen Schnitt wie die blaue gearbeitet werden

sammennähen zu heften. Später, wenn man schon mehr Übung hat, genügt oft das Zusammenstecken der einzelnen Stoffstücke mit Nadeln.

Gestreifte Schürzen

Beide Schürzen werden nach dem gleichen Grundschnitt (S. 292) genäht, sie unterscheiden sich lediglich im Detail voneinander. Die blaue Schürze hat mit Schrägband eingefaßte Kanten und kann infolgedessen ohne Nahtzugaben zugeschnitten werden. Die Tasche ist hier seitlich aufgesetzt. Bei der rot-weiß gestreiften Schürze sind alle Kanten umgeschlagen und gesäumt. Die etwas breitere gerundete Tasche sitzt genau in der Mitte. Hals- und Bindeband wurden aus 2 cm breitem, naturweißem Baumwollköper-Band angesetzt. Das Halsband hat einen seitlichen Ringverschluß.

Material für die blaue Schürze: 90 cm Baumwollstoff, 90 cm breit und 7,50 m rotes Baumwollschrägband, 1,5 cm breit. Dazu Nähgarn in der Farbe des Schrägbandes.

Schürzen- und Taschenteil nach dem Schnittschema zuschneiden. Aus dem seitlich abfallenden Stoff 3 Streifen von je 60 × 6 cm für Halsband und Bindebänder abschneiden. Alle Schnittkanten mit Schrägband einfassen, Bänder und Tasche den Zeichenangaben auf dem Schnitt entsprechend ansetzen.

Bei der Schürze auf dem Foto links wurde das Schrägband von der rückwärtigen Stoffseite aufgesteppt, nach vorn umgebügelt, eingeschlagen und mit der Maschine gegengesteppt. Wer weniger geübt ist, steppt das Schrägband auf die Stoff-Vorderseite und säumt es auf der Rückseite mit der Hand gegen, wie bei f und g auf Seite 288 gezeigt.

Kuschel-Hund aus braunem Webpelz. Schnittschema und Arbeitsanleitung Seite 293

Schnittschema für Schürzen. Länge und Weite sind an den Ober- und Unterkanten sowie seitlich leicht korrigierbar

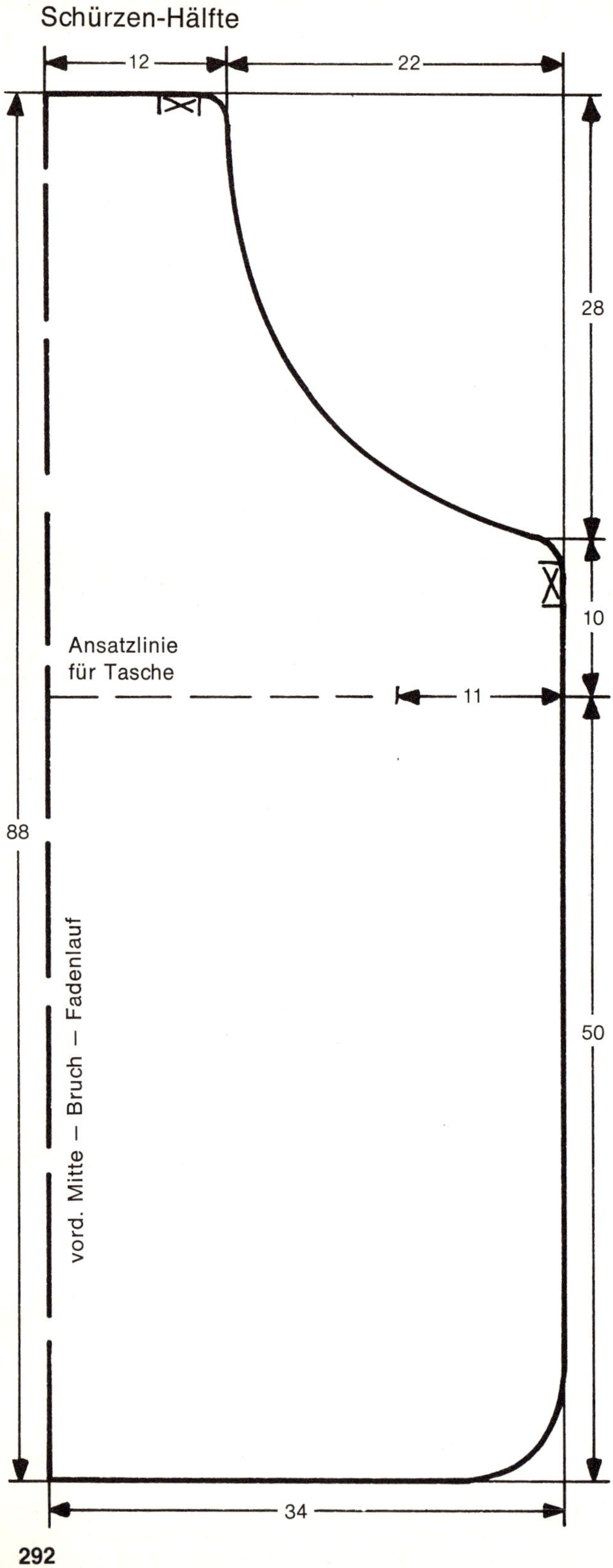

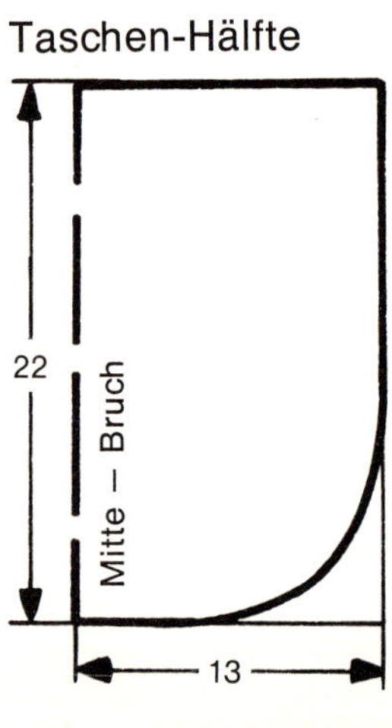

Kuschel-Hund

Der Hund vom Foto S. 291 wurde aus Webpelz in Gold- und Dunkelbraun gearbeitet, man kann aber auch jeden anderen weichen Stoff nehmen. Material: 50 × 60 cm Webpelz, 2 Knöpfe für die Augen, 2 Druckknöpfe, Styroporkugeln oder Diolenwatte zum Füllen. Rotes Stickgarn oder ein Stück Filz für die Schnauze.

Ein Karo des Schnittmusters entspricht 3 cm der Originalgröße des Hundes, auf die der Schnitt vergrößert werden muß (Karonetz mit 3 × 3 cm großen Kästchen auf Papier zeichnen und die Schnittlinien von der Zeichnung übertragen). Danach das Oberteil (Kopf, Rücken, Beine) zweimal zuschneiden, ebenso das Unterteil, das nur bis zur waagerecht eingezeichneten Linie geht (Bauch und Beine sowie Kopf-Unterseite). Die Ohren zweimal aus dem bereits verwendeten und zweimal aus dunklerem Material zuschneiden (man kann sie auch einfarbig arbeiten, indem man 4 gleiche Teile zuschneidet), Schwanzteil einmal aus doppeltem Stoff zuschneiden. Bei florigen Stoffen den angegebenen Fadenlauf beachten. Nahtzugabe für alle Teile: reichlich ½ cm.

Stoff mit den Schauseiten nach innen wie folgt zusammennähen: Rücken-Kopf-Naht des Oberteils, Bauch-Kopf-Naht des Unterteils, Ohren und Schwanz, dabei die jeweils gerade untere Kante zum Wenden offenlassen. Rücken-Kopf-Teil und Bauch-Kopf-Teil flach so aufeinander legen und heften, daß die Florseiten des Stoffes innen liegen, und rundherum knappkantig zusammennähen. Hinten einen Schlitz zum Wenden und Ausstopfen offenlassen. Alle Teile wenden und Nähte gut ausstreichen. Körper und Schwanz locker ausstopfen, so daß das Tier weich bleibt. Offengelassene Nahtstellen schließen, Schwanz und Ohren an den auf dem Schnitt markierten Stellen anbringen. Knöpfe als Augen, einen zusammengerollten Stoffstreifen als Nase annähen. Schnauze aus Filz aufnähen oder mit Garn aufsticken. Die Druckknöpfe so an die Innenseiten der Pfoten nähen, daß der Hund stehen kann, wenn man sie schließt.

Schnittschema zum Kuschel-Hund. Ein Quadrat entspricht 3 cm der Originalgröße. Man kann auch, ohne den Schnitt zu vergrößern, einen kleineren Hund nähen

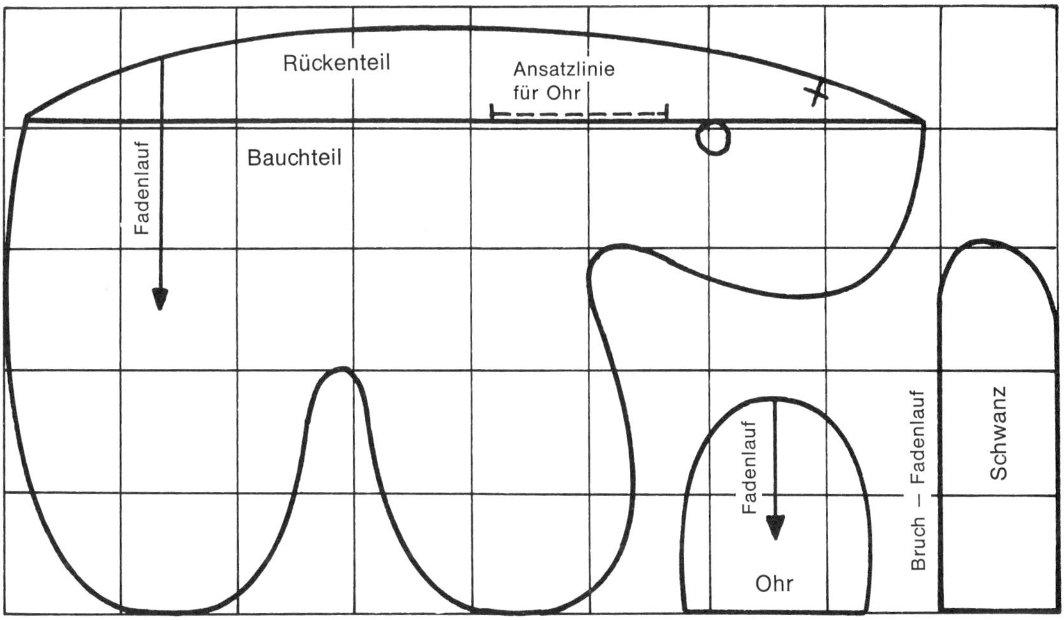

Hängelampe aus Filz. Der Bezug läßt sich zum Waschen oder Reinigen abknöpfen

Hängelampe aus Filz

Material: 1 Lampenschirmgestell mit Krönchen (siehe Zeichnung S. 296) und 8 Streben, Höhe 30 cm, Umfang 144 cm, 50 cm Filz, 180 cm breit (oder 100 cm bei 130 cm Breite), 16 mittelgroße Druckknöpfe, 1 kleines Glas Emaillelack in Orange, 1 Pinsel, 2 Rollen Nähseide in Orange, Klebstreifen und Schnittmusterpapier (Packpapier).

Einen 20 × 45 cm großen Streifen Papier mit Klebstreifen außen so auf 2 Streben des Schirmgestells kleben, daß er unten 10 cm übersteht. Von innen die Konturen der Streben – und zwar ihre Innen- und Außenbegrenzung des dazwischenliegenden freien Feldes – mit Bleistift nachzeichnen. Papier abnehmen und jeweils zwischen beiden parallel verlaufenden Strichen, die die Stärke der Streben markieren, durchschneiden. Den Überstand am unteren Papierrand im Bogen zuschneiden. Nach diesem Papierschnitt 7 weitere gleiche Keile aus Papier anfertigen, alle 8 Teile mit Klebstreifen zusammenheften und über das Gestell ziehen. Die Schnittkanten des Papiers dürfen dabei nur gegeneinanderstoßen. Wenn der Schnitt paßt oder durch Korrektur passend gemacht wurde, löst man einen Keil heraus, den man als Schnittmuster für den Filz nimmt. Alle 8 Keile müssen einzeln aus Filz ohne Nahtzugabe zugeschnitten werden. Dabei die Schere zügig führen, damit es keine häßlichen Absätze an den Schnittkanten – vor allem an den unteren Bögen – gibt. Dann das Drahtgestell mit Emaillelack anstreichen. Da ihm möglicherweise noch Spuren von Lötfett anhaften, muß es vorher in heißem Spülmittelwasser abgewaschen werden, sonst nimmt es keine Farbe an. Die zugeschnittenen 8 Filzkeile werden mit großen Stichen zusammen-

Schlenkerpüppchen aus Filzkreisen. Arbeitsanleitung Seite 297

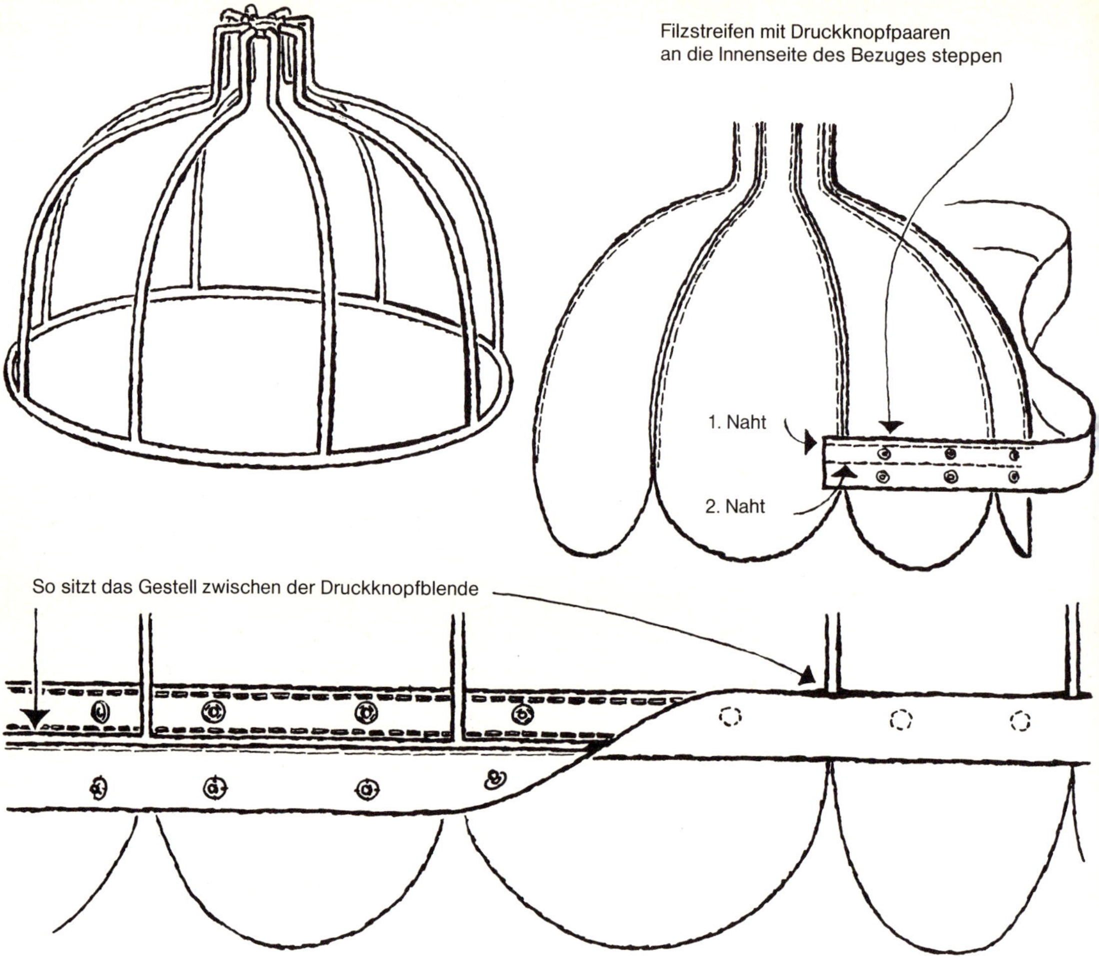

Lampenschirmgestell und Lampenschirmbezug mit Darstellung der Druckknopfblende

geheftet und dem Lampenschirmgestell übergezogen. Nun kann man noch kleine Korrekturen vornehmen, falls der Schirmbezug zu weit geworden sein sollte. Er sitzt richtig, wenn er sich nur mit Mühe über die Streben ziehen läßt, denn der fertige Lampenschirm sieht am besten aus, wenn der Stoff straff gespannt ist. Die 8 Keile werden, am unteren Bogenrand beginnend, knappkantig mit kleinen Stichen zusammengesteppt. Danach schneidet man einen Filzkreis mit 10,5 cm Durchmesser aus, der in der Mitte ein Loch zum Durchstecken des Kabels bekommt. Dieser Kreis wird an die Enden der Keile um die obere Öffnung des Bezuges genäht. Aus Filz wird ein 4 cm breiter, 143 cm langer Streifen zugeschnitten, in Längsrichtung doppelt zusammengelegt und am Bruch gebügelt. Dann wird der Streifen wieder auseinandergefaltet und knappkantig um den unteren Rand der Bezug-Innenseite gesteppt. Er muß so angebracht werden, daß der eingebügelte Stoffbruch genau mit dem unteren Rand des Drahtgestells abschließt, so daß die Hälfte des aufgesteppten Streifens 2 cm unter dem Gestellrand hervorschaut (siehe Zeichnung). Unterhalb der ersten Steppnaht wird der Streifen kurz über dem Bruch noch einmal ringsherum durchgesteppt. Dann näht man zwischen jeweils zwei Streben auf jeden der 8 Keile zwei Druckknopfhälften an den aufgesteppten Teil des Streifens und die Gegenstücke an die entsprechenden Stellen auf dem Streifenüberstand unterhalb des großen Ringes (siehe Zeichnung). Nachdem man den Bezug gebügelt hat, zieht man ihn über das Gestell und knöpft ihn um den unteren Gestellrand herum fest. Zum Reinigen oder Waschen kann man ihn leicht abnehmen.

Schlenkerpüppchen
Material: Bunte Filzreste oder Filz in Tafeln von 30 × 21 cm. Die Menge hängt davon ab, wie geschickt man zuschneidet. Man probiert am besten erst einmal mit Papier und errechnet danach die Menge. Außerdem braucht man noch 80 Keramikperlen (wie man sie für Untersetzer verarbeitet), 4 kleine Schellen, etwas Watte und Wäschetrikot sowie Zwirn, Stickgarn und einen Pelzrest.
Aus Filz schneidet man 66 Kreise von 4 cm Durchmesser und 14 Kreise von 6 cm Durchmesser zu. Man macht am besten zwei Pappschablonen, die man auf den Filz legt und mit dem Bleistift umreißt. Eine etwa pflaumengroße Wattekugel wird mit Trikot überzogen. Den Trikot einfach an einer Stelle zusammenraffen, mit Garn umwickeln und abbinden. Überstände abschneiden. Diese Stelle verschwindet in der Zipfelmütze, die man aus einem 6 × 12 cm großen Stück Filz macht (siehe Zeichnung) und ringsherum am Kopf festnäht oder -klebt. Anschließend klebt man vorn einen Pelzstreifen als Haare an und stickt Augen, Nase und Mund auf. Danach werden die Filzkreise auf Fäden gereiht. Man schneidet 2 Stücke Zwirn je 50 cm ab. Das

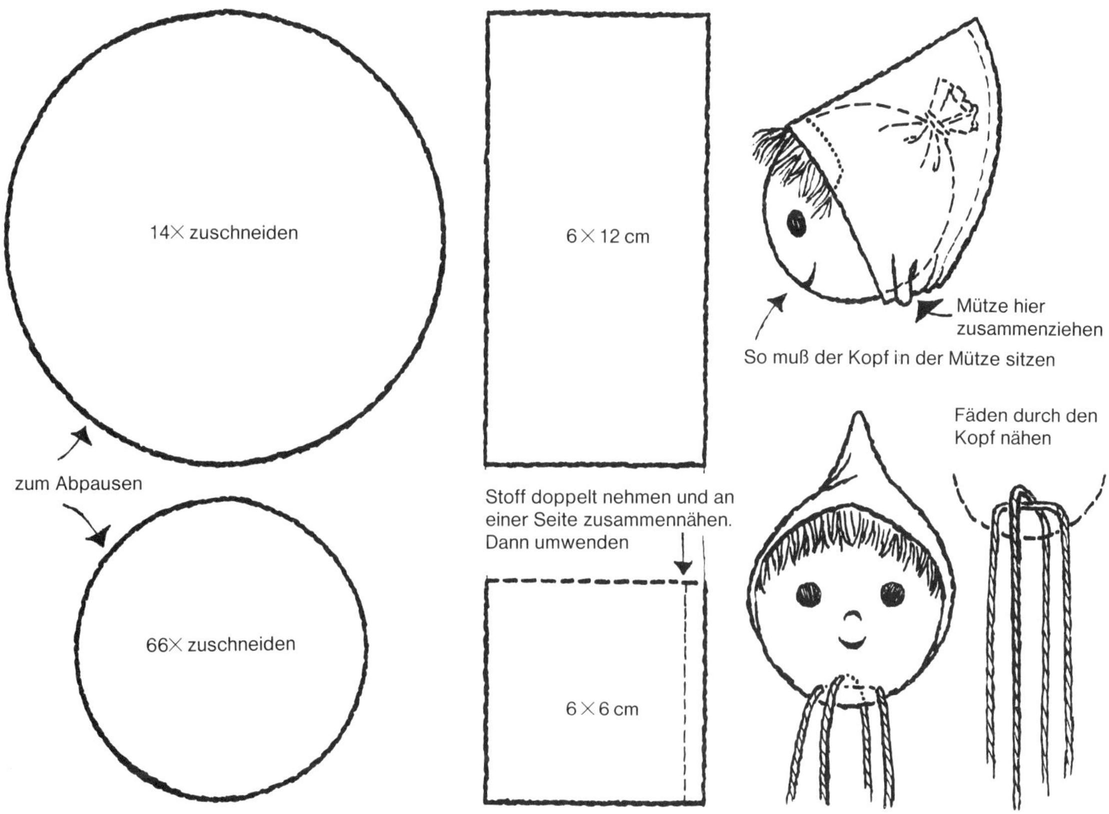

eine wird von vorn nach hinten, das andere von links nach rechts in der Halsgegend durch den Puppenkopf genäht, so daß die Fäden sich im Kopf kreuzen. Dabei nicht zu wenig Watte mitfassen, weil an diesen Fäden der ganze Puppenkörper hängt. Alle Enden der Fäden müssen gleich lang sein (siehe Seite 297). Sie werden paarweise verknotet und zusammen durch eine Perle und einen der großen Filzkreise gezogen. Während man zwei Fäden hängen läßt, fädelt man die anderen beiden zusammen in eine Nadel und reiht abwechselnd eine Perle und einen großen Filzkreis auf, bis alle großen Kreise verarbeitet sind. Jetzt wird einer der beiden Fäden aus der Nadel gezogen. Auf den verbleibenden reiht man abwechselnd Perlen und Filzkreise (je 20) auf, mit einer Perle beginnend. Am Fadenende befestigt man eine Schelle. Der Puppenkörper und ein Bein sind fertig. Das zweite Bein wird in der gleichen Weise gearbeitet. Auf jeden der beiden Fäden am Oberkörper reiht man dann für die Arme abwechselnd Perlen und Filzkreise (je 13) auf und näht ebenfalls Schellen an. An die Zipfelmütze kommt eine Aufhängeschlaufe.

Applikationen

Die Stoffapplikation ist eine bildnerische Textil-Technik, deren Wirkung im Zusammenspiel von Formen und Farben der auf einen Grundstoff (Träger) genähten Stoffteile liegt. Das Aufnähen dieser Teile kann mit der Maschine oder mit der Hand geschehen. Beim Nähen mit der Maschine stellt man entweder den dichten Zickzackstich (Knopflochstich) oder einen dichten Zierstich ein. Die klassische Methode, mit der man die besten Ergebnisse erzielt, ist das Aufnähen mit der Hand. Man kann zwischen unsichtbaren Stichen und sichtbaren Zierstichen wählen. Die Zierstiche bringen ein weiteres Element in das Formenspiel der Applikationen. Die gebräuchlichsten Sticharten zeigt die Musterzeichnung unten.

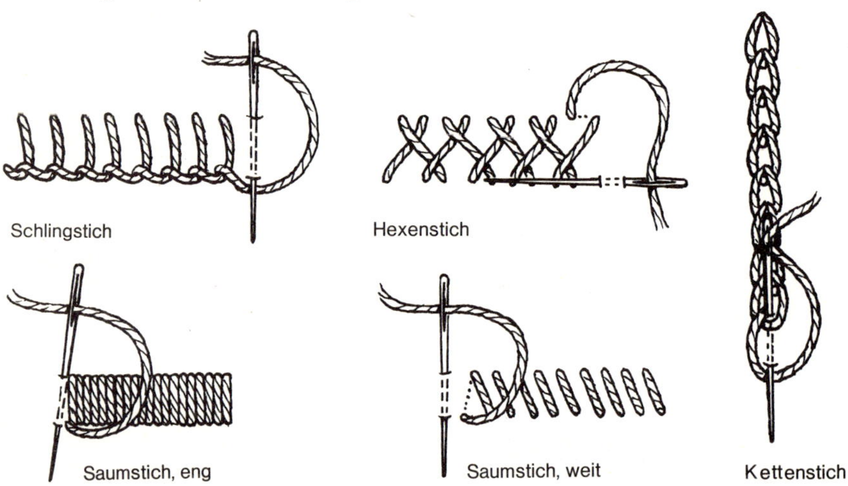

Die gebräuchlichsten Stiche für Applikationen

Der Untergrund einer Applikationsarbeit muß stets aus kräftigerem Material sein als die aufgenähten Stoffstücke. Zu locker gewebten oder zu leichten Stoff verstärkt man auf der Rückseite mit Vilexit (aufbügelbarem Vliesstoff) und füttert ihn ab.

Bei diesem Kissen wurde zunächst der Häkeleinsatz (Arbeitsbeschreibung auf Seite 329) auf den roten Stoff genäht. Unterhalb des Häkelteils wurde der Stoff herausgeschnitten. Die Kanten wurden knapp gegengesäumt. Dann wurde der rote Stoff mit dem Häkeleinsatz auf den violetten mit der Maschine appliziert

Der Entwurf

Beim Entwurf für eine Applikationsarbeit kann man zwei Wege gehen: 1. Man zeichnet eine Rohskizze mit möglichst einfachen Konturen, malt sie farbig aus und beschafft danach die zu applizierenden Stoffstücke. 2. Man verteilt alle für die Applikation vorgesehenen Stoffstücke auf den Grundstoff und schiebt sie so lange hin und her, bis die beste Wirkung erzielt ist. Dabei kann man schon grob die Formen ausschneiden.

Ganz gleich, für welche Methode man sich entscheidet, man muß zuerst Größe und Format des Untergrundes festlegen und ihn genau begrenzen. Soll eine Fläche geometrisch aufgeteilt werden, kann man die einzelnen Felder durch Einbügeln von Bruchkanten (siehe „Schneiderlatein", Seite 284) markieren.

Das Zuschneiden

Wenn die Applikation kein Zufallsprodukt sein soll, darf man die Stoffteile nicht nach Augenmaß zuschneiden. Für jede Schnittform fertigt man nach der Musterskizze eine Schablone aus Karton an, die dann auf den Stoff gelegt und mit einem weichen Bleistift umrissen wird. Auf diese Weise hat man die Gewähr, daß die Formen gleicher Teile nicht voneinander abweichen, vorausgesetzt, daß man sie später beim Aufnähen nicht verzieht. Man kann das Verziehen von vornherein vermeiden, wenn man den Stoff auf Vilexit aufbügelt. Das hat den weiteren Vorteil, daß er an den Schnittkanten nicht so leicht ausfranst und saubere Konturen bildet. Am einfachsten ist Filz zu verarbeiten.

Das Applizieren

Vor dem Aufnähen werden die Stoffteile entweder auf den Grundstoff geheftet oder gesteckt. Das Aufstecken ist nur bei kleinen Applikationen zu empfehlen, große Stoffstücke verziehen sich leicht, so daß die Arbeit wellig oder beulig werden kann. Zudem ermöglicht das Aufheften eine bessere Gesamtübersicht über die Anordnung der aufzunähenden Teile. Um sich einen Eindruck zu verschaffen, kann man ergänzende Teile während des Applizierens auch probeweise mit einem Tupfer UHU stic befestigen.

Bei der klassischen handgenähten Applikation ist die Größe der Stiche nicht so entscheidend wie deren Abstand und Gleichmäßigkeit. Stoffe, die locker gewebt sind und entsprechend leicht ausfransen müssen selbstverständlich mit dichteren Stichen aufgenäht werden als Stoffe mit festeren Schnittkanten wie Filz oder Tuch. Die Handapplikation wird immer ohne Saumeinschlag ausgeführt, lediglich Patchworkteile, die aufgenäht werden sollen, werden mit Saumeinschlag an den Kanten aufgenäht, um den Patchwork-Charakter nicht zu stören (s. Abbildungen auf Seite 303).

Eine wichtige Abschlußarbeit ist das Bügeln. Dazu legt man das fertig applizierte Stück mit der Schauseite auf eine mehrfach zusammengefaltete Wolldecke oder eine andere entsprechend weiche Unterlage und bügelt den Stoff (es ist der Grundstoff) von der Rückseite. Dadurch bleibt die plastische Wirkung der aufgenähten Teile erhalten und sich überschneidende Kanten werden nicht durchgedrückt.

Drei Kissen einer Münchner Künstlerin. Die an naive Malerei angelehnten Szenen wurden aus Stoffresten zusammengestellt und mit der Nähmaschine appliziert Foto: Marianne Schwenk

Bild in Applikationsstickerei, mit feinen Handstichen ausgeführt und durch Perlen ergänzt. Material: Reine Seidenstoffe

Geklebte Applikationen

Bei der geklebten Applikation werden die Stoffteile nicht aufgenäht, sondern aufgeklebt. Dazu nimmt man Tapetenkleister. Mag diese Art der Applikation auch auf den ersten Blick leicht und als eine mehr kindertümliche Technik erscheinen, so stellt sich bei näherem Betrachten heraus, daß die Klebeapplikation eine Präzisionsarbeit ist, was die Schnittführung betrifft. Kann man bei der Aufnäherei noch einiges durch geschickt gesetzte Stiche kaschieren, so bleibt jeder Zuschneidefehler bei einer geklebten Arbeit unerbittlich sichtbar. Deshalb ist das Anfertigen von Schnittmustern aus Papier, nach denen man den Stoff zuschneidet, die wichtigste Arbeit; vor allem dann, wenn die Applikation aus vielen gleichen Formteilen besteht (s. Foto Seite 302).

Zum Kleben eignen sich am besten Stoffe mit glatten nichtfransenden Schnittkanten (wie schon erwähnt: Filz oder Tuch), man kann aber auch andere Stoffe verwenden, wenn man sie vor dem Zuschneiden auf beschichteten Vliesstoff (Vilexit) bügelt. Man geht beim Applizieren vor wie beim Malen: zuerst kommt der Hintergrund, dann arbeitet man auf den Beschauer zu, also gestaltet Mitte und Vordergrund.

Es ist wichtig, daß jedes einzelne Stoffteil rundherum an allen Kanten mit Kleber bestrichen und fest auf den Untergrund geklebt wird (geklebte Stellen mit Büchern belasten). Kleben die Teile nur in der Mitte, rollen sich die Schnittkanten nach vorn, und die ganze Arbeit sieht sehr unordentlich aus. Ferner ist noch zu bedenken, daß die aufgeklebten Teile der Mitte und des Vordergrundes stets zu einem Teil direkt mit dem Grundstoff (nicht nur mit einem bereits aufgeklebten Stoffstück) verbunden sein müssen, sonst lösen sie sich möglicherweise an einigen Stellen wieder.

Geklebte Applikationen kann man nicht waschen.

Patchwork

Patchwork (sprich: Pätschwök) kommt aus dem Englischen und heißt wörtlich übersetzt Flickwerk. Bei dieser mehr als 250 Jahre alten Textil-Technik handelt es sich um das Aneinandernähen verschiedenfarbiger kleinerer Stoffstücke zu einem Ganzen. Die geometrisch geschnittenen Stoffteile, die sich so zu einer mosaikartigen Fläche zusammenfügen, lassen trotz der immer wiederkehrenden Grundformen zahlreiche Variationsmöglichkeiten zu. Die Eigenart der Technik ermöglicht es, daß mehrere Personen zugleich an einem Patchwork-Stück arbeiten können.

Das Material

Im Gegensatz zur Applikationsarbeit, für die sich fast jede Stoffart eignet, ist das Patchwork von besonders brauchbaren Stoffen abhängig. Alles, was sich nicht von selbst zum Falten und Säumen anbietet, sollte besser für andere Zwecke verwendet werden. Baumwollstoffe wie Kretonne, Popeline oder Halbleinen sind ein ideales Material für diese Technik.

Je nach dem Charakter der Arbeit nimmt man einfarbigen oder bedruckten Stoff. Da die Rückseite des Patchworks nicht zu sehen ist, braucht er nicht durchgewebt zu sein.

Seite 302: Geklebte Applikation, Filzreste auf Drell in Naturweiß. Klebstoff: Tapetenkleister. Die Perlen aus Glas wurden mit UHU Alleskleber befestigt

Der Entwurf

Es ist zweckmäßig, vor Beginn der Arbeit eine Skizze anzufertigen, aus der Formen und Farben ersichtlich sind. Kariertes Papier ist dabei ein gutes Hilfsmittel, um die geometrischen Formen anzuordnen. Will man mit einfarbigen Stoffen arbeiten, läßt sich die Farbkomposition leicht auf dem Papier festlegen, und man kann ausrechnen, wie viele Patchteile von jeder Farbe gebraucht werden. Sollen jedoch gemusterte Stoffe verwendet werden, so ist es besser, zunächst eine Anzahl von Patchteilen aus verschiedenen Farben und Mustern in einer Grundform vorzubereiten und sie probeweise zusammenzulegen.

Die Blätter dieses Baumes bestehen aus lauter Vögeln in gleicher Form, jedoch aus unterschiedlichen Stoffen. Für die Vögel wurde ein Schnitt aus Karton angefertigt, auf die mit Vilexit (Aufbügelstoff) versehene Rückseite des jeweiligen Stoffes gelegt und mit dem Bleistift umrissen. Dann wurden die Vögel mit einer scharfen Schere zügig ausgeschnitten und mit Tapetenkleister auf den Grundstoff geklebt

Die Technik

Die gebräuchlichsten Grundformen der Stoffteile sind: Quadrat, Rechteck, Raute, Dreieck, Fünfeck, Sechseck und Achteck. Vor dem Zuschneiden des Stoffes wird eine Schablone angefertigt. Dazu zeichnet man die gewünschte Grundform auf Karton und um diese herum eine weitere Kontur in etwa 1–2 cm Abstand, je nach Größe des Patchteils. Der Zeichenkarton wird innerhalb und außerhalb des gezeichneten Rahmens sauber ausgeschnitten. Nun kann man den Rahmen auf die zur Verfügung stehenden Stoffe legen und im Rahmenfenster den am besten geeigneten Ausschnitt wählen. Um die Rahmenaußenkante herum wird der Stoff ausgeschnitten. Dazu umreißt man die Rahmenkonturen mit einem weichen Bleistift. Für jedes Stoffteil muß ein entsprechendes Papierteil ausgeschnitten werden, das die Innenmaße des Rahmenfensters hat. Die Papierteile werden jeweils auf der linken Seite in die Mitte der Stoffteile gelegt und mit

Der Mittelstern aus 6 Rhomben ist bei diesem Kissen altrosa, die Rhomben um den Außenrand sind naturweiß und braunweiß gestreift. Der mit der Hand zusammengenähte Stern wurde mit der Hand auf den kakaobraunen Untergrund appliziert und mit Perlen ausgestickt

Mit einem Sichtrahmen aus Karton wählt man die am besten geeigneten Musterausschnitte aus (links)

Jedes Patchteil wird um ein Papierteil geheftet

Nadeln festgesteckt. Dann schlägt man die Stoffüberstände ringsherum um das Papier und heftet sie fest. Hat man genügend Patchteile vorbereitet, legt man jeweils zwei mit den Schauseiten gegeneinander und näht sie an einer Kantenseite mit kleinen Stichen zusammen. Man setzt zuerst die Einzelteile zu Streifen, dann die Streifen zu einer ganzen Fläche zusammen. Danach zieht man die Heftfäden heraus, entfernt die Papierteile und bügelt die Arbeit von links ohne Druck. Zum Schluß füttert man sie mit einem geeigneten Stoff ab und bügelt sie noch einmal von der rechten Seite.

So werden die Umschlagkanten beim Rechteck, Dreieck, beim verschobenen Sechseck und bei der Raute geheftet

Die Rosetten dieser drei Kissen aus Baumwollstoffen wurden aus jeweils 19 Sechsecken zusammengesetzt und mit der Hand auf einen in der Farbe passenden Grundstoff appliziert

Auch das ist Patchwork: Bordürenreste mit der Hand aneinandergenäht und zu einem Kissen verarbeitet. Die Nähte wurden zusätzlich mit einfarbiger Wolltresse überdeckt

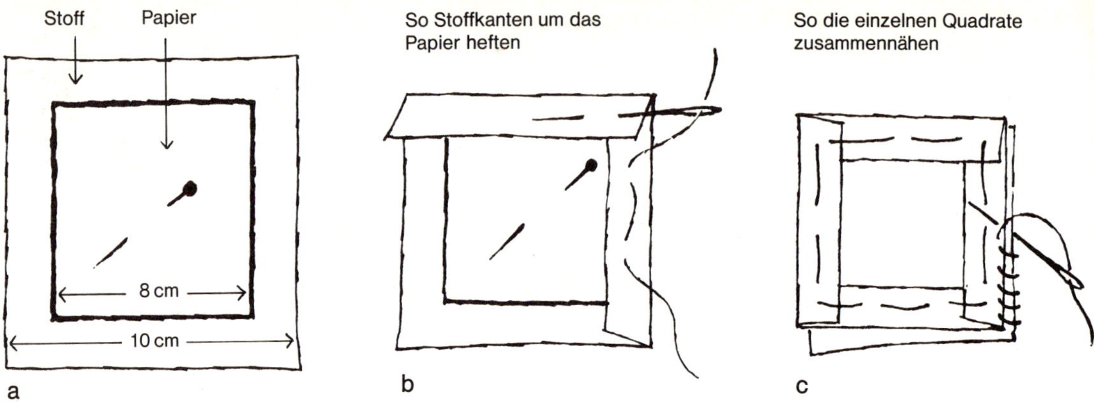

Die drei wichtigsten Arbeitsgänge beim Patchwork

Will man ein Patchwork aus Quadraten machen, kann man auf den Kartonrahmen als Hilfsmittel verzichten. Man schneidet dann die Papierquadrate 2 cm kleiner als den Stoff. Die Zeichnungen a–c zeigen die einzelnen Arbeitsgänge.

Patchwork mit der Maschine

Eine Patchworktechnik, die sich aber nur für einfache Grundformen (Quadrate, Rechtecke, Rauten) eignet, ist das Zusammennähen vieler gleicher Stoffteile mit der Maschine. Man verzichtet hierbei auf das Einarbeiten von Papierkernen und näht die einzelnen Stoffstücke nach vorherigem Zusammenheften zu Streifen aneinander. Danach werden alle Nähte gut auseinandergebügelt. Anschließend heftet und näht man die Streifen zu einer Fläche zusammen. Wieder müssen die Nähte gut auseinandergebügelt werden. Die Ecken der Überstände an den sich kreuzenden Nahtstellen werden schräg abgeschnitten.

Auseinanderbügeln und Abschneiden der Überstände an den Kreuzungspunkten bei Maschinennähten

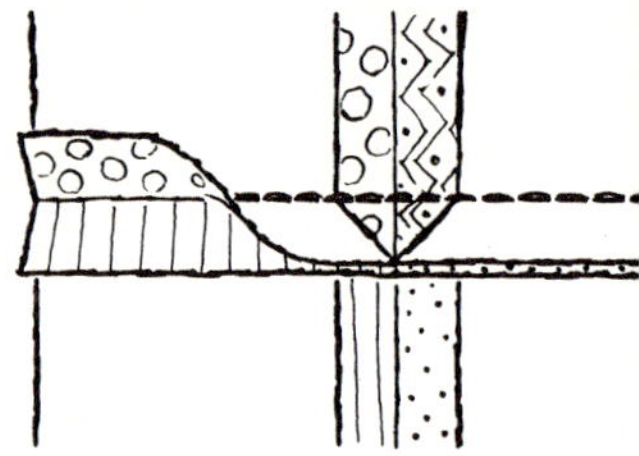

Spiel-Hund, patchworkartig aus einfarbigen und karierten Dreiecken zusammengesetzt. Dazu näht man (hier mit der Maschine) zunächst zwei Dreiecke zu einem Karo, dann alle Karos zu Streifen und zum Schluß alle Streifen zu einer Fläche zusammen. Man kann einen solchen Hund nach einem ganz einfachen selbstgefertigten Papierschnitt arbeiten. Für die Proportionsstudien stellt sich sicher ein Hund aus der Nachbarschaft zur Verfügung

Für dieses Kissen wurden Feincord-Quadrate mit der Nähmaschine zusammengesetzt

Näht man 12 Fünfecke so zusammen, wie auf dem Foto zu sehen, entsteht ein Ball, den man durch eine offengelassene Nahtstelle mit leichtem Füllmaterial ausstopft, bevor man die letzte Naht schließt

Crazy Patchwork
Eine Variation der klassischen Patchworktechnik ist das sogenannte wilde Patchwork. Hier werden Stoffreste so zusammengesetzt, wie sie vorhanden sind, ohne Rücksicht auf ihre Formen oder Farben. Um das ganze bunte Flickwerk optisch zusammenzuhalten, näht man die Teile mit auffälligen Zierstichen (Hexenstich, Langettenstich, Grätenstich) schuppenartig zusammen. Dabei ist es zweckmäßig, bei sehr unterschiedlichen Geweben die Saumkanten umzuschlagen.
Auch mit der Nähmaschine kann man Crazy Patchwork ausführen. Die Arbeit ist problemlos: man näht die Stoffstücke in beliebiger Form so zusammen, daß sich die entstehende Fläche weder wellt noch verzieht. Dabei ist wichtig, daß alle Stoffteile den gleichen Fadenlauf haben, sie dürfen niemals wahllos gerade oder diagonal verlaufend zusammengesetzt werden.

Quilting

Unter Quilts versteht man Stoffe, die mit flächigen Ziersteppereien in mehr oder weniger phantasievollen Mustern versehen sind. Wattierte Morgenmäntel sind z. B. eine simple Form von Quilts. Diese vorwiegend in den Vereinigten Staaten verbreitete Handarbeitstechnik hat eine lange Tradition.
Auch beim Quilten unterscheidet man Hand- und Maschinenarbeit. Beide Techniken werden jedoch im Prinzip gleich ausgeführt: Zuvor patchworkartig zusammengesetzte oder mit Applikationen versehene

Die Zeichnung zeigt die Stepplinien des amerikanischen Quilts, die für sich ein eigenes Muster bilden

Bei diesem traditionellen amerikanischen Quilt aus dem 19. Jahrhundert wurden die Teile der Blumen- und Früchtekörbe aus Dreiecken zusammengesetzt und auf einen Grundstoff appliziert. Anschließend wurde der Grundstoff mit feinen Handstichen durchsteppt

Stoffe werden mit einer Zwischenlage aus Diolenwatte (früher nahm man gezupfte Schafwolle oder Rohseide) und einem Futterstoff ganzflächig mit großen Stichen zusammengeheftet, so daß sich die Lagen nicht verschieben. Das zu steppende Ziermuster wird auf Seidenpapier gezeichnet, das Papiermuster in Teilstücken (nach jedem fertiggestellten Abschnitt ein neues Stück) auf die Vorderseite des Stoffes geheftet und dann mit kleinen Vorstichen (s. Seite 286, Abb. a) nachgesteppt. Dabei arbeitet man von der Mitte der gesamten

Arbeit ausgehend zuerst senkrecht, dann waagerecht, so daß der Unterstoff, der sich während des Durchsteppens etwas verschiebt, später an den Außenkanten abgeschnitten werden kann. Kleine Quilts kann man in einem Gobelinstickrahmen ausführen (ersatzweise in einem hölzernen Keilrahmen, wie man ihn für Ölmalerei auf Leinwand

Brillenschlange aus verschiedenen Jerseystoffen. Ihr Innenleben: eine Rolle aus 30 mm dickem Schaumstoff

benutzt). Für großflächige Quilts (z. B. für Bettdecken) braucht man einen entsprechend großen Rahmen (etwa ein Viertel der Gesamtgröße der Arbeit), den man sich aus zwei Dachlatten und zwei Tischböcken herstellen kann, indem man die Dachlatten mit Schraubzwingen so an den Böcken befestigt, daß sich ein Rechteck oder Quadrat ergibt. Zum Arbeiten wird der Stoff um die Dachlatten geschlagen und mit groben Stichen festgeheftet.
Beim Quilten mit der Maschine geht man ähnlich vor. Man arbeitet auch hier von der Mitte ausgehend erst senkrecht und dann waagerecht. Dazu rollt man den rechts vom Nähfuß der Maschine liegenden Stoff so zusammen, daß er sich leicht durch den Näharm schieben läßt.
Ist die Ziersteppereri fertig, reißt man das Musterpapier ab, schneidet die Kantenüberstände von Futter und Zwischenlage ab, säumt oder faßt die Kanten ringsherum ein und löst erst dann die Heftfäden. Quilts werden nicht gebügelt.

Brillenschlange

Für die Schlange vom Foto links braucht man: 50 cm Schaumstoff, 2 m breit, 30 mm stark, je 30 cm Rippenjersey oder anderen elastischen Trikotstoff, 120 cm breit, in Pink, Orange, Rot und Hellgrün (oder in vier anderen Farben). Ferner Filzreste in Braun, Blau und Weiß, 1 Rolle MEZ Progressgarn, UHU Alleskleber.
Schaumstoff in Längsrichtung so zusammenrollen, daß die Schnittkanten gegeneinanderstoßen. An einem Ende seitlich zwei Keile ausschneiden, so daß die Rolle spitz zuläuft (Schwanzende). In Abständen von ca. 10 cm Rolle mit Band umwickeln. Schaumstoff an den Schnittkanten zwischen den abgebundenen Stellen zusammenkleben. Nach Trocknen des Klebers Bänder lösen und an diesen Stellen ebenfalls die Schnittkanten des Schaumstoffs gegeneinanderkleben.

Links: Eierwärmer aus Rechtecken und Quadraten zusammengesetzt

Rechts: Eierwärmer in Form eines Häschens im Crazy Patchwork. Anleitungen Seite 312
(Fotos: Rudolf Nüttgens)

Man kann den Schaumstoff auch mit einer gebogenen dicken Sattlernadel (Nadelsortiment Prym aus dem Warenhaus) und doppeltem Zwirn zusammennähen. Für das Kopfende der Schlange wird der Schaumstoff flachgedrückt und zusammengeklebt. Die Ecken werden abgeschrägt (s. Foto).
Der Bezug besteht aus einem langen Schlauch, dessen Ende man für den Schwanz entsprechend spitz abnäht. Für das Patchwork werden die Stoffstücke jeweils doppelt gelegt und von der Bruchkante ausgehend einmal diagonal durchgeschnitten. Danach schneidet man auch alle Bruchkanten auf und näht die so entstandenen keilförmigen Stücke in bunter Folge aneinander. Der fertige Schlauch muß 205 cm lang sein. Nachdem man ihn über die Schaumstoffrolle gezogen hat, näht man das offene Ende der Kopfform entsprechend mit der Hand zu, und bindet den Bezug etwa 20 cm hinter dem Kopfteil ab. Zum Schluß schneidet man aus blauem und weißem Filz die Augen, aus braunem die Brille, und näht alles mit kleinen Stichen auf. Man kann Augen und Brille auch aufsticken.

Eierwärmer
Hühnchen und Hase sind in Patchwork-Manier gearbeitet. Dazu näht man die vorhandenen Stoffreste zunächst so zusammen, daß sich die für einen Eierwärmer erforderlichen beiden Hälften aus dem fertigen Stoff zuschneiden lassen. Es ist nicht vorteilhaft, die Stoffreste gleich der späteren Form entsprechend zusammenzusetzen, man erhält auf diese Weise meistens ungleichmäßige Teile.
Bevor man den Stoff zuschneidet, fertigt man ein Schnittmuster mit einfachen Umrissen für Hühnchen und Häschen an. Nach diesem schneidet man mit 1 cm Nahtzugabe den Oberstoff, mit ½ cm Zugabe die Zwischenlage aus Diolenwatte oder Schaumstoff und ohne Nahtzugabe das Futter zu. Die Zwischenlage wird ebenfalls an der geraden Unterkante ohne Zugabe zugeschnitten. Alle 3 Eierwärmer (Oberstoff, Zwischenlage, Futter) werden separat genäht und sinnvoll ineinander gesteckt. Die Futterkante schlägt man um die Einlage nach außen um und heftet sie fest. Dann schlägt man die untere Kante des Oberstoffes nach innen um und näht sie dort fest. Für das Hühnchen auf dem Foto wurden Stoffreste aus Quadraten und Rechtecken zusammengesetzt. Der Hase wurde aus Stoffstücken verschiedener Formen als Crazy Patchwork gearbeitet.

Wolle und Garne

Wolle und Garne

Häkeln

Häkeln ist wesentlich einfacher als Stricken. Hier kann man keine Maschen verlieren und kaum Fehler machen, denn das Maschenbild ist so klar und übersichtlich, daß man Unregelmäßigkeiten sofort erkennen und verbessern kann. Beim Häkeln braucht man nur Luftmaschen, feste Maschen, Kettenmaschen und Stäbchen zu kennen. Diese vier klassischen Häkelstiche lassen sich zu unzähligen Häkelmustern kombinieren. Selbst Kinder können nach entsprechender Übung einwandfreie Häkelarbeiten anfertigen.

Abkürzungen

Lm	Luftmasche
Km	Kettenmasche
fM oder dM	feste Masche oder dichte Masche
Stb	Stäbchen
Hstb od. hStb	Halbstäbchen oder halbes Stäbchen
Dstb	Doppelstäbchen
R	Reihe
Rd	Runde
Bg	Bogen
Lmbg o. LmBg	Luftmaschenbogen
Eckm	Eckmasche
wd	wenden
wdh	wiederholen
zun	zunehmen
abn	abnehmen
zus abm	zusammen abmaschen

1

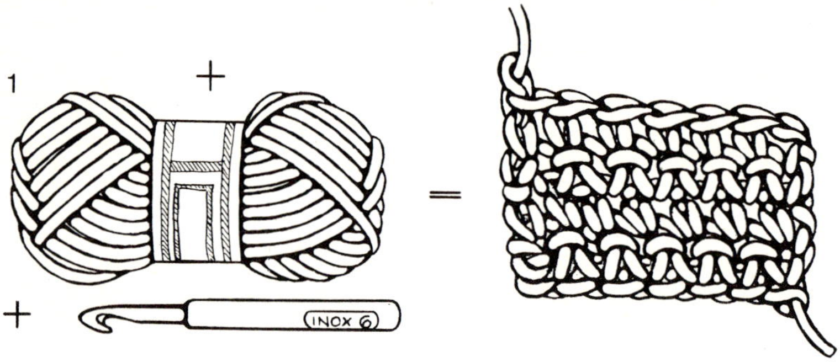

1) Garn und Nadel im richtigen Verhältnis

2

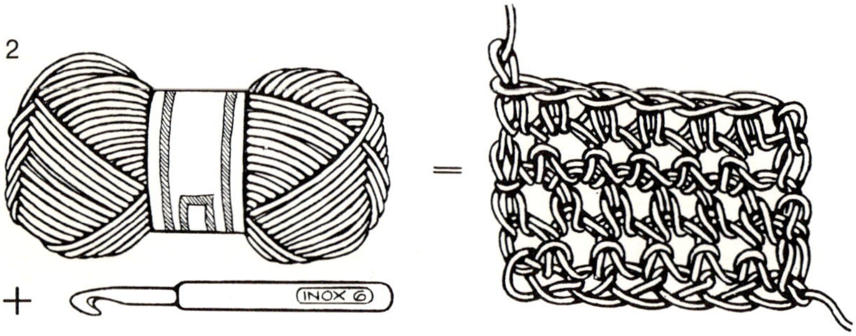

2) Dünnes Garn und dicke Nadel: lockeres Maschenbild

3

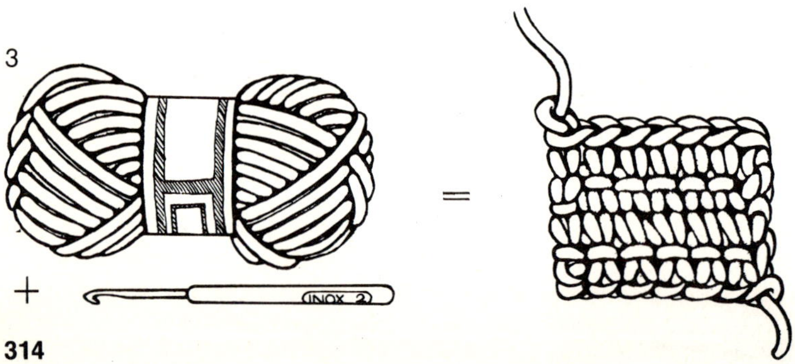

3) Dickes Garn und dünne Nadel: feste Häkelei

Das richtige Verhältnis zwischen Nadel und Garn
Häkelnadel und Garn müssen im richtigen Verhältnis zueinander stehen. Für jede Garnstärke gibt es die passende INOX-Häkelnadel, auf deren Schaft eine Nummer steht. Diese Nummer zeigt die Millimeterstärke der Nadel an. Das Garn sollte ungefähr dieser Stärke entsprechen. Auf den meisten Garnetiketten ist die Nummer der am besten geeigneten Nadel angegeben. Sie gilt für durchschnittliche Häkelweise, also: nicht zu fest und nicht zu locker. Wer eine feste Hand hat, wählt die Nadel eine halbe Nummer dicker als angegeben. Wenn man besonders locker arbeitet, nimmt man eine etwas dünnere Nadel. Stimmen Garn- und Nadelstärke überein, sieht die Arbeit wie bei Zeichnung 1 aus. Ist die Nadel zu dick, wird die Häkelei wie ein Netz (2), ist sie zu dünn, wird die Arbeit starr und unelastisch (3).

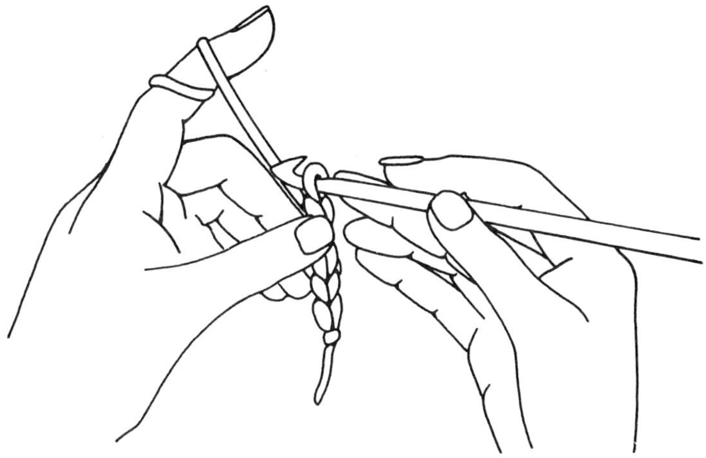

So hält man die Nadel
Die Häkelnadel wird wie ein Bleistift mit Daumen, Zeigefinger und Mittelfinger der rechten Hand angefaßt. Der Haken zeigt dabei zum Körper. Man kann die Nadel aber auch wie ein Messer halten, indem man den Schaft mit der ganzen rechten Hand von oben her umfaßt. Jedoch ist diese Nadelhaltung auf die Dauer anstrengend.

So hält man den Faden
Arbeitsfaden und Häkelarbeit werden mit der linken Hand gehalten. Der vom Knäuel kommende Faden wird zwischen Ringfinger und kleinem Finger von der Handaußenseite nach innen geführt, dann innen an Ring- und Mittelfinger vorbeigeführt und zwischen Mittel- und Zeigefinger nach außen geführt und über den Zeigefinger gelegt. Das Fadenende, das etwa 10 cm herunterhängen sollte, faßt man mit Daumen und Mittelfinger. Mit diesen beiden Fingern wird auch weiterhin die Häkelarbeit festgehalten. Der Zeigefinger, über den der Arbeitsfaden gleitet, nimmt die höchste Stellung ein. Der Ringfinger und der kleine Finger sind leicht zur Faust gekrümmt.
Eine andere Möglichkeit der Fadenhaltung: man kann den Faden zwischen dem kleinen Finger und dem Ringfinger von der Handinnenfläche nach außen führen und ihn um den Zeigefinger wickeln. Einige wickeln den Arbeitsfaden sogar zweimal um den Zeigefinger.

Start: Luftmaschen
Man macht mit dem Arbeitsfaden eine Schlinge von rechts nach links. Dabei hängt das Fadenende herunter, die Schlinge wird also mit dem vom Knäuel kommenden (fortlaufenden) Faden gemacht, und zwar vorn herum (4).
Dann wird der Faden von hinten nach vorn durch die Schlinge geholt (5), und die Schlinge wird zugezogen. Nun hat man die erste Luftmasche auf der Häkelnadel. Jetzt holt man mit der Häkelnadel den Faden wieder durch die Schlinge (6) und hat die zweite Luftmasche. So arbeitet man laufend weiter: umschlagen, durchholen und festziehen. Es entsteht eine Luftmaschenreihe – auch Luftmaschenkette genannt (7).

Erste Reihe: Kettenmaschen . . .
Nach dem Luftmaschenanschlag häkelt man zuerst eine Reihe Kettenmaschen – auch Kettmaschen genannt. Man wendet zunächst die Arbeit und sticht in die zweitletzte Luftmasche ein, holt den Arbeitsfaden und zieht ihn durch beide auf der Nadel befindlichen Schlingen (8), Arbeitsprobe a.

a

. . . oder feste Maschen
Man kann nach dem Luftmaschenanschlag auch gleich mit festen Maschen – in einigen Gegenden dichte Maschen genannt – beginnen. Man sticht dazu nach dem Wenden in die zweitletzte Luftmasche der Anschlagreihe ein, zieht den Arbeitsfaden durch diese eine Masche, holt den Faden noch einmal und zieht ihn nun durch beide auf der Nadel befindlichen Schlingen (9), Arbeitsprobe b.

b

Wichtig: die Wendeluftmasche
Damit die Arbeit, die mit jeder Reihe ein Stück wächst, zum Reihenbeginn die richtige Höhe hat, macht man am Ende jeder Reihe vor dem Wenden eine Luftmasche – Wendeluftmasche genannt (10). Nach dieser Luftmasche wendet man die Arbeit, um in entgegengesetzter Richtung zu häkeln, und sticht in das vorletzte Maschenglied der Vorreihe ein (11). Sticht man unmittelbar am Fuße der Wendeluftmasche ein, wird die Arbeit immer breiter.
Für Kettenmaschenreihen und Reihen aus festen Maschen macht man stets eine Wendeluftmasche. Häkelt man jedoch Stäbchen, richtet sich die Zahl der Wendeluftmaschen nach der Stäbchenhöhe, und zwar macht man: für einfache Stäbchen drei, für halbe Stäbchen zwei und für Doppelstäbchen vier Luftmaschen am Ende jeder Reihe.

Anschlußreihe: feste Maschen
Wie feste Maschen gearbeitet werden, zeigt die Zeichnung 9, jedoch hat man bei den der Luftmasche folgenden Reihen – Anschlußreihen genannt – die Wahl zwischen zwei Einstichmöglichkeiten in die Maschenglieder der Vorreihe: man sticht entweder durch beide waagerechten Glieder der Masche von der Vorreihe ein (man sticht eigentlich unter ihnen von vorn nach hinten hindurch) und holt den Faden (12). Es entsteht ein Maschenbild wie bei Arbeitsprobe b. Oder man sticht nur jeweils in das hintere waagerechte Maschenglied ein (13) und bekommt ein Rippenmuster, wie es Arbeitsprobe c zeigt.

c

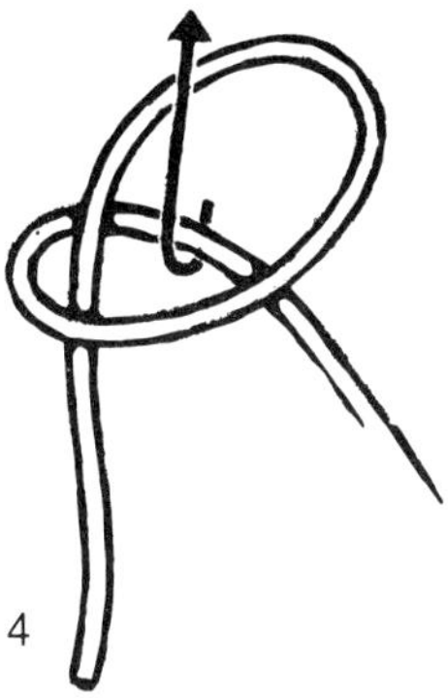
4

5

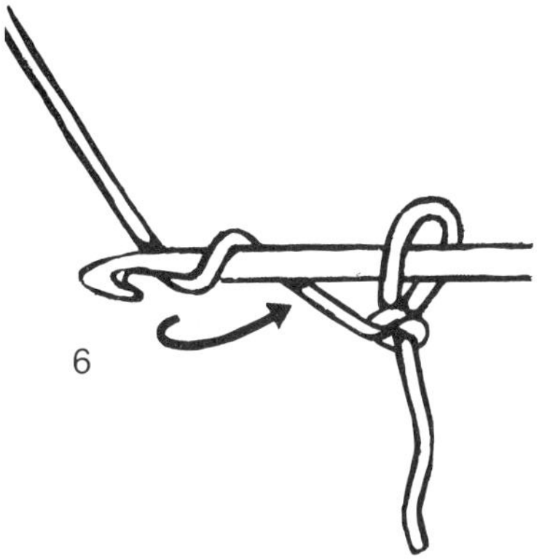
6

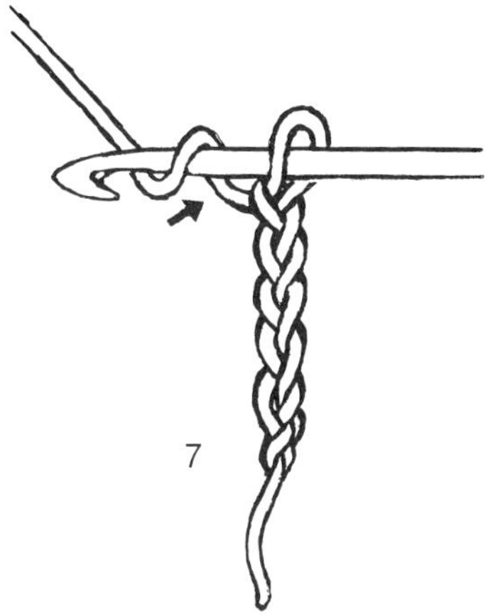
7

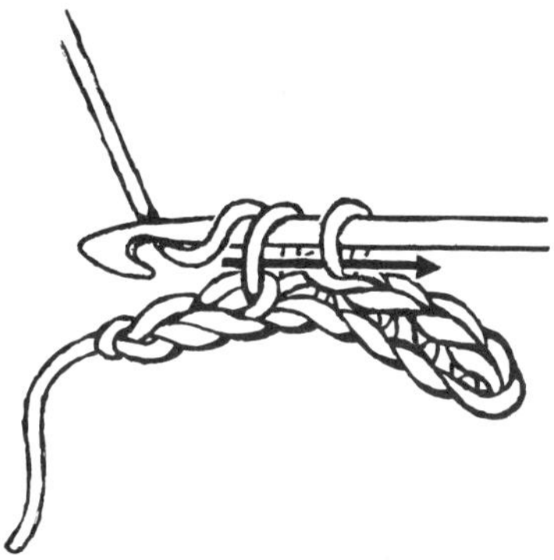
8

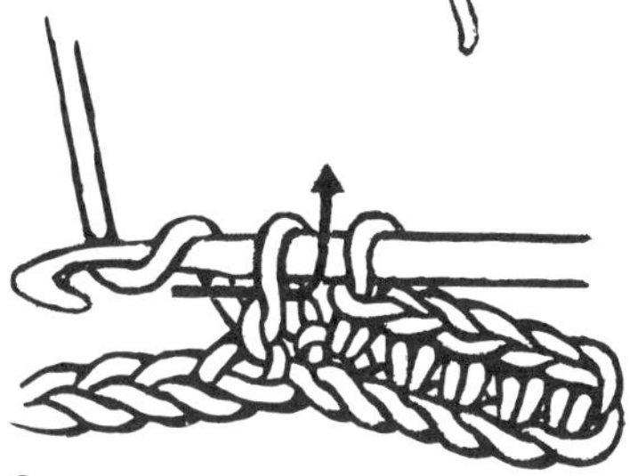
9

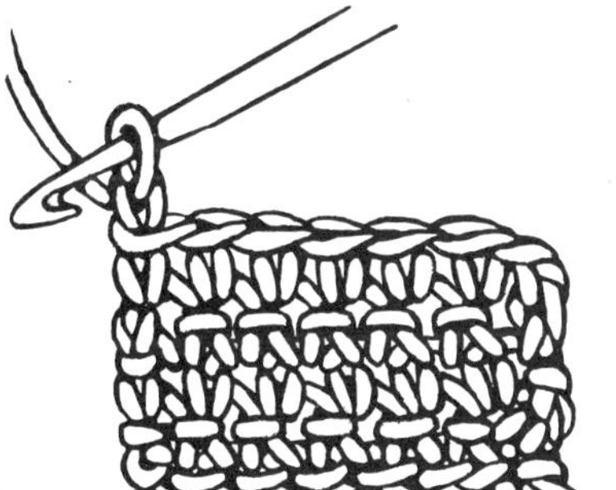
10

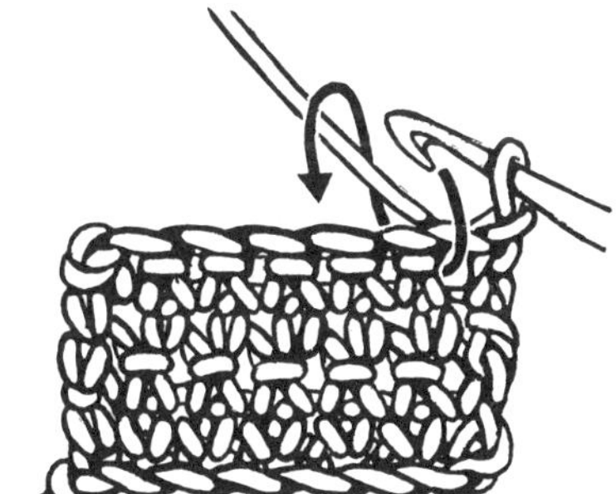
11

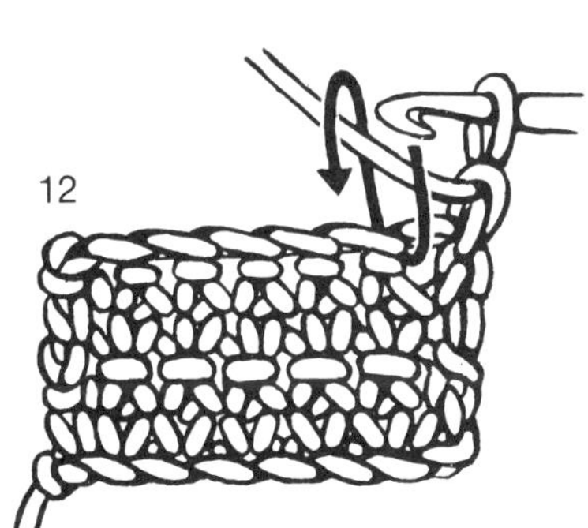
12

13

Variation: Stäbchen
Das gebräuchlichste Stäbchen ist das einfache Stäbchen. Man macht es so: der Arbeitsfaden wird um die Nadel geschlagen, dann sticht man in die Masche der Vorreihe (oder Luftmaschenkette) ein (14) und holt den Faden durch. Jetzt holt man noch einmal den Faden und zieht ihn durch zwei von den drei auf der Nadel befindlichen Schlingen (15). Danach holt man den Faden abermals und zieht ihn durch die beiden letzten Schlingen (16). Die Arbeitsprobe d zeigt, wie Stäbchenreihen aussehen. Beim halben Stäbchen – auch Halbstäbchen genannt – schlägt man den Faden um die Nadel (17), sticht wie gewohnt ein und holt den Faden durch. Dann holt man noch einmal den Faden und zieht ihn durch alle drei auf der Nadel befindlichen Schlingen (18).
Beim Doppelstäbchen wird der Faden vor dem Einstechen zweimal um die Nadel geschlagen. Dann holt man den Faden durch das Maschenglied der Vorreihe, holt ihn abermals und zieht ihn durch zwei Schlingen auf der Nadel. Danach holt man ihn noch einmal, zieht ihn durch zwei Schlingen und holt ihn dann ein drittes Mal, um ihn durch die letzten beiden Schlingen zu ziehen.

d

Mehr Maschen: Zunehmen
Am Anfang der Reihe nimmt man zu, indem man nach der Wendeluftmasche in die letzte Masche der Vorreihe einsticht (19), Arbeitsprobe e.

e

f

Innerhalb der Reihe nimmt man zu, indem man in eine Masche der Vorreihe zwei Maschen arbeitet. Will man innerhalb einer Reihe regelmäßig an einer Stelle zunehmen, dann arbeitet man jeweils bei der Hinreihe in eine Masche der darunterliegenden Reihe: eine feste Masche, eine Luftmasche und noch eine feste Masche (20). In der Rückreihe nimmt man nicht zu. Arbeitsprobe f.

Am Ende der Reihe nimmt man zu, indem man in die Anfangsmasche der Vorreihe (die jetzt als letzte erscheint) zwei Maschen häkelt (21).

Weniger Maschen: Abnehmen
Am Anfang der Reihe läßt man einfach vor dem Wenden die Luftmasche fort (22). Arbeitsprobe g.

Innerhalb der Reihe überspringt man eine Masche der Vorreihe. Will man regelmäßig an der gleichen Stelle abnehmen, so überspringt man in jeder Hinreihe zwei Maschen der Vorreihe (23) und häkelt bei der Rückreihe durchgehend ohne Abnahme. Arbeitsprobe h.

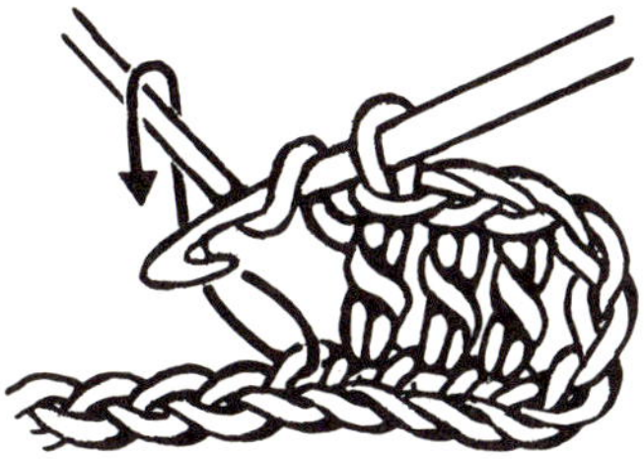
14

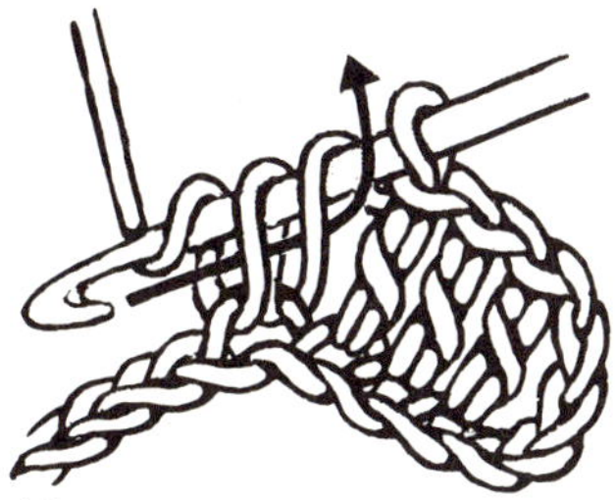
15

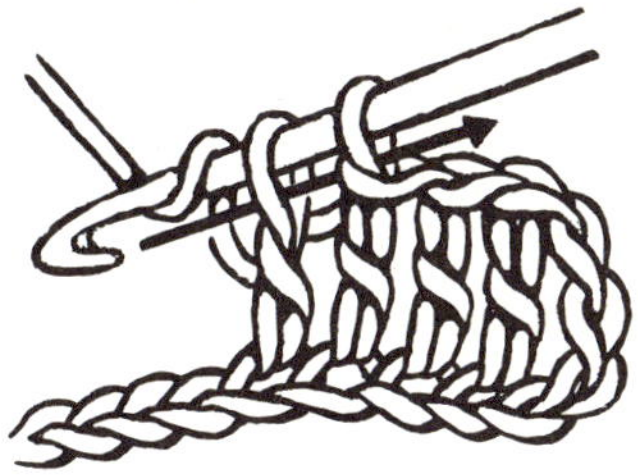
16

17

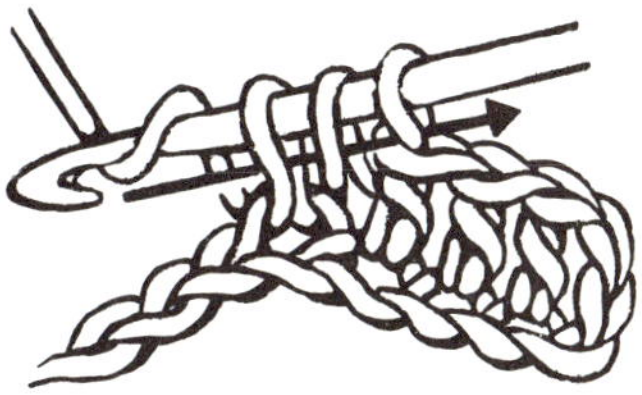
18

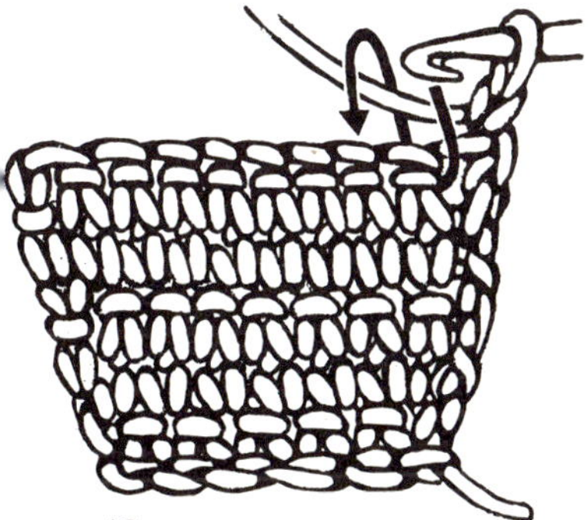
19

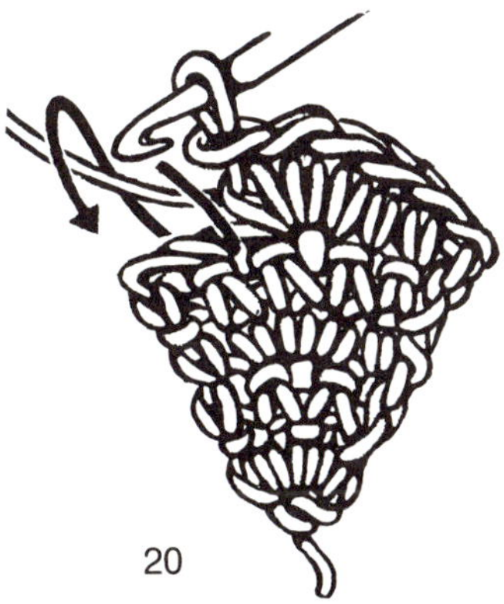
20

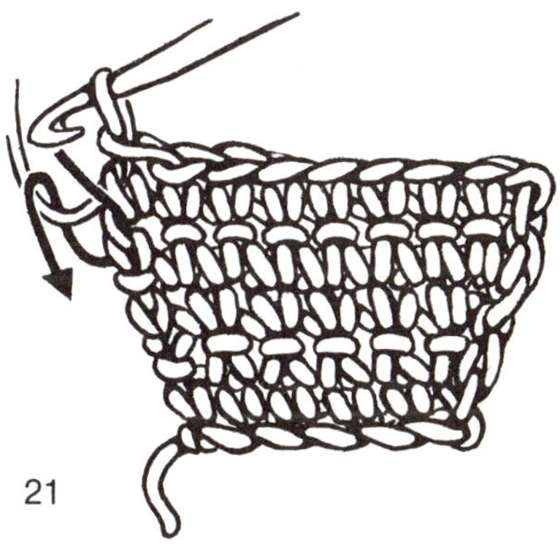
21

g

h

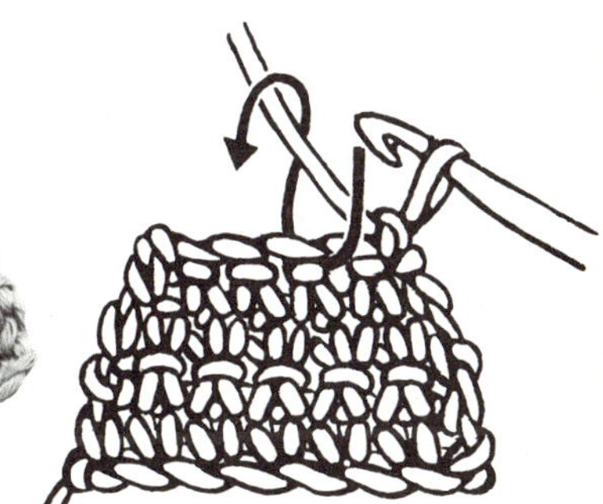
22

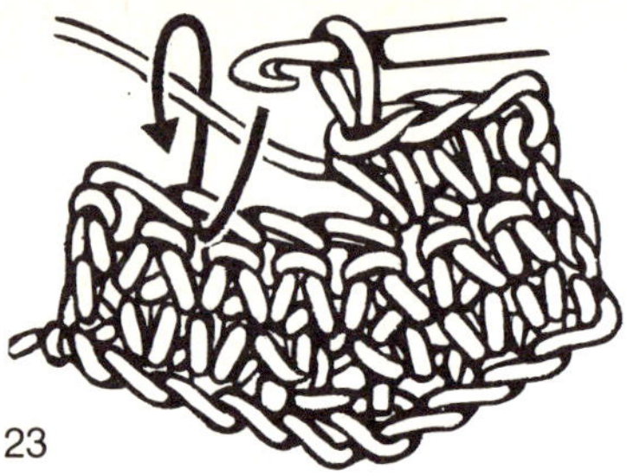
23

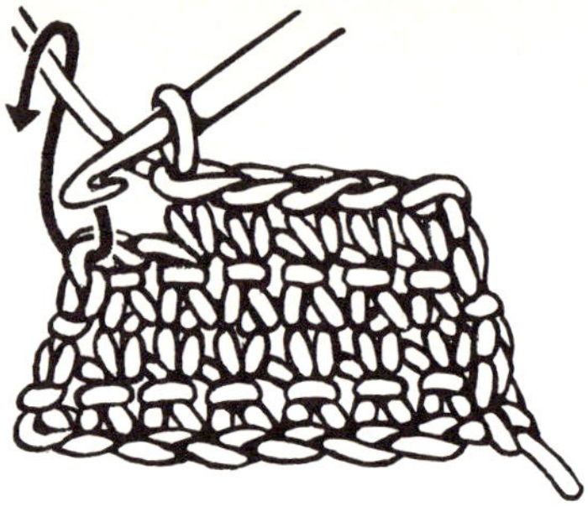
24

Am Ende der Reihe überspringt man die als zweitletzte Masche erscheinende Masche der Vorreihe (24).

25

26

i

Kantenabschluß: Pikots
Der gebräuchtlichste Randabschluß ist die Pikotkante – auch Mausezähnchen genannt. Man häkelt am Anfang eine feste Masche in den Rand der zu verzierenden Arbeit. Dann folgen drei Luftmaschen. In die erste Luftmasche zurückgehend wird eine feste Masche gehäkelt (25). Das fertige Pikot wird durch eine feste Masche mit dem Rand der zu umhäkelnden Arbeit verbunden, bevor man wieder drei Luftmaschen macht usw. (26). Arbeitsprobe i.

27

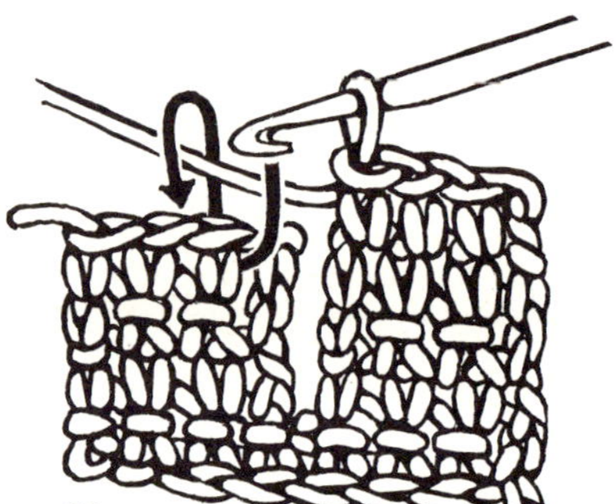
28

j

Knopflöcher senkrecht . . .
Für ein senkrechtes Knopfloch wird die Arbeit an der entsprechenden Stelle geteilt, indem man erst die rechte (27) und dann die linke Hälfte aufwärts häkelt und den entstandenen Schlitz nach ausreichender Höhe mit der folgenden Reihe wieder schließt (28). Arbeitsprobe j.

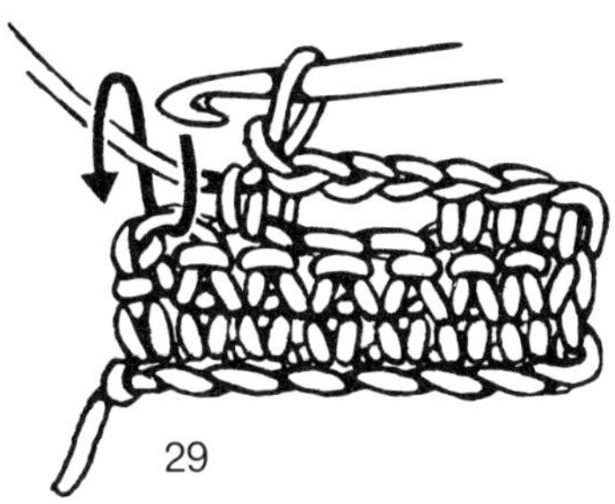
29

k

. . . und waagerecht
Man überspringt ebensoviele Maschen der Vorreihe mit Luftmaschen, wie das Knopfloch breit sein soll (29). In der folgenden Reihe wird nach diesen Luftmaschen wie bei allen anderen Maschen der Arbeit weitergehäkelt (also: entweder feste Maschen, Stäbchen oder Phantasiemuster). Arbeitsprobe k.

Ein Oval
Man beginnt mit einer Luftmaschenreihe, wendet mit einer zusätzlich angeschlagenen Luftmasche und häkelt die Anschlußreihe aus festen Maschen. Am Ende der Reihe wird nicht gewendet, sondern man häkelt um den Anfang der Luftmaschenkette herum, indem man in die erste – nun als letzte erscheinende – Luftmasche drei feste Maschen macht und auf der anderen Seite der Luftmaschenreihe weiterhäkelt. Am Ende der Reihe häkelt man ebenfalls drei feste Maschen in die Spitze und schließt die Runde mit einer Kettenmasche. Man kann allerdings auch schneckenförmig weiterhäkeln. Bei der zweiten Runde kommen in die drei Bogenmaschen der Vorrunde: 1 Lm, 1 fM in die erste, 1 Lm, 1 fM, 1 Lm in die zweite, 1 fM und 1 Lm in die dritte Bogenmasche. Den Bogen auf der Gegenseite arbeitet man genauso. Bei den folgenden Runden werden die Zunahmen durch Ausprobieren ermittelt. Der Rand darf sich weder wellen noch spannen. Arbeitsprobe siehe Seite 332.

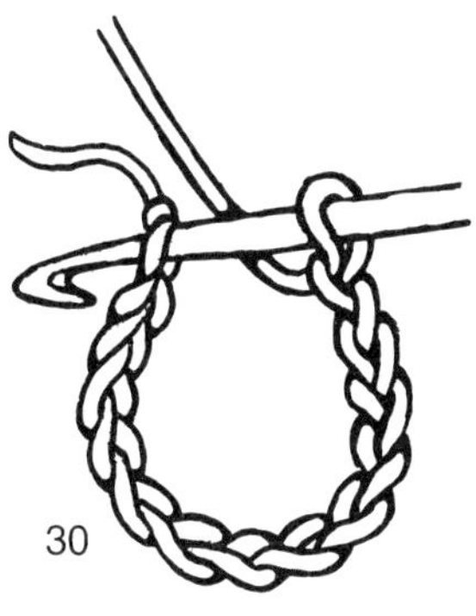
30

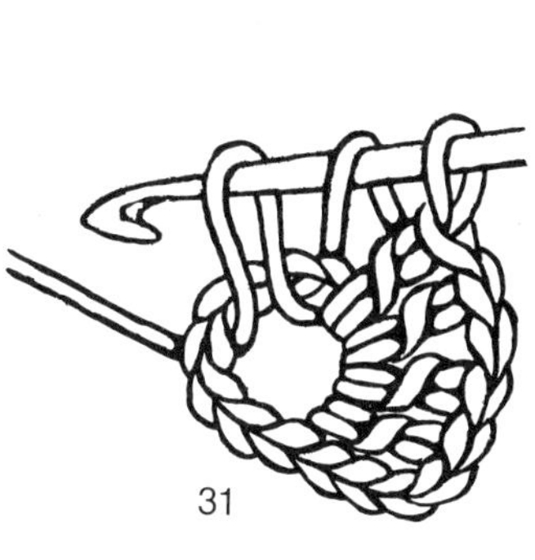
31

Rundherum
Bei runden Formen geht man von einem Luftmaschenring aus. Man häkelt dazu eine Anzahl Luftmaschen und schließt Anfang und Ende der Reihe mit einer Kettenmasche zum Ring (30). Je mehr Luftmaschen man macht, um so größer wird das Loch in der Mitte. Der Ring

wird je nach Muster entweder mit festen Maschen oder (häufiger) mit Stäbchen gefüllt, indem man mit der Nadel jeweils unter dem Luftmaschenring von innen nach außen hindurchfährt, um den Faden zu holen (31).

Aus kleinen zusammengenähten Rosetten entsteht eine kunterbunte Decke. Diese Arbeit gelingt auch Anfängern sofort

Ein Teller

Will man eine kreisrunde Häkelarbeit anfertigen, arbeitet man so: in den Luftmaschenring (6 Lm) kommen 16 Stäbchen (I). Die Runde wird mit einer Kettenmasche geschlossen. Die nächste Runde beginnt mit drei Luftmaschen. Dann häkelt man in jede Masche der Vorrunde zwei Stäbchen, so daß man nach Beenden der Runde die doppelte Maschenzahl hat. Die Runde wird – wie alle weiteren Run-

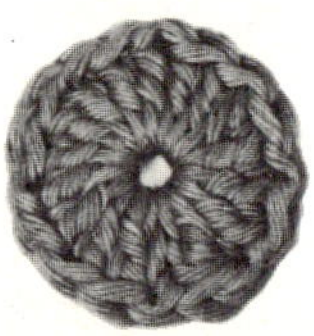

den – mit einer Kettenmasche geschlossen. In der dritten Runde nimmt man bei jeder zweiten Masche zu, in der vierten Runde bei jeder dritten, in der fünften Runde bei jeder vierten Masche usw. Wird die Arbeit zu wellig, nimmt man weniger Maschen zu, spannt der Rand, nimmt man mehr Maschen zu. Das gilt nur für feste Häkelweise.

32

m

Ein Quadrat

Auch ein Quadrat kann man rundherum häkeln. Man beginnt mit vier Luftmaschen, geht in die Anfangsluftmasche zurück und häkelt in diese: ein Stäbchen, eine Luftmasche, drei Stäbchen, eine Luftmasche, drei Stäbchen, eine Luftmasche, ein Stäbchen. Die Luftmaschen bilden jeweils die Ecken, die drei Stäbchen jeweils die Seiten. Die drei Anfangsluftmaschen sowie das erste und das letzte Stäbchen bilden zusammen die vierte Seite des Quadrats. Man schließt die Runde an dieser Stelle mit einer Kettenmasche, die in die obere der drei Anfangsluftmaschen greift (32). Die nächste Runde und alle weiteren Runden macht man so: zu Beginn drei Luftmaschen (anstelle des ersten Stäbchens), dann häkelt man auf jedes Stäbchen der Vorrunde wieder ein Stäbchen. In die Luftmasche (Eckmasche) kommen: zwei Stäbchen, eine Luftmasche (als neue Eckmasche), zwei Stäbchen. So wird die ganze Runde gearbeitet und mit einer Kettenmasche geschlossen. Arbeitsprobe m. Dabei ist zu beachten, daß man das jeweils letzte Stäbchen stets nur auf das Stäbchen der Vorrunde und nicht – wie es leicht geschieht – auch noch eines in die darunterliegende Kettenmasche häkelt. Statt der Stäbchen kann man das Quadrat auch aus festen Maschen machen. Man beginnt dann mit zwei Luftmaschen und häkelt in die Anfangsluftmasche feste Maschen und Luftmaschen in der beschriebenen Reihenfolge.

33

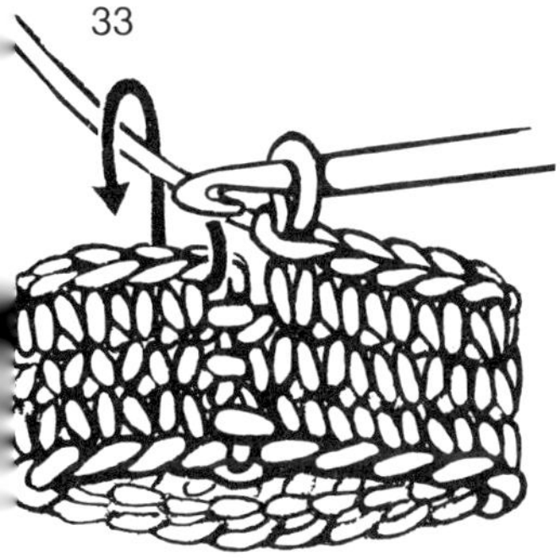

Ein Schlauch

Handschuhe, Socken, Beutel usw. kann man weder von einer Luftmaschenreihe noch von einem Mittelkreis aus beginnen. Man häkelt für diese Arbeiten einen weiten Luftmaschenring, also eine entsprechend lange Reihe, die durch eine Kettenmasche zum Ring geschlossen wird. Dann häkelt man immer rundherum, wobei man entweder jede Runde schließen oder spiralenartig weiterhäkeln kann. Man nimmt zu, indem man zwei Maschen in dieselbe Masche der Vorrunde arbeitet, oder ab, indem man eine Masche der Vorrunde überspringt.

Häkeln im Zickzack

Man beginnt mit einer Luftmaschenreihe, die um ein Drittel länger sein muß als die vorgesehene Arbeit. Die Wellen entstehen dadurch, daß man in gleichmäßigem Rhythmus innerhalb einer Reihe Maschen zu- und abnimmt. Je mehr Maschen man überspringt (abnimmt) oder aus einer darunterliegenden Masche heraushäkelt (zunimmt), um so ausgeprägter ist das Wellenmuster (vgl. Arbeitsprobe n).

n

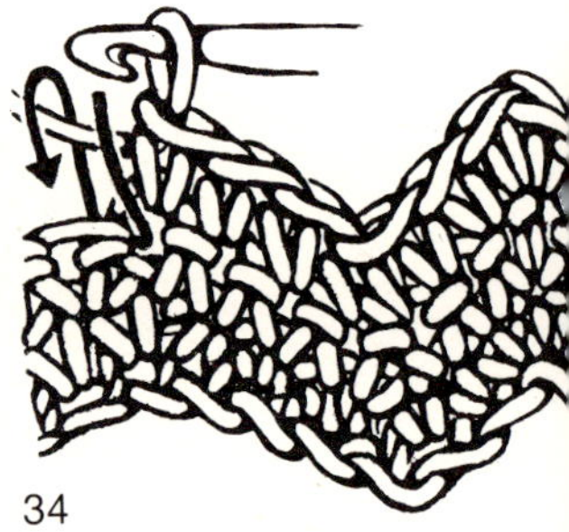

34

Kleines Wellenmuster: Im Anschluß an eine Luftmaschenreihe zwei feste Maschen häkeln, mit der dritten festen Masche eine Luftmasche (später eine feste Masche der Vorreihe) überspringen, zwei feste Maschen häkeln und in die folgende Luftmasche zwei feste Maschen häkeln. Dann wieder zwei feste Maschen, eine Masche überspringen usw. (34).

35

Großes Wellenmuster: Im Anschluß an die Luftmaschenreihe Stäbchen arbeiten. Zum Wenden anstelle des ersten Stäbchens drei Luftmaschen mehr anschlagen. Dann vier Stäbchen häkeln. In die folgende Luftmasche drei Stäbchen und in die folgenden fünf Luftmaschen je ein Stäbchen häkeln. Nun zwei Luftmaschen überspringen und fünfmal ein Stäbchen häkeln. Danach wieder drei Stäbchen in eine Luftmasche, fünf einzelne Stäbchen, zwei Luftmaschen überspringen usw.

o

Häkeln in Stramingrund

Vorlagen und Teppiche arbeitet man am besten auf einem festen Stramingrund. Die Querfäden des Gewebes werden wie Maschenglieder behandelt. Man arbeitet nur in Hinreihen, also ohne zu wenden. Das Gewebe wird entlang des unteren Querfadens (nach Freilassen eines Umschlages für den Saum) nach hinten umgebogen. Man sticht unter jedem Querfaden zwischen zwei Kästchen von vorn nach hinten durch (35) und häkelt eine feste Masche. Am Reihenende wird der Faden nach 10 cm abgeschnitten und verstopft (o).

Seite 326:
Patchwork-Häkeldecke nach amerikanischem Vorbild. Die kleinen Quadrate werden zu Streifen, die Streifen zu einer Fläche zusammengehäkelt

Seite 327:
Topflappen in Variationen, oft belächelt aber unentbehrlich

Was man sonst noch wissen muß

Reicht der Arbeitsfaden nicht aus, muß man mit einem neuen beginnen, den man jedoch nicht anknoten, sondern anhäkeln sollte. Mit dem neuen Faden beginnt man am besten am Anfang einer Reihe: man läßt den alten und den neuen Faden hängen und verstopft zum Schluß beide Fäden auf der linken Seite.
Beim Schlauchhäkeln läßt man beide Fäden nach innen hängen und zieht an der betreffenden Stelle bei der nächsten Reihe die Maschen fest an, damit kein Loch entsteht. Nach Beendigung der Häkelarbeit Fäden gut vernähen. Man kann den neuen und den alten Faden aber auch einfach zusammenhäkeln, indem man eine Masche mit doppeltem Faden häkelt.
Ein Sternchen ist eine Markierung, von der ab ein bestimmter Häkelvorgang wiederholt werden soll. Man nennt eine solche Maschengruppe, an deren Ende meistens auch noch ein Sternchen steht, Mustersatz.
Wenn in einer Anleitung nichts Besonderes vermerkt ist, so gelten die Maschenangaben fortlaufend. Steht zum Beispiel dort „5 fM", so heißt das, man arbeite fünf einzelne feste Maschen, in jede Masche der Vorreihe eine.

Filethäkelei

Bei der Filethäkelei arbeitet man entweder reihenweise oder von der Mitte ausgehend rundherum durch Luftmaschen unterbrochene Stäbchen. Diese bilden den Filetgrund. Das Muster oder Motiv wird durch Stäbchengruppen gebildet, die dicht nebeneinander ohne Luftmaschenzwischenraum gehäkelt werden. Man arbeitet Filetmuster nach einfachen Zählvorlagen, wie man sie beim Teppichknüpfen oder in der Kreuzstichstickerei verwendet. Jedes Kreuz steht für eine Stäbchengruppe. Für die Filethäkelei nimmt man eine dünne Häkelnadel und Baumwollgarn (z. B. Melchior Schulgarn oder Rotstrang), damit das Muster klar herauskommt.

Patchwork-Häkeldecke

Wer eine solche Decke häkeln möchte, muß sich viel Zeit nehmen, denn das Sammeln der Reste, das Häkeln der Quadrate und – nicht zu unterschätzen – das Zusammenfügen der Teile dauert eine ganze Weile.
Die Quadrate werden nach dem auf Seite 323 beschriebenen Prinzip von der Mitte ausgehend gehäkelt, und zwar hier in Stäbchengruppen, durch Luftmaschen unterbrochen (s. Zeichnung S. 328). Dabei kann man die Farben rundenweise wechseln. Lediglich die Quadrate für den Rand sollten alle gleich sein, damit die Fläche später in sich geschlossen wirkt.
So wird ein Quadrat gehäkelt: Im Anschluß an einen Ring aus 4 Lm mit 3 Lm die neue Runde beginnen und 2 Stb machen. Danach dreimal abwechselnd 3 Lm und 3 Stb häkeln. 3 Lm arbeiten und Runde mit einer Km schließen. Arbeit wenden und in entgegengesetzter Richtung weiterhäkeln: 3 Lm, 2 Stb. Danach siebenmal 3 Lm und 3 Stb wechselweise häkeln, 3 Lm zum Schluß der Runde arbeiten und mit 1 Km schließen. Wenden und mit 3 Lm eine neue Runde in entgegengesetzter Richtung häkeln, und zwar auf die Stb Luftmaschen und auf die Lm, um diese herumgreifend, Stäbchen. In die 3 Eckluftmaschen, die deutlich erkennbar sind, häkelt man jeweils 3 Stb, 3 Lm, 3 Stb – also insgesamt 9 Maschen. So arbeitet man weiter, 5

Runden für jedes Quadrat. Dabei beginnt man bei den 3 Lm nach dem Wenden mit jeweils einer anderen Farbe. Endfäden gut verstopfen!
Die fertigen Quadrate werden zu Streifen, die Streifen zur Fläche zusammengehäkelt. Dazu legt man jeweils zwei Quadrate mit den Rückseiten aufeinander und häkelt die Kanten mit festen Maschen zusammen, wobei man durch die Randmaschen beider Quadrate zugleich fährt. Für das Zusammenhäkeln sollte man Garn in einer Kontrastfarbe nehmen. Da das Zusammenhäkeln recht langweilig ist, sollte man das zwischendurch machen, sobald man eine ausreichende Zahl Quadrate für einen Streifen fertig hat. Den Rand der fertigen Decke kann man mit zwei Runden festen Maschen oder mit einer Kante aus Luftmaschenbögen, in die anschließend feste Maschen gearbeitet werden, umhäkeln.
Da die Garnreste, die man gesammelt hat, meistens von unterschiedlicher Stärke sind, muß man zu dünnes Material doppelt oder dreifädig verarbeiten. Geringfügige Unterschiede kann man durch Wechseln der Häkelnadelstärke (s. Hinweise auf Seite 314) ausgleichen.

So werden die Quadrate für die Patchwork-Häkeldecke gearbeitet: nach jeder geschlossenen Runde wendet man. Dadurch ordnen sich die Stäbchengruppen versetzt an

Topflappen (Seite 327)
Wenn es um ein negatives Häkelbeispiel geht, fällt sofort das Wort Topflappen, weil sich jeder an langweilige eintönige Quadrate aus der früheren Schulhäkelstunde erinnert. Aber Topflappen können auch phantasievoll aussehen, sie sind außerdem für den Haushalt unentbehrlich, deshalb auch hier: Topflappen in Variationen. Material: Melchior ABC Garn, INOX-Häkelnadel Nr. 4.

Topflappen mit rot-weißen Quadraten
5 rote und 4 weiße Quadrate werden von der Mitte ausgehend in festen Maschen gehäkelt, und zwar so, wie auf Seite 323 beschrieben: schneckenförmig. Jedes Quadrat besteht aus 6 Runden. Die Quadrate werden mit überwendlichen Stichen zusammengenäht. Dann umhäkelt man den Topflappen mit zwei Runden festen Maschen, die in einem Aufhänger aus Luftmaschen und anschließenden festen Maschen enden.

Topflappen mit Reliefwellen
Für den Topflappen auf dem Foto links oben häkelt man zuerst ein von der Mitte ausgehendes Quadrat aus 1 Lm und 1 Stb im Wechsel, 8 Runden groß. Das fertige Quadrat wird mit einer Pikotkante umrundet (s. Seite 320).
Die Reliefwellen bestehen aus Stäbchen, abwechselnd um die Luftmaschen und seitlich um die Stäbchenmaschen gehäkelt, und zwar um jede Masche (Lm oder Stb) zwei Stäbchen. Man beginnt mit 2 Stb, die um die Luftmaschen des Anfangs (Lm-Ring) greifen, zwischen zwei Stb. Das folgende Stäbchenpaar häkelt man um das linke Stäbchen, im rechten Winkel zum ersten Stäbchenpaar. Das folgende Stb-Paar kommt um die waagerechte Luftmasche der darüber liegenden Runde, das nächste um das folgende Stb links unterhalb dieser Lm. Von hier ab noch dreimal wiederholen, also wieder mit einem Stb-Paar im Lm-Ring zwischen zwei Stb beginnen. Nachdem man die Runde geschlossen hat, arbeitet man die nächste Runde in einer anderen Farbe auf die gleiche Weise. Dabei beginnt man um eine waagerecht liegende Lm der 2. Runde an der Stelle, an der man auch mit der 1. Reliefreihe angefangen hat, geht nach links, dann nach oben

in die nächste Runde, wieder abwärts nach links und nach links unten zur waagerechten Lm. Nach dieser Runde arbeitet man noch zwei weitere Runden mit dem gleichen Abstand auf die beschriebene Weise.
Der Aufhänger aus 15 Lm und anschließenden fM wird, wie der Rand, mit einer Pikotkante verziert. Da der Topflappen sehr dick ist, kann man ihn auch als Untersetzer für heiße Gefäße benutzen.

Fußmatte
Auf die gleiche Weise wie beim Topflappen mit Reliefwellen beschrieben kann man aus Kunststoffbindfaden oder Sisal-Paketschnur eine haltbare Fußmatte häkeln.

Rosetten-Topflappen
Die Rosetten-Topflappen in Rot-Gelb und Rot-Weiß bestehen aus jeweils zwei Quadraten, die an den Kanten zusammengehäkelt sind.
Man arbeitet zuerst von der Mitte ausgehend ein Quadrat aus Stäbchen (s. Seite 323), 6 Runden groß, in der Grundfarbe. Mit dieser Farbe fortfahrend wird die Mittelrosette für das 2. Quadrat wie folgt gehäkelt: Lm-Ring aus 8 Lm. 1. Runde: 1 Stb, 3 Lm im Wechsel, insgesamt achtmal. 2. Runde: 1 fM, 5 Lm im Wechsel, und zwar Lm auf Lm, fM auf Stb. 3. Runde: 1 fM, 6 Lm im Wechsel, Lm auf Lm, fM auf fM. 4. Runde: 1 fM, 7 Lm im Wechsel wie vor, Lm auf Lm usw. 5. Runde, in einer anderen Farbe, wie die 4. Runde. 6. Runde: in den ersten Lm-Bogen 3 Doppelstäbchen, 3 Lm, 3 Dstb, 3 Lm. In die folgende fM 3 Dstb, 3 Lm. In den folgenden Lm-Bogen 3 Dstb, 3 Lm. In die nächste fM 3 Dstb, 3 Lm, in den nächsten Lm-Bogen (Ecke) 3 Dstb, 3 Lm, 3 Dstb, 3 Lm. Ab hier wie beschrieben wiederholen und mit 3 Dstb in einer fM, 3 Lm und einer Km die Runde schließen. 7. Runde: in jeden Lm-Bogen der Vorrunde in einer anderen Farbe 4 fM, an den Ecken jeweils 8 fM häkeln. 8. und 9. Runde: 2 Stb, 1 Lm im Wechsel, dabei stets mit der Lm eine Masche der Vorrunde übergehen.
Anschließend werden in der Grundfarbe die Rosettenbögen in die Lm-Bögen der Runden 1–4 gehäkelt, und zwar bei der 1. Runde: 3 Stb in jeden Bogen, 1 fM auf 1 Stb. 2. Runde: 6 Stb und 1 fM im Wechsel. 3. Runde: 7 Stb, 1 fM. 4. Runde: 8 Stb und 1 fM.
In der Grundfarbe wird noch 1 Runde aus 2 Stb, 1 Lm im Wechsel um den Außenrand des Quadrats gearbeitet. Dann legt man die beiden Vierecke aufeinander und häkelt sie rundherum mit Pikots (s. Seite 320) zusammen.

Kissen aus Baumwollbatist mit Häkeleinsatz in Topflappengröße

Milchtopf-Topflappen
Der Topflappen in Grün und Rot wird spiralenartig gehäkelt, ohne die Runden einzeln zu schließen (s. Seite 323). Man beginnt mit einem Lm-Ring aus 40 Maschen und häkelt dann in Grün 4 Runden fM. Dabei nimmt man in jeder Runde 1 fM zu, indem man beim Übergang von einer Runde zur anderen jeweils aus 1 fM der Vorrunde 2 fM arbeitet. Die folgenden Runden in Rot bestehen aus Stäbchen, die als Paar in jeweils 1 fM der Vorrunde gehäkelt werden. Die folgende fM wird übergangen, in die nächste kommt wieder ein Stäbchenpaar. Auch hier, wie in allen folgenden Runden, wird beim Rundenübergang 1 Masche zugenommen (man arbeitet entweder 3 Stb in eine fM oder 2 Stäbchenpaare nacheinander, ohne die fM der Vorrunde zu

übergehen). So häkelt man weiter, abwechselnd eine Runde Stb-Paare in Rot und eine Runde fM in Grün. In der 6., letzten roten Stäbchenrunde nimmt man wieder 1 Masche ab. Dann folgen in Grün 3 Runden fM ohne Veränderung der Maschenzahl. In der folgenden Runde nimmt man auf der den Zunahmen entgegengesetzten Seite (Gießer der Kanne) zweimal 1 fM zu und in der letzten Runde an der gleichen Stelle abermals 2 fM. Zum Schluß häkelt man den Henkel der Kanne als Aufhänger aus 20 Lm und anschließenden fM um die Lm herum. Dann näht man die unteren Kanten der flachgebügelten Arbeit mit überwendlichen Stichen zusammen.

Diese Häkelei in Sechseckform kann man als Decke, Wand- oder Bodenteppich in beliebiger Größe arbeiten. Anleitung Seite 332

Topflappen mit versetzten Bogenrunden

Für den Topflappen auf Seite 327 unten rechts häkelt man zuerst einen Teller aus festen Maschen, 15 Runden groß. In einer Kontrastfarbe häkelt man auf die Maschen der 6. Runde 7 Bögen aus jeweils 7 Lm, unterbrochen durch je 3 fM. In jeden Lm-Bogen kommen 7 fM, auf die 3 fM ebenfalls 3 fM. Die folgende Runde beginnt mit 3 fM auf 3 fM der Vorrunde, dann folgen 1 halbes Stb, 1 Stb, 1 Doppel-Stb, 1 Dreifach-Stb (Faden dreimal umschlagen und entsprechend abmaschen), 1 Doppel-Stb, 1 Stb, 1 halbes Stb. Es folgen 3 fM und eine Gruppe aus 7 Stb wie beschrieben. Auf diese Weise fortfahren, bis die Runde beendet ist. Die kleinere Bogenrunde ist damit fertig.
Die größere Bogenrunde wird auf die Maschen der 9. Runde genau so gearbeitet wie die kleine, jedoch bestehen die Lm-Bögen aus jeweils 9 Maschen, durch 3 fM unterbrochen. Die Stäbchengruppen bestehen aus jeweils 9 Stb, wobei anstelle des dreifachen Stb in der Bogenmitte hier 3 dreifache Stb treten.

Bäuerliche Hauspantoffeln

Material: Dicke Schafwolle, mit DEKA Textilfarbe Nr. 80 mittelblau eingefärbt, INOX-Häkelnadel Nr. 6 für das Fußblatt, Nr. 8 für die Sohle.

Die bäuerlichen Hauspantoffeln sind aus dicker Schafwolle gehäkelt. Die Größe – hier Gr. 37/38 – läßt sich ohne Mühe verändern

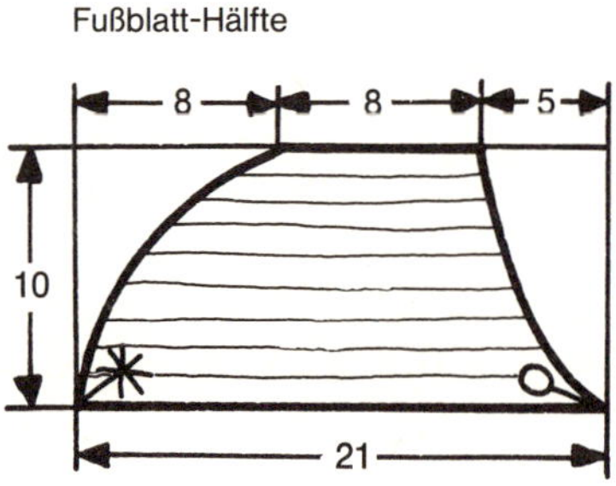

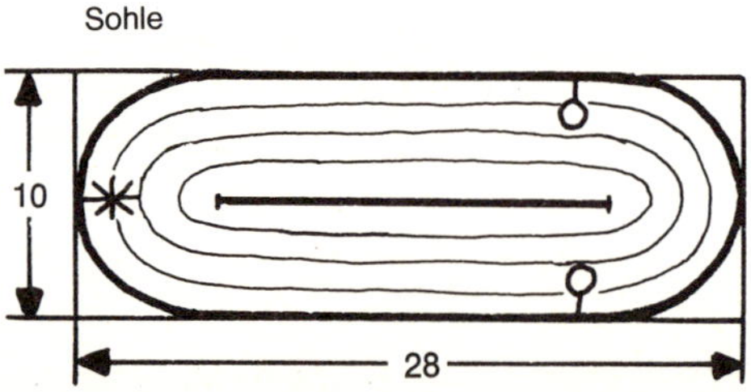

Schnittschema für einen aus Sohle und zwei Fußblatthälften bestehenden Pantoffel

Ein Pantoffel besteht aus drei Teilen: der ovalen Sohle, die mit doppeltem Faden gehäkelt wird, und den beiden Fußblatthälften, die in der Fußmitte zusammengehäkelt werden.
Zuerst häkelt man die Sohle als Oval, wie auf S. 321 beschrieben und hier gezeigt. Für Größe 37/38 sollte sie etwa 28 cm lang und 10 cm breit sein (4 Runden feste Maschen um einen Lm-Anschlag von 16 Maschen). Die Teile für das Fußblatt häkelt man nach dem Schnittmuster S. 330 das man in den angegebenen Maßen auf Papier überträgt, ausschneidet und probeweise zusammensteckt. Man kann die Maße nun noch korrigieren. Das Fußblatt erscheint zunächst etwas weit, es geht aber etwa 1 cm Weite durch das Zusammenhäkeln in der Mitte verloren. Das Häkeln nach der Form des Schnittmusters ist einfach (s. Seite 318, „Abnehmen"). Sind alle Teile fertig, häkelt man zuerst die Fußblatt-Teile den Markierungen des Schnittschemas entsprechend (Punkt auf Punkt) an die Sohle. Dann häkelt man die Fußblatt-Hälften in der Mitte zusammen. Damit die Pantoffeln schön flauschig werden, kann man sie mit einer Distel, die man auf der Wolle hin und her rollt, aufrauhen.

Die Sohle wird mit doppeltem Faden als Oval gehäkelt

Sechseck-Teppich für Wand oder Boden
Material: Rya-Teppichwolle in 6 verschiedenen Farben. Für den abgebildeten Teppich (112 cm Durchmesser) braucht man 140 g Grün, 160 g Türkis, 160 g Kornblumenblau, 160 g Violett, 120 g Dunkelblau, 480 g Braun oder Schwarz. Die Materialangaben beziehen sich auf mittlere Häkelweise mit INOX-Häkelnadel Nr. 3½ (20 g Wolle für ein Sechseck).
Der Teppich besteht aus 61 Sechsecken: 7 in Grün, je 8 in Türkis, Kornblumenblau und Violett, 6 in Dunkelblau und 24 in Schwarz.
Ein Sechseck ist 13 Runden groß, das entspricht einem Durchmesser von ca. 13,5 cm (zwischen zwei geraden Kanten). Es werden nur feste Maschen gehäkelt, und zwar wie folgt: man beginnt mit einem Ring aus 4 Lm, macht eine Anfangsluftmasche, nachdem man den Ring geschlossen hat, und arbeitet in den Lm-Ring 1 fM, 1 Lm, 2 fM, 1 Lm, 2 fM, 1 Lm, 2 fM, 1 Lm, 2 fM, 1 Lm, 2 fM, 1 Lm.
Die Runde wird mit einer Kettenmasche geschlossen. Dann macht man wieder eine Lm, häkelt fM auf fM und in jede Eckmasche (Luftmasche der Vorrunde) 1 fM, 1 Lm, 1 fM.
Wird die Arbeit wellig, muß man an den geraden Seiten durch Abnehmen (1 Masche überspringen) einen Ausgleich schaffen. Spannt sie sich, nimmt man 1 Masche zu. Wichtig ist, daß man die Eckmaschen stets korrekt arbeitet, und daß in der letzten Runde alle 6 geraden Seiten (bei allen Sechsecken) die gleiche Maschenzahl haben. Die fertigen Sechsecke werden mit Nadeln auf einem Bügeltuch gespannt und von links gedämpft. Dazu schneidet man aus Papier eine genaue Größenschablone aus, die man jeweils unter das Sechseck legt, bevor man es spannt. Je gleichmäßiger die Sechsecke gehäkelt und gedämpft werden, um so schöner ist später der Teppich. Die Sechsecke werden der Farbfolge auf dem Foto entsprechend von links mit überwendlichen Stichen zusammengenäht. Dabei gibt es einen Trick: damit man später bei zwei verschiedenen Farben – z. B. Blau und Schwarz – nicht den andersfarbigen (z. B. schwarzen) Nähfaden sieht, sticht man bei dem gleichfarbigen Sechseck durch beide, bei dem andersfarbigen Sechseck nur durch die hinteren Glieder der Randmaschen.

Durch Zunahme an den gleichen Stellen sind die Sechstel deutlich erkennbar

Haussocken für die ganze Familie sind einfacher und schneller zu häkeln als man denkt

Socken zum Turnen und Toben

Material für Socken in Größe 36–38: 100 g Sportwolle in Hellgrau, 30 g Sportwolle in Rotviolett. INOX-Häkelnadel Nr. 3–3½.

Arbeitstechnik: feste Maschen. 40 Lm anschlagen und zum Ring schließen. Dann maschenweise wechselnd 17 Runden in Grau/Violett (1 M grau, 1 M violett) häkeln. Anschließend: 8 Runden Grau bzw. Violett, rundenweise wechselnd, und 6 Rd. Grau.

Für die Ferse 18 Maschen breit in hin- und hergehenden Reihen häkeln, und zwar 18 Reihen. Das Käppchen wird wie folgt gehäkelt:

Von der 9. Masche ausgehend 1 fM, 1 fM d. Vorreihe übergehen (abnehmen), 1 fM. Wenden. 3 fM, 1 fM übergehen, 1 fM. Wenden. Weiter in Hin- und Rückreihen häkeln, dabei jeweils die vorletzte fM übergehen, bis das Käppchen fertig ist.

Von hier ab wird in Runden (Käppchen-, Fersen- und Beinteil-Maschen) weitergearbeitet, wobei man für den Keil zwischen Ferse und Spann beiderseits des Fersenteils in jeder 2. Runde 1 M durch Übergehen einer fM der Vorrunde abnimmt, bis man die gleiche Maschenzahl wie vor Beginn der Ferse hat. Vor dem Abnehmen zur Fußspitze werden 10 Runden in gleicher Maschenzahl in Grau und 4 Runden in Grau/Violett, maschenweise wechselnd, gehäkelt. Bis zur Spitze wechseln die Farben rundenweise. Bei den folgenden 18 Runden werden in jeder Runde 2 Maschen (zweimal 1 Masche an zwei einander gegenüberliegenden Stellen) abgenommen. Die letzten 4 Maschen der Strumpfspitze werden zusammengezogen und gut vernäht.

Kindersocken, Größe 24–30: Anschlag 34 Lm. Beinlänge 16 Runden. Fersenbreite 15 Maschen, Fersenlänge 11 Reihen. Rundenzahl des Fußteils nach der Keilabnahme: 10. Dann abnehmen zur Spitze.
Arbeitstechnik: halbe Stäbchen.

Männersocken, Größe 41–43: Anschlag 48 Lm. Beinlänge 14 Runden. Fersenbreite 22 Maschen, Fersenlänge 8 Reihen. Fersenkeil bis auf eine Maschenzahl von 42 für die Fußrunden abnehmen. Runden ohne Abnahme bis zum Beginn der Spitze: 10.
Arbeitstechnik: Stäbchen.

Ferse, Keil und Käppchen ähneln einer gestrickten Socke

Zählvorlage – ein Viertel des Musters – für die Kissenplatte. Ein Kästchen der Zeichnung entspricht einem Kästchen des Filetgrundes, ein Kreuz steht für 4 Stäbchen

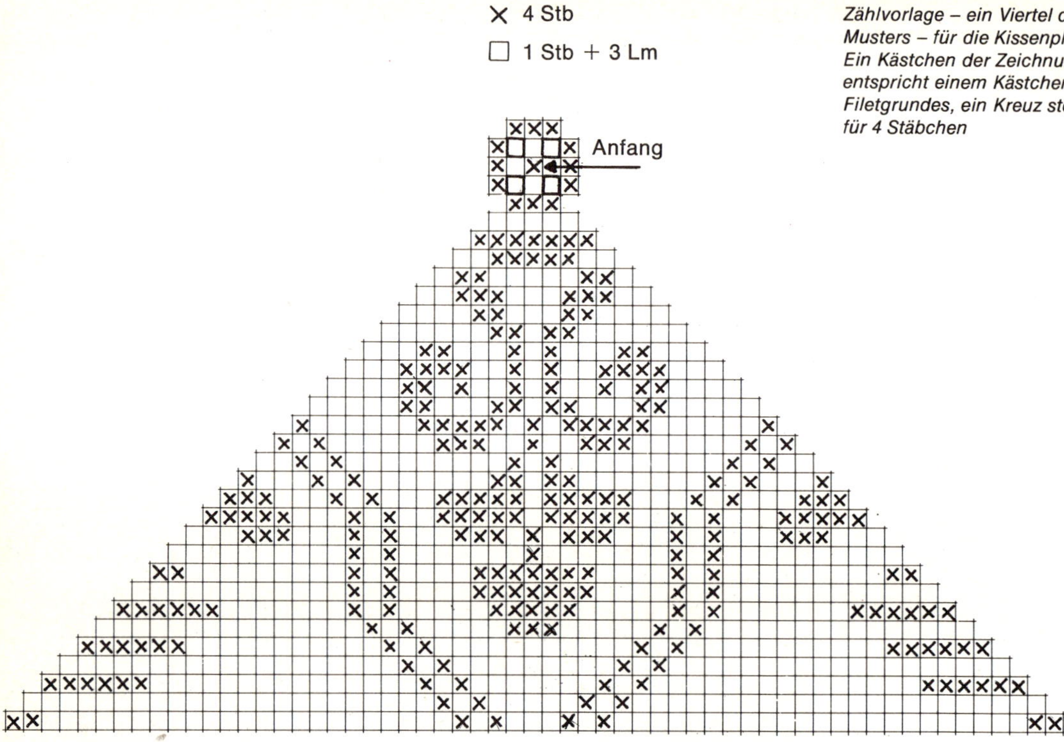

Bei dieser Kissenplatte in Filethäkelei arbeitet man von der Mitte ausgehend in Runden

So sieht eine in Straminggrund gearbeitete Häkelei von der Rückseite aus. Die freigelassenen Ränder wurden umgeschlagen und gegengesäumt

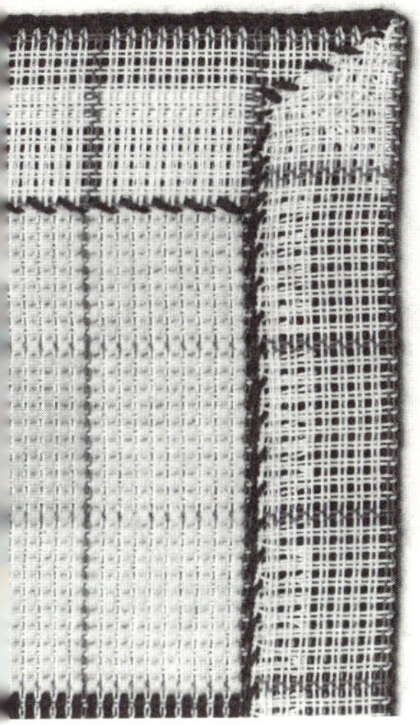

Kissenplatte in Filethäkelei

Material: Melchior 1 × 1 Schulgarn, INOX-Häkelnadel Nr. 3.

Die quadratische Kissenplatte, die diagonal auf einen Kissenbezug aus kariertem Baumwollstoff genäht wird, ist ungewöhnlich in ihrer Art, denn sie wird von der Mitte ausgehend in Runden gehäkelt (s. Seite 323).

Man beginnt mit 4 Stäbchen in der Mitte, arbeitet für den Filetgrund abwechselnd 1 Stäbchen und 3 Luftmaschen, an den vier Ecken 7 Luftmaschen zwischen 2 Stäbchen. Das Zählmuster gibt ein Viertel des ganzen Musters wieder, lediglich der Anfang ist mit dem Mittelquadrat ganz angegeben. Die Kästchen entsprechen jeweils einem Kästchen des Filetgrundes, die Kreuze entsprechen 4 Stäbchen (3 Stäbchen anstelle der 3 Luftmaschen + 1 Stäbchen des seitlich angrenzenden Kästchens).

Die fertige Arbeit – etwa 36 × 36 cm groß – wird mit Nadeln auf einer weichen Unterlage gespannt und so lange mit einem feuchten Tuch bedeckt, bis das Tuch getrocknet ist. Nicht bügeln.

Häkelteppich auf Straminggrund

Material: Teppichknüpfgrund (Zweigart), MEZ Kelimwolle, Häkelnadel Nr. 6.

Als Vorlage für den kleinen Häkelteppich unten dienten Gebälk und Sparren eines alten Scheunendachs. Solche einfachen Muster lassen sich am besten umsetzen.

Wie auf Seite 324 beschrieben und gezeigt, häkelt man in Hinreihen feste Maschen, wobei die waagerechten Fäden des Straminggrundes

Dachgebälk stand Pate für das Muster dieses kleinen Teppichs, der mit MEZ Kelimwolle auf Teppichknüpfgrund gehäkelt wurde

die Einstichreihen bilden. Vor Beginn der Arbeit teilt man die Fläche in die gewünschten Farbfelder ein und markiert sie mit Filzschreibern. Für den Saumeinschlag (Foto S. 335) läßt man einen entsprechenden Rand frei.

Zählmuster zur Häkelgardine. Jedes Kästchen entspricht einem Kästchen des Häkelgrundes, jedes Kreuz steht für 3 Stäbchen

Gardine in Filethäkelei

Material: Melchior 1 × 1 Schulgarn (Baumwolle), INOX-Häkelnadel Nr. 3.

Die Gardine auf dem Foto ist 120 × 120 cm groß. Man kann sie aber in den Maßen beliebig abwandeln, indem man den Filetgrund ohne Musterung breiter oder höher häkelt oder den Rapport (das Muster) beliebig oft wiederholt.

Der Häkelgrund besteht aus 1 Stäbchen und 2 Luftmaschen im Wechsel, stets Stäbchen über Stäbchen, Luftmaschen über Luftma-

Die Gardine in Filethäkelei aus Baumwollgarn (Melchior) ist 120 × 120 cm groß. Man kann sie aber in jeder gewünschten Größe arbeiten

□ 1 Stb + 2 Lm
× 3 Stb

schen gearbeitet. Man häkelt von oben nach unten, beginnt also an der geraden Kante und endet bei den Zackenbögen, in die man später Fransen einknüpfen kann. Man muß also von vornherein die Breite der Gardine festlegen und anhand einer vorher gemachten Maschenprobe die entsprechende Luftmaschenzahl anschlagen. Bei dem gezeigten Modell entsprechen 14 Reihen je 16 Stäbchen und dazwischenliegenden Luftmaschen 10 × 10 cm. Das Mittelmuster (s. Zeichnung S. 337) ist 70 cm hoch, die Breite zwischen den durchlaufenden Streifen beträgt 40 cm. Diese Angaben sollen als Berechnungsgrundlage für die Größe der Gardine dienen. Sie sind jedoch nicht für jeden verbindlich, weil die Maße sich durch lockere oder feste Häkelweise ändern. Manchmal genügt schon der Unterschied von einer halben Häkelnadelstärke, um Abweichungen auszugleichen.
Hat man den Filetgrund mit den durchgehenden Streifen aus dichtgesetzten Stäbchen (3 Stäbchen = ein × des Zählmusters) gehäkelt, beginnt man mit dem Motiv. Die Kästchen der Vorlage entsprechen den Kästchen des Filetgrundes, die Kreuze jeweils drei Stäbchen. Ist die Gardine fertig, werden alle Kanten mit festen Maschen umhäkelt, dadurch wird allzu starkes Verziehen vermieden. Die Gardine wird abschließend mit Nadeln gespannt (bei größeren Flächen abschnittweise) und so lange mit einem feuchten Tuch bedeckt, bis das Tuch von selbst getrocknet ist. Nicht bügeln.

Stricken

Grundmethoden

Beim Stricken unterscheidet man zwei Grundmethoden: das Flachstricken (hin und her mit zwei Nadeln) und das Rundstricken, wobei man spiralenartig weiterstrickt, ohne die Arbeit zu wenden. Man sagt auch offene und geschlossene Arbeit. Beim Rundstricken kann man entweder mit fünf Nadeln (einem Spiel) arbeiten oder mit einer einzigen Rundnadel (aus Metall oder Perlondraht mit verdickten Enden). Das Flachstricken ist die einfachere der beiden Grundmethoden.

Ein bißchen Stricklatein

M	=	Masche
R	=	Reihe
Rd.	=	Runde
Rdm.	=	Randmasche
li	=	links
r	=	rechts
umschl.	=	umschlagen
r verdr. M	=	rechtsverdrehte (auch rechts verschrä Masche (hinten einstechen)
Abn.	=	Abnahme, abnehmer
Zun.	=	Zunahme, zunehmer
Anschl.	=	Anschlag
übz.	=	überziehen
abh.	=	abheben
abk.	=	abketten
zus. str.	=	zusammenstricken
wd.	=	wenden
wdh.	=	wiederholen
Hinr.	=	Hinreihe
Rückr.	=	Rückreihe
Nd.	=	Nadel

Das richtige Verhältnis zwischen Nadeln und Garn

Die Stärke der Nadeln richtet sich nach der Stärke der Wolle, dem Strickmuster und nicht zuletzt nach dem Verwendungszweck des Gestrickten. Im allgemeinen gelten folgende Richtlinien: feinere Wollqualitäten strickt man mit 2 bis $2^1/_2$ mm starken Nadeln, mittlere mit 3 bis $3^1/_2$ mm starken und dickere Wollqualitäten mit 4 bis $4^1/_2$ mm starken Nadeln. Für Schnellstrickwolle nimmt man 5 mm oder noch stärkere Nadeln. Viele Spinnereien geben auf dem Garnetikett die Stärke der am besten geeigneten Nadeln an.

Zu Beginn: der Maschenanschlag

Man nimmt zum Anschlagen die beiden Stricknadeln in die rechte Hand. Die linke Hand hält man so, daß die Innenfläche zum Körper zeigt. Der Arbeitsfaden wird so um die Finger der linken Hand geschlungen, wie bei Zeichnung a. Man beginnt beim kleinen Finger. Der Fadenanfang hängt, vom Daumen kommend, in der Handinnenfläche. Dieser Faden, der beim Maschenanschlag verarbeitet wird, muß ausreichend lang sein, man rechnet für jeweils 10 Maschen eine

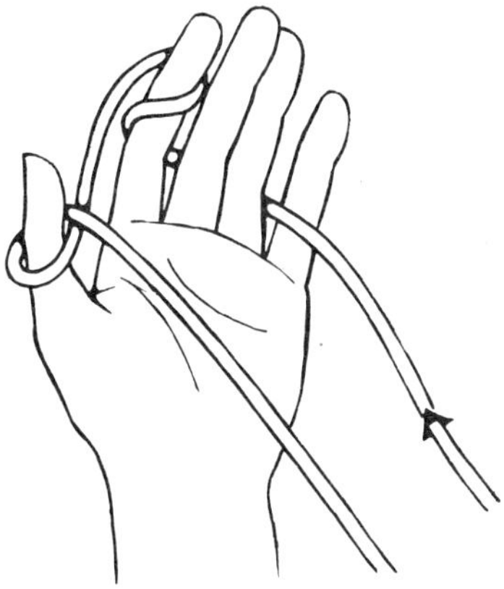

a

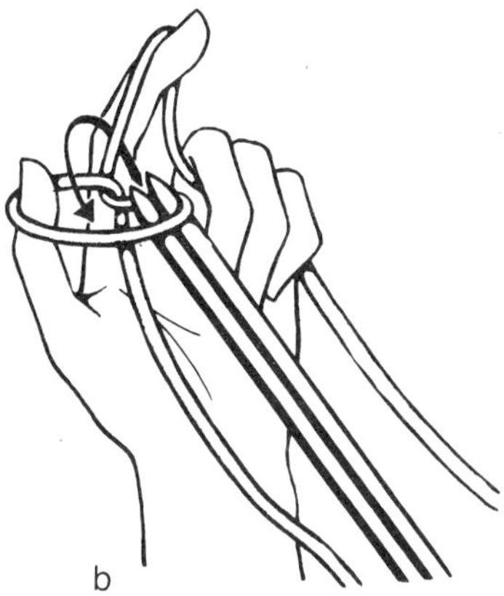

b

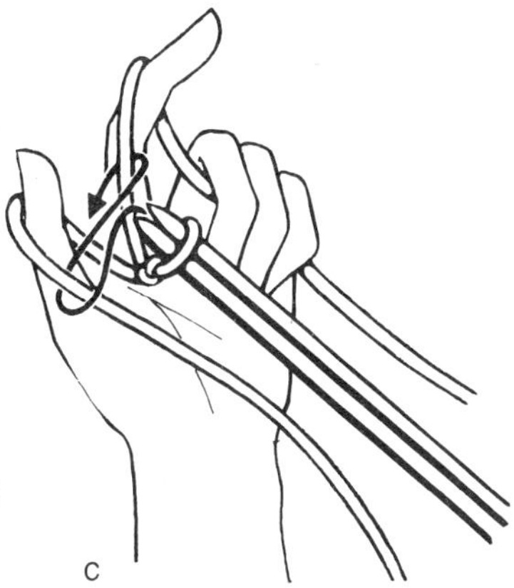

c

Stricknadellänge. Die beiden Nadeln werden mit der rechten Hand aufwärts (vom Daumenballen zur Daumenspitze) durch die Fadenschlinge am Daumen geführt. Der Faden, der vom Zeigefinger kommt, wird um die Nadelspitzen geschlagen (man faßt mit den Nadeln dahinter – Zeichnung b) und zurück durch die Daumenschlinge geführt. Dabei nimmt man den Daumen mit aus der Schlinge und zieht sie zu. Die folgenden Maschen schlägt man so an: mit dem Faden, der außen um den Daumen herum zur Handinnenfläche läuft, bildet man eine neue Schlinge, indem man mit den Nadeln unter diesem Faden hindurchfährt, den Faden vom Zeigefinger holt (Zeichnung c) und ihn wieder zurück durch die Daumenschlinge zieht. Dabei nimmt man wieder gleichzeitig den Daumen mit heraus. Theoretisch liest sich das etwas kompliziert, in der Praxis ist es aber ganz leicht.

d

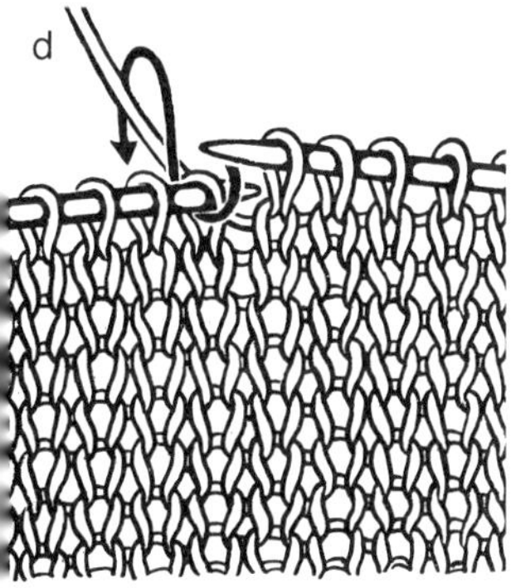

Start zur ersten Reihe

Hat man die gewünschte Maschenzahl angeschlagen, zieht man vorsichtig die eine Nadel heraus. Die andere Nadel mit den Maschen nimmt man in die linke Hand, läßt das kurze Fadenende hängen und führt den vom Knäuel kommenden Arbeitsfaden vom kleinen Finger bis zum Zeigefinger wie auf Zeichnung a dargestellt. Die rechte Hand hält die Arbeitsnadel.

Die erste Reihe nennt man Hinreihe, die zweite Rückreihe. Das ist später für das Stricken verschiedener Formen und Muster wichtig. Also: die Hinreihen sind die ungerade zählenden, die Rückreihen die geraden – 2, 4, 6 usw.

e

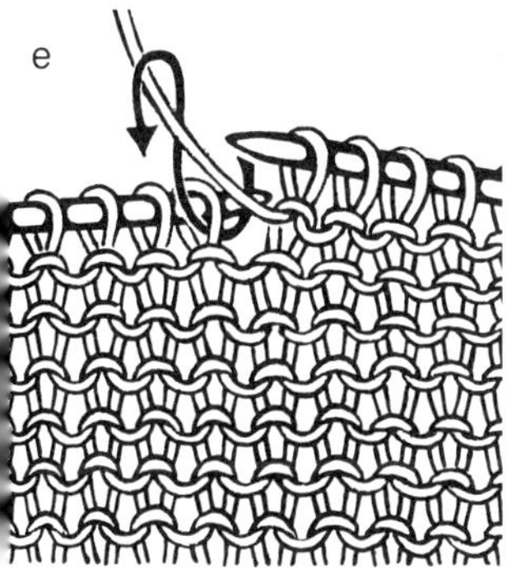

Rechte Maschen

Die einfachste Strickart sind Rechtsmaschen. Dazu wird die rechte Nadel von vorn durch die erste Masche auf der linken Nadel geführt, der vom Zeigefinger kommende Faden wird in Pfeilrichtung (d) durchgeholt, dann hebt man die Masche von der Nadel und zieht den Arbeitsfaden mäßig an.

Linke Maschen

Für den Anfänger zunächst etwas unbequem ist folgende Maschenbildung: der Faden wird vor die linke Nadel gelegt. Mit der rechten Nadel fährt man hinter dem Faden von oben nach unten durch die Masche und holt den Faden in Pfeilrichtung (e) als Schlinge durch. Es ist eine Linksmasche entstanden.

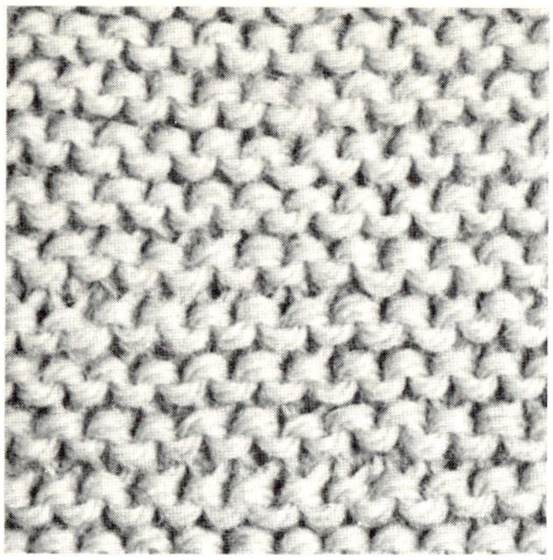

Nur rechts heißt kraus
Die nur aus Rechtsmaschen bestehende Strickarbeit nennt man nicht rechts sondern kraus (Foto links). Eine aus lauter linken Maschen bestehende Strickarbeit nennt man links/links.
Strickt man die Hinreihen jeweils rechts und die Rückreihen links, nennt man das Gestrick glatt oder schlicht (Foto Mitte). Strickt man fortlaufend 1 Masche rechts und 1 Masche links im Wechsel, entsteht ein Rippenmuster (Foto rechts).

Das Wenden
Es gibt verschiedene Methoden, eine Strickarbeit zu wenden und die seitlichen Ränder zu bilden. Die gebräuchlichsten Arten sind der Kettenrand und der Knötchenrand.
Kettenrand: die letzte Masche der Reihe wird nicht abgestrickt, sondern nur abgehoben. Dabei legt man den Arbeitsfaden wie bei der links gestrickten Masche vor die linke Nadel. Dann wendet man die Arbeit und strickt diese Masche, die nun die erste ist, verdreht (man sagt auch verschränkt) ab, indem man hinten in Abwärtsrichtung in das Maschenglied einsticht und den Faden holt. Das Foto unten links zeigt den Kettenrand.
Knötchenrand: die letzte Masche wird rechts abgestrickt. Nach dem Wenden wird der Arbeitsfaden, der nun vorn hängt, um den Rand herum nach hinten gelegt. In die erste Masche sticht man wie bei der Linksmasche ein und hebt sie ab.
Der Knötchenrand eignet sich besonders für Strickteile, die später zusammengenäht werden sollen.

Verschränkte Maschen

Verschränkte Maschen sind zur Musterbildung sowie beim Zu- und Abnehmen von Maschen wichtig. Man unterscheidet rechts verschränkte und links verschränkte Maschen.

Die rechts verschränkte Masche entsteht, wenn man mit der Arbeitsnadel hinter der linken Nadel von rechts nach links in die Masche einsticht und den Faden holt (f).

Die links verschränkte Masche wird wie bei g gearbeitet: man legt den Faden vor die linke Nadel und fährt mit der Arbeitsnadel von der Außenseite der Arbeit (Pfeilrichtung) nach innen durch die Masche und holt den Faden.

f

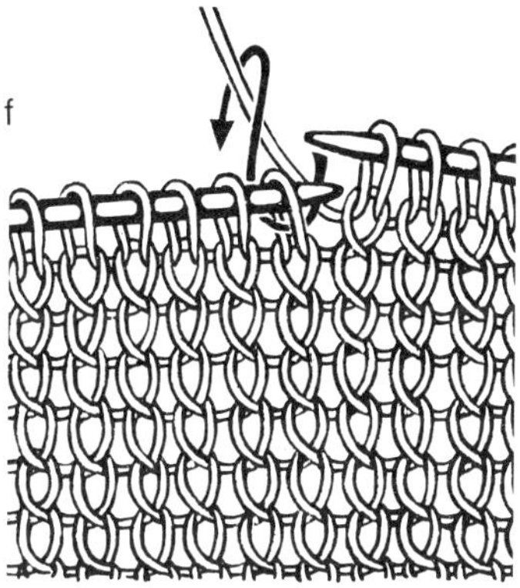

g

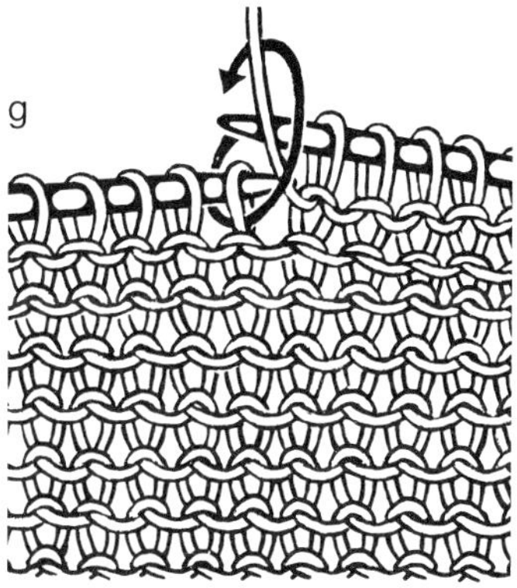

h

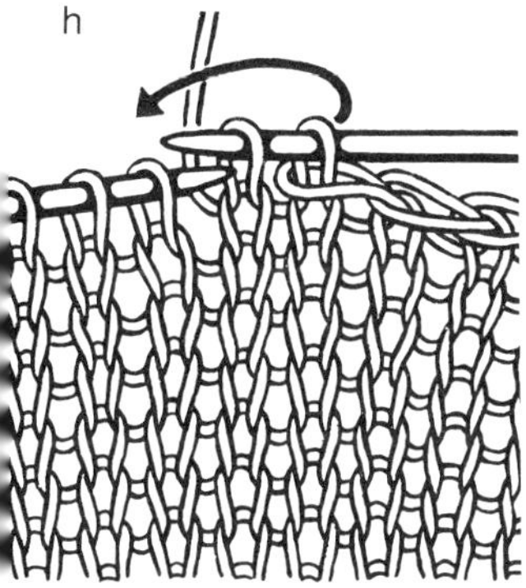

Zum Schluß: das Abketten

Die gebräuchlichsten Methoden eine Strickarbeit abzuketten, sind das Abketten durch Überziehen und das Abketten durch Zusammenstricken. Letztere Methode ergibt einen festeren Rand.

Abketten durch Überziehen: die ersten beiden Maschen der Nadel strickt man wie gewohnt ab und zieht (hebt) die zuerst gestrickte Masche über die zweite. Dann strickt man die dritte Masche und zieht die zweite darüber usw. Man strickt jeweils die folgende Masche und zieht die davor gestrickte darüber (h). Durch die letzte Masche wird das Ende des abgeschnittenen Fadens ganz durchgezogen und vernäht.

Abketten durch Zusammenstricken: hierbei werden jeweils zwei Maschen zusammen rechts verdreht abgestrickt (i). Die neu gebildete Masche wird von der rechten auf die linke Nadel genommen und mit der dann folgenden Masche zusammen wieder rechts verdreht abgestrickt.

i

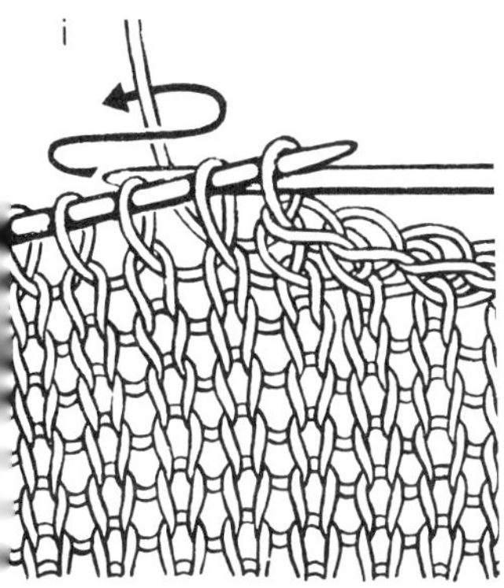

Weniger Maschen: abnehmen

Das Verringern der Maschenzahl nennt man abnehmen. Es gibt verschiedene Techniken. Einmal kann man abnehmen, indem man zwei Maschen zusammen wie eine Masche normal (j) oder verschränkt (k) abstrickt. Zum anderen kann man abnehmen, indem man eine Masche abhebt, die folgende Masche abstrickt und die abgehobene Masche mit der linken Nadel über die abgestrickte hebt. Man nennt das Abnehmen durch Überziehen. Nimmt man auf der rechten Seite der Arbeit ab, neigen die abgenommenen Maschen nach rechts. Sollen die abgenommenen Maschen nach links neigen, so muß man auf der anderen Seite der Arbeit verdreht (verschränkt) abnehmen.

j

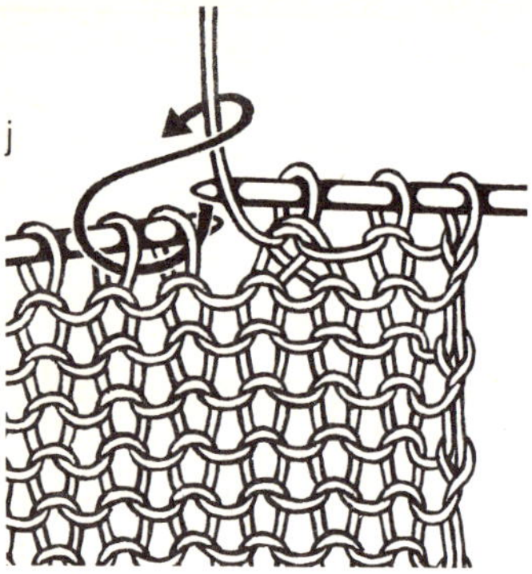

k

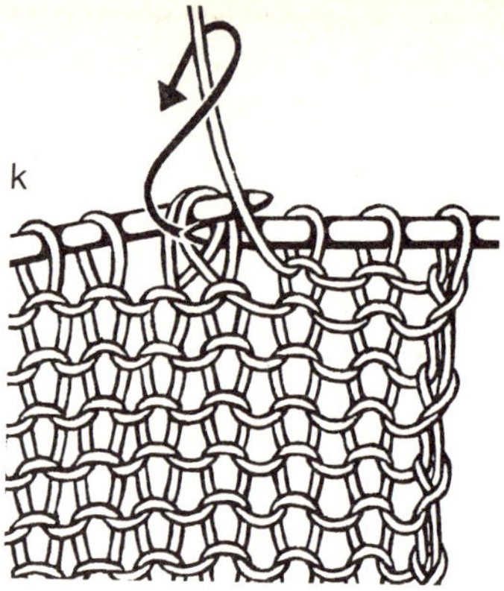

Soll das Abnehmen im Verlauf einer Arbeit an denselben Stellen wiederholt werden, so markiert man die für das Abnehmen vorgesehenen Abstände innerhalb einer Reihe mit farbigen Fäden, die man durch das Gestrick zieht und später wieder entfernt. Man nimmt bei den Hinreihen jeweils vor, bei den Rückreihen hinter der Markierung ab.
Sollen am Ende oder am Anfang einer Reihe eine Masche oder zwei Maschen abgenommen werden (z. B. bei Ausschnitten), strickt man entweder die Randmasche mit der folgenden Masche oder den folgenden beiden Maschen rechts verdreht zusammen, oder man läßt die Randmasche als durchgehende Kante weiterlaufen und strickt die Maschen nach bzw. vor der Randmasche zusammen.
Sollen am Anfang oder Ende mehrere Maschen abgenommen werden, kettet man sie ab.

Mehr Maschen: zunehmen
Um die Maschenzahl zu vermehren, nimmt man zu, das heißt, man bildet neue Maschen. Dabei faßt man mit der linken Nadel den zwischen zwei Maschen verlaufenden Querfaden auf und strickt ihn rechts verdreht ab (l).

l

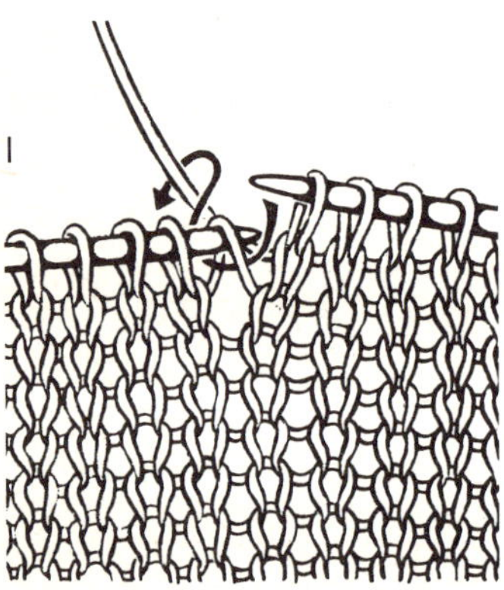

m

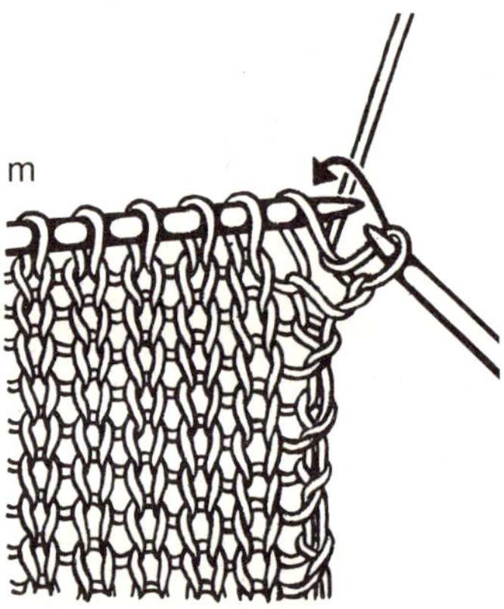

n

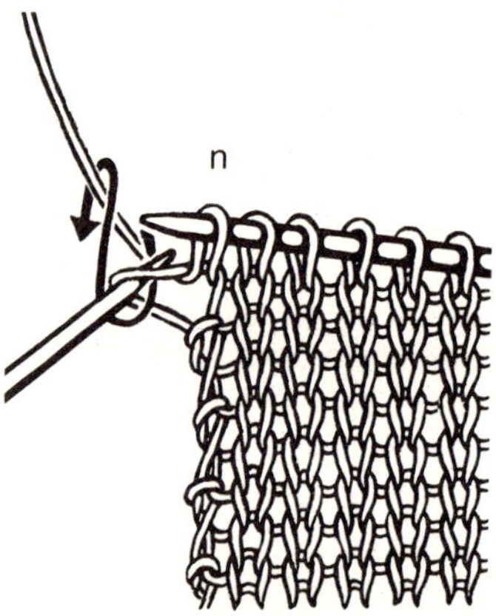

Am Reihenanfang nimmt man, wenn es sich um eine geringe Maschenzahl handelt, wie folgt zu: man strickt die Randmasche rechts ab, läßt sie jedoch auf der Nadel. Dann strickt man noch eine rechts verschränkte Masche aus derselben Masche (m).
Bei Zunahme am Reihenende macht man es genauso (n).

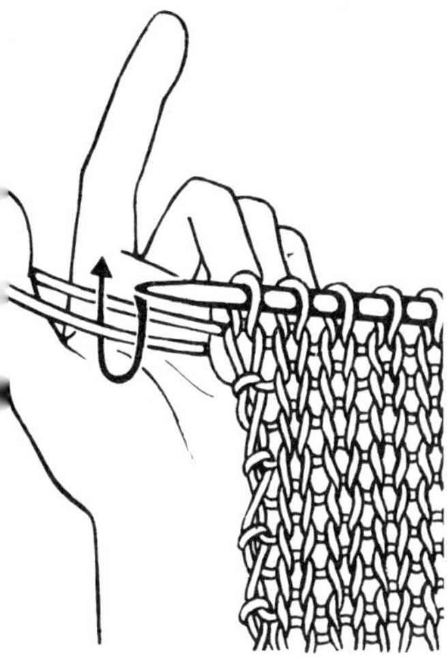

o

Maschenanschlag innerhalb einer Arbeit
Bei manchen Arbeiten ist es erforderlich, innerhalb der Arbeit Maschen neu anzuschlagen. Dazu legt man den Arbeitsfaden in einer Schlinge um den Daumen der linken Hand (genau auf den Fadenlauf, Zeichnung o, achten), fährt mit der Nadel von unten aufwärts zwischen den beiden Fäden hindurch, holt den hinten liegenden Faden und zieht gleichzeitig den Daumen aus der Schlinge. Diesen Vorgang kann man beliebig oft wiederholen. Die angeschlagenen Maschen werden wie alle anderen abgestrickt.

Masche verloren?
Das Aufheben gefallener Maschen ist auch für Anfänger kein Problem. Wichtig: bei glatter Strickart müssen die Rechtsmaschen von der rechten Seite des Gestricks aufgehoben werden, die Linksmaschen von links. Man muß die Arbeit also mehrmals umdrehen, wenn die Masche schon weiter heruntergelaufen ist. Das Aufheben geht so vor sich: mit der rechten Nadel faßt man den Querfaden und die gefallene Masche von hinten nach vorn auf und hebt beides auf die linke Nadel. Der Querfaden liegt rechts von der Masche. Nun faßt man mit der rechten Nadel die Masche von vorn, indem man von rechts nach links einsticht, und hebt sie über den Querfaden.
Rechtsmaschen kann man auch aufhäkeln, dabei muß der Querfaden vor der gefallenen Masche liegen. Liegt die gefallene Masche mehrere Reihen weiter unten, muß man die Arbeit bei jeder Reihe drehen – das ergibt sich auch aus dem Maschenbild.

Knopflöcher
Das waagerecht verlaufende Knopfloch ist besonders leicht zu arbeiten: man kettet die für das Knopfloch vorgesehene Maschenzahl in einer Reihe ab und schlägt die gleiche Maschenzahl an dieser Stelle in der folgenden Reihe wieder an (p). Solche waagerechten Schlitze braucht man auch für Tascheneingriffe und bei Handschuhen zum Einsetzen des Daumens.
Beim senkrechten Knopfloch wird die Strickarbeit an der vorgesehenen Stelle geteilt, beide Teile werden bis zur Höhe des Knopflochs

p

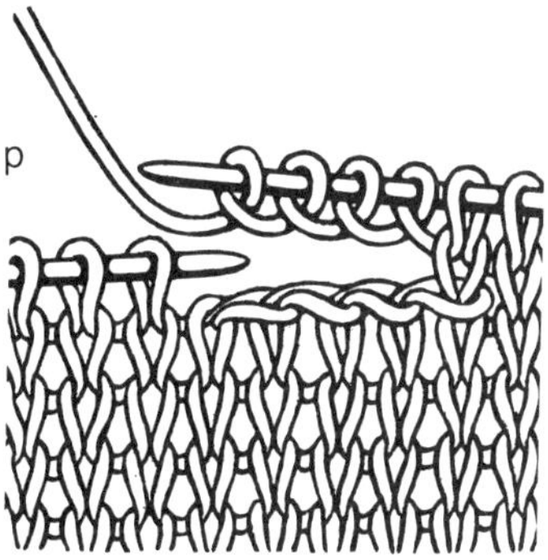

q

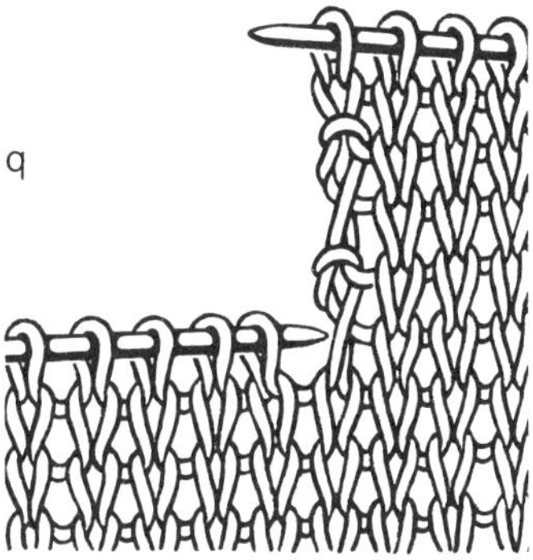

separat gestrickt (q). An den Knopflochkanten arbeitet man den Knötchenrand. Ist das Knopfloch lang genug, strickt man die folgenden Reihen wieder durchgehend.
Gestrickte Knopflöcher müssen anschließend wie Stoffknopflöcher umstochen werden, sonst dehnen sie sich zu sehr.

Lochreihe

Zum Durchziehen von Kordeln oder Bändern kann man Lochreihen stricken. Das ist ganz einfach: auf der rechten Seite der Arbeit wird der Faden von vorn nach hinten über die rechte Nadel gelegt (also umgeschlagen), dann strickt man zwei Maschen rechts zusammen. Diesen Vorgang wiederholt man während der ganzen Reihe. Den Lochabstand kann man variieren, indem man zwischen den einzelnen Löchern (umschlagen, 2 Maschen zusammenstricken) mehr oder weniger Maschen in der üblichen Weise strickt.
Das Foto rechts zeigt Lochabstände ohne Unterbrechung durch andere Maschen.

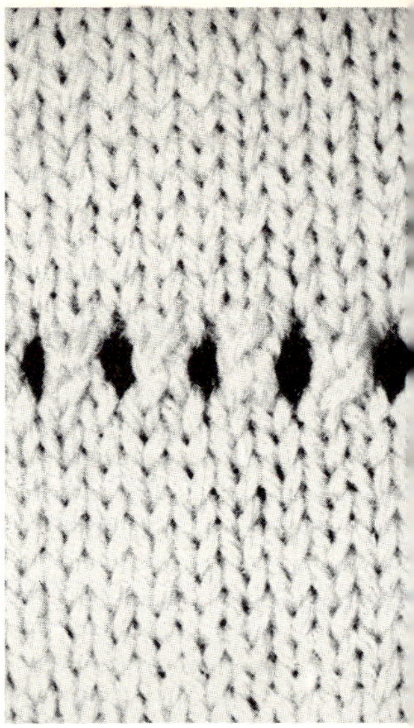

Mehrfarbiges Stricken

Beim mehrfarbigen Stricken unterscheidet man den Farbwechsel in Reihen oder Flächen und den Farbwechsel innerhalb einer Reihe (Längsstreifen, Karos, Norweger-, Folklore- und Jacquardmuster).

Farbwechsel reihenweise: Nachdem man mit einer Farbe gestrickt hat, fängt man am Reihenbeginn mit der neuen Farbe an. Wichtig ist, daß man die Farbe immer auf der gleichen Seite der Strickarbeit wechselt, also entweder immer bei den Hinreihen oder bei den Rückreihen. Soll die Farbe in jeder Reihe gewechselt werden (z. B. rot/weiß gestreift), so strickt man immer Hin- und Rückreihe in einer Farbe, sonst erscheint die Farbe nicht als glatter durchgehender Streifen. Die Randmasche beim Wenden wird in diesem Fall mit doppeltem Faden (beide Farben zugleich) gestrickt.

r

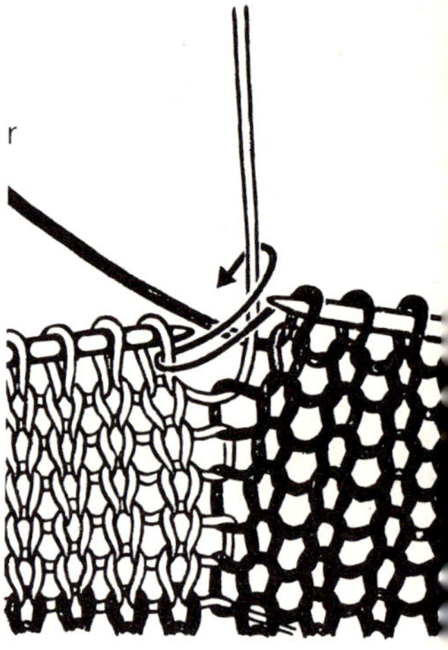

Farbwechsel senkrecht: Man strickt jede Farbfläche mit eigenem Faden und kreuzt die Fäden beim Übergang von der einen zur anderen Farbe (r). Dabei wird der Faden der alten Farbe bei der ersten Masche mit der neuen Farbe mit eingeschlungen (Pfeil auf der Zeichnung r).

Farbwechsel innerhalb einer Reihe: Der Faden der zweiten, jeweils ruhenden Farbe läuft als loser Spannfaden auf der Rückseite der Arbeit weiter mit. Randmaschen werden mit beiden Fäden, also doppelt gestrickt. Damit das Maschenbild gleichmäßig ist, müssen die Fäden der verschiedenen Farben immer um die gleichen Finger der linken Hand geführt werden, z. B. der helle immer um den Zeigefinger, der dunkle um den Mittelfinger, unter Zuhilfenahme des Daumens (während des Strickens).

Jacquard- und Folkloremuster strickt man nach einem Zählmuster, das genau wie ein Kreuzstichmuster auf Karopapier gezeichnet werden kann. Jedes Karo des Zählmusters ist als Masche abzustricken. Unterschiedliche Farben werden durch unterschiedliche Zeichen (man nennt sie Typen) gekennzeichnet.

s

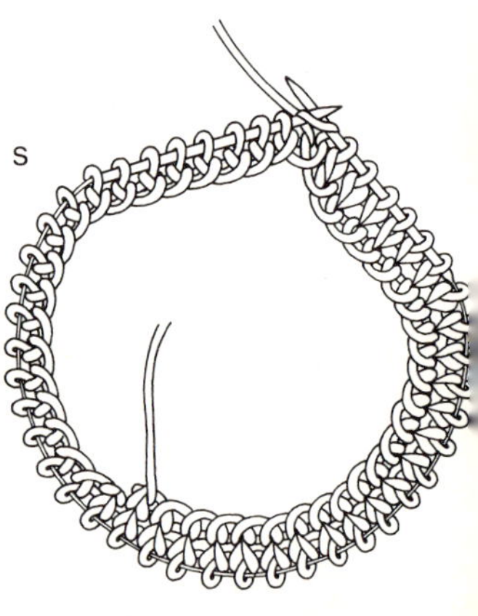

Stricken mit der Rundnadel

Das Stricken mit der Rundnadel ist einfach. Die Rundnadel besteht aus zwei Stricknadelspitzen, die durch einen Perlondraht miteinander verbunden sind. Nach dem Maschenanschlag, den man mit nur einem Ende der Rundnadel macht, wird die Arbeit nicht wie üblich gewendet, sondern man strickt die zuerst angeschlagene Masche mit dem Ende der Rundnadel ab und schließt so die Runde. Von nun an wird spiralenartig weitergestrickt. Das Maschenbild wird glatt, wenn man nur Rechtsmaschen strickt und links/links, wenn man nur linke Maschen strickt. Die Strickart kraus kann man auf der Rundnadel nicht arbeiten.

t

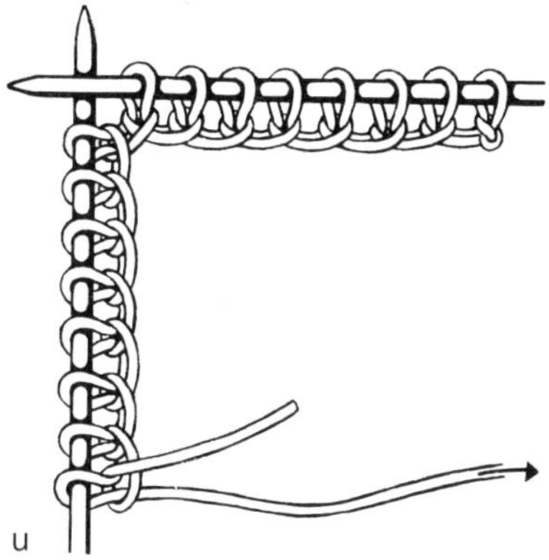

u

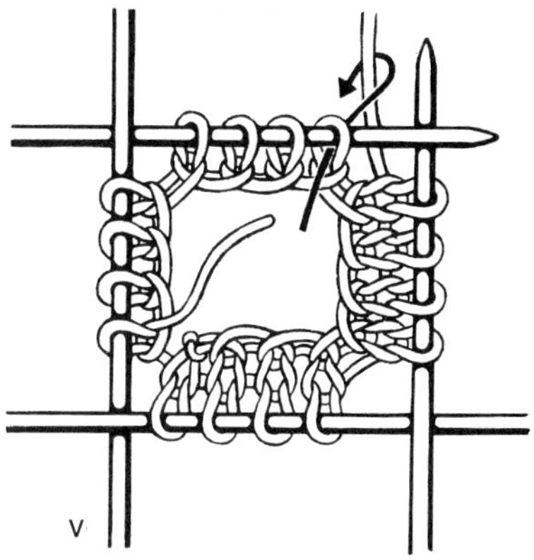

v

Das Rundstricken mit mehreren Nadeln

Man beginnt mit dem Anschlagen der Maschen in dem auf Seite 339 beschriebenen Kreuzanschlag. Die Stärke der Nadeln richtet sich, wie immer, nach der Stärke der Wolle. Hat man auf einer Nadel genügend Maschen, nimmt man gleich die nächste Nadel, ohne Zwischenraum und ohne den Faden abzuschneiden oder die Arbeit sonstwie zu unterbrechen. Man schlägt nacheinander auf vier Nadeln an, und zwar müssen auf der ersten Nadel zwei Maschen mehr sein als auf der zweiten und dritten Nadel.

Auf der letzten Nadel sind es zwei Maschen weniger. Beispiel: braucht man insgesamt 80 Maschen, so kommen auf die erste Nadel zweiundzwanzig, auf die zweite und dritte Nadel je zwanzig und auf die vierte Nadel achtzehn Maschen. Die beiden ersten Maschen der ersten Nadel werden zunächst mit der vierten Nadel, auf der sich die achtzehn angeschlagenen Maschen befinden, abgestrickt. Damit ist die Arbeit geschlossen. Man strickt jetzt mit der fünften Nadel weiter, immer ringsherum. Dabei muß man den Faden zwischen dem Ende der einen und dem Anfang der nächsten Nadel stets fest anziehen, sonst bildet sich eine unschöne „Straße" (ein größerer Maschenzwischenraum).

Gestreifte Decke

Reihenweise rechte Maschen – eine gute Möglichkeit für Anfänger, sich an rhythmisches Stricken zu gewöhnen. Es muß ja nicht unbedingt eine 95 × 95 cm große Kniedecke sein, die man aus farbigen Wollresten strickt. Ein Kopf- oder Schultertuch tut es auch. Vielleicht reichen die Wollreste, die sich angefunden haben, auch nur für einen bunten Schal. Auf jeden Fall gelingt diese Arbeit Anfängern bereits nach den ersten Strickversuchen und macht Mut zu weiteren Strickereien mit höherem Schwierigkeitsgrad. Wie schon eingangs des Strickkurses erwähnt, ist das richtige Verhältnis zwischen Nadeln und Garn ausschlaggebend für ein gleichmäßiges Maschenbild. Bei unterschiedlichen Garnstärken, wie sie sich aus Resten ergeben, muß man deshalb zwischendurch die Nadelstärke wechseln und extrem dünnes Material eventuell zweifädig verarbeiten. Um eine so schöne Decke wie auf dem Foto S. 346 zu stricken, lohnt es sich, kleinere Garnmengen, die zu der vorhandenen Farbskala passen, hinzuzukaufen.

Diese schöne Streifendecke aus Wollresten wurde auf langen Nadeln nur rechts gestrickt

Nach einem verblüffend einfachen System kann man ein solches Lämmchen stricken

Nur rechte Maschen muß man stricken können, um eine Weste fertigzubringen

Kleines Lämmchen

Verblüffend einfach ist so ein Lämmchen wie auf dem Foto links zu stricken. Am schönsten sieht es in reiner Schafwolle, nur rechts gestrickt, aus. Man schlägt 30 Maschen an und strickt 10 Reihen = 5 Rippen, nimmt an beiden Seiten 6 Maschen ab und strickt 8 Reihen in einer Breite von 18 Maschen. Danach werden an beiden Seiten wieder 6 Maschen zugenommen und in dieser Breite (30 Maschen) 10 Reihen gestrickt. Nun auf jeder Seite 10 Maschen abnehmen und in der verbleibenden Maschenbreite von 10 Maschen 24 Reihen für Hals und Kopf stricken und die Maschen abketten. Zunächst dem Foto entsprechend die Beine zusammennähen, dann am Schwanzende beginnend die Randmaschen von Bauch, Hals und Kopf zusammennähen. Eine Nahtstelle hinten zum Stopfen mit Diolenwatte oder ungesponnener Schafwolle offenlassen, nach dem Ausstopfen schließen und Schwänzchen aus 6 Luftmaschen und anschließender Reihe aus festen Maschen häkeln und annähen. Am Kopf Ohren abnähen.

Strickweste für Kinder

Die Angaben für die Strickweste beziehen sich auf Kindergröße 150–158 bzw. Gr. 34/36, die Weste läßt sich aber ohne weiteres durch eine andere Maschen- und Reihenzahl kleiner oder größer arbeiten.

Man strickt in Hin- und Rückreihen rechts. Es ist nötig, daß man vor Arbeitsbeginn eine Maschenprobe macht. 21 Reihen je 14 Maschen ergeben bei diesem Modell 10 × 10 cm Gestrick. Abweichende Maße kann man durch eine andere Nadel- oder Garnstärke (oder durch beides) ausgleichen.
Rücken: 44 Maschen anschlagen und 8 Reihen im Rippenmuster (2 Maschen links, 2 Maschen rechts im Wechsel) stricken. Dann im Grundmuster (kraus) 60 Reihen ohne Veränderung der Maschenzahl arbeiten und in der 61. Reihe an Anfang und Ende je 4 Maschen abketten (Armausschnitt). 30 Reihen weiterstricken und alle Maschen abketten.
Vorderteil-Hälfte: 22 Maschen anschlagen, 8 Reihen im Rippenmuster stricken, 60 Reihen anschließend im Grundmuster arbeiten und in der 61. Reihe am Anfang 4 Maschen für den Armausschnitt und am Ende 3 Maschen für die Knopfleiste abketten. Danach am Ende jeder 2. Reihe 1 M. für die Ausschnittschrägung abnehmen (drittletzte Masche mit der folgenden zusammenstricken), bis nur noch 10 Maschen auf der Nadel sind. In dieser Breite 20 Reihen weiterstricken und alle Maschen abketten. In das eine Vorderteil werden, bei der 4. Reihe beginnend, mit je 11 Reihen Abstand 5 Knopflöcher waagerecht eingearbeitet und rund ausgenäht.
Taschen: Für die beiden großen Taschen je 14 Maschen, für die kleine Tasche 10 Maschen anschlagen, im Grundmuster stricken und dabei an Anfang und Ende jeder 2. Reihe 1 Masche abnehmen, und zwar 18 Reihen für die große und 14 Reihen für die kleine Tasche.
Alle Teile mit Stecknadeln spannen und so lange mit einem feuchten Tuch bedecken, bis das Tuch getrocknet ist. Nicht dämpfen. Danach Vorderteile mit überwendlichen Stichen an das Rückenteil nähen, Taschen und Knöpfe annähen.

Strickpuppe
Nur 15 cm ist die Strickpuppe vom Foto rechts groß. Man kann sie aber durch eine größere Maschenzahl beliebig länger und breiter arbeiten. Für die gezeigte Puppe schlägt man 32 Maschen an und strickt 12 Reihen rechts (kraus). In der 13. Reihe wird ein 4 Maschen breiter Schlitz (s. S. 321, waagerechtes Knopfloch) für das Einnähen des Kopfes gelassen. Danach strickt man noch 12 Reihen weiter und kettet an Anfang und Ende dieser Reihe je 9 Maschen ab. Von hier an wird mit 5 Nadeln weitergestrickt. Die auf der Nadel befindlichen 14 Maschen werden auf zwei Nadeln verteilt, das bisher Gestrickte wird entlang des Schlitzes waagerecht zusammengeklappt, und die 14 mittleren Maschen der Anschlagreihe werden mit den beiden restli-

So werden Kopf, Fäuste und Füße der Strickpuppe aus Kugeln, Schaumstoff und Trikot abgebunden. Die Haare aus dünner Wolle werden in zwei Arbeitsgängen eingestickt, geflochten und zu Schnecken gewunden

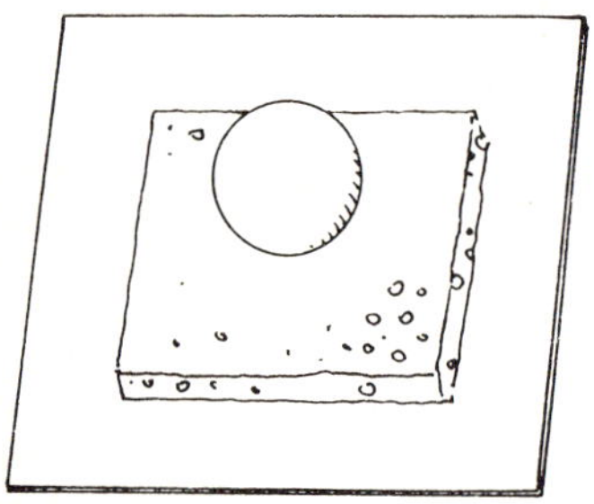
1

2

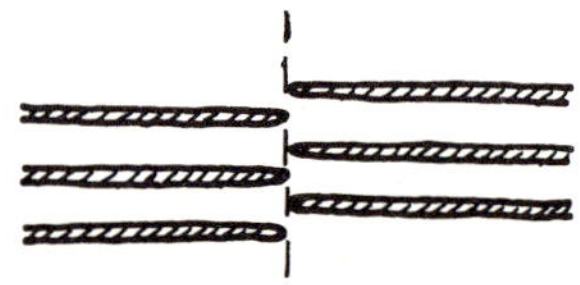
1

2

Der Körper der kleinen Puppe besteht nur aus dem Strickanzug

chen Nadeln aufgefaßt, so daß jetzt auf vier Nadeln je 7 Maschen sind. Man strickt in geschlossener Strickweise 10 Runden rechts und teilt die Maschen noch einmal für die Beine. 7 Maschen für ein Bein werden auf einer Sicherheitsnadel oder einem Hilfsfaden stillgelegt, bis man mit den verbleibenden 7 Maschen in 10 Runden das andere Bein fertiggestellt hat. Dann nimmt man die stillgelegten Maschen auf 3 Nadeln (wegen der geringen Maschenzahl werden die Beine mit 4 Nadeln gestrickt) und strickt das zweite Bein. Nun wird die offene Unterseite der Arme zugenäht. Aus Holzkugeln, Schaumstoff und Trikotstoff bindet man Füße, Fäuste und Kopf so ab, wie auf den Zeichnungen oben dargestellt, und näht sie in die Öffnungen des Puppenkörpers. Die Haare werden mit langen Fäden aus dünner Wolle so in den fertigen Kopf genäht, daß ein Mittelscheitel entsteht. Man näht dazu einmal eine Hinreihe in weiteren Abständen (links einstechen und nach einem kleinen Stich in Scheitelrichtung nach hinten rechts wieder ausstechen), und füllt bei der Rückreihe auf die gleiche Weise die Lücken aus. Die Faden-Enden kann man zu Zöpfchen flechten und zu Schnecken drehen, die gut festgenäht werden müssen. Das Gesicht kann man entweder aufmalen oder aufsticken.

Kinder-Decke

Bei der Kinderdecke S. 350 sollte man seiner Phantasie freien Lauf lassen: man kann beliebige Formen aus verschiedenen Farben stricken und sie zu einem Bild zusammenstellen. Der Grund der abgebildeten Decke (Strickteil 50 × 70 cm) ist rot, die Wiese und die Baum-

Kinderdecke aus wattiertem Karostoff mit gestrickter Oberseite – kinderleicht zu machen

krone sind unterschiedlich grün, der Himmel ist blau, die Häuser sind weiß und gelb, alle Dächer rot wie die Grundfarbe.
Man strickt zuerst den blauen Himmel, dann die Wiese und zuletzt den Grund, den man beliebig verlängern oder kürzer stricken kann. Die Motivteile werden einzeln gestrickt, wobei man bei Baumkrone und Dächern nicht nach einer bestimmten Vorlage arbeitet, sondern am besten seinen Ideen folgt. Die fertigen Motivteile werden mit kleinen Stichen auf den Strickgrund genäht. Jetzt kann man noch Ergänzungen vornehmen. Fenster und Türen stickt man auf. Soll die Strickdecke – wie hier – auf eine andere Decke appliziert werden, so stickt man Fenster und Türen zum Schluß durch alle Lagen – Gestrick und Stoff. Dadurch verhindert man, daß das Gestrick sich im oberen Teil verzieht. Ein Verziehen in Längsrichtung verhindert man, wenn man die Strickkanten mit festen Maschen umhäkelt.

Auf einem solchen Webrahmen mit mindestens 70 cm Webbreite kann man alle in diesem Kapitel gezeigten rechteckigen Webereien ausführen

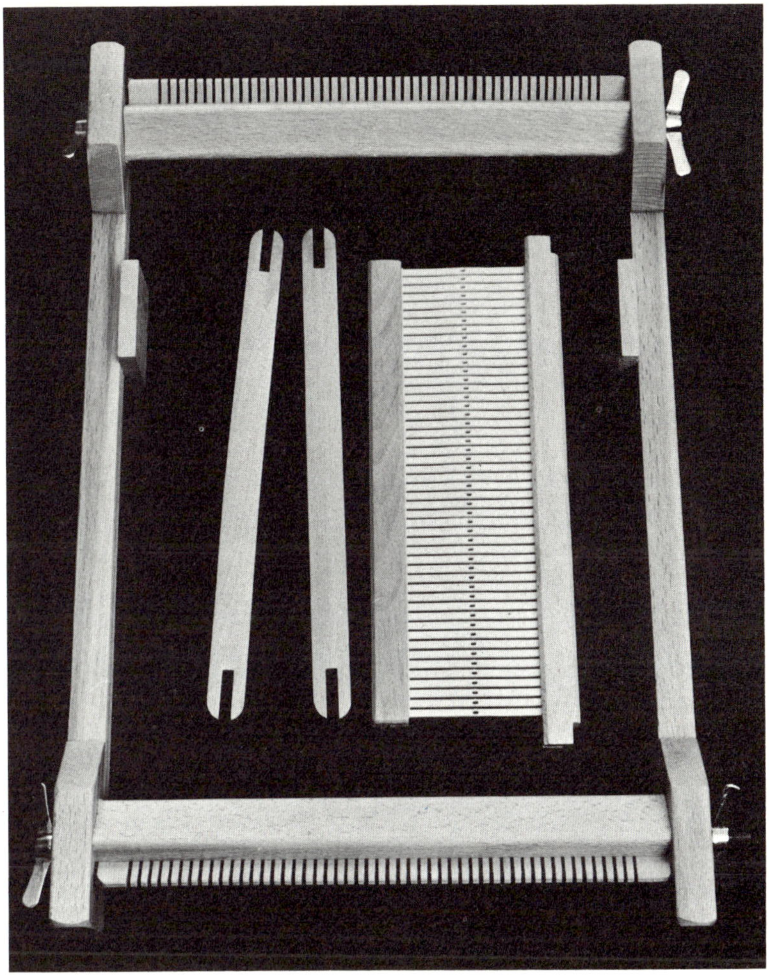

Weben

Der Webrahmen

Für den Anfänger genügt ein einfacher Schulwebrahmen, der schon viele Möglichkeiten bietet und sich von großen Webrahmen nur durch die Breite unterscheidet. Man braucht also später nicht umzulernen, sondern kann auf den erworbenen Kenntnissen weiter aufbauen. Zum Webrahmen gehören der Kettbaum und der Warenbaum, die beide gleich aussehen und mit Flügelmuttern zwischen zwei Längsholmen befestigt sind. Zwischen Kettbaum und Warenbaum werden die Längsfäden eines Gewebes gespannt. Man nennt das die Kette. Die quer zur Kette eingewebten Fäden nennt man Schuß. Die Begriffe Kette und Schuß kehren bei der Weberei immer wieder. Ferner gehören zum Webrahmen noch der Kamm, auch Schaft genannt (rechts im Foto) und die Schiffchen (links neben dem Kamm). Die Schiffchen dienen zum Aufwickeln und Einlegen der Schußfäden. Solange man einfarbig webt, kommt man mit einem Schiffchen aus. Später braucht man für jede Farbe ein Schiffchen.

Das Material

Zum Weben kann man jedes Garn verwenden, ganz gleich, ob es sich um Wolle, Baumwolle oder Synthetik handelt, ob das Garn dick oder dünn ist. Am besten lassen sich Wollgarne und synthetische Garne mit wollähnlichem Charakter von mittlerer Stärke (Strick- und Häkelgarne) verarbeiten. Man kann für Kette und Schuß das gleiche Garn oder für die Kette dünneres Garn als für den Schuß nehmen. Die Schußfäden sollen jedoch niemals dünner als die Kette sein. Zum Teppichweben nimmt man Baumwoll-, Leinen- oder Hanfgarn für die Kette, und Wolle oder Synthetikgarn für den Schuß. Selbst mit ungesponnener oder schwach gedrehter Wolle (Dochtwolle) kann man weben. Dazu gehört allerdings einige Übung. Am besten beginnt man mit gleichmäßig gesponnenem Handstrickgarn, das man für Kette und Schuß verwendet.

Vorarbeiten

Die wichtigste Vorarbeit ist das Ablängen und Spannen der Kettfäden. Man nennt das: Aufbäumen oder Aufbringen der Kette. Dazu muß man zuerst die Länge der Kette und danach den ganzen Materialbedarf errechnen. Das macht man wie folgt: Zur Länge, die das fertige Stück haben soll, rechnet man 10% hinzu, da das Gewebe beim Weben eingeht. Dazu kommen noch einmal 30 cm für den Abfall. Ist ein Schal z. B. 120 cm lang, rechnet man 120 cm + 10% = 130 cm + 30 cm Abfall = 160 cm. So lang müssen die gespannten Kettfäden sein. Zum Ablängen der Kettfäden sucht man sich zwei feste Punkte (Fensterriegel und Türgriff, Garderobenhaken und Türgriff oder Lehnen weit auseinandergestellter und beschwerter Stühle o. ä.), um die man ohne Spannung jeweils 5 Fäden wickelt, sie mit einem Faden zusammenbündelt und an beiden Enden aufschneidet. Man kann auch 10 Fäden um eine 80 cm breite Tischplatte wickeln und sie an nur einer Seite aufschneiden. Die Stärke der Tischplatte ergibt an jedem Ende noch einmal 1 cm, so daß man schließlich 10 Fäden von 162 cm Länge hat. Man längt alle Fäden in Bündeln zu 10 Stück ab. Das erleichtert nicht nur das Zählen, sondern auch die Weiterverarbeitung der Fäden, die so nicht durcheinandergeraten können. Die Anzahl der benötigten Kettfäden läßt sich genauso exakt berechnen wie ihre Länge. Der Webkamm bei dem abgebildeten Webrahmen ist so eingerichtet, daß 4 Fäden auf 1 cm kommen. Man bezeichnet ihn in der Fachsprache als 40/10er Schaft (40 Fäden auf 10 cm). Die gebräuchlichsten Schäfte außer dem 40/10er sind 30/10er für dicke Stoffe und 20/10er für Teppiche. Rechnet man nun die Breite des gewünschten Gewebes mal 4, so hat man bei einem 40/10er Schaft die Zahl der Kettfäden. Für einen 18 cm breiten Schal braucht man also 18 × 4 = 72 Kettfäden, das sind 6 Bündel à 10 und 1 Bündel à 12 Fäden. Hat man alle Kettfäden abgelängt, wiegt man sie auf einer einfachen Küchenwaage. Etwa genausoviel Garn braucht man für den Schuß, wenn man in einfacher Leinenbindung arbeitet. Bei der einfachen Leinenbindung, die jeder Anfänger beherrschen sollte, bevor er experimentiert, haben Kette und Schuß die gleiche Dichte. Sind die Schußfäden dagegen wesentlich dichter eingewebt, entsteht eine Ripsbindung. Für diese Webart braucht man das anderthalbfache bis doppelte des Gewichts der Kette.

Die abgelängten Kettfäden werden einzeln aus den Bündeln gezupft und mit einer Häkelnadel in den Kamm eingezogen. In jedes Loch und in jede Ritze kommt ein Faden. Dazu kann man den Kamm entweder senkrecht stehend zwischen zwei Büchern festklemmen oder ihn so auf den Tisch legen und beschweren, daß die Lochreihe noch gerade über die Tischkante hinausragt. Der Webrahmen wird auf den Tisch gelegt. Die innen an den Längsholmen befindlichen Auflageklötzchen für den Kamm, die sogenannten Schaftträger, müssen vom unteren Warenbaum weiter entfernt sein als vom oberen Kettbaum (siehe Foto S. 351).

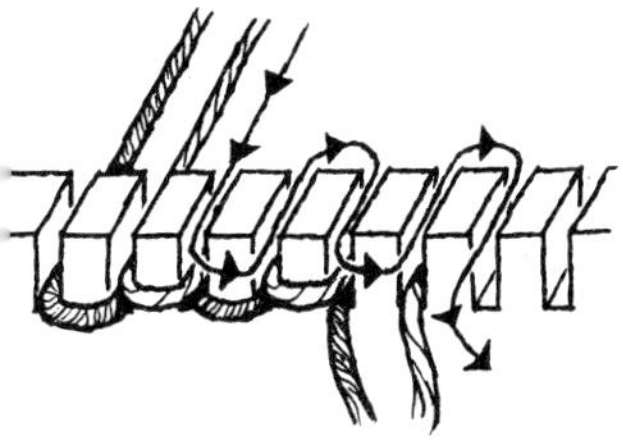

So werden die Kettfäden um die Zähne des Kettbaumes geschlungen

In den Rahmen stellt man den fertig eingezogenen Kamm, und zwar mit der Bundverlängerung – also dem breiteren Querholm – nach unten. Die Kettfäden werden jeweils paarweise (bei weitläufigerem Kamm einzeln) in eine Kerbe des Kettbaumes gelegt und so um die folgenden vier Zähne gewunden, wie es die Zeichnung links zeigt. Sind alle Fäden befestigt, bedeckt man den Kettbaum mit einem Papierstreifen, lockert die Flügelmuttern ein wenig und wickelt die Fäden auf den Kettbaum, indem man ihn nach außen dreht. Dabei müssen die Kettfäden möglichst in gleichen Abständen aufgewickelt werden. Der eingelegte Papierstreifen verhindert, daß die Fäden in die Kerben rutschen. Hat man die Kette so weit aufgebäumt, daß die Enden gerade noch lang genug sind, um am Warenbaum befestigt zu werden, legt man sie dort ebenfalls paarweise in die Kerben und windet sie um die nächsten 4 Zähne. Dabei muß man darauf achten, daß alle Fäden gerade verlaufen. Man darf also keine Kerbe auslassen. Das einwandfreie Aufbäumen der Kette ist für die Gleichmäßigkeit des Gewebes wichtig. Bevor man die Kette am Warenbaum befestigt, müssen selbstverständlich die Flügelmuttern am Kettbaum wieder angezogen werden, sonst rollt die Kette von selbst ab. Auch die Muttern am Warenbaum müssen stramm sitzen. Ist die Kette aufgebracht, wird der Schußfaden von Kerbe zu Kerbe um das Schiffchen gewickelt.

Der Webvorgang

Am besten arbeitet man, wenn man den Webrahmen zwischen Schoß und Tischkante einklemmt. Die Kerben an den oberen Enden der Längsholme verhindern das Abrutschen von der Tischkante. Der Webkamm (oder Schaft) wird auf die beiden Schaftträger gelegt, oder besser gesagt: gestellt. Man sieht nun, daß zwischen den durch die Schlitze und den durch die Löcher gezogenen Kettfäden ein Zwischenraum entstanden ist. Diesen Zwischenraum nennt man das Fach. Nimmt man den Schaft von den Klötzchen herunter und klemmt ihn unter die Schaftträger, so entsteht abermals ein Fach. Je nach Stand des Schaftes nennt man die Zwischenräume Oberfach oder Unterfach. Allerdings handelt es sich hier nur um ein sogenanntes Halbfach, das für alle einschäftigen Webereien genügt. Beim Halbfach werden immer nur die durch die Löcher gezogenen Kettfäden mit dem Schaft bewegt, während die durch die Schlitze gezogenen Fäden ihren Stand nicht verändern. Beim Vollfachweben, das mit mehreren Schäften (Kämmen) ausgeführt wird, werden alle Fäden von den Schäften geführt. Das Auf- und Abbewegen des Schaftes nennt man Fachwechsel. In jedes entstandene Fach, abwechselnd Oberfach und Unterfach, wird mit Hilfe des Schiffchens der Schußfaden locker eingelegt und mit dem Schaft gegen den Warenbaum geschlagen. Vom Einlegen des Schußfadens und vom gleichmäßigen Anschlagen mit dem Schaft hängt das Ergebnis der Arbeit ab. Legt man den Schußfaden zu locker ein, werden die Webkanten beulig. Zieht man dagegen den Schußfaden zu stramm, wird das Gewebe

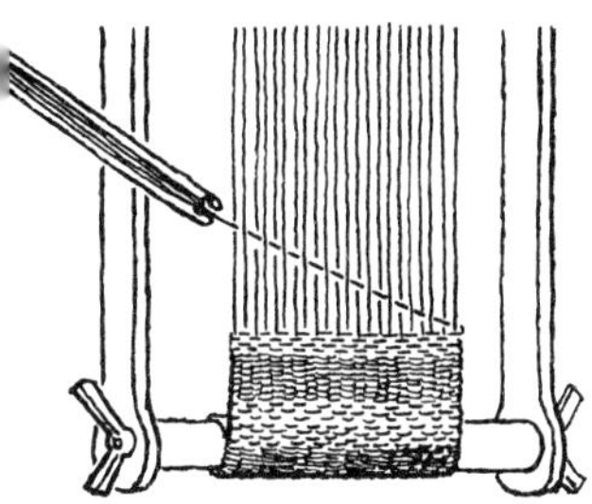

Es ist wichtig, daß man den Schußfaden gleichmäßig locker einlegt, sonst bekommt das Gewebe eine „Taille"

immer schmäler. Durch ungleichmäßig angeschlagene Schußfäden wird das Gewebe unterschiedlich fest, und es bilden sich sogenannte Straßen. Es ist wichtig, daß man diese Punkte beim Weben stets beachtet und einen eingeschossenen Faden sofort korrigiert oder entwebt und neu einlegt, wenn sich eine Unregelmäßigkeit zeigt.
Hat man die Kettfäden bis nahe an den Kettbaum durchwebt, so daß sich kein genügend großes Fach mehr bilden läßt, muß man die Arbeit umspannen. Man löst dazu die 4 Flügelmuttern nur soweit, daß sich Kett- und Warenbaum gerade drehen lassen. Das fertig gewebte Stück wird auf den Warenbaum aufgerollt, zugleich rollt sich ein entsprechend langes Stück Kette ab. Nachdem man die Arbeit straff gespannt hat, werden die Flügelmuttern wieder fest angezogen, und man kann weiterarbeiten.
Wenn die Kette zu Ende geht – sobald sich kein ausreichend großes Fach mehr bilden läßt –, schneidet man sie dicht an den Zähnen des

Vorlage aus Schafwolle auf einer Leinenkette in Schußripsbindung gewebt. Breite: 70 cm. Kette: 20/10er Kamm. Materialbedarf: 1 Spindel = 250 m zweifädiges Leinen- oder Baumwollkettgarn, 2 kg Schafwolle für 140 cm Gewebe

Kleine Vorlage nach Art der Fleckerlteppiche aus Textilstreifen (Futtertaft und Perlontrikot) auf einer Hanfkette in Leinenbindung gewebt. Teilstück unten

Fleckerlteppich aus in Streifen geschnittenen Textilresten, in Schußripsbindung gewebt. Teilstück unten

Gestreifte Brücke aus sehr feinfädigem Baumwollmaterial, in Ripsbindung gewebt. Teilstück unten

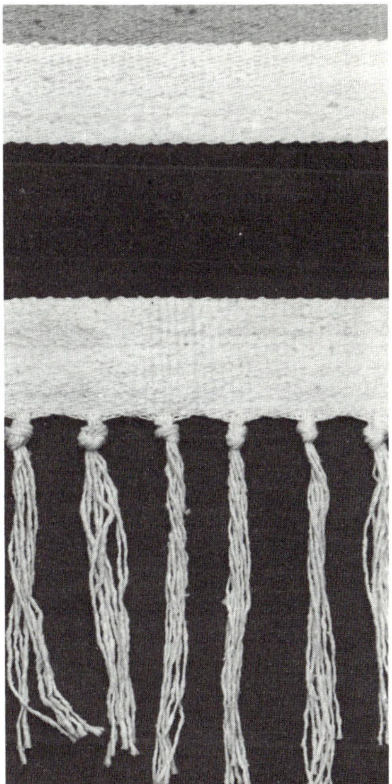

Kettbaums ab und verknotet die Fäden paar- oder büschelweise zu Fransen. Ebenso macht man es mit den Kettfäden an der Seite des Warenbaums. Der abgeschnittene Schußfaden wird im Gewebe verstopft.

Verlängern des Schußfadens

Sollte der Schußfaden nicht für die ganze Arbeit reichen, so kann man ihn ohne weiteres ansetzen. Niemals sollte man beim Weben Fäden zusammenknoten. Ist der Faden zu Ende, schneidet man ihn so ab, daß er ungefähr in der Mitte des Gewebes ausläuft. Den neuen Schußfaden legt man in dasselbe Fach. Dabei sollen das Ende des alten und der Anfang des neuen Fadens einige Kettfäden breit übereinanderliegen. Ein Schußfaden sollte möglichst nicht an der Webkante enden oder neu eingelegt werden.

Mehrfarbiges Weben

Das Weben mit mehreren Farben ist nicht schwierig. Man kann Längsstreifen weben, indem man die Kettfäden in unterschiedlichen Farben einzieht. Quergestreift wird ein Gewebe, wenn man den Schuß mit mehreren Schiffchen verschiedenfarbig einlegt. Arbeitet man bei Kette und Schuß mit mehreren Farben, wird das Gewebe kariert. Beim mehrfarbigen Schuß ist bei der Randbildung folgendes zu beachten: Wenn man zum Beispiel 2 Schuß hell und 4 Schuß dunkel webt, so muß der helle Schußfaden an der Webkante die vier dunklen Schüsse überspringen, bevor man dann wieder mit dem hellen Schiffchen weiterwebt. Bei dickem Garn können das unter Umständen 2 cm sein. Es wäre häßlich, wollte man den jeweils nicht benutzten Schußfaden als Schlaufe am Rand weiterlaufen lassen, deshalb webt man ihn mit ein, indem man den Arbeitsfaden um den äußeren Kettfaden und den ruhenden Schußfaden der anderen Farbe herumführt.

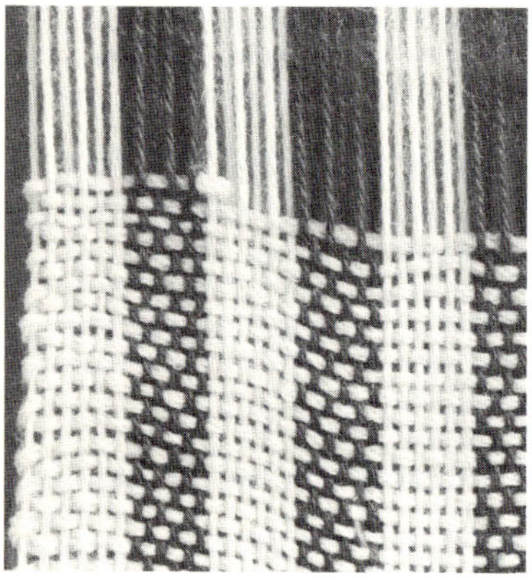

Kettfäden in verschiedenen Farben ergeben Längsstreifen

Schußfäden in verschiedenen Farben ergeben Querstreifen

Kette und Schuß in verschiedenen Farben ergeben ein Karomuster

Setzt man mit einer Farbe ganz ab, schneidet man den Schußfaden etwa 5–10 cm länger als die Webbreite ab, legt dieses Ende um den äußeren Kettfaden herum zurück in das noch nicht gewechselte Fach und schlägt den Schuß erst nach dem Fachwechsel mit dem Schaft an. Damit das Gewebe nicht schief wird, beginnt man mit dem neuen Faden auf der gegenüberliegenden Seite an der anderen Webkante.

Webmuster

Die beschriebene Webtechnik, Kette und Schuß aus gleichem Garn in gleicher Dichte gewebt, nennt man Leinenbindung oder Kreuzgewebe. Nimmt man für Kette und Schuß doppelte Fäden, entsteht eine Panamabindung. Eine Schußripsbindung entsteht, wie schon erwähnt, wenn die Schußfäden dichter zusammenliegen als die Kette. Das geschieht einmal, indem man die eingeschossenen Fäden jedes Fachs ganz fest mit dem Webkamm in Richtung auf den Warenbaum schlägt, zum anderen kann man auch die Kettfäden weitläufiger aufbäumen. Dazu braucht man einen Kamm (oder Schaft) mit 30/10er oder bei dickem Schußgarn 20/10er Einteilung (also 30 bzw. 20 Kettfäden auf 10 cm Breite).
Beim Kettrips ist es umgekehrt. Hier sind die Kettfäden dichter als der Schuß. Kettrips wird meistens nur beim Bandweben hergestellt.

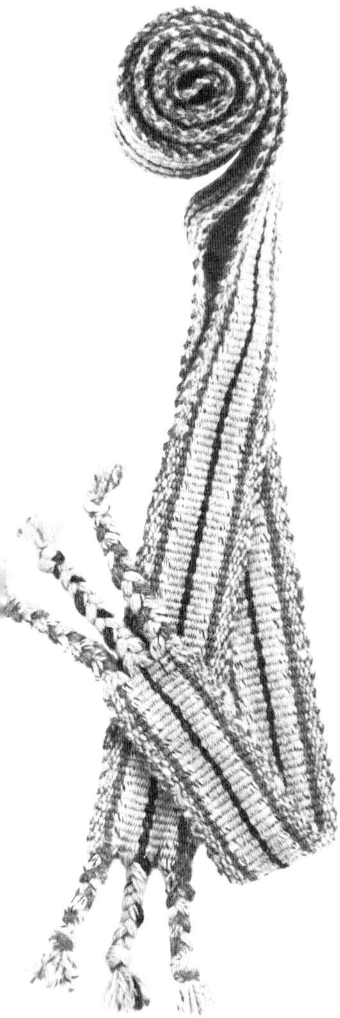

Band in Kettripsbindung mit dem Gatterkamm ohne Webrahmen gewebt

Das Bandweben

Beim Bandweben bestimmen die Kettfäden das Muster, da diese allein sichtbar sind. Der Schußfaden erscheint nur am Rand des Bandes.
Für die erste Probe werden verschiedenfarbige Fäden nacheinander eingezogen, ohne bereits an ein bestimmtes Muster zu denken. Man schneidet sie alle gleich lang ab; zur gewünschten Bandlänge rechnet man noch 50 cm für den Abfall.
Dann zieht man die Hälfte der Fäden durch die Schlitze, die andere Hälfte durch die Löcher des Webkammes. Mit einer feinen Häkelnadel, mit der das Garn von unten nach oben durchgeholt wird, geht das Einziehen leichter. Die Fadenenden werden gleich lang ausgerichtet und zusammengeknotet. Den Knoten befestigt man an einer Scherklammer, an einem Schraubstock, an der Türklinke oder am Fensterkreuz.
Durch mehrmaliges Hin- und Herziehen des Kammes läßt sich die Kette leicht ordnen. Dann wird die zweite Seite verknotet und mit einer Schnur oder einem festen Band um die Taille gebunden. Die Spannung der Kettfäden kann mit dem Körper reguliert werden.
Zum Weben muß der Kamm in Reichweite hängen. Er wird mit einer Hand nach unten gedrückt, und durch das sich bildende Fach zieht man mit der anderen Hand das Schiffchen. Dann wird der Kamm nach oben gehalten und der Schußfaden in das zweite Fach eingelegt. Dazwischen läßt man den Kamm los und drückt mit dem Schiffchen den Schußfaden fest an das bereits gewebte Stück. Die ersten Zentimeter nach dem Knoten werden ungleichmäßig, da die Kettfäden noch nicht parallel liegen. Damit das Band gleichmäßig breit wird, zieht man den Schußfaden stets so stark an, daß er nicht mehr zwischen den Kettfäden zu sehen ist. Je weiter entfernt der Kamm vom Gewebe gehalten wird, desto gleichmäßiger läßt sich die Bandbreite einhalten.

Knüpfweberei

Die Knüpfweberei ist eine interessante Technik, die aus Knüpfen und Weben besteht. In eine normal aufgebäumte 40/10er oder 30/10er Kette wird Wolle in Smyrnatechnik geknüpft. Jede geknüpfte Reihe wird durch je einen Schuß mit dem Weberschiffchen durch das Unter- und Oberfach befestigt, bevor die nächste Knüpfreihe kommt. Man kann die Smyrnaknoten entweder aus geschnittener Wolle knüpfen oder sie über einem Holzstab mit stumpfer Nadel und langem Faden arbeiten. Beide Techniken sind auf S. 368 und 370 be-

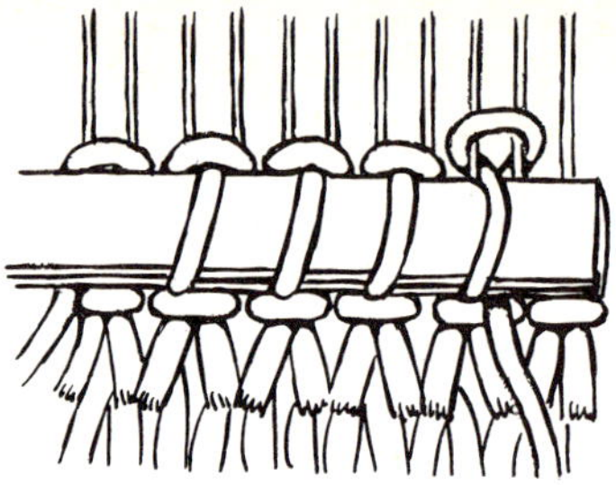

Links:
So wird der Smyrnaknoten aus Fadenabschnitten geknüpft

Rechts:
So wird der Smyrnaknoten mit fortlaufendem Faden über einem Stäbchen gearbeitet

schrieben. Die Knüpfweberei eignet sich vor allem für kleine Vorlagen und Brücken. Sie ergibt ein sehr dickes, haltbares Gewebe.

Freies Weben

Das freie Weben hat kaum etwas mit der traditionellen handwerklichen Webtechnik zu tun. Lediglich die Begriffe „Kette" – für die Spannfäden – und „Schuß" – für die waagerecht eingewebten Fäden – spielen auch hier eine Rolle.

Das freie Weben eröffnet dem Laien ungeahnte Möglichkeiten zu schöpferischer Entfaltung. Die Technik läßt sich ohne Vorkenntnisse und ohne aufwendige Geräte ausführen. Man braucht weder Vorlagen noch Zählmuster dazu, sondern kann allein seinen Ideen folgen, die sich beim Umgang mit dem Material von selbst ergeben.

Beim kreativen Weben darf man nicht kleinlich sein. Man muß in Flächen denken und aus dem Vollen schöpfen. Das wird zuerst vielleicht etwas schwer fallen, jedoch kann man Partien, die einem nicht der Vorstellung entsprechend gelungen sind, ohne Materialverlust auflösen und neu gestalten oder korrigieren.

Es kommt im übrigen bei dieser Webtechnik mehr auf den dekorativen Charakter eines Stückes an als auf handwerklich perfekte Ausführung. Die Freude am Gestalten soll hier im Vordergrund stehen, nicht die Nutzanwendung des Ergebnisses.

Spannen der Kette: Faden oben links an die waagerechte Leiste knoten, dann vorn abwärts und hinten aufwärts um den Rahmen winden

Damit man durch die rückwärtigen Kettfäden nicht irritiert wird, schiebt man zwischen Rück- und Vorderseite ein Blatt Papier

Sind die Kettfäden auf der Vorderseite durchwebt, schneidet man sie auf der Rückseite in der Mitte durch und verknotet oder verstopft sie

Weben auf dem Bilderrahmen

Schon ein einfacher Bilderrahmen eignet sich recht gut zum Weben. Damit man mit dem Garn nicht hängen bleibt, schleift man die meistens etwas rauhe Rückseite mit Sandpapier glatt. Dann kann man mit dem Spannen der Kettfäden beginnen. Dazu wird der Fadenanfang an der linken Seite der oberen waagerechten Rahmenleiste festgeknotet. Danach wickelt man den Faden in dichten Windungen – etwa ½ cm Zwischenraum – straff um den Rahmen herum: vorn in Abwärts-, hinten in Aufwärtsrichtung. Das Ende der letzten Windung wird rechts an der oberen Rahmenleiste befestigt. Damit man durch die rückwärtig verlaufenden Spannfäden nicht irritiert wird, deckt man sie mit einem Blatt Papier ab, das man in den Rahmen zwischen die Fadenlagen schiebt.

Mit dem Durchweben beginnt man an der rechten unteren Ecke.

Ist die ganze Kette bis zum oberen Rand durchwebt, schneidet man die Spannfäden auf der Rückseite des Rahmens in der Mitte durch und knotet sie bündelweise zu Fransen oder stopft sie einzeln ins Gewebe zurück.

Rechts außen:
Durch Verwendung verschiedenartigen Materials, unterschiedliche Webtechniken und Variationen in der Schußfadenführung hat man viele Möglichkeiten der Flächengestaltung

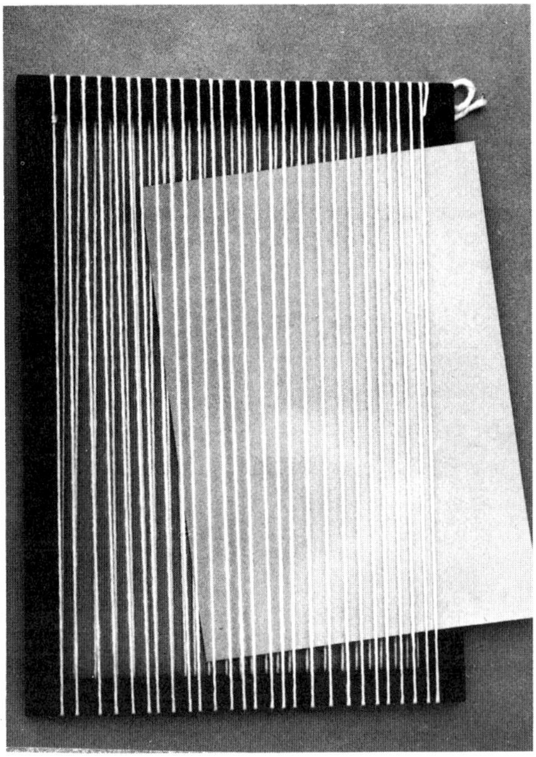
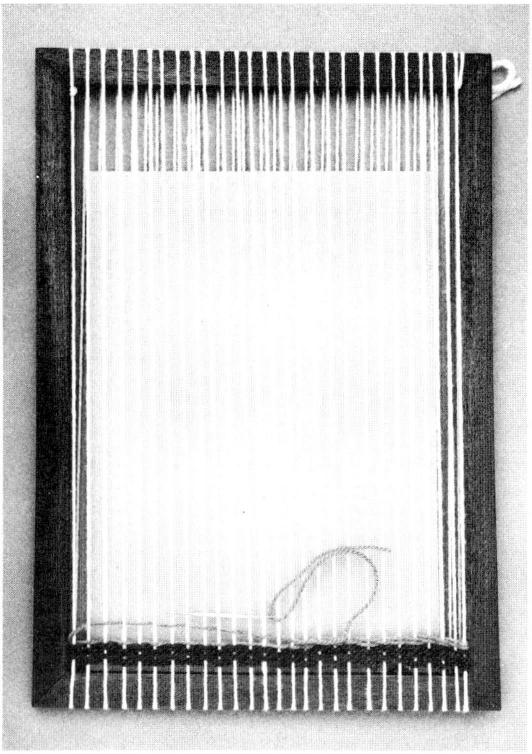
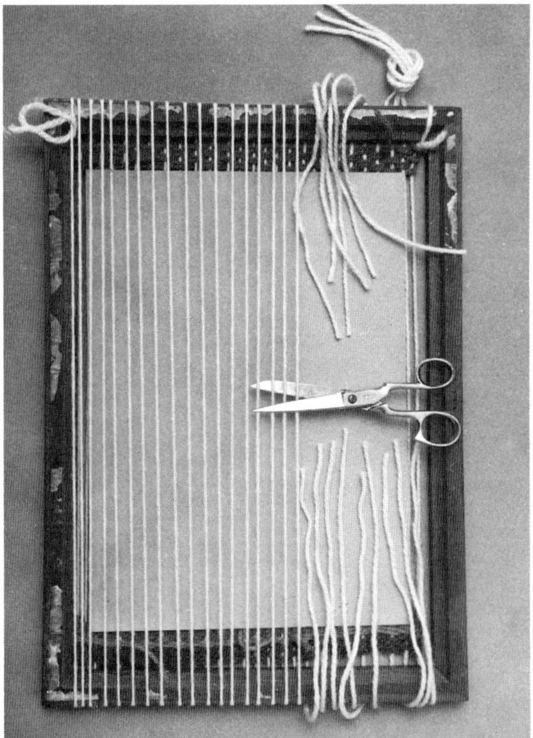
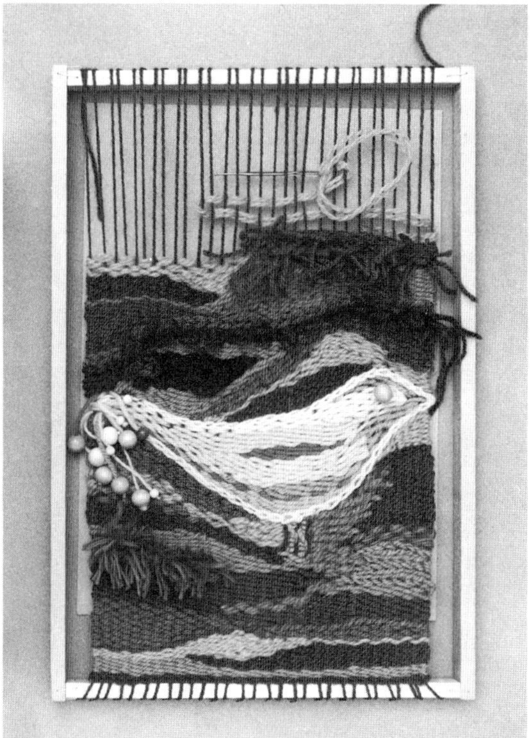

Freies Gestalten einer Fläche

Ein Gewebe kann man auf verschiedene Weise gestalten: durch die Aufteilung der Fläche, Verwendung verschiedenartigen Materials, unterschiedliche Webtechniken oder Variationen in der Schußfadenführung. Die ersten Reihen eines Gewebes macht man stets durchgehend, genauso die letzten, damit die Arbeit einen geraden Kantenabschluß hat. Zwischendurch kann man auf der übrigen Fläche jedoch an beliebiger Stelle wenden und auf diese Weise nur Teilpartien weben, die ineinander übergehen.

Eine fliehende Fläche (Keil) erreicht man, indem man am Ende jeder zweiten Reihe – also immer an derselben Seite – um einen Kettfaden eher wendet, als in der Reihe davor.

Eine steigende Fläche ergibt sich in umgekehrter Arbeitsfolge: man beginnt mit einer kurzen Reihe und nimmt dann an einem Ende beim Wenden jeweils einen Kettfaden mehr auf. Einen Bogen erreicht man durch gleichseitiges Abnehmen, also zur Mitte hin versetztes Wenden.

Diagonale Abgrenzung von Flächen

Abgrenzung von Flächen

Den fließenden Übergang einzelner Partien ineinander nennt man flämische Webtechnik. Eine klare Abgrenzung erreicht man mit der Kelimtechnik, auch Schlitzweberei genannt, und der Gobelintechnik. Während sich die Kelimtechnik vor allem für grafische Muster eignet, wendet man bei bildhaften Darstellungen besser die Gobelintechnik an. Eine diagonale Abgrenzung erreicht man durch Gegenüberstellung einer steigenden und einer fliehenden Partie (Zeichnung oben).

Bei der Kelimtechnik wendet man die Reihen der einzelnen Partien jeweils an derselben Stelle, so daß Schlitze entstehen. Bei kleineren Arbeiten (Zeichnung Mitte) kann man die Schlitze offen lassen, bei großflächigen werden sie auf der Rückseite zusammengenäht.

Die Gobelintechnik erlaubt mehrere Möglichkeiten. Einmal kann man die Fäden zweier aneinandergrenzender Flächen zwischen den Kettfäden miteinander verschlingen (Zeichnung unten), zum anderen kann man aber auch die von links und rechts kommenden Schußfäden um einen gemeinsamen Kettfaden wenden. Es ergeben sich dann verzahnte Konturen.

Senkrechte Abgrenzung bei der Kelimtechnik, auch Schlitzweberei genannt

Senkrechte Abgrenzung bei der Gobelintechnik durch Ineinanderschlingen der Schußfäden

Aufteilen einer Fläche

Es ist der Sinn des freien Webens, daß man seiner Phantasie freien Lauf läßt und nicht nach irgendwelchen Vorlagen arbeitet. Um ganz bestimmte Vorstellungen zu verwirklichen, ist es dennoch manchmal nötig, eine Fläche vorher aufzuteilen. Man kann dazu eine Skizze in Größe der Webfläche machen und diese mit Klebstreifen unter der Kette am Webrahmen befestigen. Keineswegs aber sollte man eine fertige Vorlage mit Details anlegen, die man dann originalgetreu nachwebt.

Noch besser ist es, wenn man auf die Skizze verzichtet und die Fläche durch großzügig verteilte Konturen aus eingewebten Schußfäden markiert. Webt man solche Fäden, die sich innerhalb der Fläche beliebig verschieben lassen, in einfacher Technik in den Farben des vorgesehenen Hintergrundes ein, gehen sie später ganz im Gewebe unter. Wichtig ist, daß man die Konturfäden locker einwebt, damit sie beim Veschieben nicht die Kette zusammenziehen.

Weben auf einer Fahrradfelge

Eine Fahrradfelge eignet sich gut zum Rundweben. Besonders hübsch sieht eine verchromte Felge aus, die zugleich den Rahmen der fertigen Webarbeit bildet.

Die Kettfäden werden doppelt eingezogen und mit kleinen Hölzchen oder Metallstiften (Nägel) in der Felgenrille befestigt. Als Kette sollte

Zum Rundweben auf einer Fahrradfelge werden die Kettfäden doppelt genommen und als Schlaufen durch die Felgenlöcher gesteckt. Dort sichert man sie mit Streichhölzern oder Metallstiften

So sieht die auf einer Fahrradfelge gespannte Kette aus

Mit dem Ende der Kette webt man die ersten Runden im entgegengesetzten Uhrzeigersinn

Nach einigen Runden haben sich die Kettfäden geordnet. Nun kann man einzelne Teilpartien weben

Rundgewebe, vom Rahmen abgenommen und an einem Lampenschirmring befestigt. Der Ring wurde umhäkelt, die Kettfadenschlaufen wurden dabei mitgefaßt

Zur Aufteilung einer größeren Fläche kann man die Konturen bestimmter Motive in der Untergrundfarbe einweben, sie sind später unsichtbar

man bei einer so großflächigen Arbeit kräftiges glattes Material nehmen. Bewährt hat sich feingezwirntes Baumwollgarn.

So spannt man die Kette: Eine normale Fahrradfelge hat 36 Speichenlöcher und eine Ventilöffnung. Von dieser Öffnung aus zählt man nach rechts 19 Löcher ab und beginnt mit dem Kettfaden, den man dort festknotet. Von Loch 19 wird der Faden über die Mitte aufwärts nach Loch 1 (rechts neben dem Ventil) geführt. Hier bildet man mit dem Faden eine Schlaufe und steckt sie durch Loch 1. In die Schlaufe wird ein Hölzchen geschoben (Seite 361). Danach zieht man den herunterhängenden Faden stramm. Der Faden wird nun nach unten links neben Loch 19 (also 20) geführt und wie beschrieben befestigt, dann aufwärts nach Loch 2, abwärts nach 21, aufwärts nach 3 usw., bis die Felge bespannt ist.

Der von Loch 18 (neben dem Anfang) kommende und in Loch 36 (letztes Loch) endende Faden wird etwa 1 m lang abgeschnitten, ganz durch das letzte Loch gezogen und durch die Ventilöffnung wieder zur Mitte zurück gefädelt. Damit ist das Spannen der Kette beendet. Um den letzten Kettfaden zu befestigen, webt man mit seinem Ende die ersten Runden, und zwar auf und ab im entgegengesetzten Uhrzeigersinn. Bis auf den vom Ventil kommenden und den links danebenliegenden Kettfaden sind alle Fäden doppelt. Dadurch ergibt sich zunächst ein verwirrendes Bild, das sich aber ordnet, sobald die ersten Runden gewebt sind. Wenn sich die Kette geordnet hat, kann man in einzelnen Abschnitten weiter weben bis zum Rand der Felge, die zugleich Rahmen für die Weberei sein kann. Will man die Felge jedoch weiter zum Weben benutzen, nimmt man die Webarbeit herunter, indem man die Hölzchen oder Stifte im Randwulst aus den Kettfadenschlaufen zieht. Das Gewebe muß – sofern es aufgehängt werden soll – nun einen anderen Rahmen bekommen. Am besten eignet sich ein entsprechend großer Lampenschirm-Ring (im Lampengeschäft löten lassen) oder ein Reifen aus Pappe, Holz oder Kunststoff (Stickrahmen, Gymnastikreifen). Die Schlaufen der Kette werden um den Ring herumgelegt und auf der Rückseite am Gewebe festgenäht. Man kann den ganzen Ring auch umwickeln oder umhäkeln und dabei jeweils die Schlaufen mitfassen. Auch aus kräftigem Peddigrohr, das man durch die Kettschlaufen führt und zum Ring zusammenbindet, kann man einen Rahmen für Rundgewebe machen.

Teppichknüpfen

Material und Arbeitsgerät
Teppiche kann man sowohl aus 100% reiner Wolle als auch aus 100%iger Kunstfaser knüpfen. Die Wahl des Garnes hängt von der Knüpftechnik, vom Grundstoff und vom Verwendungszweck des Teppichs ab. Man unterscheidet folgende Teppichgründe:
Smyrna-Stramin (A). Festes Baumwollmaterial, das es in Breiten von 80, 100, 130, 150 und 200 cm als Meterware zu kaufen gibt. Man kann darauf sowohl mit der Knüpfnadel als auch mit Sticknadel und Stäbchen arbeiten. Geknüpft wird nach Zählmustern (13 Karos = 10 cm), wobei eine blaue Kreuzmarkierung bei jeweils 10 Karos die Arbeit erleichtert.
Smyrna-Stramine gibt es auch mit aufgedruckten Mustern in verschiedenen Teppichgrößen.

A: Smyrna-Stramin

Außerdem gibt es noch den Sudan-Stramin für Feinsmyrna-Arbeiten, und zwar 65 und 100 cm breit. Er ist dichter als der normale Smyrna-Stramin: auf 10 cm kommen 18 Karos.

Dreher-Stramin (B). Dieses Material ist fester, weil die sich zwischen den Karos kreuzenden Fadenpaare in einer Richtung gedreht sind. Dreher-Stramin, den es in 100 cm Breite gibt, eignet sich nur für Smyrnatechnik mit der Knüpfnadel (einfacher Smyrnaknoten).

B: Dreher-Stramin

C: Smyrnafix-Grundstoff

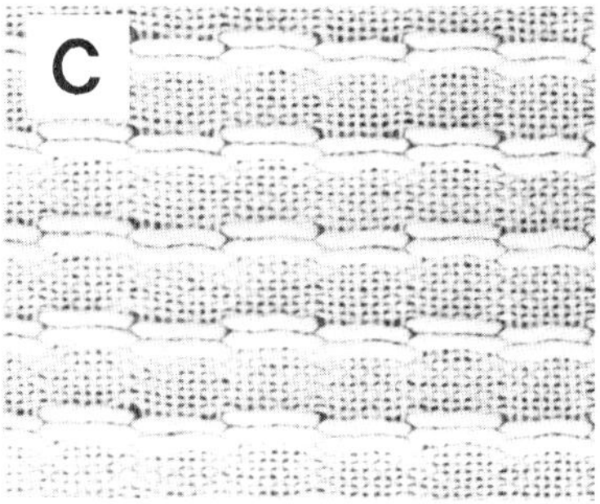

Smyrnafix-Grundstoff (C). Der Smyrnafix-Grundstoff wird nicht durchgeknüpft. Man faßt mit der Knüpfnadel (einfacher Smyrnaknoten) nur jeweils die aufliegenden Schlingenpaare, in die man die Wolle oder Kunstfaser einknotet. Genau wie beim Smyrna-Stramin ergeben 13 Schlingenpaare (Knoten) = 10 cm. Den Smyrnafix-Grundstoff gibt es in den Breiten 75, 95 und 115 cm als Meterware oder in verschiedenen Abmessungen mit markierten Mustern.

D: Jute-Straminstoff

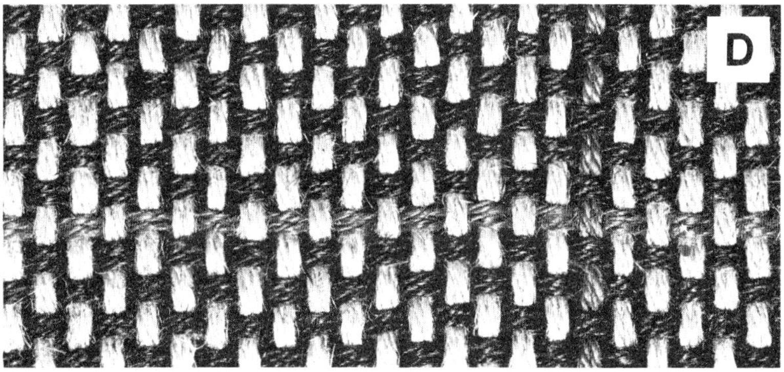

E: Jute-Finnenstoff

Jute-Straminstoff (D). Auf diesem elastischen, aber strapazierfähigen Gewebe arbeitet man mit Sticknadel (fortlaufendem Faden) und Stäbchen (Technik Seite 370). Auf 10 cm kommen 11 Knoten. Farbmarkierungen für je 10 Knoten erleichtern das Auszählen von Mustern. Der Jute-Stramin ist 85, 115, 150 und 200 cm breit als Meterware zu haben. Das gleiche Gewebe in feinerer Art (16 Knoten auf 10 cm) gibt es als Jute-Feinstramin in 95, 120 und 155 cm Breite.

Finnenstoff aus Jute (E). Spezieller Stoff für Finnentechnik (Seite 371). Man knüpft mit 2 Fäden Smyrnawolle und einer Sticknadel ohne Stäbchen. 10 Knoten ergeben 10 cm. Die Knüpfreihen sind 2 cm weit auseinander. Finnenstoff liegt 50, 85 oder 145 cm breit.

Rya-Stoff (F). Dieser Grundstoff ist etwas dichter als der Finnenstoff (E). Abstand der Knüpfreihen: 1,5 cm. 12 Knoten ergeben 10 cm. Man arbeitet mit feiner Rya-Wolle, Sticknadel und Stäbchen (Technik Seite 372). Den Rya-Stoff gibt es meterweise in den Breiten 70 und 120 cm zu kaufen. Neuerdings kann man auch einen Rya-Stoff bekommen, auf dem man mit dem Knüpfhaken arbeiten kann. Er heißt Ryafix.

F: Rya-Stoff

Den gesamten Bedarf an Knüpfwolle sollte man tunlichst auf einmal kaufen, um Farbabweichungen der einzelnen Partien zu umgehen. Für Smyrna- und Finnen-Technik braucht man Smyrna-Teppichwolle, für Feinsmyrna-Technik Sudanwolle und für Rya-Technik feingezwirnte Rya-Spezialwolle. Für die Smyrna-Technik kann man allerdings auch Smyrna-Knüpfgarn aus Kunstfaser nehmen. Dieses Material ist vollwaschbar und filzt nicht. Niemals sollte man zum Teppichknüpfen irgendwelche Reste von Strick- oder Häkelwolle nehmen, da diese Garne nicht trittfest genug sind.

Der Wollbedarf richtet sich nach Wollstärke, Florlänge, Knotenabstand und Knüpftechnik. Für 1 qm Sticksmyrna (gestickter Ghiordesknoten) braucht man etwa 2,5 kg bis 3 kg Wolle, für 1 qm Knüpf-Smyrna (einfacher Smyrnaknoten mit Knüpfnadel) etwa 3,5 kg, für 1 qm Finnenteppich etwa 2 bis 2,5 kg Wolle.

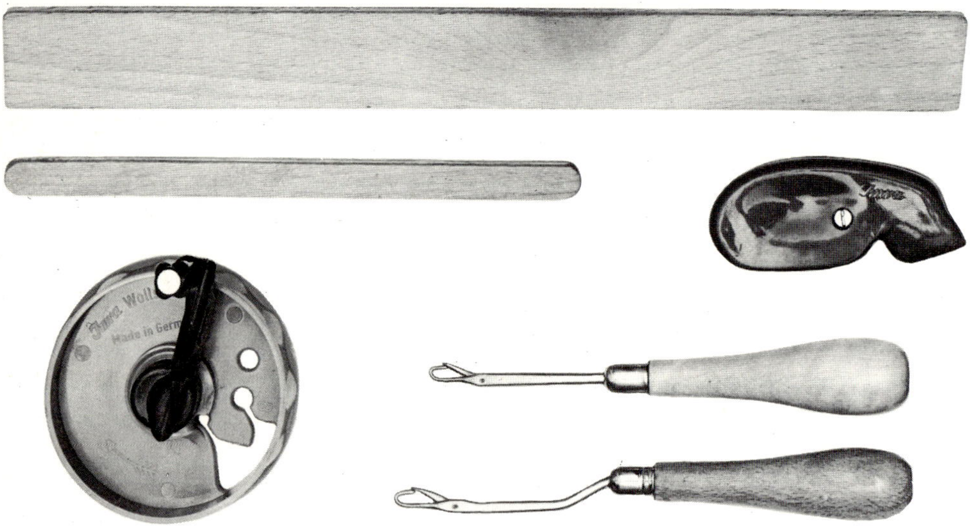

Arbeitsgeräte zum Teppichknüpfen: Smyrnaruten (oben), Schneidaufsatz (daneben), Wollschneider (links), gerader und gebogener Knüpfhaken (rechts)

Je nach Knüpfart benötigt man noch verschiedene Arbeitsgeräte. Gerade oder gebogene Sticknadeln mit stumpfer Spitze braucht man für die Sticktechnik, und zwar für jede Wollfarbe eine Nadel. Außerdem ein Knüpfstäbchen (Smyrnarute) mit oder ohne Rille, das man noch durch einen Schneideaufsatz zum Aufschneiden der Knüpfschlingen ergänzen kann. Knüpfstäbchen gibt es in verschiedenen Breiten, durch die die Länge der Schlingen (des späteren Flors) bestimmt wird.

Einen Wollschneider braucht man zum Zerschneiden von Strangwolle, wenn man den Ghiordes- oder den einfachen Smyrnaknoten arbeiten will und keine fertig geschnittene Wolle hat. Solche Wollschneider gibt es für 5 bis 5,5 cm Fadenlänge (Ghiordesknoten) und 6,5 bis 7 cm lange Abschnitte (einfacher Smyrnaknoten). Geschnittene Wolle wird mit dem Knüpfhaken, einem häkelnadelähnlichen Gerät mit beweglicher Zunge, verarbeitet. Knüpfhaken (auch Knüpfnadeln genannt) gibt es in verschiedenen Ausführungen. Die Anschaffung eines Knüpfrahmens, der den Teppichgrund sicher auf dem Tisch hält, so daß er nicht mit dem bereits geknüpften Teil herunterrutscht, ist nur dann empfehlenswert, wenn man häufiger größere Arbeiten knüpfen will. Eine Holzlatte, in die man in Abständen von etwa 5 cm Nägel ohne Köpfe eingeschlagen hat, ist ein guter Notbehelf. Man befestigt sie mit zwei Schraubzwingen an der Tischkante. Aber es geht auch ohne einen solchen Halter.

Die Knüpfvorlage

Die Vorlage zum Knüpfen ist das Zählmuster. In ihm sind die Knoten und ihre Farben einzeln angegeben. Für jede Farbe steht ein anderes Zeichen. Zählmuster werden reihenweise von links nach rechts gelesen, und zwar von unten nach oben. Jedes Karo des Zählmusters bedeutet einen Knoten. Genauso, wie man das Zählmuster liest, knüpft man die Wolle in den Grundstoff ein. Zeigt das Zählmuster nur die Hälfte des Teppichs, so muß man von der Mitte an seitenverkehrt (also im Spiegelbild) arbeiten. Wird nur ein Viertel des Teppichs gezeigt, sind die Reihen von der Mitte an (Markierung beachten!) jeweils entgegengesetzt – seitlich und aufwärts – zu wiederholen. Bei einem Teilausschnitt zu einem Rapport (sich wiederholendes Muster) wiederholt man die angegebenen Farbkombinationen fortlaufend. Dem Zählmuster entsprechend wird der Teppichgrund vorbereitet. Das Muster der Vorlage wird im Gewebekästchen ausgezählt. Man legt dazu die Mitte fest, zählt von hier aus die Knoten in Länge und Breite und markiert die Begrenzung der zu knüpfenden Fläche. Für den Rand müssen außerhalb der Knüpffläche 6 bis 8 Karos ringsherum freibleiben. Der Knüpfgrund muß also entsprechend größer sein als das Zählmuster. Wenn man einen Teppichgrund mit einem aufgedruckten knotengerechten Farbmuster hat, fallen die Vorbereitungsarbeiten fort.

Die Smyrna-Technik

Die Smyrna-Technik läßt sich sowohl mit dem Knüpfhaken als auch mit der Sticknadel ausführen. Man unterscheidet den einfachen Smyrnaknoten und den Ghiordesknoten. Für den Ghiordesknoten braucht man weniger Wolle, weil er kurzfloriger ist.

Einfacher Smyrnaknoten: Als Teppichgrund kann man Smyrna- oder Dreherstramin nehmen. Auch der Smyrnafix-Grundstoff ist geeignet. Man arbeitet mit geschnittener Wolle von 6,5 bis 7 cm Länge und dem Knüpfhaken. Zwischen Daumen und Zeigefinger der linken Hand nimmt man die beiden Enden eines Wollabschnitts und steckt den Knüpfhaken durch die entstandene Schlinge (1). Mit dem Haken sticht man in Aufwärtsrichtung durch den Stramin und faßt zwei Querfäden, die jeweils zwei Kästchen voneinander trennen, auf (2). Die beiden Fadenenden werden in den Haken eingelegt (3) und hinter dem Querfaden des Stramins verlaufend durch die Garnschlinge nach vorn gezogen, wobei sich die kleine Zunge schließt. Mit Daumen und Zeigefinger der linken Hand zieht man an den beiden Fadenenden die Knotenschlinge fest (4). So arbeitet man weiter, Knoten für Knoten. Dabei legt man den Knüpfhaken nie aus der Hand. Allmählich arbeitet man ganz rhythmisch: Die linke Hand bildet die Schlinge, die rechte zieht sie durch den Stramin, die linke zieht den Knoten fest. An einem Quadratmeter arbeitet man etwa 45 Stunden.

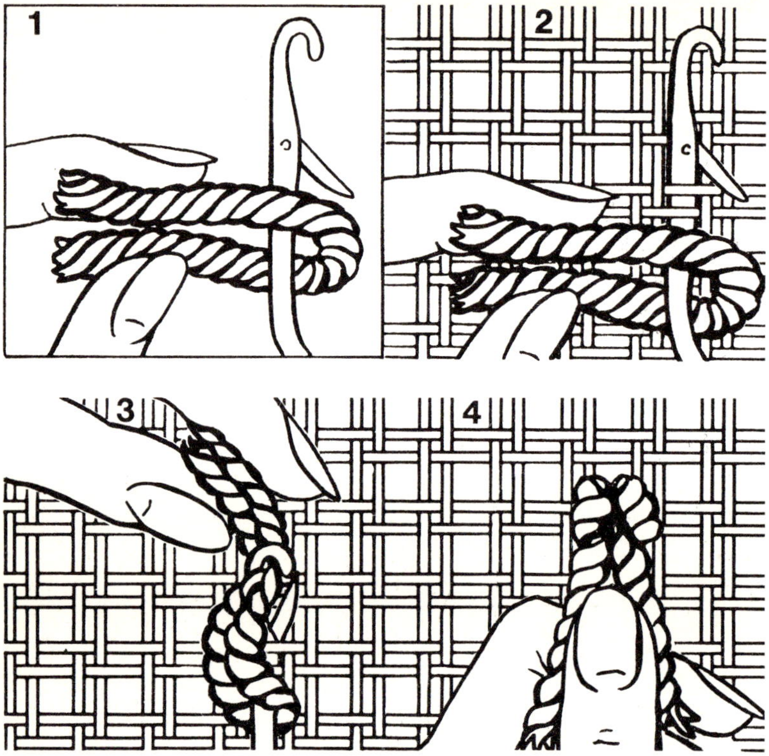

So wird der einfache Smyrnaknoten mit geschnittener Wolle und Knüpfhaken gemacht

Arbeitsprobe Smyrnaknoten

Ghiordesknoten: Der Ghiordesknoten wird auf Smyrna-Stramin mit dem Knüpfhaken gearbeitet. Die Schnittwolle muß 5 bis 5,5 cm lang sein. Mit dem Knüpfhaken wird in Aufwärtsrichtung zuerst der untere zweier Querfäden des Stramins aufgefaßt. Dann wird der Faden in den Haken eingelegt (1) und der Haken zurückgezogen, wobei etwa $^2/_3$ des Fadens nach rechts unten mit durchgezogen werden. Für den zweiten Einstich wird das linke (kürzere) Fadenende nach unten gehalten (2). Dann sticht man mit dem Haken in Aufwärtsrichtung neben dem ersten Einstich unter dem oberen Querfaden hindurch, bis die Zunge frei ist. Das längere Ende des Fadens wird von rechts in den Haken eingelegt (3) und mit dem Haken durch den Stramin in Abwärtsrichtung zurückgezogen. Der Ghiordesknoten ist fertig (4). Die Fadenenden zieht man mit der linken Hand straff. Auch hier legt

So wird der Ghiordesknoten mit geschnittener Wolle und Knüpfhaken gemacht

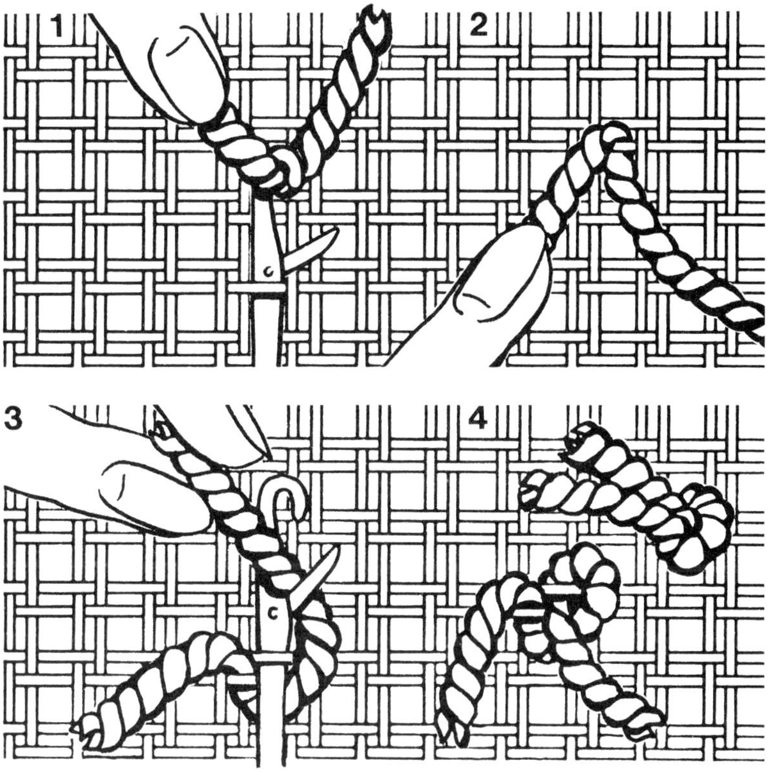

Arbeitsprobe Ghiordesknoten

man, wie beim einfachen Smyrnaknoten, den Knüpfhaken nicht aus der Hand, um sich an rhythmisches Arbeiten zu gewöhnen. Bei den ersten Knoten macht es noch einige Schwierigkeiten, die durchzuziehende Fadenlänge (2/3 der Gesamtlänge) abzuschätzen, doch bald hat man es im Griff. Unregelmäßige Knoten lieber aufmachen und neu knüpfen. Vor allem das gleichmäßige Festziehen nicht vergessen.
Smyrnaknoten mit Sticknadel und Stäbchen: Die Knotenbildung bei der Sticktechnik geschieht auf die gleiche Weise wie beim Ghiordesknoten mit dem Knüpfhaken. Man arbeitet jedoch bei der Smyrnastickerei mit der Sticknadel und fortlaufendem Faden unter Benutzung eines Stäbchens (8 bis 14 mm breit, je nach gewünschter Florhöhe). Für jede Farbe des Musters hält man eine eingefädelte Nadel bereit. Man sticht mit der Nadel in Abwärtsrichtung unter dem unte-

ren zweier parallel verlaufender Querfäden hindurch und zieht den Faden so weit durch, daß ein Ende in etwa Stäbchenbreite stehenbleibt (1). Dann zieht man Nadel und Faden hinter dem oberen der beiden Querfäden des Stramins hindurch, wobei man das zuvor stehengelassene Fadenende mit dem Daumen der linken Hand nach unten hält (2). Man zieht den Arbeitsfaden fest, und der erste Knoten ist fertig. Für den nächsten und alle weiteren Knoten legt man das Stäbchen auf die beiden nach unten gerichteten Fäden des ersten Knotens (3) und arbeitet weiter wie am Anfang. Dabei wird der Faden von unten über das Stäbchen geführt, mit der Nadel in Abwärtsrichtung durch den unteren der beiden Querfäden im Stramin gestochen, dann in Abwärtsrichtung durch den oberen Querfaden und unter dem Stäbchen hindurchgeführt (4). Wichtig ist, daß man den Arbeits-

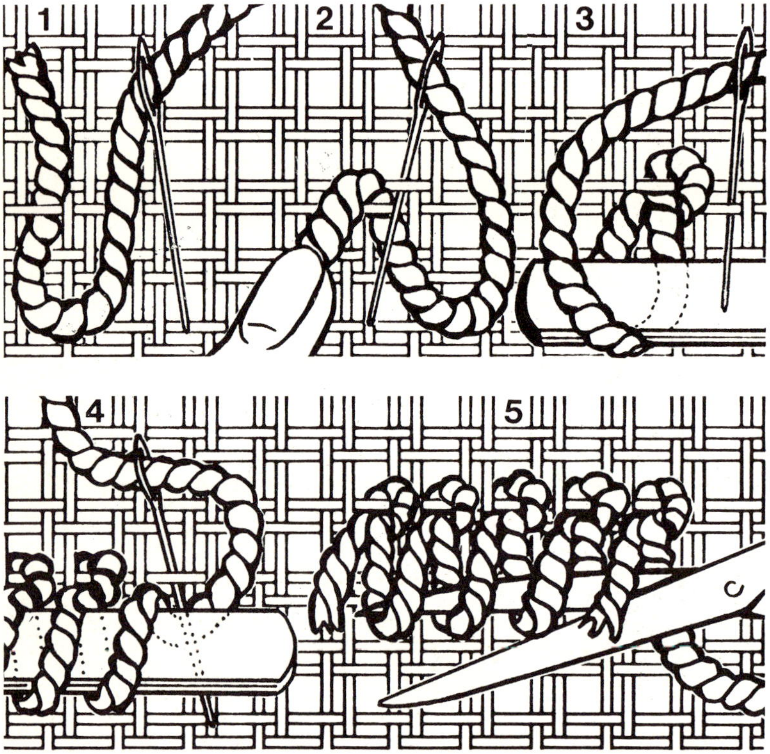

So wird der Smyrnaknoten mit Nadel und Faden über einem Stäbchen (Smyrnarute) auf Smyrna-Stramin gemacht

So sehen Smyrnaknoten über einem Stäbchen auf Jute-Grundstoff aus

faden immer stramm anzieht, damit die Knoten sich nicht lösen und die Schlingen gleichmäßig werden. Ist das Stäbchen mit Schlingen bedeckt, kann man es entweder aufrecht stellen und entlang der Rille alle Schlingen mit der Schere oder dem Schneideaufsatz aufschneiden, oder man zieht das Stäbchen heraus (5) und schneidet die Schlingen einzeln mit der Schere auf. Man kann Smyrnastickerei auch auf Jute-Grundstoff arbeiten. Beim Jute-Grundstoff liegen die schwarzen Fäden parallel zur Tischkante. Man faßt bei jedem Knoten einmal in Abwärtsrichtung einen schwarzen Querfaden auf und macht den zweiten Einstich, ebenfalls in Abwärtsrichtung, rechts daneben hinter dem oberen schwarzen Querfaden.

Finnen- und Rya-Technik
Finnen- und Ryateppiche sind langfloriger als Smyrnateppiche. Die Knüpfreihen des Grundstoffes stehen weiter auseinander. Finnenteppiche knüpft man mit Smyrnawolle, und zwar mit fortlaufenden doppelten Fäden und einer Sticknadel, aber ohne Stäbchen. Für die Rya-Technik braucht man ein breites Rya-Stäbchen (2 bis 6 cm breit, je nach gewünschter Florhöhe) und Rya-Spezialwolle oder Sudanwolle. Beide Garne sind viel feinfädiger als Smyrnawolle. Sie werden drei- bis vierfädig verarbeitet. Finnen- und Ryateppiche arbeitet man jeweils auf einem Spezial-Grundstoff. Für 1 qm Teppich in Finnen- oder Rya-Technik braucht man 25 bis 30 Stunden Arbeitszeit.

Finnen-Technik: Zu jedem Knoten gehören zwei Gewebekreuze. Man kann entweder waagerecht von links nach rechts oder senkrecht von oben nach unten arbeiten. Die gebräuchlichste Arbeitsweise ist waagerecht. Man knüpft mit doppeltem Faden. Sind in der Mustervorlage

Bei der Finnen-Technik arbeitet man mit Nadel und Faden ohne Stäbchen. Zu jedem Knoten gehören zwei Gewebekreuze des Grundstoffes

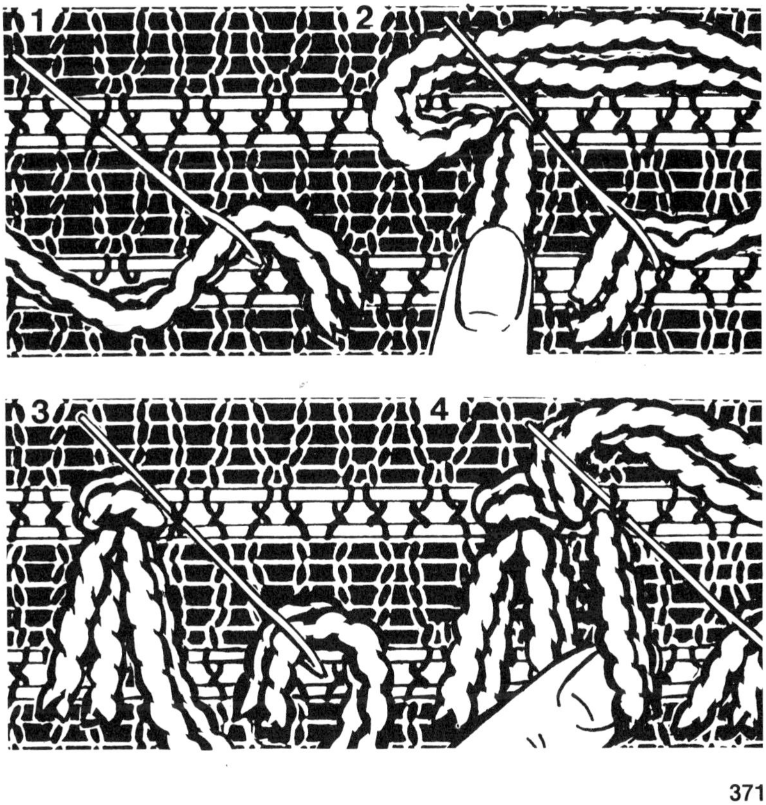

zwei Farben angegeben, so fädelt man von jeder Farbe einen Faden in die Nadel. Man sticht zuerst von rechts nach links durch ein Gewebekreuz (1) und läßt den doppelten Faden 4 cm lang stehen. Diese Fadenenden werden mit dem linken Daumen nach unten gehalten, während man mit der Nadel wieder von rechts nach links durch das nächste Gewebekreuz fährt. Die Arbeitsfäden, aus denen sich eine große Schlinge bildet, liegen dabei oben (2). Zieht man nun die Fäden durch das Gewebe, bildet sich der erste Knoten, den man mäßig festzieht. Dann sticht man von rechts nach links unter dem folgenden Gewebekreuz hindurch. Die Fäden des ersten Knotens zeigen dabei nach unten (3). Die Arbeitsfäden werden so weit durchgezogen, daß sich eine etwa 4 cm lange Schlinge bildet, die man mit dem Daumen der linken Hand festhält (4). Danach sticht man wieder von rechts nach links durch das folgende Gewebekreuz und arbeitet in der beschriebenen Weise weiter, bis die Reihe zu Ende ist. Dann schneidet man die Schlingen einzeln und etwas unregelmäßig – also nicht genau im Bruchpunkt – auf.

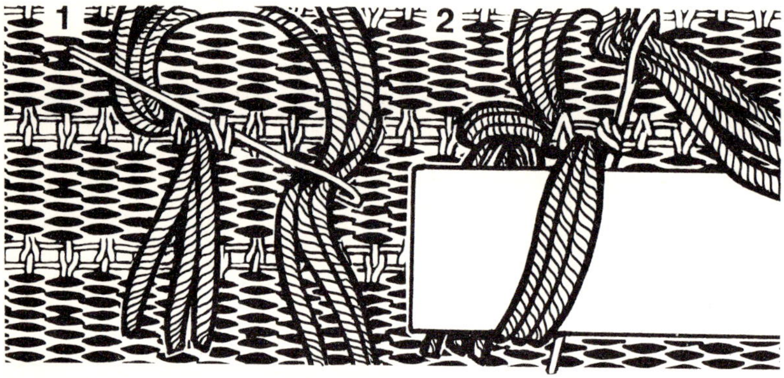

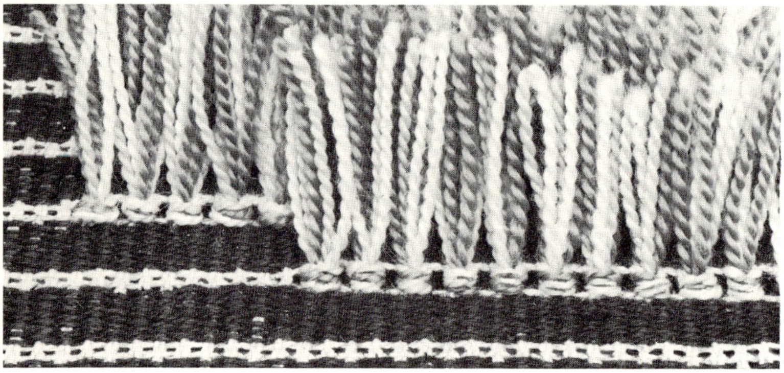

Bei der Rya-Technik arbeitet man mit Nadel und Faden über einem besonders breiten Stäbchen

Rya-Technik: Hier werden genau wie bei der Finnen-Technik für einen Knoten immer jeweils zwei Gewebekreuze von rechts nach links umstochen (1). Nach dem ersten Knoten wird das breite Stäbchen genommen. Man führt die Arbeitsfäden von unten nach oben um das Stäbchen herum, sticht von rechts nach links durch ein Gewebekreuz, legt die Arbeitsfäden zu einer großen Schlinge nach oben und sticht dann durch das danebenliegende Gewebekreuz von oben rechts nach links in Abwärtsrichtung unter dem Stäbchen durch (2). So arbeitet man weiter, bis die Reihe zu Ende ist. Dann stellt man das

Stäbchen senkrecht und schneidet die Schlingen, reihenweise wechselnd, einmal auf und einmal neben der Rille auf. Dadurch entsteht die für Rya- und Finnenteppiche charakteristische unregelmäßige Florhöhe. Man kann die Rya-Technik auch ohne Stäbchen über zwei oder drei Finger der linken Hand ausführen.

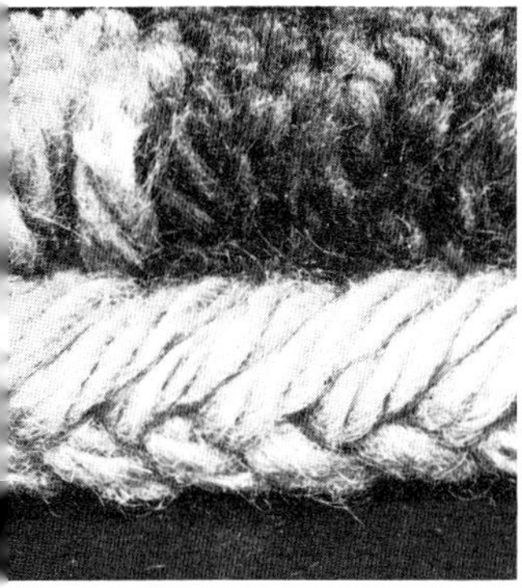

Mit Wickel- oder Zopfstich versäubert man die nach hinten umgebogenen Teppichkanten

Die Umschlagkanten überdeckt man mit gegengenähtem Teppichband

Versäubern der Teppichkanten

Nach dem Knüpfen wird der Teppich locker ausgeschüttelt und mit einer nicht zu harten Bürste von losen Wollfusseln befreit. Dann werden die Kanten versäubert. Das kann auf verschiedene Art geschehen, je nachdem, welche Knüpftechnik, welchen Teppichgrund und welches Teppichformat man gewählt hat.

Smyrnateppiche werden an den Kanten umstochen. Dazu läßt man ringsherum neben der äußeren Knotenreihe eine Karobreite stehen und biegt den restlichen Überstand des Teppichgrundes nach hinten um. An den Ecken wird der Einschlag zu einer diagonal verlaufenden Naht gebogen. Der unterhalb dieser Naht mehrfach liegende Grundstoff wird abgeschnitten, damit die Ecken nicht zu dick werden. Dann heftet man den Einschlag ringsherum mit Hexenstichen (Seite 384) fest. Danach wird der Randstich durch die doppelt liegenden Karoreihen gemacht. Am einfachsten ist der Wickelstich (oben), der immer um die Teppichkante herumgestochen wird. Man kann dabei einen doppelten Wollfaden, den man auf die Vorderseite des Straminüberstandes legt, mit einarbeiten, dann wird der Randwulst dicker.

Der Zopfstich (unten) wird von links nach rechts gearbeitet. Die Florseite des Teppichs zeigt dabei zum Körper. Man arbeitet in die ersten drei Karos einen Randstich (überwendlichen Stich). Dann sticht man zurück ins erste Karo, danach wieder vor in das vierte Karo, zurück in das zweite, vor in das fünfte usw. Nach dem Umstehen näht man auf die Unterseite des Teppichs eine Teppichborte.

Finnen- und Ryateppiche versäubert man folgendermaßen: Man näht auf der Vorderseite des Teppichs Teppichborte an die beiden Längskanten (Webkanten des Grundstoffs), biegt sie nach hinten um und näht sie auf der Rückseite gegen den Grundstoff. Die Schmalseiten (Schnittkanten) werden zur Vorderseite des Teppichs umgeschlagen und geheftet. Dann näht man Fransenborte, die es als Meterware gibt, auf diesen Umschlag. Die Umschlagkanten dürfen dabei nicht unter der aufgenähten Fransenborte hervorschauen.

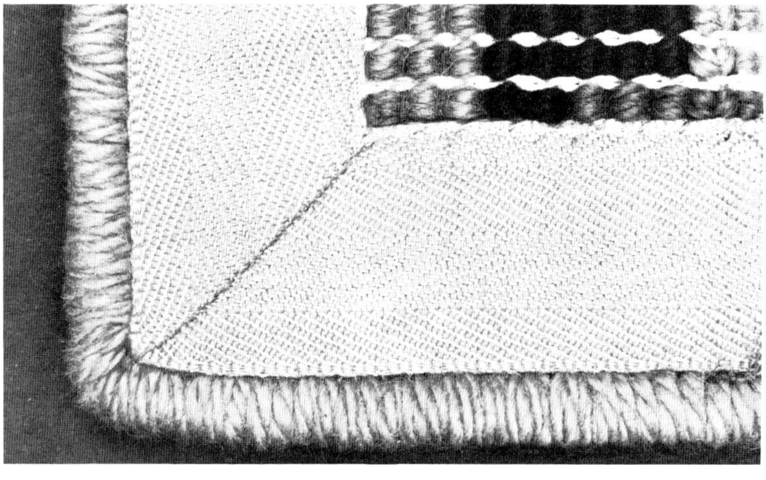

Vorlage zu dieser weitgehend frei gestalteten Knüpfarbeit war ein Plakat für die Internationale Gartenbau-Ausstellung

Wandteppich, streifenweise mit dicken bzw. dünnen, doppelt geschnittenen Wollfäden und Knüpfhaken geknüpft, Baumstamm in kurzen senkrechten Reihen über einer Smyrnarute mit Nadel und fortlaufendem Faden gearbeitet, Schlaufen nicht aufgeschnitten. Das Baum-Motiv wurde waagerecht eingeknüpft. Der Flor der Baumkrone ist länger als der der übrigen Knüpfarbeit. Knüpftechnik: Smyrnaknoten

Makramee

Makramee, vom arabischen mucharram = Gitterwerk abgeleitet, ist eine verhältnismäßig einfache Knüpftechnik, obwohl sie sehr kompliziert aussieht. Sie basiert auf einer Gruppe von Knoten, die, in verschiedener Reihenfolge angeordnet, immer wiederkehren. Es sind dies: der halbe Schlag, auch Halbschlag genannt, der Kreuzknoten, auch Weberknoten genannt, der waagerechte, der senkrechte und der diagonale Rippenknoten. Diese Rippenknoten werden alle um einen Faden, genannt Trägerschnur, geknüpft, den man – unabhängig von der Lage der Knoten – senkrecht, waagerecht oder diagonal spannen kann.
Es gibt spezielle Makrameegarne (z. B. Melchior-Garne A. B. C, Toppi und Stabilan) in vielen Stärken und Farben. Man kann aber auch Hanf, Wolle, Perlgarn oder Sticktwist nehmen. Garne aus Kunstfasern eignen sich nicht zum Knüpfen, weil sie sich nicht fest genug zusammenziehen lassen, ohne sich nachher wieder etwas zu lösen.

Materialberechnung
Schon zu Beginn der Arbeit sollte man sich über deren Größe (vor allem Länge) im klaren sein, weil man die Stränge nicht ohne weiteres verlängern kann, wie beispielsweise beim Stricken oder Häkeln. Die Fäden zum Knüpfen (Arbeitsfäden) müssen viermal so lang sein wie die fertige Arbeit. Da man als Ausgangsbasis immer von einem doppelten Arbeitsfaden ausgeht, verliert man hier also schon einmal die Hälfte der ganzen Länge. Den restlichen Längenüberschuß nehmen mehr oder weniger – je nach Art der Knüpftechnik – die Knoten auf. Die beiden äußeren Fäden rechts und links müssen doppelt so lang sein wie die dazwischenhängenden Fäden, da sie häufig als Trägerschnüre (Knotenbasis) für die anderen Knoten dienen. Die Trägerschnur (Spannfaden), auf die zu Beginn die Arbeitsfäden aufgereiht werden, muß etwa 10 cm länger sein als die fertige Arbeit breit werden soll. Damit die aufgereihten Fäden nicht von der Trägerschnur abrutschen, wird sie an den Enden geknotet. Man kann anstelle der Trägerschnur, die für Kanten von Gürteln, Taschen usw. benötigt wird, auch eine Leiste als Halterung für die Arbeitsfäden nehmen (z. B. für einen Wandbehang). In diesem Fall muß die Leiste 3–6 cm breiter sein als die fertige Arbeit bzw. der Entwurf. Man umwickelt die Enden der Leiste mit Garn oder Gummiband, um das Abrutschen der Arbeitsfäden zu verhindern. Einige Knotenarten verbrauchen mehr Material als normal, zum Beispiel die Rippenknoten. Der senkrechte Rippenknoten verbraucht wiederum doppelt so viel Faden wie der waagerechte Rippenknoten. Das muß man bei der Berechnung des Materials berücksichtigen.

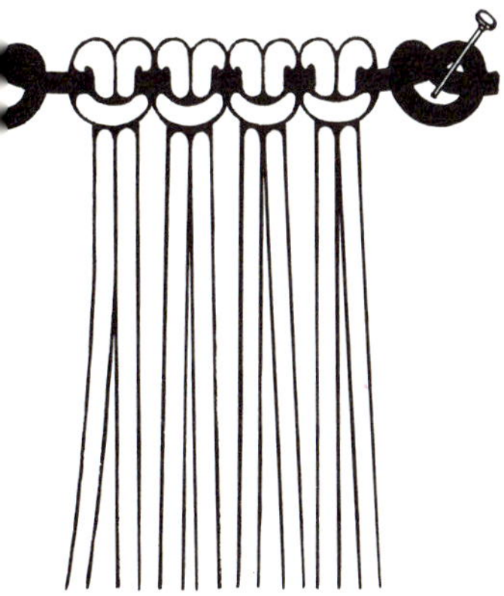
Anhängen der Knüpfschnüre an einen Spannstrang, auch Trägerschnur genannt

Die Knüpftechnik
Das Knüpfwerk besteht aus einer waagerecht verlaufenden Trägerschnur (Spannfaden) und senkrecht daran hängenden Fadenpaaren, Arbeitsfäden genannt. Zuerst wird der seitlich mit Knoten gesicherte Spannfaden mit zwei Nadeln auf einer dicken Schaumstoff- oder Styroporplatte befestigt. Wichtig ist, daß der Spannfaden während der ganzen Arbeit straff gespannt bleibt. Die für die Knüpferei nötigen Arbeitsfäden werden doppelt genommen und so um die Spannschnur geknüpft, wie auf der Zeichnung links gezeigt.

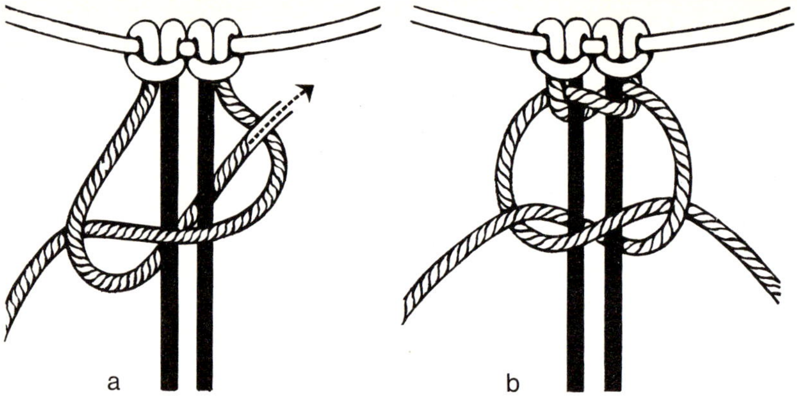

a: Halbschlag

b: Kreuz- oder Quadratknoten, auch Weberknoten genannt

Der halbe Schlag wird aus zwei nebeneinander liegenden Fadenpaaren gemacht. Die beiden mittleren Fäden, um die die beiden äußeren links und rechts herumgeknüpft werden, müssen an den Enden geknotet und mit Nadeln straff gespannt werden. Der rechts außen liegende Faden wird über die gespannten mittleren Fäden geführt, den links außen liegenden führt man hinter dem mittleren Fadenpaar vorbei und außen über den rechten Faden (Zeichnung a). Eine Reihe fortlaufend geknüpfter Halbschläge ergibt eine Spirale.
Der Kreuz- oder Weberknoten besteht aus zwei halben Schlägen, von denen einer in entgegengesetzter Richtung geknüpft wird (Zeichnung b). Dabei wird der rechts außen liegende Faden zuerst hinter dem gespannten Fadenpaar vorbeigeführt, während der linke hinter dem Ende des nun links hängenden rechten Fadens über die gespannten Mittelfäden geführt und rechts von vorn nach hinten durch die sich gebildete Öse des dortigen Fadens gesteckt wird.

Versetzte Kreuzknoten

Die Arbeitsprobe oben zeigt versetzt angeordnete Kreuzknoten, die, je nach Knotendichte, ein eng- oder weitmaschiges Netz ergeben. Man arbeitet wie bekannt mit jeweils zwei ruhenden (gespannten)

Versetzte Weberknoten ergeben ein gleichmäßiges Maschenbild

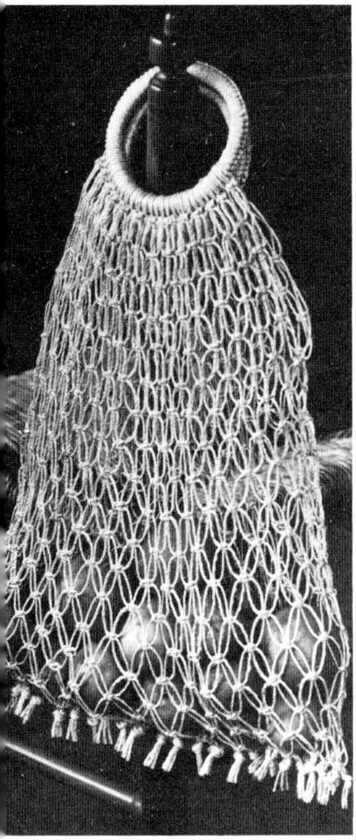

Einkaufsnetz aus Sisal. Die Basis für die versetzt angeordneten Weberknoten bilden zwei umschürzte Ringe aus Bambus

und zwei arbeitenden Fäden. Hat man eine Reihe vollendet, arbeitet man in der folgenden versetzt: die ruhenden Fäden werden zu Arbeitsfäden, während die Arbeitsfäden der vorigen Reihe gespannt werden. Bei dem Einkaufsnetz wurden die Fäden zu Beginn nicht um einen Spannfaden geknüpft, sondern hier dienten zwei Ringe, die zuvor mit Halbschlägen umschürzt wurden, als Knotenbasis. Für die seitlichen Netzöffnungen (Schlitze) wurde zunächst jede Netzhälfte in hin- und hergehenden Reihen geknüpft. Danach wurden die Fäden beider Netzhälften zusammengeknüpft und rundherum weiter verarbeitet. Am Netzboden wurden die Fadenpaare zu viert mit Schlingknoten zusammengeknüpft.

Der waagerechte Rippenknoten. Die Bezeichnung waagerecht bezieht sich auf die Knotenform, nicht auf die Anordnung der Knoten innerhalb einer Reihe. Man kann den waagerechten Rippenknoten in waagerechter, senkrechter oder diagonaler Reihe anordnen, ebenso den senkrechten Rippenknoten, der später erklärt wird. Der waagerechte Rippenknoten wird mit einer Fadenstärke Abstand zur oberen Knotenreihe (Anfangsreihe) geknüpft. Man arbeitet von rechts nach links und benutzt dabei den rechten äußeren Faden als Trägerschnur (Knotenbasis). Dieser Faden wird von rechts nach links waagerecht über alle anderen Fäden gelegt und seitlich mit einer Nadel straff gespannt. Dann nimmt man den zweiten Faden von rechts und führt ihn im Uhrzeigersinn um den gespannten Faden herum (Zeichnung c). So wird die ganze Reihe gearbeitet, Schlinge neben Schlinge. Dabei muß der Arbeitsfaden stets gleichmäßig festgezogen werden. Ist die Reihe beendet, wiederholt man den gleichen Prozeß in umgekehrter Richtung: der äußere linke Faden ist nun die Trägerschnur, auf die die Schlingen der Arbeitsfäden im entgegengesetzten Uhrzeigersinn aufgereiht werden.

Der senkrechte Rippenknoten. Der am weitesten links liegende Faden wird unterhalb der vorhergehenden Reihe mit einer Nadel seitlich befestigt, so daß er sich nicht verziehen kann. Dann wird er unter dem nächsten Faden hindurchgezogen und im Uhrzeigersinn um diesen herumgeschlungen. Anschließend wird der Vorgang noch einmal wiederholt (Zeichnung d). Jeder senkrechte Rippenknoten besteht also aus zwei gleichen Schlingen. Ist die Reihe zu Ende, wiederholt man den Vorgang in umgekehrter Richtung: der äußere

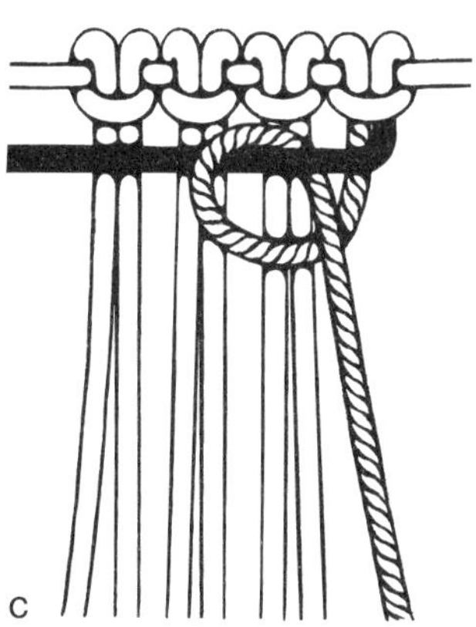

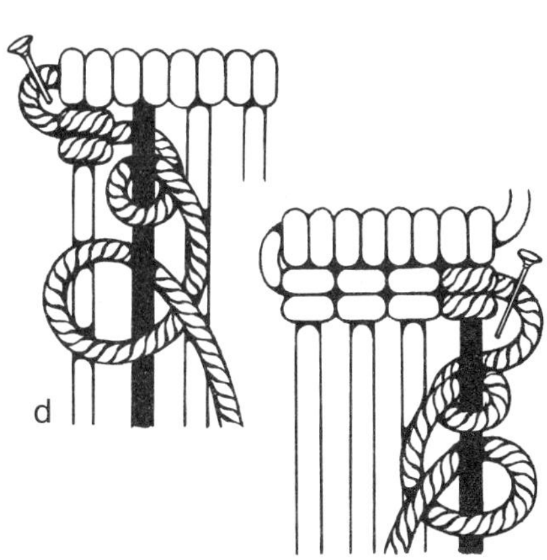

c: Waagerechter Rippenknoten

d: Senkrechte Rippenknoten

rechte Faden wird seitlich befestigt, bevor man ihn zweimal im entgegengesetzten Uhrzeigersinn schlingt.

Der diagonale Rippenknoten. Die Arbeitsfäden werden in zwei Gruppen geteilt. Der äußere rechte und der äußere linke Faden bilden hierbei die Knotenbasis, sind also die Trägerschnüre. Sie werden von außen diagonal zur Mitte geführt, so daß sie sich dort treffen (Zeichnung e). Man befestigt sie mit Nadeln, sie müssen während der Arbeit straff gespannt sein. Die Schlingenknoten macht man genau wie beim senkrechten Rippenknoten, und zwar bei der rechten Fadengruppe im Uhrzeigersinn, bei der linken entgegengesetzt. Ist man mit beiden Knotenreihen in der Mitte angekommen, löst man die diagonal verlaufenden Fäden, macht mit dem linken einen Rippenknoten über den rechten, so daß sich ein X ergibt. Danach spannt man diese Fäden wieder in Diagonalrichtung und umknotet sie von der Mitte aus nach rechts bzw. links außen, wobei die Schlingen beider Fadengruppen in entgegengesetzter Richtung zu denen oberhalb des Kreuzungspunktes gemacht werden müssen.

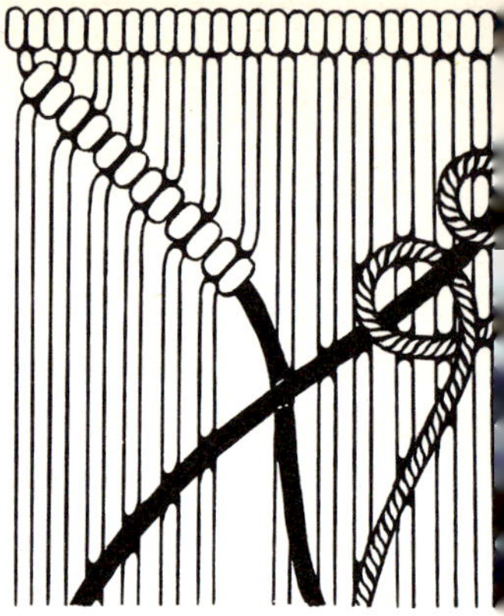

e

e: Diagonale Rippenknoten

Die bisher erklärten Knoten lassen sich beliebig zusammenstellen, so daß sich viele Variationsmöglichkeiten zur Gestaltung einer Fläche ergeben. Man kann zum Beispiel die Fäden einer Arbeit in mehrere Gruppen teilen und senkrecht umknüpfen, um anschließend wieder durchgehende waagerechte Reihen zu arbeiten. Danach kann man die Fäden wieder in andere Gruppierungen teilen usw. Eine weitere Möglichkeit zur Gestaltung ergibt sich aus der Lage des jeweiligen Spannfadens, der die Knotenbasis bildet. Diesen kann man nicht nur waagerecht oder diagonal spannen, sondern auch im Zickzack anordnen, wobei er nicht unbedingt seitlich bis ganz zu den Außenkanten geführt werden muß.

Kleiner Brustbeutel

Material: Melchior Toppi 6 × 3, naturfarbig, 32 Großlochrad-Glasperlen. Man kann die Tasche in beliebiger Länge und Breite arbeiten. Die Tasche auf dem Foto ist 9 × 9 cm groß (ohne Fransenklappe). Das geschlossene Maschenbild der Tasche besteht aus versetzt angeordneten Weberknotenreihen, 8 Knoten je Reihe. Für die Taschenklappe ordnet man je eine Doppelreihe Weberknoten von links bis zur Mitte in einer absteigenden, von der Mitte nach rechts außen in einer ansteigenden Diagonale an, so daß sich eine Spitze ergibt. Die Enden der Fäden werden alle gleich lang abgeschnitten und mit Perlen versehen. Die Perlen halten durch daruntersitzende Knoten. Als Halsband dient eine zweifädig gedrehte Kordel. Die Tasche besteht aus nur einem rechteckigen Teil, dessen unteres Drittel man auf das mittlere legt und an beiden Seiten mit diesem zusammennäht. Das letzte Drittel bildet den Taschenüberschlag (Klappe).

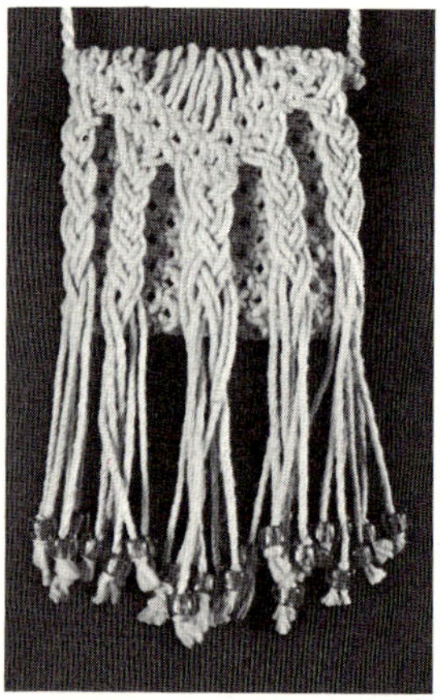

Brustbeutel aus dichtgesetzten Kreuzknotenreihen, als Rechteck geknüpft und seitlich zusammengenäht

Halsschmuck

Material: Makrameegarn Toppi 6 × 3 (Melchior), 28 farbige Holzperlen. Zuerst dreht man aus doppeltem Faden eine Kordel, die der Halsweite zuzügl. 5 cm entspricht. Das eine Ende knotet man zu einer kleinen Öse, in das andere macht man einen dicken Mehrfachknoten, der zum Zuknöpfen gedacht ist. Um ein 12 cm langes Mittelstück knüpft man halbe Schläge, wobei die Kordel als Spannstrang (Trägerschnur) benutzt wird. Um das mittlere Stück werden nun 14 Doppelfäden geknüpft, so daß 28 Fäden herunterhängen, alle ca. 16 cm lang.

Makramee-Objekt aus Baumwollgarn in Beige und Rostrot, an einem Ast hängend, verarbeitet mit Tonstücken. Beschreibung S. 381 (Foto: J. Ehrenthal)

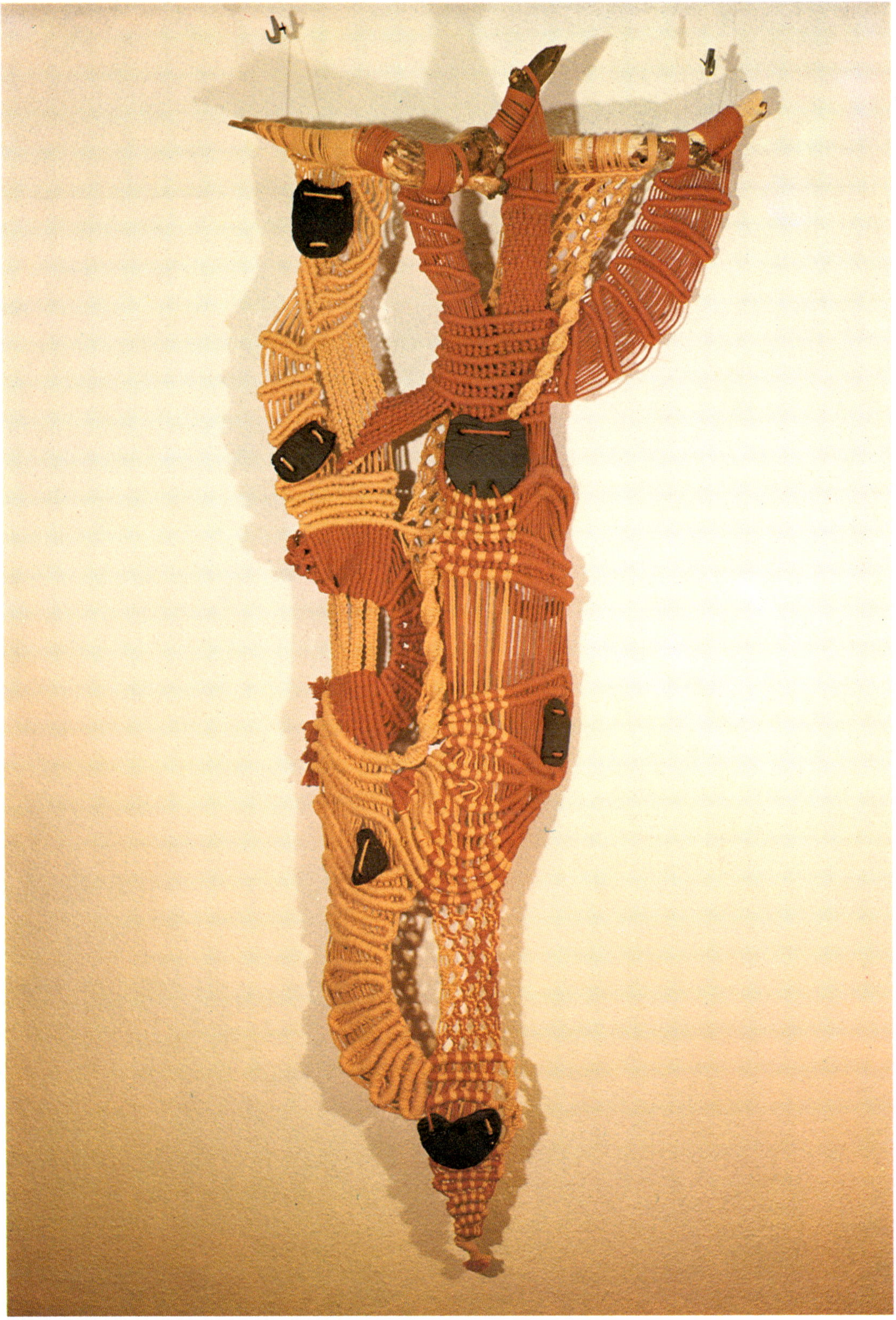

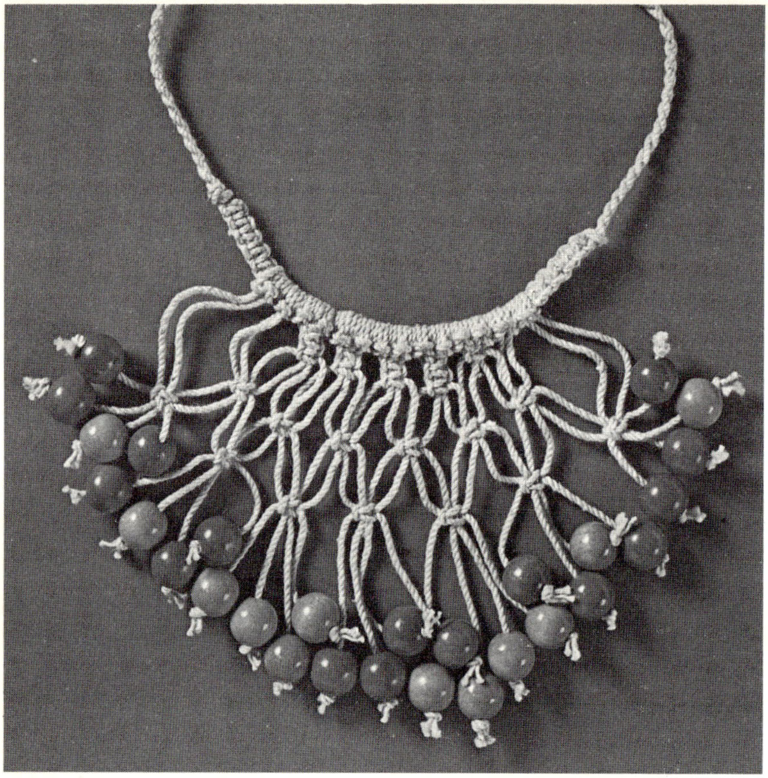

Kleines Halsband aus versetzten Kreuzknoten, mit Holzperlen verziert

Während man die äußeren 4 Fäden auf beiden Seiten (insgesamt also 8 Fäden) unberücksichtigt läßt, macht man mit den mittleren 20 Fäden Kreuzknoten. Da zu jedem Kreuzknoten 4 Fäden nötig sind, sind es also 5 Kreuzknoten nebeneinander. Ein Kreuzknoten ist nichts weiter als zwei nacheinander geknüpfte halbe Schläge, wobei der dem ersten Halbschlag folgende zweite spiegelbildlich wiederholt wird. In 1 cm Abstand von der Kreuzknotenreihe wird versetzt zu den Vierergruppen der Kreuzknoten eine weitere Reihe Kreuzknoten gemacht, wobei die ersten und die letzten beiden Fäden unberücksichtigt bleiben. Nach Abstand von wiederum 1 cm wird wieder eine Reihe Kreuzknoten gemacht, diesmal mit den 4 ersten Fäden der Reihe beginnend. Die Enden der Fäden werden von der Mitte aus nach den Seiten schräg abgeschnitten, so daß sich in der Mitte eine Spitze ergibt. Dann reiht man auf jeden Faden eine Perle und verknotet die Enden gut.

Tasche zum Umbinden oder Umhängen aus Doppelrhomben mit Kreuzknotenmitte. Fäden der Fransen einzeln mit Knoten in unregelmäßigen Abständen versehen

Umhängetasche

Die Tasche im Rautenmuster aus diagonalen Rippenknoten-Doppelreihen kann als Gürtel- oder Schultertasche gearbeitet werden. Man braucht dazu 3 Bündel naturfarbenes Jutegarn, so wie es in Hobby- und Spielwarengeschäften gehandelt wird. Die Tasche auf dem Foto besteht aus 7 Doppelrauten je 10 Fäden in der Breite und 4½ Rauten in der Länge je Taschenhälfte. Man kann die Tasche aus zwei Teilen arbeiten und diese an drei Seiten zusammennähen oder aus einem breiten Stück, das nur eine Seiten- und eine Bodennaht hat. Man beginnt mit einer Reihe von waagerechten Rippenknoten, macht dann für den Banddurchzug vier Reihen Kreuzknoten (man sagt auch

Kleine Arbeitsprobe: senkrechte Rippenknoten, Halbschlagspiralen und Doppelrhomben aus jeweils 8 Fäden geknüpft. Fransen separat angebracht und mit den Endfäden zusammengebündelt

Weberknoten), an die sich dann wieder eine Reihe senkrechter Rippenknoten anschließt. Dann kommen die Doppelrauten, deren Mittelfäden jeweils zu einem Weberknoten verknüpft sind. Eine Raute entsteht so: Ausgangsbasis sind 8 Schnüre für eine einfache Raute. Man beginnt mit der 5. Schnur von links, die als Trägerschnur (Knotenbasis) diagonal nach links abwärts über die dort hängenden Schnüre geführt wird, wobei man mit diesen Schnüren halbe Schläge ausführt. Damit die halben Schläge nicht von der Trägerschnur rutschen, macht man mit dieser einen Knoten. Nun beginnt man wieder in der Mitte und führt nach rechts abwärts ebenfalls eine diagonale Reihe von Halbschlägen aus, die man mit einem Knoten in der Trägerschnur sichert. Bei einer Doppelraute wird nun die zweite Reihe (Innenraute) parallel zur ersten dicht darunter verlaufend geknüpft, ebenfalls von der Mitte aus nach links und rechts abfallend. Mit den links und rechts hängenden Fäden führt man nun einen Weberknoten aus. Dann vollendet man in gleicher Weise die untere Hälfte der Raute, indem man die Außenfäden als Trägerschnüre benutzt und diagonale Reihen halber Schläge bis zur Mitte ausführt. Man schließt die Raute durch einen halben Schlag, den man mit der einen Trägerschnur über die andere macht. Von hier an arbeitet man fortlaufend wie beschrieben weiter. Die Taschenkordel zum Tragen oder Umbinden kann man flechten, drehen oder aus einer Kreuzknotenreihe machen.

Textilobjekt

Für das Textilobjekt S. 379 soll keine genaue Anleitung gegeben werden. Die Beschreibung in groben Zügen ist nur als Orientierungshilfe zur Verwirklichung ähnlicher Ideen gedacht. Material: Baumwolle, stark gedreht, in Rostrot und Beige, gebrannte Tonstücke und ein knorriger Ast als Träger.

Außer den zur Hauptsache angewendeten senkrechten Rippenknoten in waagerechter und senkrechter Richtung wurde mit Kreuzknoten sowie mit der Halbschlagkette gearbeitet. Die gebrannten Tonelemente wurden von Anfang an eingeplant und während des Knüpfens eingearbeitet. Bei einem so starken Farbkontrast sollte man vorher die Überkreuzungen aufzeichnen. Das Mischen der beiden Farben ist sehr reizvoll. Durch das lebhafte Knotenbild beim Makramee sollte man sich auf wenige Farben beschränken, wobei eine Farbe dominieren sollte, sonst wird die Arbeit zu unübersichtlich.

Sticken

Stickgrund und Stickgarn

Zum Besticken eignen sich praktisch alle Textilien: Baumwolle, Leinen, Wolle, Seide, Mischgewebe, Synthetiks und Filz. Als Hilfsauflage, auch Grundmaterial für Kreuzstich- und Perlsticharbeiten (petit point oder gros point) verwendet man ein- oder zweifädigen Stramin. Für fadengebundene Stickerei immt man eine Nadel mit stumpfer Spitze; Stickereien nach freier Zeichnung stickt man mit einer spitzen Nadel. Die gebräuchlichsten Stickgarne sind: Baumwolltwist, Perlgarn, Mattstickgarn und Wolle. Die meisten Stickereien lassen sich perfekter in einem Stickrahmen arbeiten, weil die Arbeit sich nicht verziehen kann.

Das Übertragen der Zeichnung auf den Stoff

Zuerst fertigt man eine Transparentpapier-Schablone mit der genauen Zeichnung der ganzen Stickerei oder eines Teilstückes (wiederkehrender Rapport) an. Dann erst wird die Zeichnung auf den Stoff übertragen. Es gibt mehrere Möglichkeiten, die sich nach der Art des Stoffes oder des Musters richten.

1. Bei dünnen Stoffen, wie Batist, Organza, Voile, kann man die Schablone unter den Stoff legen und das Muster mit einem spitzen Bleistift direkt auf dem Stoff nachzeichnen.
2. Das Übertragen der Zeichnung mit Kopierpapier (kein Kohlepapier) eignet sich für Leinen, Baumwollstoff und Seide. Das Kopierpapier gibt es in Weiß, Gelb, Orange, Rot und Schwarz. Man wählt die Farbe, die auf dem Stoff am besten zu erkennen ist. Der Stoff wird fadengerade hingelegt, darauf das Kopierpapier mit der beschichteten Seite nach unten, darüber die Schablone mit der Zeichnung. An der oberen Kante belastet man alles mit einem schweren Gegenstand (Bügeleisen), damit nichts verrutschen kann, und zeichnet das Muster mit einem Kugelschreiber durch.
3. Für größere Motive, die sich oft wiederholen, lohnt es sich, eine gestochene Schablone anzufertigen. Man kann dann das Motiv ohne viel Mühe beliebig oft aufpausen. Die Transparentpapier-Zeichnung wird dazu mit einer mitteldicken Nadel von der linken Seite auf einer weichen Unterlage durchgestochen (perforiert). Nicht zu dicht nebeneinander einstechen, damit die Zeichnung nicht herausplatzt! Dann fertigt man aus einem Filzstreifen einen Reiber an, indem man ihn sehr fest zusammenrollt und mit einem Faden umwickelt. Nun wird die Teilschablone mit der rauhen Seite nach oben glatt auf die vorher bezeichnete Stelle des Stoffes aufgelegt, an der oberen Kante beschwert und mit Zeichenkohle (für helle Stoffe) oder mit Kreide (für dunkle Stoffe) bestrichen. Diesen Kohle- oder Kreidestaub reibt man mit der geraden Fläche des Reibers durch die perforierte Zeichnung auf den Stoff. Mit einem Zerstäuber wird farbloses Fixativ auf die gepauste Zeichnung gestäubt, um sie haltbar zu machen. Dann kann das nächste Motiv in der gleichen Weise gepaust werden. Diese Art des Übertragens eignet sich auch für Filz und Wollstoffe, deren rauhe Oberflächen die Farbe des Kopierpapiers nicht so gut annehmen.
4. Auf Frottier- oder ähnliche Stoffe kann die Zeichnung nicht direkt übertragen werden. Man zeichnet die Motive mit Bleistift auf Organza und heftet ihn fest auf den Stoff. Danach werden alle Konturen gestickt und der Organza wird später weggeschnitten oder herausgezupft.

Die wichtigsten Stiche

Stielstich: Man arbeitet von links nach rechts. Einige Gewebefäden nach rechts übergehen, die Hälfte der Fäden nach links auffassen und dabei den Arbeitsfaden nach oben legen. Es entsteht eine schnurähnliche Linie (a).

a

Stielstich mit Schlingen: Abwechselnd eine Schlinge und einen Befestigungsstich arbeiten. Die Schlingen werden über einem Bleistift gearbeitet, damit sie alle gleich lang werden. Vor dem Bleistift auf der Linie herausstechen, hinter dem Bleistift nach unten stechen. Der Befestigungsstich wird auf der Linie in der Mitte der Schlaufe herausgestochen und ca. 3 mm hinter dem Schlaufeneinstich nach unten geführt (b). Dann wird der Bleistift herausgezogen und die näch-

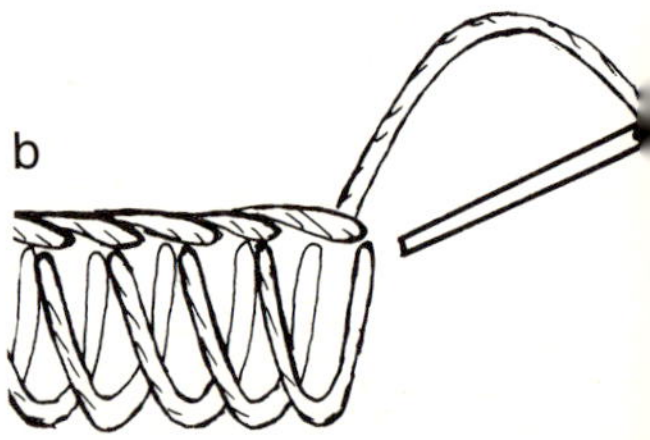

b

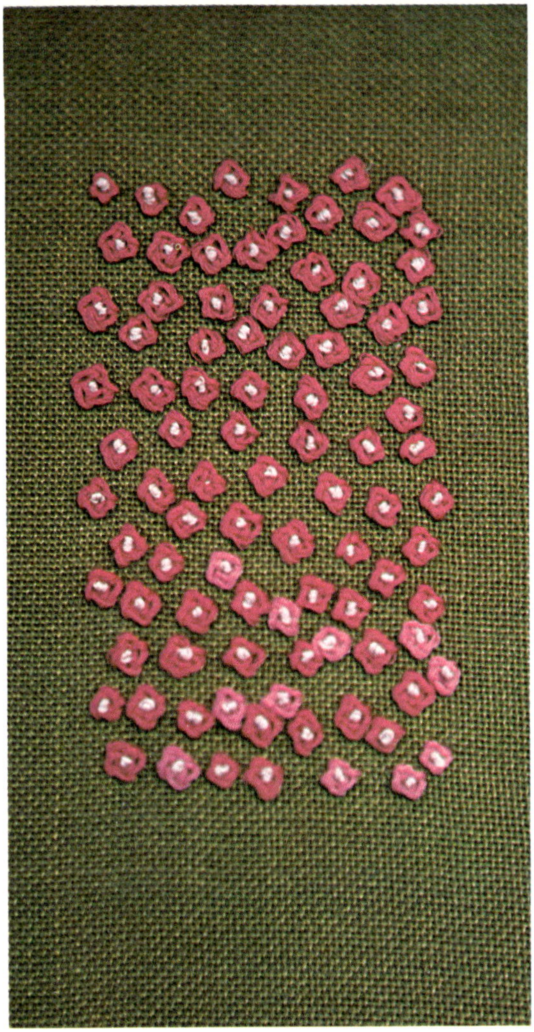

Frei gestickt: Interpretation eines Rosenbusches

Rosenbusch, nach dem die Stickerei entstanden ist

Frei gestickt: Interpretation eines runden Blütenbeetes

Blütenbeet, das zur Stickerei anregte

ste Schleife gearbeitet. Den Faden neben dem ersten Schlaufeneinstich herausstechen usw. Die Befestigungsstiche ergeben nachher den Stielstich. Größere Schlaufen kann man auch über dem linken Zeigefinger arbeiten.

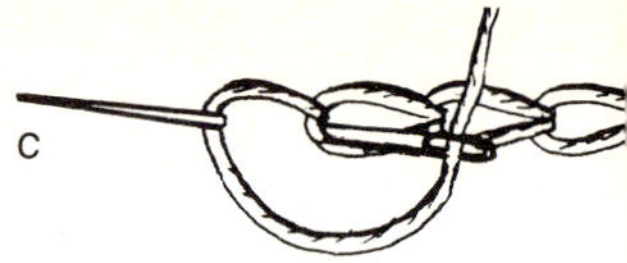

c

Kettenstich: Herausstechen, eine Schlinge legen, in den Ausstichpunkt einstechen und die Gewebefäden senkrecht auffassen. Innerhalb der Schlinge wieder herausstechen (c) und in den Ausstichpunkt einstechen. Die Schlingen nicht zu fest anziehen, damit die Kettenwirkung nicht verlorengeht.

Blumen aus Kettenstichen: Die Kettenstiche werden sternförmig angeordnet, jede Schlinge wird durch einen kleinen Überfangstich festgehalten (d).

d

Hexenstich: Man beginnt links unten. Der erste Schrägstich wird nach rechts oben gelegt, dann werden wenige Gewebefäden waagerecht nach links aufgenommen. Den zweiten Schrägstich in gleicher Höhe wie den ersten nach rechts unten (e) sticken.

e

Kreuzstich: Man arbeitet in zwei Gängen. Zuerst werden die Grundstiche von links nach rechts gestickt, dann die Deckstiche in der Rückreihe von rechts nach links darüber (f und g). Stehen die Kreuzstiche schräg untereinander, so wird jedes Kreuz gleich fertig gestickt (h). Bei groben Stoffen kann man die Gewebefäden abzählen und gleichmäßige Kreuze sticken. Feine Stoffe werden mit Hilfe von Stramin bestickt. Nach Beendigung der Stickerei wird der Stramin angefeuchtet und vorsichtig herausgezogen. Die wichtigste Regel beim Kreuzstich: Alle Grundstiche und alle Deckstiche müssen in der jeweils gleichen Richtung verlaufen.

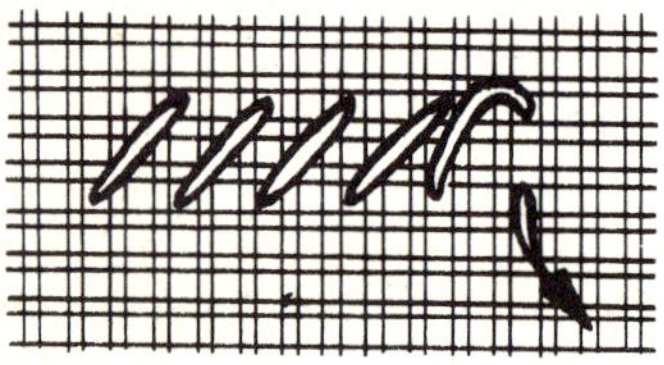

f

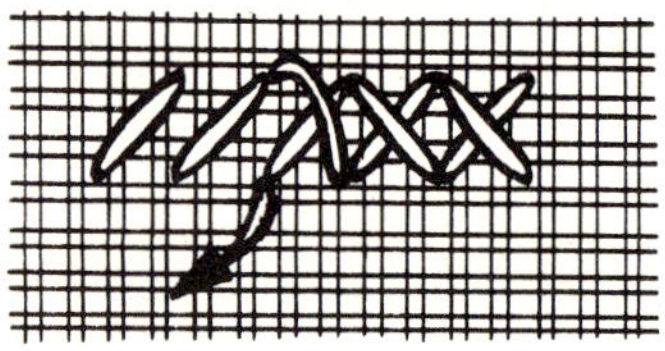

g

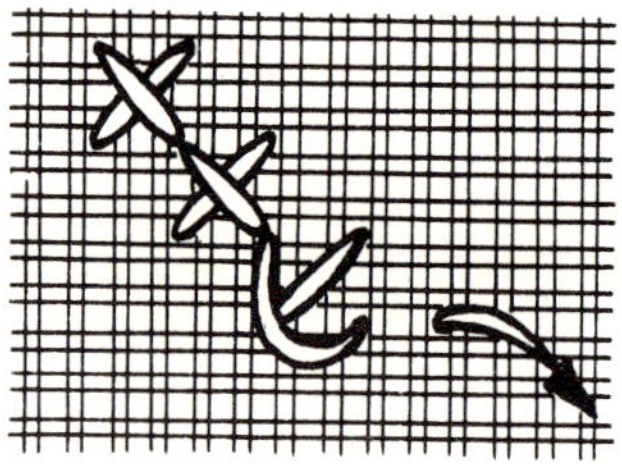

h

Perlstich für petit point- oder gros point-Arbeiten: Man macht einen halben Kreuzstich, also nur den Grundstich in Hin- und Herreihen in einer Richtung.

Plattstich: Am besten in einem kleinen Stickrahmen arbeiten, damit die Stickerei sich nicht zusammenzieht. Die Stiche werden dicht nebeneinander gestickt und liegen platt auf dem Gewebe. Geteilte Blattformen beginnt man an der Spitze mit einem Stielstich genau auf der gezeichneten Linie, dann werden beide Blatthälften nacheinander ausgestickt (i, j). Punkte und Blütenblätter stickt man von der Mitte aus, damit beide Hälften gleich werden (k).

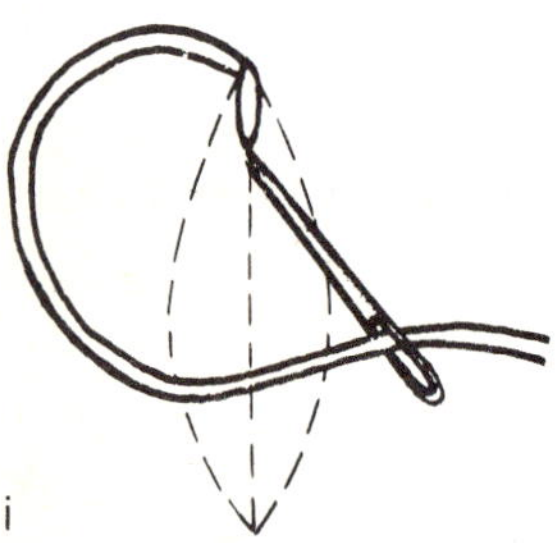

i

j

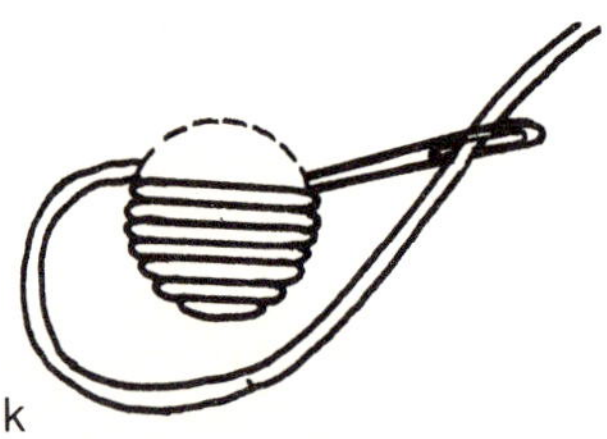

k

l

Knötchen: Herausstechen, den Faden zwei- oder dreimal um die Nadelspitze schlingen und neben dem Ausstichpunkt wieder zurückstechen (l).

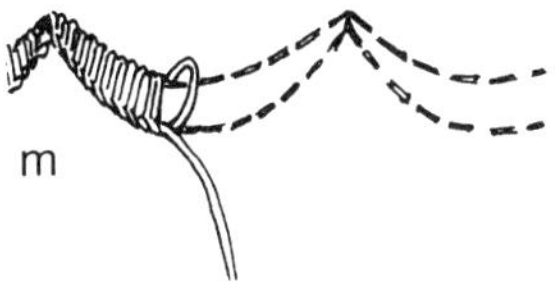

m

Langetten: Die vorgezeichneten Bögen werden mit Vorstichen nachgestickt, dann die parallel laufenden Bogenlinien mit Schlingstichen eng überstickt (m). Soll die Langettenkante plastischer werden, kann man sie noch mit einigen Vorstichreihen unterlegen. Ist die Stickerei fertig, wird der Stoff dicht an der unteren Kante mit einer feinen Schere vorsichtig abgeschnitten.

Schlingstich: Als Abschluß und auch zum Anhäkeln von Kanten geeignet. Gestickt wird am umgehefteten Saum von links nach rechts. Am Rand herausstechen, Gewebefäden von oben nach unten auffassen – der Arbeitsfaden muß unter der Nadel liegen –, dann den Faden anziehen (n). Bei der Eckenbildung werden mehrere Schlingstiche in einer Einstichstelle gearbeitet. Dabei wird der äußere Gewebefaden mitgefaßt, damit sich die Stiche nicht verschieben.

n

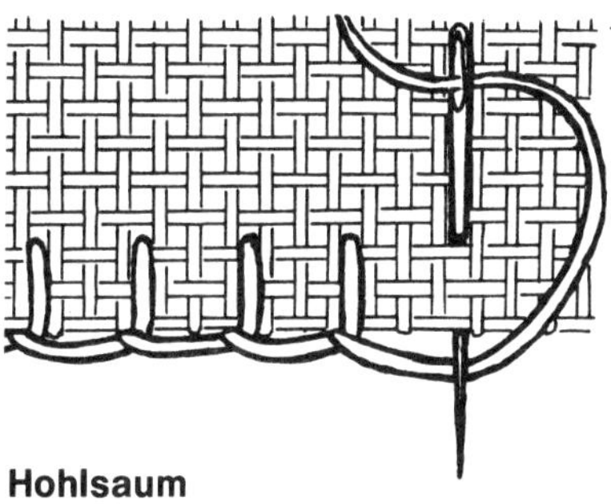

o

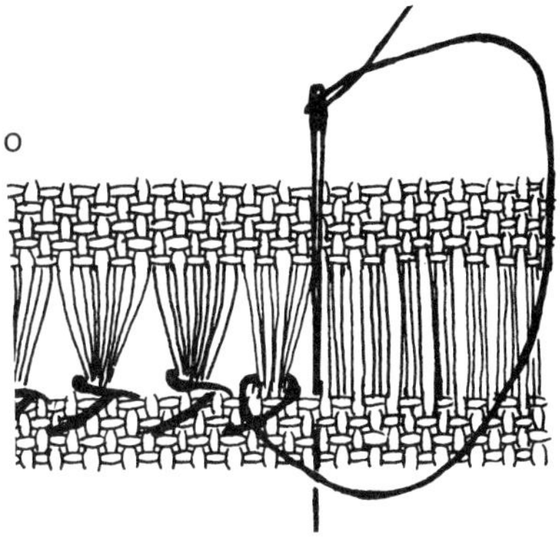

Hohlsaum

In den wenigsten Fällen wird der Hohlsaumstich tatsächlich für einen Saum verwendet. Es handelt sich meistens um Ziersticke, mit denen man Gewebefäden büschelweise befestigt, nachdem man einige in entgegengesetzter Richtung verlaufende Fäden aus dem Gewebe herausgezogen hat. Für Hohlsaumarbeiten eignen sich alle nicht zu feinen Gewebe in einfacher Leinenbindung (Kreuzgewebe), Stoffe also, bei denen Kette und Schuß (Längs- und Querfäden) in gleichem Abstand liegen. Die meisten Stoffe haben neben ihrer Faserbenennung die Bezeichnung Leinen, z. B. Seidenleinen, Baumwolleinen, Wolleinen (nicht zu verwechseln mit Linnen, das ein Qualitätsmerkmal darstellt).

Der einfache Hohlsaumstich wird auf der Rückseite des Stoffes von links nach rechts gearbeitet. Nachdem man einige Gewebefäden (die Zahl richtet sich nach der gewünschten Breite des Durchbruchs) herausgezogen hat, befestigt man den Arbeitsfaden und umstickt so viele senkrechte Gewebefäden, wie man waagerecht herausgezogen hat (oder weniger). Der Arbeitsfaden führt um dieses Fadenbündel herum. Dann faßt man mit der Nadel senkrecht von oben nach unten zwei Gewebefäden (o). So arbeitet man laufend weiter. Die gegenüberliegende Kante wird genauso gemacht.

Weitere Hohlnähte zeigt das Foto auf Seite 386.

1. Die Zick-Zack-Hohlnaht wird an der einen Kante wie die einfache Hohlnaht gestickt. Bei der zweiten Nahtkante umstickt man die Hälfte des einen und die Hälfte des nächsten Gewebebündels.

2. Durchbruch mit gebündelter Mitte. Hier wird eine breitere einfache Hohlnaht auf beiden Seiten gestickt; mit Schlingknoten faßt man mehrere Gewebebündel in der Mitte des Durchbruchs von rechts nach links zusammen. Man legt den Arbeitsfaden als Schlinge über die zu bündelnden Fäden, sticht hinter dem Arbeitsfaden ein, faßt die Gewebebündel und kommt in der Schlinge wieder nach oben.

3. Bei diesem breiten Durchbruch werden Fadenbündel in drei Reihen versetzt zusammengefaßt. Man umfaßt an der Kante 6 Gewebefäden mit den Schlingknoten, und zwar immer 3 Fäden des einen und 3 Fäden des nächsten Bündels.

4. Kombinierte Durchbruchkante aus Zickzack- und einfacher Hohlnaht.

5. Durchbruch mit umschlungener Mitte. Gestickt wird wie bei Muster 2: 4 Gewebebündel werden zusammengefaßt, die Mitte wird jeweils kreisförmig durchstopft. Die Übergangsfäden zum nächsten Bündel werden mit ein paar Stichen umwickelt.

Kreuzstichbordüren zum Nachsticken

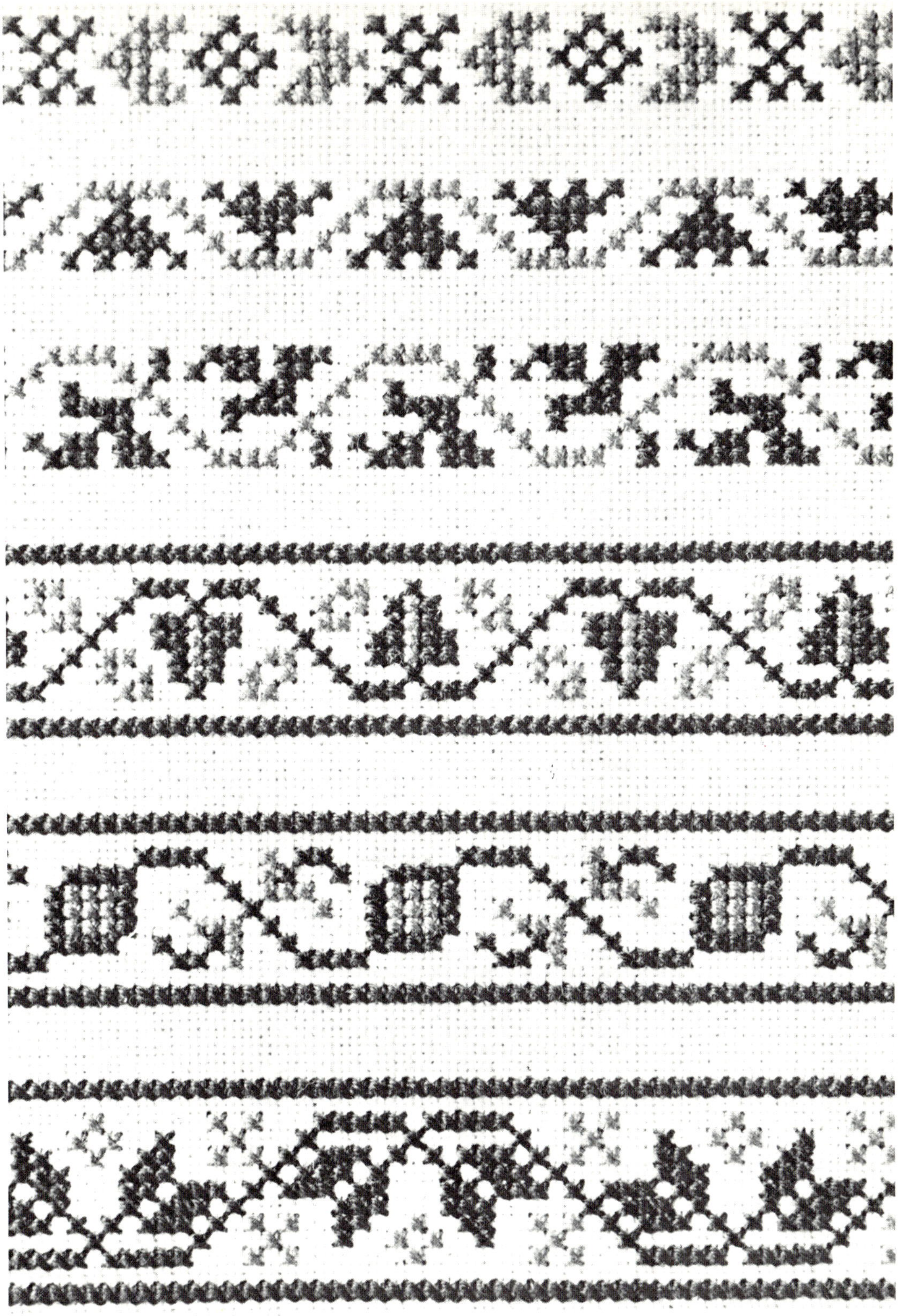

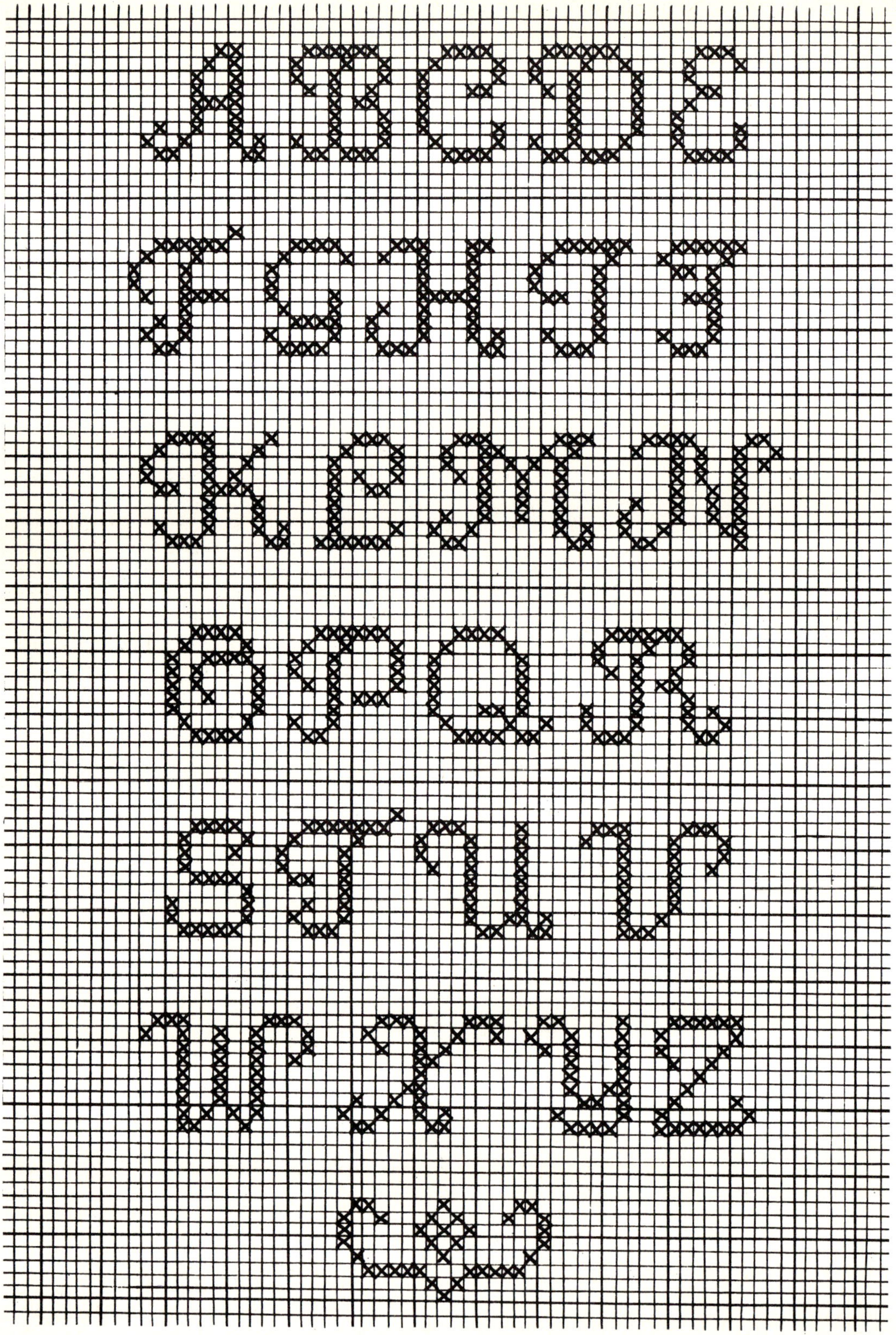

Kreuzstich-Alphabet zum Sticken auf zählbarem Gewebe oder über Stramin auf feinfädigem Stoff

Sticken nach Zählvorlagen
Die Bordüren rechts geben ein paar Anregungen für Kreuzstichmuster, die man nach einfachen Zählvorlagen sticken kann. Will man selbst Muster entwerfen, zeichnet man sie am besten gleich mehrfarbig auf Millimeter- oder Karopapier (Schulrechenheft). Wenn man einfarbig zeichnet, muß man für jede Farbe ein Symbol (Kreuz, Kreis, Schrägstrich usw.) wählen, das erleichtert die Kombination und die Arbeit beim Nachsticken. Besonders hübsche Muster kann man auf ein Probetuch sticken und es später, wenn es ganz bestickt ist, unter einem verglasten Rahmen als Schmuck an die Wand hängen. Man kann mit Sticktwist, der sich auch teilen läßt, Perlgarn, Mattstickgarn (Leinengarn) oder Wolle sticken. Bei Wolle ist es jedoch ratsam, das Material auf Farbechtheit zu prüfen.

Freies Sticken
War es früher das höchste Ziel, eine Stickerei möglichst vorlagengetreu und exakt nachzuarbeiten, so besteht die Kunst heute vor allem in der Erschließung neuer kreativer Möglichkeiten, in der Unbefangenheit der Gestaltung, dem Mut, unkonventionelle Wege zu gehen. Für diese Methode hat sich der Begriff „freies Sticken“ geprägt. Freies Sticken heißt aber nicht unbedingt Arbeit ohne Konzept, wenngleich sie ihren Reiz hat, andererseits aber Selbstkritik voraussetzt. Auch eine fadengebundene Stickerei, bei deren Ausführung man die Fäden des Grundgewebes berücksichtigt, kann auf ihre Weise schöpferisch sein, sofern man nach eigenem Entwurf arbeitet. Solche Entwürfe sind rein technisch leicht herzustellen: Man zeichnet sie auf Karopapier, wenn man nicht sogar – für Kreuzstichstickereien – die Schreibmaschine nimmt, dessen kleines x dem Kreuzstich verwandt scheint. Fadengebundene Plattstiche werden nach einem Strichtypenmuster ausgeführt. Auch diese Musterentwürfe sind auf Karopapier auszuführen.
Anders ist es, wenn eine Stickerei ohne Fadenbindung vorgesehen ist. Hier kann man einmal einen Entwurf auf Papier zeichnen und diesen dann mit Graphitpapier (Schnittmuster-Pauspapier) auf den Stoff übertragen. Man kann aber auch ein Stechmuster herstellen, das heißt, die auf Karton gezeichneten Konturen des Entwurfs mit einer Stecknadel perforieren oder durch die Löcher Kreide oder Graphit auf den Stoff reiben.
Die abenteuerlichste, aber auch interessanteste Methode freien Stikkens ist die Arbeit ohne Vorlage. Die Skizze, die man zuvor angefertigt hat, dient der groben Flächenaufteilung und soll nur eine Idee festhalten. Man überträgt sie mit den Augen, stickt aber im übrigen absolut frei. Dabei darf man nicht kleinlich sein. Vor allem muß man auch einmal eine nicht so gelungene Partie wieder auflösen können, selbst wenn sie die Arbeit von vielen Stunden ist. Je weniger zweckgebunden die Stickerei ist, je weniger man sich also an ein bestimmtes Format halten muß, um so mehr Entfaltungsmöglichkeiten hat man und kommt damit der Malerei sehr nahe. Nicht ohne Grund nennt man Motivstickereien, die mit Plattstichen in unterschiedlicher Länge und Lage ausgeführt werden, Nadelmalereien.

Duftkissen (Seite 391)
Material: Rosa-weiß-karierter Baumwollstoff (Rest), MEZ Sticktwist in kräftigem Rosa, Dunkelblau, Weiß und Hellgrün. Herzkontur und Blütenstrauß werden mit Schneiderkopierpapier von der Musterzeich-

Gestickte Variationen eines Namens in Chinesisch, Arabisch und Russisch können ein origineller und dekorativer Wandschmuck sein. Eine gute Geschenk-Idee für Individualisten

nung rechts auf den Stoff übertragen. Die Außenkreise der Blüten werden nur mit Punkten an den späteren Einstichstellen markiert, damit die Zeichnung nicht unter der Stickerei sichtbar ist. Man stickt am besten in einem kleinen Stickrahmen, und zwar die Blütenmitten im Plattstich, die Blütenblätter rundherum im Margeritenstich (wie große Kettenstiche). Stiele und Schleife werden im Stielstich gearbeitet. Die Herzform wird ausgeschnitten, dazu eine zweite unbestickte Rückseite. Nun wird ein Stückchen Wäschespitze mit einem Heftfaden leicht eingekraust und so um die Kante des einen Teils geheftet, daß die Bogenkanten nach innen zur Herzmitte zeigen (die rechten Stoffseiten gegeneinander). Anschließend legt man die zweite Herzhälfte darauf und steppt den Stoff mit der Spitzenzwischenlage bis auf einen kleinen Schlitz zusammen. Hat man die Näherei gewendet und gebügelt, füllt man das Herz mit getrockneten Lavendelblüten (aus der Drogerie) und näht den Schlitz zu.

Kleines Herz aus besticktem Karostoff, gefüllt mit duftendem Lavendel

Musterzeichnung zum Lavendelkissen in Herzform

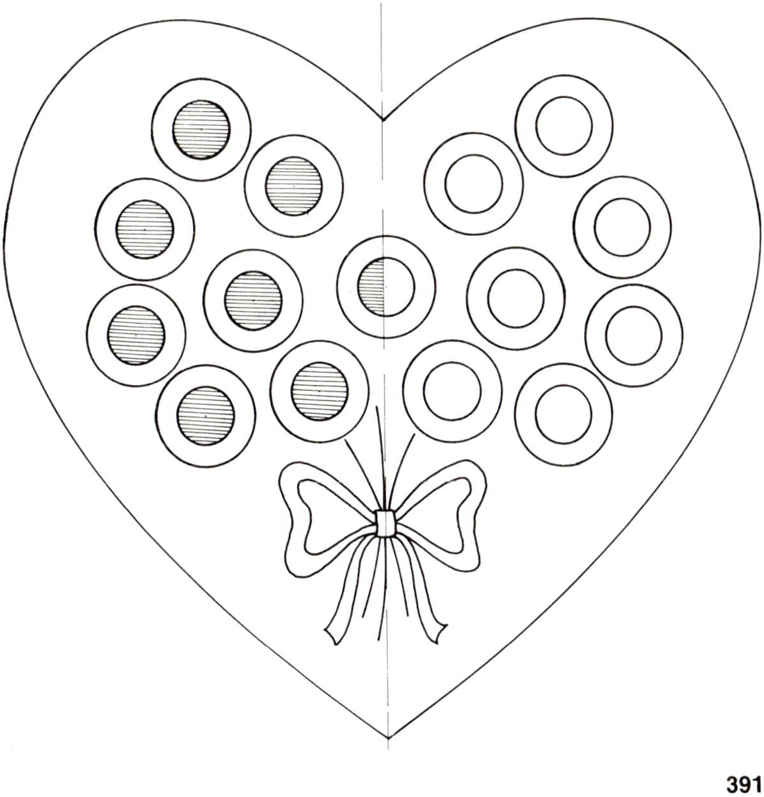

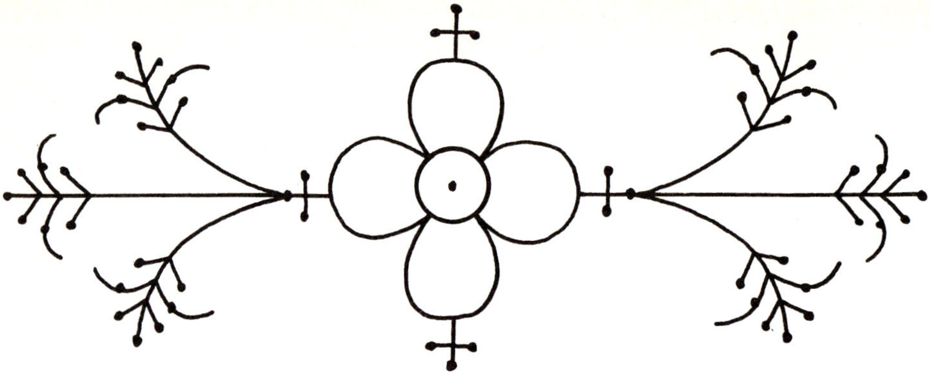

Stickerei im Geschirrdesign

Servietten oder Platzdecken können eine interessante Ergänzung zum Geschirr sein, wenn man sie im gleichen Design bestickt. Voraussetzung ist, daß das Geschirrmuster nicht zu kompakt, kompliziert und unruhig ist. Das in letzter Zeit wieder in Mode gekommene Strohblumenmuster mit seiner klaren blauen Linienführung auf weißem Grund bietet sich geradezu zum Nachsticken an. Man muß nicht immer das ganze Muster übernehmen, auch mit sparsam gesetzten Motivteilen kann man Akzente setzen. Für kleinflächige Stickereien auf Servietten und Sets eignet sich der originalgroße Musterausschnitt oben sehr gut. Man stickt das Motiv am besten mit Stielstichen (MEZ Sticktwist) in Blau und Weiß.

Stickvorlage in Originalgröße zum Nachsticken eines Teilmotivs von dem Geschirrmuster „Strohblumen" (s. S. 260, Porzellanmalerei)

Kaffee- und Eierwärmer aus weißem Halbleinen, bestickt mit Schlaufenrosetten aus Wolle

Kaffee- und Eierwärmer

Material: Je 70 × 70 cm weißes Halbleinen, Watteline und Molton, Stickwolle in Dunkelblau und Türkis, Stickrahmen und Wollsticknadel. Zuerst wird die Schemazeichnung auf Transparentpapier vergrößert (s. Seite 382). Vorsichtshalber an der Kaffeekanne Maß nehmen. Dann Kreise und Konturen der Mütze mit Kopierpapier auf den Stoff übertragen, zwei Teile für jede Mütze. Die kleinen Kreise werden im Plattstich, die großen rundherum im Stielstich mit Schlingen gearbeitet. In den Innenkreis kommt ein Ring aus Kettenstichen, die Mitte wird mit Knötchen gefüllt. Die Konturen der Mütze werden knappkantig umgeheftet und mit dunkelblauen Schlingstichen umstickt. Für den Kaffeewärmer häkelt man an jedes Teil zwei Reihen blaue, zwei Reihen türkisfarbene und eine Reihe blaue feste Maschen. Die Eierwärmer-Teile werden nur mit je einer Reihe in blau und Türkis umhäkelt. Je zwei Mützenhälften werden anschließend an den Kanten zusammengehäkelt, mit einer Einlage aus Watteline versehen und mit Molton (nach dem gleichen Schnitt) gefüttert.

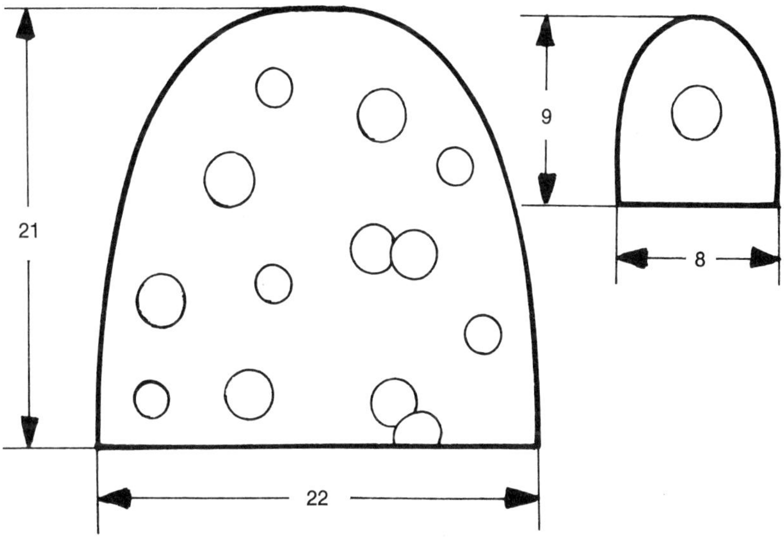

Schnittschema und Flächenaufteilung für Kaffeemütze und Eierwärmer

Tischtuch mit Blütenstreifen (Seite 394)

Die Stickerei läuft in der Mitte über die Längsseite der Decke von einem Saum zum anderen. Es empfiehlt sich, mit dem Zirkel in Anlehnung an die Vorlage Seite 395 eine Teilschablone zu zeichnen und zu stechen und diese dann fortlaufend hintereinander auf den Stoff durchzupausen. Dabei sollten die Außenkreise der Blüten nur weitläufig, etwa den späteren Stichen entsprechend markiert werden, damit man die Punkte nicht nachher unter der Stickerei noch sieht. Man stickt die Blüten in abgestuften Tönen zum Karo der Decke passend mit MEZ Sticktwist. Die fertig gestickte Decke wird an den Saumkanten mit farblich passender Zackenlitze versehen. Natürlich kann man auch einfarbigen Stoff mit solchen Blüten besticken. Vielleicht zu blau-weißem Geschirr passend in verschiedenen Blautönen auf weißem Grund. Auch ein kunterbunter Blütenteppich auf erdfarbenem Grund sieht sehr hübsch aus.

Karierte Decke mit besticktem Mittelstreifen, bei dem sich die Farben an die des Karostoffs anlehnen

Musterzeichnung für den Rapport des Blütenstreifens vom Tischtuch

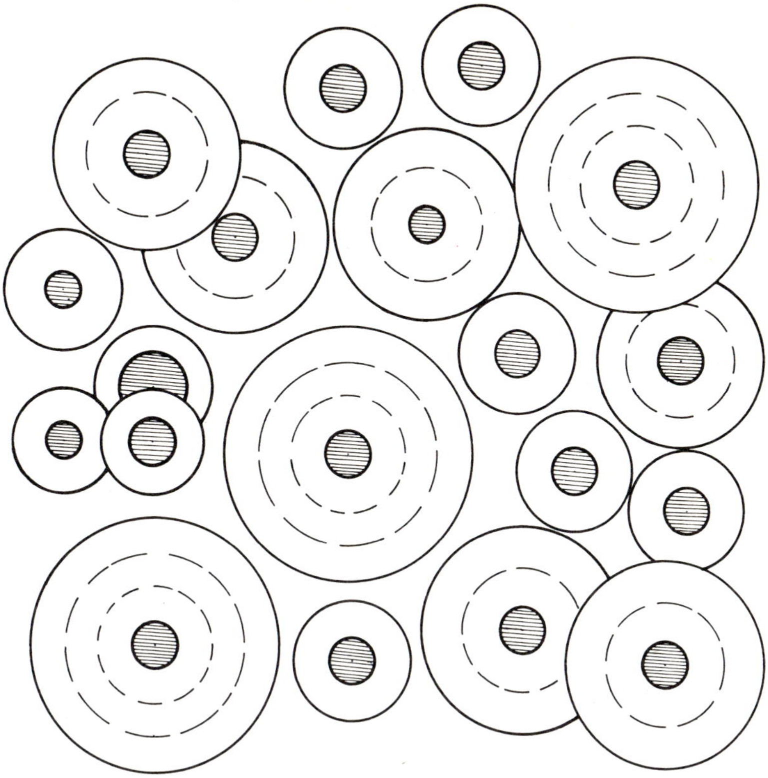

Stickbild in Nadelmalerei. Innendurchmesser des Rahmens: 22 cm (Normmaß)

Musterzeichnung für die Nadelmalerei S. 395 in Originalgröße. Die Musterteile müssen auf Papier einzeln übertragen und zusammengeklebt werden

Rundes Bild in Nadelmalerei

Bei der Nadelmalerei wendet man vor allem versetzt angeordnete Plattstiche, wie auf der Zeichnung demonstriert, an. Man setzt hierbei sowohl durch die Stichlänge, die sich aus der unterschiedlichen Länge ergebenden Konturen als auch durch die Garnstärke und -farbe verschiedene Akzente.
Das runde Bild mit der Mühle hat einen Durchmesser von 22 cm (Außenrand des Plattstichrahmens). Dieses Maß entspricht einem genormten runden Rahmen. Entsprechend größer, etwa 5 cm rundherum, muß der Stickgrund sein. Die Mühlenflügel sind mit gitterartig verschlungenen Schlingstichen gestickt, wie auf der Zeichnung links demonstriert. Einige Blümchen im Plattstich-Rasen bestehen aus Knötchen (s. Seite 385). Die Teile der originalgroßen Musterzeichnung werden einzeln übertragen und dann zusammengefügt, bevor man das Muster auf den Stoff überträgt. Natürlich kann man die Musterzeichnung auch nur als Grundlage verwenden und sie nach eigenen Ideen abwandeln oder ergänzen.

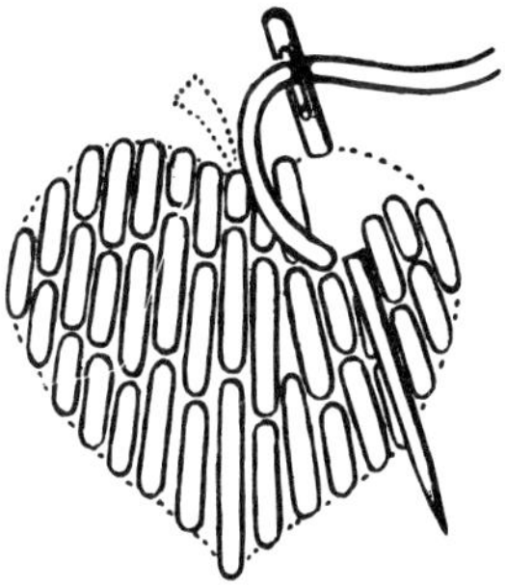

So stickt man versetzt angeordnete Plattstiche in unterschiedlichen Längen

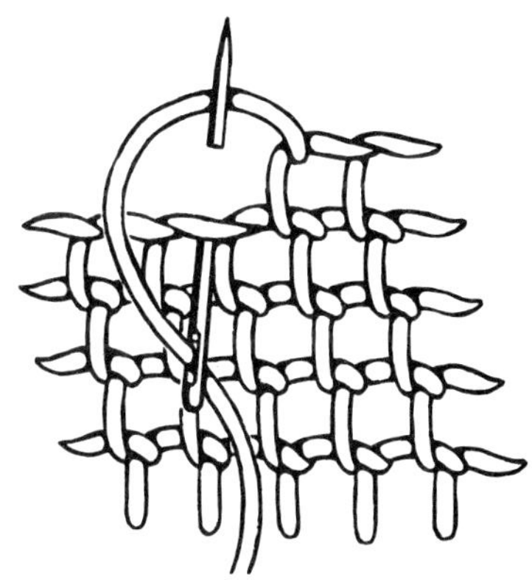

So werden die Schlingstiche für die Mühlenflügel ineinandergehängt

Die fertige Stickerei wird von links gebügelt. Dann schneidet man aus Pappe ein kreisrundes Stück aus, das genau in den rückseitigen Rahmenfalz paßt (mit etwa 1 mm Spielraum für den Stoff). Der Stoff wird an den Überständen um die Pappe herumgelegt und dort mit Klebstreifen befestigt. Aus einem zweiten Kartonstück schneidet man ebenfalls eine Scheibe und klebt sie auf die Scheibe mit den umgebogenen Stoffkanten. Zum Schluß legt man das so vorbereitete Stickbild in den Rahmen, deckt die Rückseite mit der Rahmenpappe ab und befestigt die Klammern (o. a. Haltevorrichtung). Damit kein Staub unter das Bild dringt, kann man die Fuge zwischen Rahmen und Rückpappe mit Klebstreifen abdichten.

Seite 398:
Alphabet zum Nachsticken in Platt- und Stielstichen

Verschiedenes

Verschiedenes

Es gibt Arbeiten, die sich weder einer Materialgruppe noch einer Arbeitstechnik zuordnen lassen. Einige solcher Hobbyarbeiten sind in diesem Kapitel zusammengestellt. Die im Einzelfall erforderlichen Spezialinformationen sind in dem zum jeweiligen Material gehörenden Sachkapitel zu finden (z. B. das Verarbeiten von Draht im Kapitel Metall usw.).

Flaschenschiff

Das Material, das zum Bau eines Flaschenschiffes gebraucht wird, ist nicht teuer. Holzreste, Garn, etwas Farbe, Kitt, Alleskleber, ein paar Stückchen Draht (Haarnadel, Büroklammer o. ä.), einige Rundhölzer (Stäbchen von Dauerlutschern) Karton für die Segel – das ist schon alles. An Werkzeug braucht man ein Taschen- oder Schnitzmesser, Schleifpapier, einen Pinsel und Blechstreifen oder lange Abschnitte von dickem Draht, aus denen man sich Hantierwerkzeuge zurechtbiegen kann. Gut bewährt haben sich Aluminiumstreifen, wie sie für Granulatformen verwendet werden (s. Kapitel Kunststoffe). Man kann daraus lange pinzettenartige Greifzangen biegen und leicht abgewinkelte Stäbe, die für vieles nützlich sind. So braucht man zum Beispiel einen am Ende abgewinkelten Stab oder Streifen, an den man das vordere abgebrochene Stück eines Pinsels binden kann, um den Himmel als Hintergrund in die Flasche zu malen.

Der Bau, vor allem das Einbringen eines Schiffes in die Flasche soll hier an einem ganz einfachen Modell demonstriert werden. Wenn man erst einmal das Grundprinzip kennt, kann man selbst darauf aufbauend kompliziertere Modelle schaffen. Die Flasche sollte aus farblosem Glas sein, für den Anfang möglichst weithalsig und dickbauchig. Man malt, wie schon bei den Werkzeugen kurz erwähnt, zuerst den Hintergrund-Himmel mit einem abgewinkelten Pinsel-Ende in die Flasche. Bei Rechtshändern muß der Flaschenhals nach rechts zeigen, bei Linkshändern nach links. Während die Farbe trocknet, wendet man sich dem Schiffsbau zu. Ihm liegt eine Skizze zugrunde, auf der die Innenhöhe der Flasche (Außenhöhe minus doppelte Glasstärke) und der Durchmesser des Flaschenhalses notiert sind. Entsprechend berechnet man die Stärke des Schiffsrumpfes (etwa ²/₃ des Halsdurchmessers) und die Höhe des Mastes (oder der Masten). Schiffsrumpf + Mast dürfen nur ca. ³/₄ der Flaschenhöhe ausmachen, es muß Platz für das Meer bleiben. Den Schiffsrumpf schnitzt man am besten aus Balsaholz. Er soll möglichst breit und flach sein, damit er genügend Standfläche hat. Wenn man davon ausgeht, daß das Schiff nur einen Mast haben soll (für den Anfang ist das schwierig genug), bohrt man an die für den Mast vorgesehene Stelle im Schiffsrumpf nebeneinander zwei Löcher mit einer Stopfnadel. Sie müssen waagerecht nebeneinander (also zu den Schiffsplanken hin) angeordnet sein und so weit auseinander stehen, wie der Mast (Holzstäbchen) dick ist. Der Mast wird ca. 2 cm vom unteren Ende entfernt ebenfalls durchbohrt. Durch die Bohrung steckt man einen kleinen Drahtabschnitt von ca. 2 mm Länge, biegt ihn an den Bohrlöchern abwärts und steckt die Enden durch die Löcher im Schiffsrumpf. Unterhalb dieser Löcher dreht man die Enden zusammen und kürzt sie auf ungefähr 2 mm. Dieser Überstand wird später im Kittbett verankert. Die Zeichnung a zeigt die Ansicht von vorn: Schiffsrumpf mit Mast und vom Mast kommenden Drahtenden (noch nicht zusammen-

a

Ansicht von vorn: ein Draht wird durch eine Bohrung im Mast und durch zwei Löcher im Schiffsrumpf geführt

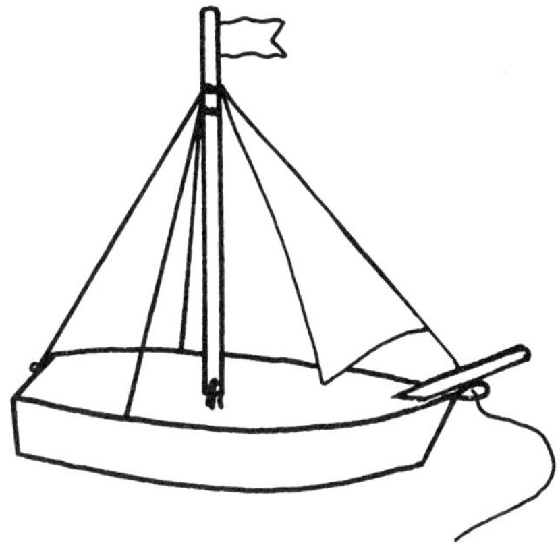

d

Durch einen Faden, der von der Mastspitze zu einer Öse unterhalb des Bugspriets läuft, wird der Mast in der Flasche aufgerichtet

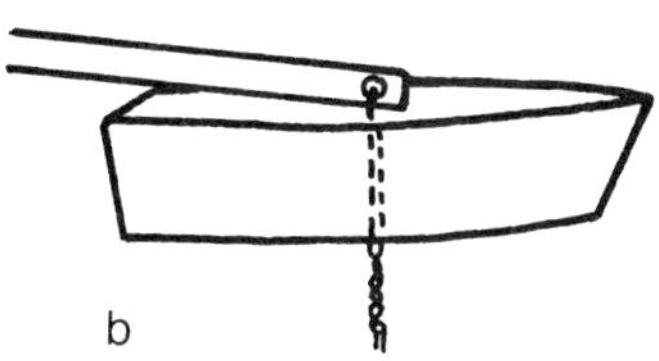

b

Der durch den Schiffsrumpf geführte Draht bildet das Scharnier zum Umklappen des Mastes

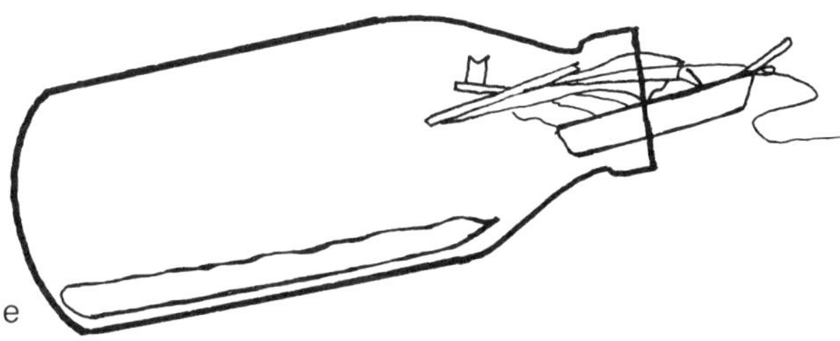

e

Mit dem nach hinten umgelegten Mast und eingerollten Segeln wird das Schiff in die Flasche bugsiert

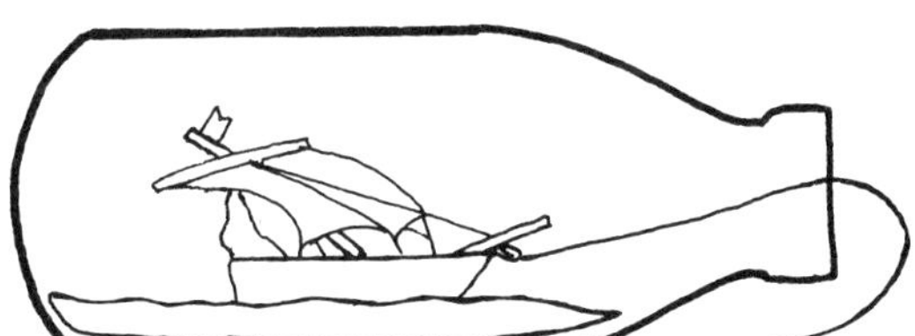

f

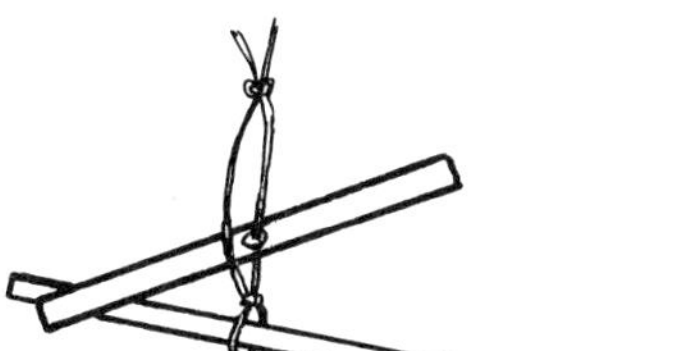

c

So wird die Rah für das Großsegel an den Mast gebunden. Sie muß schwenkbar sein

g

In der Flasche wird das Schiff durch den Zugfaden aufgerichtet, dessen Ende um das Bugspriet gewickelt, festgeklebt und abgeschnitten wird

Schiff in der Flasche – ein Trick, aber keine Zauberei

gedreht). Diese Drahtschlinge bildet eine Art Scharnier, das es ermöglicht, den Mast umzulegen und aufzurichten, wie auf Zeichnung b dargestellt.
Bevor der Mast jedoch mit dem Schiff verbunden wird, muß die Rah (Querholz für das Großsegel) angebracht werden. Das Stäbchen dafür sollte etwa halb so lang sein wie der Mast. Es wird in der Mitte durchbohrt und so an den Mast gebunden, wie auf der Zeichnung c zu sehen. Der Mast wird mit dem Faden umwickelt (keine Bohrung machen). Aus Karton schneidet man ein passendes Segel, feuchtet das Papier an und windet es um einen Bleistift. Wenn es trocken ist, hat es die richtige Wölbung. Soll das Segel alt aussehen, feuchtet man es mit schwarzem Tee an. Aus einem an einem Ende abgeschrägten Rundhölzchen wird das Bugspriet (das ist die über den Bug hinausragende waagerechte Stange) gemacht. Man leimt es wie auf der Zeichnung d zu sehen vorn auf das Schiff. Es ist wichtig, daß

dieser Stab sehr fest sitzt, an ihm wird zum Schluß der Zugfaden des aufgerichteten Mastes befestigt. Das Sprietsegel wird wie auf Zeichnung d zugeschnitten und an einer Seite etwas eingerollt und so verklebt, daß sich durch die eingerollte Kante ein langer Faden ziehen läßt. Das Segel darf nicht am Faden kleben. Das obere Ende des Fadens wird oberhalb der Rah des Großsegels (Segel auf der Zeichnung wegen der Übersichtlichkeit weggelassen) festgeknotet und mit einem Tupfer Kleber gesichert. Unterhalb des Bugspriets wird eine kleine Fadenschlaufe angebracht (angeknotet und durch Kleber gesichert), durch die das andere vom Sprietsegel kommende Ende des Fadens gefädelt wird. Man richtet den Mast gerade und bindet den Zugfaden mit einer Schlinge vorläufig am Spriet fest. Dann bringt man die Brassen (3 Fäden) zwischen Mast und Heck an. Sie können straff gespannt verknotet werden, denn sie haben für das Zusammenklappen keine Bedeutung. Nun wird das aufgetakelte Schiff noch mit einer Toppflagge versehen. Man kann es anmalen (am besten vorher) oder in rohem Holz belassen. Aus mit Farbe vermengtem Fensterkitt rollt man eine Wurst, die durch den Flaschenhals gehen

Schmuck aus Lederschnüren, Draht- und Perlenresten. Anleitung S. 404

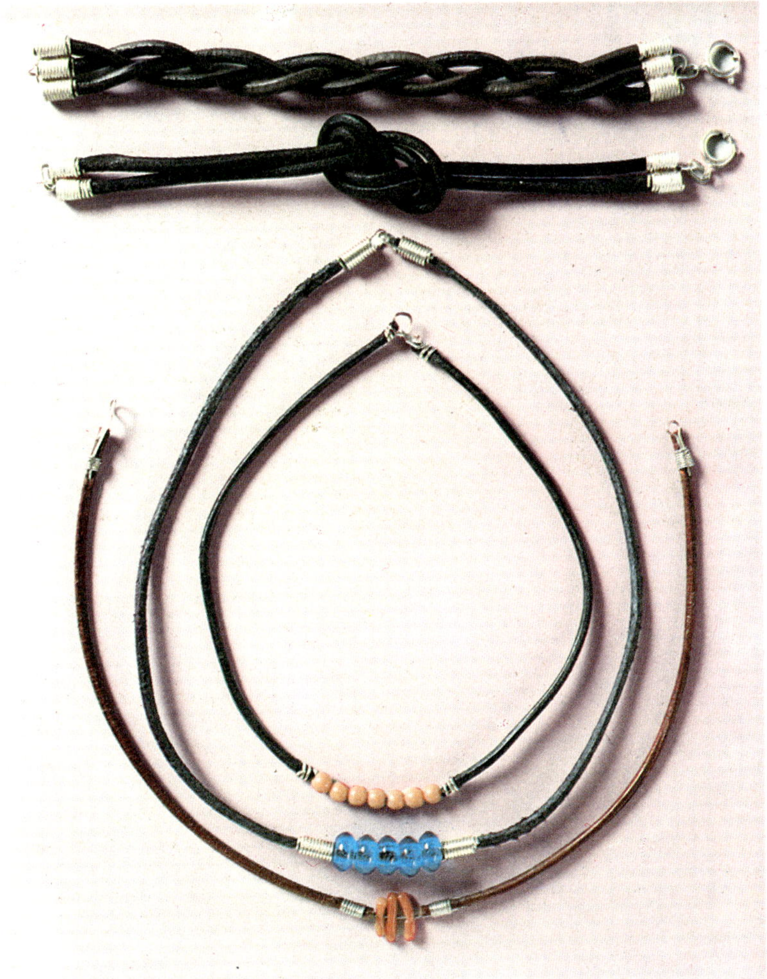

muß, ohne diesen zu verschmieren. Man kann auch mehrere kleine Rollen machen. Die Flasche wird schräg gehalten (fast stehend), während man die mit der Greifzange gefaßte Kittrolle langsam absenkt. Sie muß so plaziert werden, daß sie genau unterhalb des zuvor angemalten Horizonts liegt. Man drückt sie in der Flasche gut fest und modelliert kleine Wellen. Das Schiff wird probeweise zusammengeklappt und wieder aufgerichtet. Dazu löst man die Fadenschlinge am Bugspriet, dreht die Rah parallel zum Mast und rollt das Großsegel darum. Dann legt man den Mast zum Heck um. Zieht man nun an dem vorderen Spannfaden, muß sich der Mast aufrichten und die Rah mit dem Segel in waagerechte Lage bringen lassen. Wenn das klappt, kann man das Schiff wieder zusammenlegen und vorsichtig durch den Flaschenhals bugsieren. Die Flasche liegt dabei mit dem Kittbett nach hinten, mit dem Himmel nach oben zeigend. Das Schiff wird mit leichter Seitenneigung eingebracht, so daß es auf dem sauberen Teil der Flasche liegt, wenn man es von der Bugsierstange gleiten läßt. Dann dreht man die Flasche ein wenig und drückt den Schiffsrumpf an der vorgesehenen Stelle mit den vom Mastscharnier kommenden Drahtenden in den Kitt. Das Ende des Spannfadens muß aus der Flasche hängen. Während man mit der einen Hand den Schiffsrumpf (mit einem langen Stab) fest gegen den Kitt drückt, zieht man mit der anderen an dem Spannfaden, um den Mast wie geübt aufzurichten. Dazu klemmt man die Flasche zwischen Buchstapeln o. ä. ein. Der Spannfaden wird in Nähe des Bugspriets mit reichlich Alleskleber bestrichen und mehrmals um das Spriet gewikkelt. Wenn der Kleber trocken ist, schneidet man den Fadenrest ab und verkorkt die Flasche. Damit sie steht, klebt man in Längsrichtung zwei Leisten unter die Auflagefläche.

Schmuck aus Resten
Aus Lederschnüren, Draht- und Perlenresten kann man einfachen Hals- und Armschmuck machen, der gut zu sportlichen Sachen paßt.

Geflochtenes Armband: Drei Lederschnüre flechten und an beiden Enden im Doppelachtgang mit Silberdraht so umwickeln, wie es die Zeichnung zeigt. An beiden Enden die jeweils mittlere Endwindung aufwärts biegen, in die so entstandenen Ösen an einer Seite ein Federringschloß, an der anderen eine Öse einhängen. Die Drahtwindungen auf der Unterseite mit Lötzinn oder UHU plus sichern.

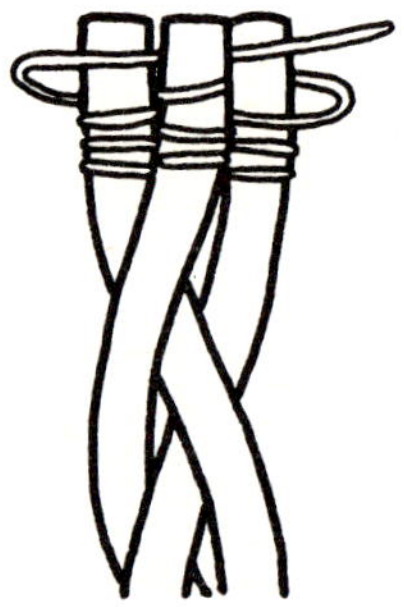
So wird der Draht um die Enden der Lederschnüre gewunden

Knoten-Armband: Auf die gleiche Weise wie das geflochtene Armband wird das aus zwei Lederstreifen geknotete Armband an den Enden mit Drahtwindungen im Achtgang umwickelt und verlötet. Die Ösen für den Verschluß werden aus der letzten Windung so hochgebogen, daß sie in der Mitte zwischen den Windungen stehen.

Halsband mit Korallenkugeln: es müssen nicht 7 echte Korallen von Erbsengröße sein, die man auf Silberdraht reiht und diesen zwischen zwei Lederschnüre hängt. Genau macht man den Schmuck so: Das Ende eines Drahtabschnitts, der 6 cm länger sein soll als das Stück für die Perlen, wird zu einem Haken gebogen und in ein kleines Loch am Ende eines Lederbandes gehängt. Dann umwindet man die Lederschnur mitsamt dem umgebogenen Haken-Ende dreimal mit dem langen Drahtstück, fädelt die Korallenkugeln darauf, schneidet den Draht 2 cm hinter der letzten Perle ab und biegt einen kleinen Haken mit dem Ende. In eine zweite Lederschnur kommt wie bei der ersten ein Loch, der Draht wird hier eingehängt und um den Lederstreifen gewunden, wobei er das Haken-Ende überdeckt. Als Verschluß hängt man in jedes genau abgemessene Ende der Lederschnüre ein zum Haken gebogenes Drahtende ein, wickelt es dreimal um das Leder und biegt aus den Überständen einen Hakverschluß.

Halsband mit blauen Glasperlen: Einfacher als das Korallenband ist der aus einem durchgehenden Lederband gemachte Halsschmuck mit 5 wasserblauen Großlochrad-Glasperlen zu arbeiten. Die Perlenbohrungen sind so weit, daß man sie direkt auf das Lederband fädeln kann. Die Perlen sollen genau in der Mitte hängen und werden seitlich durch spiralenartig gewickelten Silberdraht festgehalten. Die Enden des Halsschmucks werden mit einem Verschluß versehen, der wie bei dem zuvor beschriebenen Korallenband gemacht wird.

Halsband mit Naturkorallen: Das Halsband wird genau wie das Band mit Korallenkugeln gemacht, es stellt nur eine Variation dar und soll zu weiteren Spielereien mit Resten anregen.

Fadenspielereien

Bei vielen Arbeiten mit Wolle oder Garn fallen Reste ab, aus denen man eigentlich nichts mehr machen kann, es sei denn man verarbeitet sie zu Fadencollagen.

Knotenbild: Der Deckel eines Holz- oder festen Pappkastens wird innen und außen schwarz gestrichen. Aus Resten von Makrameegarn oder Baumwollbindfaden klebt man ein Knotenbild hinein. Dazu zeichnet man die Umrisse des Motivs – hier eine Sonne – in Original-

Knotenbild aus Restfäden, in einen Holzdeckel geklebt

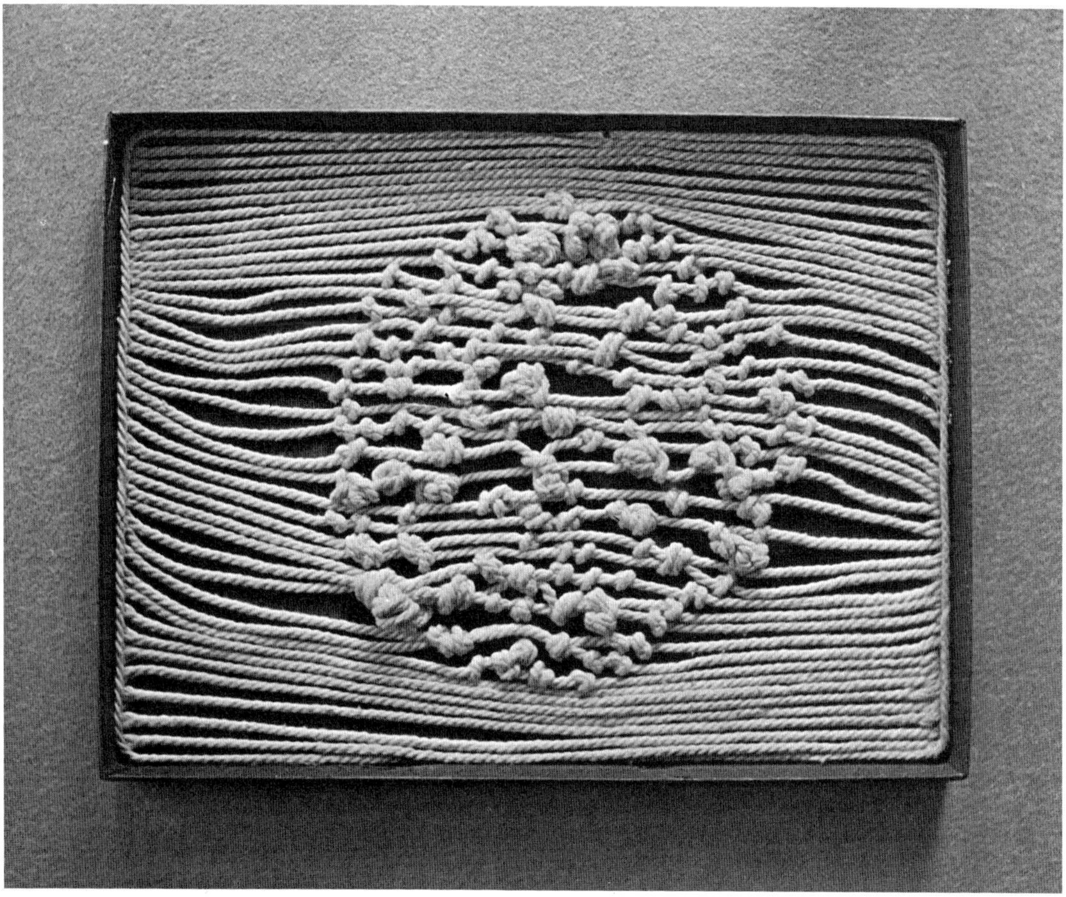

größe auf Papier und knotet die Fäden in verschiedenen Abständen so, daß sie nebeneinander gelegt mit den jeweils unteren und oberen Knoten den Motivkonturen folgen. In entsprechender Folge werden die Fäden mit wenig UHU coll oder Alleskleber auf die Kastendeckel-Rückwand geklebt. Um die Schnittenden der Fäden zu überdecken, klebt man rundherum in den Falz zwischen Boden und Rand einen Faden.

Collagen auf Eiern: Die Eier werden abschnittweise mit Alleskleber bestrichen und mit Fadenresten verziert. Man drückt die Fäden so lange gegen die Eierschale, bis der Kleber trocken ist. Dann arbeitet man weiter.

Faden-Ente: Pappmaché bildet den Kern der mit farbigen Wollfäden beklebten Ente. Die Fäden werden hier nicht mit Weißleim oder Alleskleber befestigt, sondern man rührt einen dünnen Tapetenkleister an, in den man die Fäden ganz eintaucht und auf dem Pappmaché-Untergrund anordnet. Wenn der Tapetenkleister getrocknet ist, hinterläßt er keine Spuren auf der Wolle.

Fadencollagen auf Eiern – ein hübsches Geschenk, nicht nur zu Ostern

Den Mexikanern nachgemacht: Pappmaché-Ente, mit aufgeklebten Fäden verziert

Diese stimmungsvollen Kerzenschirme waren einmal Küchenreiben

Kerzenschirme

Aus einfachen Weißblech-Küchenreiben kann man Kerzenschirme machen, die ein gemütliches Licht verbreiten. Die Küchenreiben müssen zylindrisch sein. Man entfernt mit einer einfachen Beißzange den oberen Haltebügel, der meistens nur angenietet ist. Dann wird die Reibe in heißem Wasser mit Spülmittelzusatz gut abgewaschen und zum Trocknen hingestellt. Das Wasser muß auch in den kleinen Löchern getrocknet sein. Anschließend wird das Blech auf der Außenseite mit Bastelfarbe in Gold angestrichen oder besprüht. Festliche Leuchtschirme kann man noch mit Faschingsflitter bestreuen. Dazu bestreicht oder besprüht man die Flächen mit farblosem Lack und streut den Flitter sofort darauf. Die Kerzen werden auf Weißblech-Untersetzer gestellt, deren Durchmesser größer ist als der der Leuchtschirme.

Bezugsquellennachweis

Alu-Folie
Spielwarengeschäfte, Geschäfte für Zeichenbedarf, Haushaltswarengeschäfte, Hobbyläden

Alu-Streifen (für Granulatarbeiten)
Hobbyläden, Spielwarengeschäfte

Asbestplatte
Haushaltswarengeschäfte, Hobbyläden, Eisenwarenhandel

Backofenknete (Fimo)
Hobbyläden, Spielwarenhandel, Geschäfte für Schul- und Zeichenbedarf

Bändelband
Kurzwarengeschäfte, Kürschnereien

Bast, Bastzopf
Hobbyläden, Samenhandlungen, Gärtnereien, Blumenbindereien, Handarbeitsgeschäfte, Spielwarenhandel

Bastel-Farbe
Spielwarenhandel, Hobbyläden, Drogerien, Schreibwarengeschäfte, Geschäfte für Schul- und Zeichenbedarf

Batik-Farbe
Geschäfte für Schul- und Zeichenbedarf, Hobbyläden, Spielwarenhandel, Drogerien

Baumwoll-Kettgarn
Handarbeitsgeschäfte, Hobbyläden, Webereien

Blech, Kupfer-, Messing-, Zink-, Aluminium-
Eisenwarenhandlungen, Geschäfte für Heimwerkerbedarf, Hobbyläden

Blechschere
s. Blech

Brennstab (für Brandmalerei)
Hobbyläden, Spielwarenhandel

Carborundum-Stein, -Feile
Eisenwarenhandel, Hobbyläden

Cernit-Modelliermasse
Hobbyläden, Spielwarenhandel (Nachweis über VEDES, Nürnberg)

DEKA-Farben
Hobbyläden, Spielwarenhandel, Geschäfte für Schul- und Zeichenbedarf, Schreibwarenhandel, Heimwerkermärkte

Destilliertes Wasser
Drogerien

Dochte (für Wachsarbeiten)
Drogerien, Spielwarenhandel, Hobbyläden

Draht
Eisenwarenhandel, Hobbyläden

Edding-Filzschreiber
Schreibwarenhandel, Geschäfte für Schul- und Zeichenbedarf, Hobbyläden

Eisenfeile
Eisenwarenhandel, Heimwerker-Geschäfte

Email-Glasschmelzfarben
DEGUSSA (Adr. der Niederlassungen s. bei Silber)

Email-Brennöfen, Emailzubehör
Hobbyläden, Spielwarengeschäfte mit Hobbyabteilungen

Engoben und Glasuren
Hobbyläden, Töpfereien

Farbschmelzpulver (Emaileffekt)
Hobbyläden, Spielwarenhandel

Filzschreiber, wasserfest
Schreibwarenhandel, Geschäfte für Schul- und Zeichenbedarf, Hobbyläden

Fimo-Modellierknete
Spielwarenhandel, Hobbyläden, Geschäfte für Schul- und Zeichenbedarf

Fliesenzange
Eisenwarenhandlungen, Baumärkte

Formsand für Zinnguß
Hobbyläden

Gießharz und -zubehör
Hobbyläden, Drogerien

Glaskuchen
Glasereien, Glashütten, gelegentlich Hobbyläden

Goldfolie
s. Metallfolien

Gummihammer
Eisenwarengeschäfte

Hartschaum (Styropor)
Holzhandlungen, Tapetengeschäfte, Hobbyläden, Geschäfte für Heimwerkerbedarf, Baumärkte, Spezialgeschäfte mit Kunststofferzeugnissen

Heizplatte für Farbschmelzpulver, Polystyrol-Granulat, Zinn, Wachs
Hobbyläden, Hobbyabteilungen von Spielwarengeschäften

Holzbearbeitungswerkzeuge
Eisenwarenhandlungen, Hobbyläden, Geschäfte für Heimwerkerbedarf, Baumärkte

Holzhammer
s. Holzbearbeitungswerkzeuge

Holzy-Modelliermasse
Hobbyläden, Spielwarenhandel, Geschäfte für Schul- und Zeichenbedarf

Karabinerhaken
Lederwarengeschäfte, Segelmachereien, Kurzwarengeschäfte bzw. -abteilungen von Geschäften

Keramikfarben, Keramik-Zubehör
Hobbyläden

Kiesel
Blumenhandlungen (kleine Mengen), Samenhandlungen, Baumärkte (große Mengen)

Kohle- und Kreidestaub, Graphit
Handarbeitsgeschäfte, Hobbyläden, die Handarbeiten führen

Kopierpapier für Textilien
Handarbeitsgeschäfte

Kunststoffplatten und -abschnitte (Lupolen)
Baumärkte, Heimwerkerbedarfsgeschäfte, Spezialgeschäfte für Kunststoffe

Kupferblech
s. Blech

Lampenschirmgestell
Hobbyläden, Geschäfte für Heimwerkerbedarf, Lampengeschäfte, die selbst Lampen herstellen

Leder, Lederwerkzeug und -zubehör
Hobbyläden, Lederhandlungen, Sattlereien, Fachhandel für Schuhmacherbedarf

Leinengarn
Geschäfte mit Kurzwaren, Seilereien, Segelmachereien, Hobbyläden

Linolschnittmesser, Linolplatten
Hobbyläden

Lötdraht, Lötfett, Lötzinn
Eisenwarenhandlungen, Hobbyläden, Geschäfte für Heimwerkerbedarf

Lötkolben s. Lötdraht

Lupolen
s. Kunststoffplatten

Makrameegarn
Handarbeitsgeschäfte, Hobbyläden

Metallfolien, Kupfer, Messing, Silber, Gold
Hobbyläden, Spielwarenhandel, Geschäfte für Schul- und Zeichenbedarf

Metallsäge
Eisenwarenhandel, Heimwerkerbedarfsgeschäfte, Fachhandel für Gold- und Silberschmiede

Moltofill
Hobbyläden, Tapetengeschäfte, Drogerien, Baumärkte, Geschäfte für Heimwerkerbedarf

Mosaiksteine und -zubehör
Baumärkte, Baustoffhandlungen, Fliesengeschäfte, Hobbyläden, Fachgeschäfte

Origami-Papier
Spielwarengeschäfte, Hobbyläden, Geschäfte für Schul- und Zeichenbedarf, Schreibwarenhandel

Peddigrohr
Hobbyläden, Korbmachereien, Spielwarenhandel

Perlen
Hobbyläden, Spielwarenhandel, Kurzwarengeschäfte

Perlenfransen
Fachhandel (Nachweis durch Fa. Grube, 1 Berlin, Hardenbergstr. 19)

Plastika-Modelliermasse
s. Holzy und Fimo

Polystyrol-Schmelzgranulat
Hobbyläden, Spielwarenhandel, gelegentlich Drogerien

Porzellanmalfarben und -zubehör
Hobbyläden

Punzen für Metallarbeiten
Eisenwarengeschäfte, Fachhandel für Gold- und Silberschmiede

Redis-Stoffmalstifte für Synthetik
Hobbyläden, Geschäfte für Schul- und Zeichenbedarf

Rohkeramiken, Farben und Zubehör
Hobbyläden, Töpfereien

Schaumstoff, Schaumstoff-Flocken
Hobbyläden, Teppichgeschäfte, Warenhäuser, Spezial-Schaumstoffgeschäfte

Schleifpapier, Schleifklotz (Kork)
Hobbyläden, Holzhandlungen, Heimwerkermärkte, Eisenwarenhandlungen

Schneidmesser mit auswechselbarer Klinge (Pelz, Leder, Pappe)
Hobbyläden, Geschäfte für Zeichenbedarf, Eisenwarenhandlungen

Schnittmusterpapier
Handarbeitsgeschäfte

Schraubstock, Schraubzwinge, Klemmzwinge
Eisenwarenhandel, Heimwerkermärkte

Salmiakstein (z. Löten)
Eisenwarengeschäfte, Hobbyläden

Silber, echtes (Blech, Draht, Granulat) und Gold
Niederlassungen der DEGUSSA:
1 Berlin 15, Joachimstaler Str. 10–12;
4 Düsseldorf 1, Steinstraße 20;
6 Frankfurt/M. 1, Weißfrauenstraße 9;
2 Hamburg 13, Rothenbaumchaussee 40;
8 München 2, Ottostraße 5;
753 Pforzheim 2, Zerrennerstraße 23–25;
Kleine Mengen: beim Silberschmied

Silberdraht (versilberter Draht)
Hobbyläden

Spanholz, Spanschachteln
Hobbyläden, Spielwarenhandel

Strohborte, Strohhalme, Strohzopf, Strohstreifen
Hobbyläden, Spielwarenhandel

Styroporkugeln, -kränze, -kegel usw.
Hobbyläden, Blumenhandlungen

Taschensäge (Allzwecksäge)
Hobbyläden, Eisenwarenhandlungen, Geschäfte für Heimwerkerbedarf

Tapetenkleister
Drogerien, Farbenhandlungen, Tapetengeschäfte, Hobbyläden

Teppicheinfaßband
Teppichgeschäfte, Polstereien, Warenhäuser

Teppichgrundstoff zum Knüpfen
Handarbeitsgeschäfte, Warenhäuser, gelegentlich Hobbyläden

Teppichwolle
s. Teppichgrundstoff

Thermo-Säge für Styropor
Hobbyläden

Textilfarben für Stoffdruck, Siebdruck, Stoffmalerei, Batik
Hobbyläden, Handarbeitsgeschäfte, Geschäfte für Schul- und Zeichenbedarf

Ton
Hobbyläden, Töpfereien

Tragant
s. Emailzubehör

Trockenblumen
Hobbyläden, Samenhandlungen, Gärtnereien, Blumengeschäfte

Vilexit (Vliesstoff)
Stoffgeschäfte, Warenhäuser

Wachs, Stearin, Zubehör für Wachsarbeiten
Hobbyläden, Drogerien, Imkereibedarfsgeschäfte

Watte, Diolenwatte
Hobbyläden, Bettengeschäfte, Warenhäuser

Webrahmen
Handarbeitsgeschäfte, Hobbyläden oder direkt vom Hersteller (s. Anzeige)

Zange, Rund-, Flach-, Seitenschneider
Eisenwarengeschäfte, Hobbyläden, Heimwerkermärkte

Zinnformen, Zubehör zum Zinngießen
Hobbyläden, Spielwarenhandel mit entspr. Abteilung

Die genannten Materialien und Werkzeuge sind außer in den Spezialgeschäften auch in den entsprechenden Abteilungen der Warenhäuser zu haben.

Register

UHU

Klebstoffe für Ihr spezielles Klebeproblem

	Materialien, die untereinander verklebt werden sollen	harte Materialien: alle Metalle (auch Gußteile)	harte Materialien: Stein, Glas, Beton, Keramik, Porzellan	Kunststoffe: Celluloid	Kunststoffe: Bakelit®	Kunststoffe: Kunststoffplatten (z. B. Resopal®)	Kunststoffe: Polyester	Kunststoffe: Hartschaum, (Styropor®)	Kunststoffe: Weichschaum	Kunststoffe: PVC hart	Kunststoffe: PVC weich	Kunststoffe: Polystyrol	Holz: Holz, Sperrholz, Spanplatten	Holz: Balsaholz (Modellbau)	Holz: Holzpaßteile	Holz: Furniere	Papier: Papiere, Pappe, Karton	Papier: Fotos	flexible Materialien: Filz, Textilien	flexible Materialien: Leder	flexible Materialien: Gummi
harte Materialien	alle Metalle (auch Gußteile)	3,3a	3,3a	1,2,4	3,3a	3,4	3,3a	7,3	4	3	4	7	3,4	3	3,4	4,3	1,4	1,4,7	1,4	4	4
harte Materialien	Stein, Glas, Beton, Keramik, Porzellan	3,3a	3,3a,1	1,2	3,1	3,4	3	7,3	4	3	4	7	3,1,2	3,2	3,4	–	1,7	1,7	1,4	4,1	4,3
Kunststoffe	Celluloid	1,2,4	1,2	2	1,2	–	1,2	7	4	–	4	–	2,4	2	–	4	1,2	1,2	1,2,4	1,2	4
Kunststoffe	Bakelit®	3,3a	3,1	1,2	3	3	3	7,3	4	3	4	4	3,1	1,3	3	4,3	1,7	1,7	1,7	1,4	4
Kunststoffe	Kunststoffplatten (z. B. Resopal®)	3,4	3,4	–	3	3,4	3,4	7,3	4	3,4	4	4	3,4,5	3,1	3,4,5	5,4,3	1,5,7	1,4	1,4,5	4,1	4
Kunststoffe	Polyester	3,3a	3	1,2	3	3,4	3	3,7	4	3,4	4	–	3,4	3,1	3	4,3	1,7	1,4	1,4	4,3	–
Kunststoffe	Hartschaum, (Styropor®)	3,7	3,7	7	3,7	3,7	3,7	7,3	7	3,7	–	7	3,7	3,7	3,5	3,7	7,5,9	7,5,9	7,9	7,9	–
Kunststoffe	Weichschaum	4	4	4	4	4	4	7	4	4	4	4	4	4	–	–	4	–	4	4	4
Kunststoffe	PVC hart	3	3	–	3	3,4	3,4	3,7	4	8,3	8	–	3,4	3,8	3	4,3	8,9	8,4	4,8	4,8	4
Kunststoffe	PVC weich	4	4	4	4	4	4	–	4	8	8	–	8,4	4,8	–	–	8,4	–	8,4	8	4
Kunststoffe	Polystyrol	7	7	–	4	4	–	7	4	–	–	6	6,4	6	6	6,4	6,9	6	6,4	4,6	4
Holz	Holz, Sperrholz, Spanplatten	3,4	3,1,2	2,4	3,1	3,4,5	3,4	3,7	4	3,4	8,4	6,4	5,3,2	5,3,2	5,3,2	5,4	1,4 5,9	1,4 5,9	1,4,9	1,2,4	4
Holz	Balsaholz (Modellbau)	3	3,2	2	1,3	3,1	3,1	3,7	4	3,8	8,4	6	5,3,2	2,3,5	5,3,2	5,4,3	1,2,9	1,2,9	1,2,4	1,4	4
Holz	Furniere	4,3	–	4	4,3	5,4,3	3,4	7,3	–	4,3	–	6,4	5,4	4,5,3	5	5,4	1,4	1,5	1,5	–	–
Holz	Holzpaßteile	3,4	3,4	–	3	3,4,5	3	5,3	–	3	–	6	5,2,3	5,3,2	5,3	5	4,5	–	4,5	4,5	4,3
Papier	Papiere, Pappe, Karton	1,4	1,7	1,2	1,7	1,7,5	1,7	7,5,9	4	8,9	8,4	6,9	1,4 5,9	1,2,9	4,5	1,4	1,5,9	1,7,9	1,5,9	1,4,9	4
Papier	Fotos	1,4,7	1,7	1,2	1,7	1,4	1,4	7,5,9	–	8,4	–	6	1,4 5,9	1,2,9	–	1,5	1,7,9	1,9	1,4,9	1,4,9	–
flexible Materialien	Filz, Textilien	1,4	1,4	1,2,4	1,7	1,4,5	1,4	7,9	4	4,8	8,4	6,4	1,4,9	1,2,4	4,5	1,5	1,5,9	1,4,9	1,7	4	4
flexible Materialien	Leder	4	4,1	1,2	1,4	4,1	4,3	7,9	4	4,8	8	4,6	1,2,4	1,4	4,5	–	1,4,9	1,4,9	4	4	4
flexible Materialien	Gummi	4	4,3	4	4	4	–	–	4	4	4	4	4	4	4,3	–	4	–	4	4	4

Sie finden den richtigen Klebstoff im Schnittpunkt der entsprechenden Materialspalten. Siehe Beispiel (graue Linie) PVC hart-Holz (empfohlener Klebstoff Greenit). Die Klebstoff-Empfehlungen verstehen sich als richtungsweisend. Ungewöhnliche Einflußfaktoren sind nicht berücksichtigt.

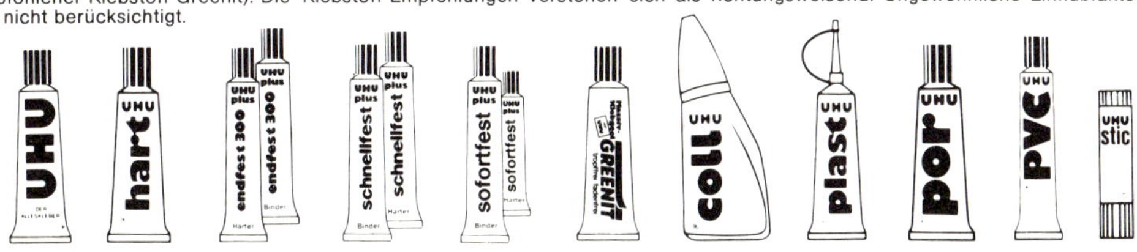

1 2 3 3 3a 4 5 6 7 8 9

Schulwebrahmen „Karin“

Ein vielseitig verwendbarer Webrahmen, mit drehbarem Kett- und Warenbaum, der deshalb für Schulzwecke sehr gerne gekauft wird. Mit diesem Rahmen lassen sich Gewebe in Leinenbindung herstellen. Die Rahmen mit 40, 50 und 60 cm Webbreite werden mit eisernen Sperrädern und Sperrklinken geliefert.

Modell „V“
Vierschaft-Webrahmen mit Fußbedienung
Webbreite 80 und 100 cm

Stabilität und leichte Handhabung machen den „Eitorfer-Vierschaft-Webrahmen“ besonders beliebt. An Hand unserer ausführlichen und reich bebilderten Gebrauchs-Anleitung ist das Vierschaftweben leicht zu erlernen.

Rahmen aus ausgesuchtem und kräftigem Hartholz, natur lackiert, Schäfte mit Stahldrahtlitzen auf eisernen Gleitschienen. 80 cm Webbreite mit 600, 100 cm Webbreite mit 800 Litzen. Webeblatt auf Wunsch Einleitung 40 oder 50/10.

Besonders große Fachbildung, die das Weben mit Handschützen erleichtert.

Jeder Einschaft-Rahmen der Modelle „F. L.“ und „H“, 80 und 100 cm Webbreite kann durch Hinzukauf einer Vierschaft-Einrichtung umgestaltet werden.

Webrahmen Modell „H“

Ein besonders praktischer und stabiler Webrahmen mit seit Jahren bewährten Neuerungen, die das Handweben leichter und angenehmer machen.

Besondere Vorteile:

1. Drehbarer Kett- und Warenbaum mit eisernen Sperrädern und Sperrklinken.
2. Befestigung an der Tischkante und die Vorderseite auf Stützen. Der Rahmen braucht nicht mehr auf dem Schoß gehalten werden.
3. Spannen der langen Kette vom Knäuel ab. Kein Hantieren mit losen Kettfäden.

WEBRAHMENFABRIK

K. BORN & CO.
EITORF/SIEG

Ruf 2156 Telegramme Born Eitorf-Harmonie
Postscheckk. Köln 40739–500
Bankkonto Eitorfer Raiffeisenbank